光明城

LUMINOCITY

看见我们的未来

Design of the Ancient Chinese State

营国

东汉以前华夏聚落
景观规制与秩序

The Hierarchy and Principles of the Built Environment in Central China before the Eastern Han Dynasty

王鲁民
WANG Lumin
著

同济大学出版社
TONGJI UNIVERSITY PRESS

内容提要

东汉以前相当长的时间里，中国聚落及其主导元素的设置与组织规则的主要任务，就是确认聚落权力的规格或等级。这使得聚落建设成为社会生活秩序构建的重要部分和国家景观秩序构建的主要内容。本书通过探讨东汉以前中国传统文化核心区聚落主导元素的设置与城池构形规则，明堂、宗庙、社祀等中国传统聚落主导元素的产生与变迁，都城或京畿地区的人口聚集与防御组织，不同时段都城空间与轴线构成的主要特征等，揭示相应时期国家的权力结构及权力重心的转变在聚落设施、空间、形态上的表达，试图勾勒相应时期地域乃至国家景观秩序的基本特征，并力图形成一个相对连续的、立体的聚落景观变迁史框架。

Abstract

Long before the Eastern Han, the design of a Chinese settlement reflected authority and position in the hierarchy of a kingdom, making settlement design important for establishing the social order and forming a regional or even national hierarchy in the built environment. This book examines the spatial configurations of predominant ancient Chinese settlements and their cultural interpretations; it elaborates the layouts, generation, and transition of the core elements of built environment in these settlements, such as city walls and ceremonial buildings including the Mingtang[1], the ancestral temple, and the Shesi[2]; it discusses how gathering of people and defense activities were organized in ancient capital cities and their domains; it also identifies the major design principles of capital cities in different historical periods. These discussions reveal that there is a great continuity in how the power structure was reflected by the infrastructure, layout, and physical design of settlements across time periods and the transformation of the settlements' design mainly resulted from the changes of the power structure. Built upon a thorough review of the literature and comprehensive analyses of relevant archaeological materials from the Yangshao culture to the Qin and Han Dynasties, this book outlines the fundamental design principles of settlements and establishes a relatively holistic theoretical framework of the history of settlement design and development in Ancient China.

1 Mingtang is a special type of place where people worshiped gods in ancient China.

2 Shesi is a temple where people worshiped the "Lord of the Soil and the Ground" in ancient China.

目 录

Table of Contents

* Place names in the Zhou Dynasty.

第一章　引言

Chapter 1　Introduction

“国”是由独立政治、军事权力控制的疆域。“营”是经营，建造。建造活动不仅是满足人类生物性需求的手段，更是满足社会秩序建构需求的基础。所以，“营国”在很大程度上是指通过设计或营造活动赋予国家某种物质性的秩序，或者说是赋予与一定国家的社会生活秩序相适应的形式秩序的活动。

聚落，是指空间或形态上相对独立的人类聚居地。大略看，聚落可以分为城市与村落两种。这里，我们把古代的都城和郡县治所称作城市。人类聚居地由一系列营造物构成。聚落是人类社会生活展开的基本场域，所以聚落是国家形成秩序的要点。从社会生活组织的角度看，国家形式秩序的形成与聚落本身的构成方式以及聚落系统的架构有关。

景观，这里不仅指周遭环境在人眼中的整体映像，并且指通过对这种映像的辨析和再组织形成的对聚落乃至聚落系统整体景象的认知。

规制，是指聚落营造的规则和制度。

《考工记》说："匠人营国，方九里，旁三门。国中九经九纬，经涂九轨，左祖右社，面朝后市，市朝一夫。夏后氏世室，堂修二七，广四修一,五室，三四步，四三尺，九阶，四旁两夹窗，白盛，门堂三之二，室三之一。殷人重屋，堂修七寻，堂崇三尺，四阿重屋。周人明堂，度九尺之筵，东西九筵，南北七筵，堂崇一筵，五室，凡室二筵。室中度以几，堂上度以筵，宫中度以寻，野度以步，涂度以轨。庙门容大扃七个，闱门容小扃三个，路门不容乘车之五个，应门二彻三个。内有九室，九嫔居之。外有九室，九卿朝焉。九分其国，以为九分，九卿治之。王宫门阿之制五雉，宫隅之制七雉，城隅之制九雉。经涂九轨，环涂七轨，野涂五轨。门阿之制，以为都城之制。宫隅之制，以为诸侯之城制。环涂以为诸侯经涂，野涂以为都经涂。"[1]

传统的说法以为“方九里，旁三门”的“国”是“天子之制”；“匠人营国”的“国”指的是王城，即天子的都城。但如果注意到文字中在述及“天子之制”外，还提到了诸侯之城制，即涉及不同等级的聚落之间的关系，所以将“匠人营国”中的“国”理解为独立政治军事权力控制的疆域也是可以的。

从“匠人营国”的文字看，其主要讲述的是天子的都城营造，这是可以理解的。因为对于一个有限的范围来说，一旦最高等级的聚落形式得以确定，其他聚落只要在关键方面进行回避或者规格降低，就可以大致取得一个上下有别的聚落系统，也即取得了相应范围的形式秩序。《考工记》在确定地叙述王城的形态要求后，要求诸侯宫隅之制和道路（涂）的尺寸照天子之制减小，就表明了其对此有充分的认知。

从社会生活组织着眼，所谓一定范围的聚落形式秩序，是权力分配的结果和体现。权力大，对应的聚落等级或规格就高；权力小，对应的聚落等级或规格就低。

或者说，聚落的形式秩序，或者聚落本身的等级体现，就是聚落拥有者的权力水平在聚落层面的物质体现。

社会生活组织中的权力是各种各样的。在东汉以前的国家秩序建设上，有两种权力最为重要。一种是祭祀的权力，一种是军事权力。“国之大事，在祀与戎”[2]的说法，就表明了这一点。祭祀权力包括可以举行的祭祀种类和在举行相应祭祀时所采用的规制，军事权力则包括讨伐权和自身防御能力的设定。这在《考工记》“匠人营国”的叙述中有明确的显示。城池的大小、门阿、宫隅和城隅的高低显示的是自身防御能力的设定。而明堂、宗庙等的设置，则是祭祀特权的表达。“凡邑，有宗庙先君之主曰都，无曰邑，邑曰筑，都曰城”[3]，明白无误地显示出祭祀活动曾经在聚落等级的认定上起关键作用，可从历史上看，关键权力的内容是变化的，把祭祀权力放在第一的位置，只是一定时期的情况。蒙昧的祛除，会使人的理智操作在权力形成中的地位上升，《考工记》的叙述中提到的“朝”，亦即当政者进行关键行政决断的场所，最终在聚落空间组织中占有突出的、甚至是首要的位置，在许多时候是可以预期的。

中国历史上的许多时候，并不是只有天子才可以在自己长久驻扎的聚落中设置宗庙，诸侯也可以如此。所以相应的时间里，是存在着不同级别的都城的。这些都城作为一定地域的中心，其拥有者利用它们实施着对国土的控制，其在国土景观秩序的塑造上起主导作用。

聚落，是一个复杂系统，它由许多元素构成。可是《考工记》在说天子之城时，涉及的聚落元素却相当有限。概略地看，有以下几种：一，城墙与城门；二，主要道路；三，统治者的祭祀设施，具体提到的有“祖”（宗庙）、“社”（社稷）和明堂；四，天子的朝会、居住场所；五，官署建筑；六，市场。至于城市中最大量的民居、民众所用的祭祀设施、一般道路、河渠坑塘等，则没有提及。这种做法应该表明至少在《考工记》的作者那里，上述六种设施的有无、尺寸、形态乃至位置一旦确定，天子之都的基本格局也就确定了，并且足以让人认出它是天子之都。而服务于一般居民生活的各种设施，对于城市的规格与格局的影响相当有限。

这里，或者可以把那些在确定聚落规格和格局上起关键作用的设施称作聚落的主导元素。从某种角度看，这些主导元素是体现聚落拥有者的权力或者能力水平的主要承担者。

在原始社会到东汉这个漫长的时期里，社会权力产生的逻辑和权力运行的方式不是固定不变的，而它们的改变自然会导致聚落主导元素规模、内容和组合方式的变化。从某种角度看，聚落营造规制的变化，主要内容就是安排聚落主导元素的规则和方式的变化。

为了确保最高统治者的至尊地位，建立适当的社会秩序，古代社会不仅对各种人等的权力进行了十分严格的划定，并且要求将这种划定在物质层面以明确的形式呈现。不同的人等，要根据自己的身份确定自己的衣着、住房、器具、祭祀规格、安全防卫水平，等等。城市，作为统治者实施政治和文化统治的中心，在社会秩序的形成上具有举足轻重的作用，因而根据城市在社会权力架构中的地位，酌情采用适当的形式就特别重要。正因如此，并且也因为城市本身的重要性而造成的设施坚固、使用长久等导致的相应遗存保留水平往往高过普通聚落，使得本书把讨论的重点集中在城市上。

生物本能的稳定性与文化沿袭，不仅使人的行为和对环境的把握方式有一定的规律可循，并且在某种程度上使不同规格和不同政治文化背景的城市主导元素的设置规则有某种逻辑的连贯性和稳定性。即，在一定时期，不同聚落规格的确定逻辑是一致的，同时，不同时期聚落规格的确定规则之间也有一定的延续关系。这样，我们就有可能通过把握不同时期、不同规格聚落的格局，简明而有效地把握中国传统聚落营造规制的变迁主轴。

聚落本身是一个权力载体，很自然，那些集中了更多权力的中心聚落特别是天子之城更容易对权力产生的逻辑和权力构成的变化有所反应。同时，因为权力赋予的不同，高等级的聚落格式和要素设置应对挑战时也更具主动性。在总体上看，聚落营造规制的变迁往往在中心聚落上得到最集中的体现。我们有条件希望通过对都城格局变迁的探讨达到提纲挈领地把握中国城市营造历史的目的。

从现在掌握的材料看，至少在聚落的营造上，两汉之交是制度转变的关键时期，其根源在于这一时期，社会权力的构成发生了重大的改变，最主要的表现是祭祀活动在权力形成中地位下降。同时，从现在的研究状况看，较之东汉之后，我们对东汉以前的聚落营造规制的了解更加有限。正是这样，本书把研究的注意力主要放在东汉之前。

华夏文明，是长久以来生活在这片土地上的全体人民奋斗的结果。不过，因为历史的原因，以黄河流域为基地的那些族群在华夏文明的形成上，尤其是在国家体制的建构上占据了相对主导的地位。相当长的时间里，他们在这个区域扮演着文化、制度输出的角色。因而，在一定程度上，对于中国城市营造史研究来说，弄清楚这个地区的都城格局和营造规制的变迁是更为关键的工作。

《考工记》面世时，只有文字，没有图像，宋代聂崇义所著《三礼图》，较早地提供了《考工记》所述及的都城的图样。从聂崇义提供的图样看，《考工记》所描

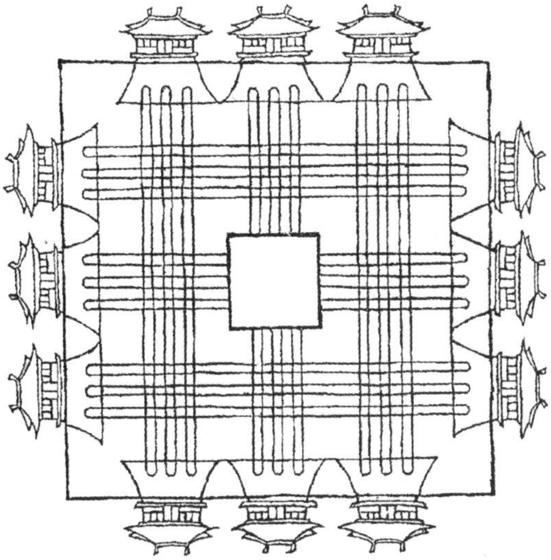

图 1-1 《三礼图》中的周王城图

述的王城城墙是一个边长为九里的正方形，在每一边城墙上大致均等地安排三个城门，每个城门开启三个门洞，每个门洞都对应一条道路引向城池正中的那个方框，可以认为这个方框代表的应该是天子朝堂与九嫔居所之所在。整个王城图案形态完整、逻辑严明，虽然并未把《考工记》所涉及的内容都交代清楚，却成为人们进一步了解《考工记》所涉城市格局的基础（图 1-1）。

在相当长的时间里，人们以为《考工记》为西周初年的周公所作，后来虽然否定了这种说法，判定其为战国时的作品，但因《考工记》长久地以《周礼》一部分的面目出现，所以人们一般将其理解为“周制”，设想它所涉及的营国的种种说法是有久远历史根源的、并在西周被采用且影响到春秋战国都城设置的规则。一碰到具体问题，人们往往自觉不自觉地把《考工记》所及之都城设置规则用作分析、理解中国古代城市尤其是先秦都城设置的标尺甚至是模板。

中国现代考古学诞生以来，聚落考古工作取得了巨大的成绩。现在已经发现的先秦城址接近四百个，其中，春秋战国时期的城址大约三百个，这给探究当时的城市乃至聚落营造规则提供了难得的基础资料。不过，吊诡的是，人们不仅在这些城址上看不到与《考工记》所涉及的都城形式的系统性的对应，并且因为这些城址的城垣轮廓形状各异，特别是往往与方整矩形间有相当差距，让人难以看出这些城市的安排上存在着某种共通性。

有学者在对春秋战国时期的城址进行系统研究之后说：“在春秋战国时期城廓

的具体布局上，我们尚未发现成为主流的、带有规律性的所谓模式。”[4] 规律性的模式存在的前提是有内在逻辑关系的营造规则的存在，看不出有某种营造“模式”存在，当然也就难说营造规则的探讨。有着众多案例的春秋战国尚且如此，就更不用说案例个数相当有限的西周乃至更早的时期了。

看不出带有规律性的模式存在，并不意味着这些城市在形成上缺乏持续使用的规则。孔子云：“殷因于夏礼，所损益，可知也；周因于殷礼，所损益，可知也。”[5] 可见，从夏代以至于春秋，存在着虽有变动而整体上前后相因的“礼”。所谓“礼”，就是被社会特别是上层社会共同认可的、渗透到生活各个层面的行为规则。城池建设，是当时由社会上层控制的最为重要的社会行为，它的建设一定要遵循某种共同认可的规则，或者说当时的城市建设要按照某种规则进行是必然的。而这就是我们展开早期聚落营造规则探讨的观念基础。

在我看来，习惯于将发掘到的城址简单地与《考工记》所提供的都城格局相比附，在很大程度上阻断了人们实事求是地根据考古资料进行客观分析的研究路径。从这个角度看，明确地承认在先秦城址上看不出规律性的模式，其实是一个学术进步。结合早期城市一定会依照某种规则进行建设的判断，可以认为，这种说法再明白不过地要求我们摒弃既有的观察角度，采取以考古资料的比照分析为基础、结合具体文化条件和人的活动规则进行实事求是研究的路径。这样，我们才有可能看出当时城市建设共同遵循的规则，进而探讨城市营造规制的变迁，为客观且相对细致地把握中国古代城市建设历程提供条件。

注释

1 ［清］孙诒让：《周礼正义》，中华书局，1987 年，第 3423-3478 页。

2 ［春秋］左丘明著，［晋］杜预注，［唐］孔颖达疏：《春秋左传正义》，北京大学出版社，2000 年，第 867 页。

3 同上，第 332 页。

4 许宏：《先秦城市考古学研究》，北京燕山出版社，2000 年，第 125 页。

5 ［清］刘宝楠：《十三经清人注疏·论语正义》，中华书局，1990 年，第 71 页。

第二章
原始住俗与聚落组织

Chapter 2
The Primitive Inhabitancy Customs and Settlements' Organization

一　原始住宅的室内空间

如果有人说，多数人是“右撇子”这件事对中国传统聚落主导元素的组织和聚落的景观格局产生过关键性的影响，恐怕你会觉得是信口开河。

可事实确实如此！

故事当然要从原始社会说起。

在上古的黄河中、上游地区，曾经活跃着考古学所说的仰韶文化（公元前5000年至公元前3000年）。在很长时期里，属于仰韶文化的人群多居住在单一空间的半穴居中。这种半穴居，是在地上挖掘深40～80厘米的浅坑，然后可能要沿着坑边设置一定高度的土台或墙体，以阻拦蛇虫和风吹。为了支撑屋顶，人们在坑中设置立柱，当有多棵立柱时，人们还要在柱子上端设置横木形成框架，然后，设置一端搭在立柱或框架上、一端落在地面上的斜向杆件，以形成屋顶的结构层。再在屋顶结构层上搭上树枝和茅草等形成屋面，从而最终形成可以安居的住所。这种建筑正面的中央，一般都有一定长度的、由外向内坡向穴坑地面的门道，门道上也会搭有屋顶。在房子中部，要设置火塘。在这种建筑中，人们通常睡在经过一定处理的地面上，家里的物品也放在地上（图2-1）。

黄河流域处在北回归线以北，在这个地区，太阳早上由东方升起，正午行至人的头顶偏南，傍晚由西边沉入，也就是说，在一天中最能够提供热量的时段，太阳总是处在我们的南边；另外，黄河流域夏季以南风为主，冬天则以北风为主。为了避免冬天出门时呛风且有更多的机会感受风和日丽的景象，在没有其他制约的情况下，仰韶文化半穴居多将其入口开在南边。正是由此，造成了中国传统建筑“坐北朝南”安置的习俗。

在仰韶文化时期，人们主要是通过狩猎和采集来取得基本生活资料的。上述半穴居的主人出门时，多是空手或者只携带简单的工具，回来时，往往带着一天的收获。由于人们更多地使用右手，进门以后，顺手把收获放在室内门洞右侧的地上是顺理成章的。如其所处的半地穴是坐北朝南的话，那么，入门的右手恰好是房间的东南隅。习惯成自然，这就有可能使半穴居的东南隅固定为惯常的置物场所。

杨鸿勋注意到，在陕西西安半坡仰韶文化遗址的半穴居中，许多实例进门的右手，也就是坐北朝南房子的东南隅，多发现炊具杂物，显示出这一位置惯为食物、用具的存放处；而在房间的东北隅，则常见破碎的陶器，这是惯常在此进行日间家

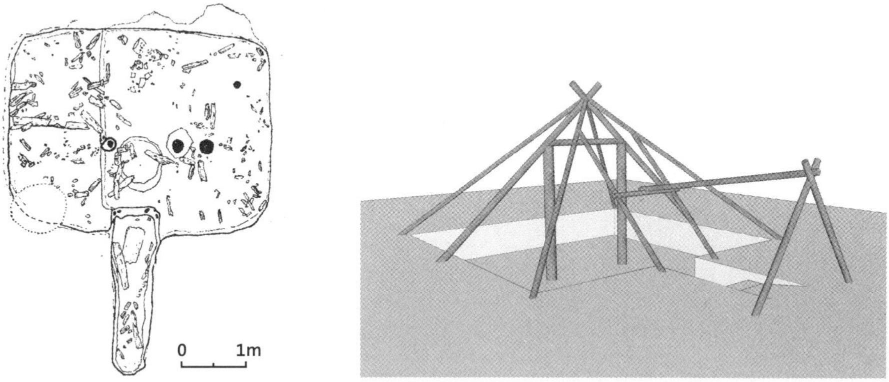

a 西安半坡遗址 F41 平面　　b 西安半坡遗址 F41 构架复原示意

图 2-1 西安半坡遗址 F41 半穴居平面及构架复原示意

务活动的表达；房间的西南隅，未发现贮藏踪迹，在稍晚的遗址中，这部分居住面多略为高起，表面坚硬、光洁，并有多次烧烤的迹象，应是炕的雏形，即这种半穴居的西南隅为常规的睡眠之处。[1] 严文明则指出，仰韶文化的房子有大、中、小三种，"小房子的数量最多……这种房屋总是有一个火塘，有成组的日用器皿，有的还有谷物加工工具和少量的粮食储藏。屋中住人的地方似有定制，第一期时往往于进门左侧留一空地，或在那里设一低矮的土床。以后各期虽不再设土床，睡卧地方也没有那么严格，但大多数仍设在进门后的左侧……"[2]。在建筑坐北朝南的情况下，进门后的左侧就是房子的西南隅。之所以在西南隅睡卧，是因为在这种半穴居的火塘的后方，即房子的东北隅与西北隅，是人进入房间一眼就能看全的地方，缺乏隐蔽性，睡眠时人最缺乏防御能力，也不希望被别人打搅。如果入口的右侧即房子的东南隅成了放置物品的地方，那么，入口的左侧即房子的西南隅就是这种房子内剩下的相对隐蔽的地方。于是，在特定气候条件下的右撇子的随手一放，就决定了仰韶文化的坐北朝南的半穴居房间中的西南隅成了相对固定的睡卧之处（图 2-2）。

《尔雅·释宫》有宫室的"四隅之训"："西南隅谓之奥，西北隅谓之屋漏，东北隅谓之宧，东南隅谓之窔。"[3] 把这种说法与后来中国人常用的多间排屋联系在一起，确实会让人如堕五里雾中，不知所云。但把所谓的"四隅之训"与仰韶文化的单间型的半地穴联系起来，就可以看出它的道理。《仪礼·既夕礼》说："比奠，举席，扫室，聚诸窔。"[4] 是说，设新奠之前，撤出宿奠，拿开奠席，打扫室内卫生，

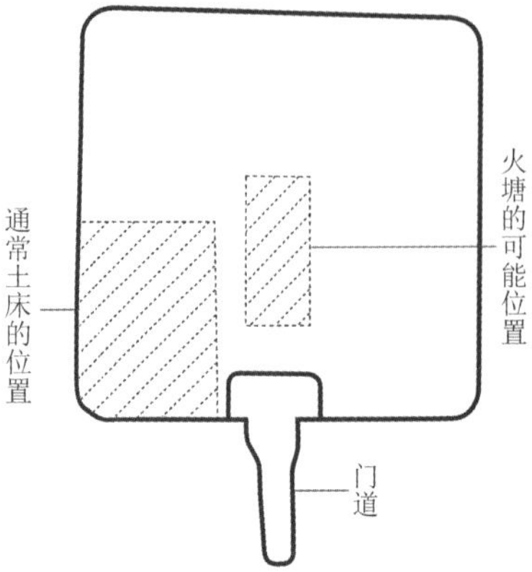

图 2-2 居住型半穴居的室内空间功能分配图

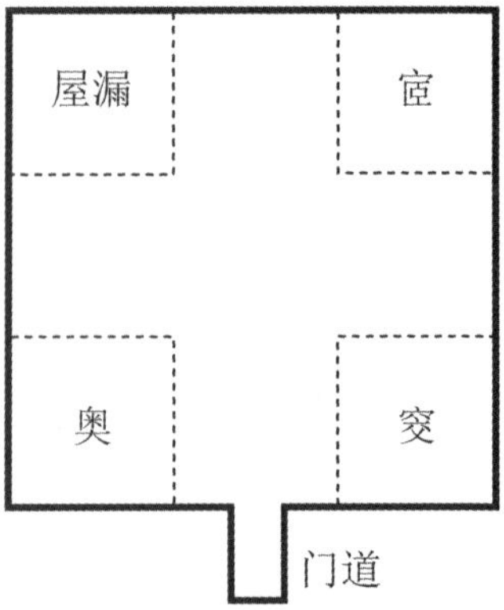

图 2-3《尔雅》宫室四隅之训示意图

将杂物灰尘等都归置到室之东南隅。这当然说的是在多间排房中的规矩，但仍可以看出房间的东南隅曾是物品归置之处的痕迹。"宧"，《说文》："宧，养也，室之东北隅，食所居。"李巡曰："东北，阳气始起，育养万物，故曰宧。宧者，养也。"所以可以由此设想房间东北隅与日常的家宅杂务和进食相关。屋漏表明这一部分与水有关，一些古代文献说屋漏要求隐秘、遮蔽，从屋内的功能需求完整性着眼，其应是放置溺器、起夜和洗浴的场合。[5]"奥"有隐蔽、幽深的含义，这正是人们睡眠所需的环境氛围，结合考古发掘的情况，这里当然是常规的睡卧之处（图 2-3）。

严文明根据仰韶遗址上普通半穴居住宅的土床通常长约 2 米，宽不足 1.5 米的情况，认为这种土床仅够两三个人使用。[6]在这种简单到仅为一间的房子里，这两三个人应该是家庭中的父母与不能自立的子女。于是，"奥"的主要占据者是这个家庭的家长，家长对于还不能自立的子女来说，往往有着绝对的权威。所以《尔雅》说在古代的房间中，"西南隅谓之奥，尊长之处也"[7]是有历史根据的。

在仰韶文化半穴居的室内，还有一个特别重要的元素——火塘。在半坡时期的半穴居中，火塘一般位于室内中央偏向入口布置，如果房子是坐北朝南的话，火塘的位置就是居中偏南。这种安排可以使从入口进入的新风得以加热，或者说可以阻挡寒风深入室内，也争取到了更多的相对集中、远离入口的室内空间，以满足人们日常活动需求。因为建筑相对封闭且室内设有火塘，在这种建筑上，开窗取明、疏排烟气是十分重要的建筑处理。仰韶文化半穴居在穴坑周边设置的土台、矮墙本来就低，若在其上开取洞口取明和疏散由火塘弥散的烟气，难免使开出的洞口下沿很低，会极大地减弱建筑对野兽虫蛇的防御能力。所以，仰韶半穴居更倾向于在屋顶上开出洞口以取明和疏排烟气。在半坡仰韶遗址的一系列房屋基址中部的坍塌堆积物中都发现由草筋泥做出的凸棱状物，应该是用于屋顶开口处的阻水构造遗存，可以证明顶部取明、排烟通风口的存在。[8] 这个用于取明和疏排烟气的洞口古代称作“中霤”。《说文》云，“霤，屋水流也。”[9]《礼记 · 月令》孔颖达疏：“古者，谓未有宫室之时也。复穴者，谓窟居也。……复穴皆开其上取明，故雨霤之，是以后因名室为中霤也。”[10] 就是证明。从使用的角度考虑，如果建筑是坐北朝南的话，中霤通常应该开在屋顶接近中央的南向坡面上，这样，就有机会更多地接纳阳光，并且在人们主要于室内活动的冬天，减少外风吹袭导致室内呛风的机会（图 2-4）。

在位置上，中霤与火塘有着一定对应，在这种屋顶上开出“中霤”的建筑中，阳光不仅会从中霤入射，在雨雪降落时，雨滴和雪花也会从这个洞口飘洒而下，这些与由火塘飘荡而上的烟气交混在一起，会构成一幅烟雾缭绕、光怪陆离的特异图景。在文化蒙昧时期，这种景象会启发人们设想中霤与火塘之间，甚至与其相关的某些地面是一个天神游荡和居停的场所。

天神在上古可以统称为“帝”。甲骨文中，“帝”写作“[illegible]”形，朱芳圃认为“帝”字像积柴于架上。燔烧薪柴是古代祭天之礼，“帝”的本义就是积柴燔烧以祭祀上方的神灵。故“天神谓之禘”[11]。其实，专门设置场所燔柴祭天应该是中国古代祭祀仪式发展到一定时期的做法。或者，可以认为“帝”的本意应该是位于与原始人日常生活关系最为密切的火塘上方的特殊存在。在我们看来，“[illegible]”字的下半部形为积柴，但这里的积柴不是祭司、巫师专用的物什，而是设在野外或半穴居火塘中用于取暖和烹煮的常物，那个‘冖’形，当指火塘的边缘，积柴上方的三角形应该是用于蒸煮的器皿。三角形上方的一横则表示在蒸煮器皿上方的某种存在。一方面，正是在这里人们建立了食器与祭祀的特殊关系，看到传统的礼器多与食器

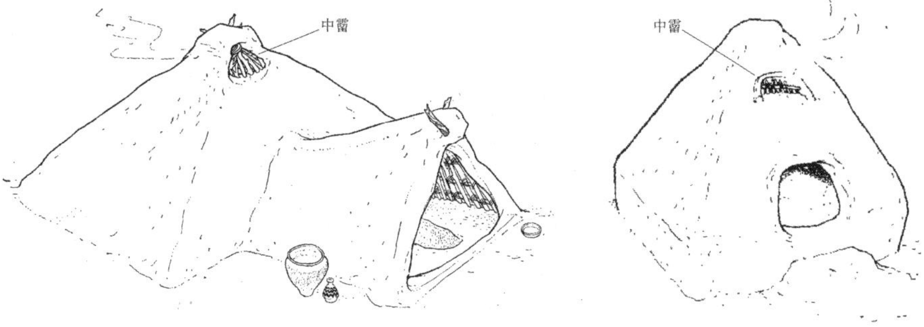

a 西安半坡遗址 F41 复原示意图　　b 西安半坡遗址 F39 复原示意图

图 2-4 “中霤”的形态与位置

相关的原因；另一方面，也可以看出当时的“帝”还没有那样孤高，他们实际上是人们的日常生活伴侣。由于“帝”惯于享用人们在燔烧蒸煮过程中造成的食物气味，于是燔烧食物就成了祭祀神灵的专用手段。时至今日，我们仍能在苗族人家看到人神之间的那种相对亲热的关系，人们在进食前，把些许食物、酒水抛入火中，也就完成了日常的神灵祭祀。[12] 正是这样，火塘一区不仅是人们经常围坐之处，并且也是一个十分特殊的场所，这个场所和与天神的沟通密切相关，所以可以将之名为“通神节点”。

这样，在仰韶文化的半穴居中，存在着一个由西南而中央的活动热络区，这个活动热络区的一端为“尊长之处”，另一端为“通神节点”，特殊功能的赋予，使得相应空间脱颖而出，成为原始居住型半穴居室内空间的主轴。对于原始先民来说，长期的惯性使这个主轴对于日常的居住过程而言是不可或缺的；如果缺失，会使日常的起居难以顺利展开。“尊长之处”与“通神节点”的对应，决定了由西南而中央的活动主轴具有明确的祭祀色彩。当时，祭祀活动在人们的生活组织上是具有中心地位的内容，相应活动完成的完整性和规则来源的合理性都有可能成为祭祀有效性的保证，所以，人们就有可能把在室内形成的有长久历史支撑的西南与中央互动的祭祀行为规则应用于其他环境的组织。从后世的情况看，在半穴居中形成的，将西南视作“尊长之处”，在其东北安排“通神节点”，以形成祭祀活动中人、神交通路径的做法，在相当长的时间里，成为祭祀设施主导的聚落关键空间组织或者祭祀场所安排的常规。

和食物制作及相应气味的密切关系是通神节点得以成立的重要条件。半穴居中的东北隅——“宧”——可以是进食之所，也和食物关系密切，根据民俗资料，在进食前进行某种简单的酬神行为也是传统礼仪的常规，正是如此，半穴居的东北隅应该是室内的另一通神要点。这个节点的存在延长了上述半穴居中活动的主轴，对于祭祀活动的完整也具有特别的意义。

二 “尊长之处”与“通神节点”照应的环境构成

汉武帝时，议造明堂，济南人公玊带献上所谓的“黄帝时明堂图”。人们可以在这个明堂图上看到，“中有一殿，四面无壁，以茅盖，通水，圜宫垣为复道，上有楼，从西南入，命曰‘昆仑’。天子从之入，以拜祠上帝焉。”[13]在基地中央设置大殿，天子在这里拜祠上帝，所以，可以把这个大殿理解为“通神节点”；天子要由西南方进入由大殿控制的院落，位于西南的进入点就成了天子原本的所在，所以，这个点可以理解为“尊长之处”。也就是说，公玊带所提供的“黄帝时明堂图”的空间设置，与仰韶文化半穴居住宅室内空间的分配同构。或者说，“黄帝时明堂图”的设置是将仰韶时半穴居室内的空间组织结构移植于室外场所的实例。

“黄帝时明堂”的平面组织究竟如何？似乎并不容易确定。不过碰巧，在日本发现了在空间组织上和该明堂有明确对应的建筑遗迹，应该可以作为公玊带的“黄帝时明堂图”格局想象的参考。

在历史上，日本长久地接受华夏文化的影响。20世纪，在日本发现了时间上约略和汉武帝在位对应的弥生时代晚期的鸟取县羽合町长瀬高滨聚落遗址，该遗址上有一个特殊的建筑单元，该单元由内外两层围垣环绕一座建筑而成。中心建筑的平面为方形内均置四柱的格局，其周边沟渠环绕，建筑南边设一桥或楼梯跨过沟渠沟通内外。桥或楼梯与建筑结合使这一部分的平面与一个有着门道的半穴居的平面极为类似，因而，在其外紧贴着这一部分设置的内垣轮廓也就是一个有门道的半穴居平面。内垣在正南开门，与通向建筑的小桥共同构成一段轴线，强调出方形平面内均置四柱建筑主体的主导性。建筑单元的外垣大略为方形。奇特的是，这道外垣的南垣分作东西两段，东段向外推出，在中间形成了一个要进入院落就必须先到院落中轴以西，然后转向北方进入庭院的入口。这种做法可视为在院落正门取中的条件下，对“从西南入”的新的诠释。具体处理或与公玊带之明堂不尽相同，但在精神实质上是一样的（图 2-5）。杨鸿勋将这个建筑复原为一个“高床”式建筑，应该是正确的。但建筑遗址平面外围那一圈柱子只能是用来支撑高出地面的平台的，其屋顶应只由位置内缩的四根柱子承担，这样才能够造成该建筑“四面无壁”的结果。[14]也就是说，我们认为弥生时代晚期鸟取县羽合町长瀬高滨遗址上的这座建筑是特定形式的明堂。换个角度看，这种明堂对于后人来说

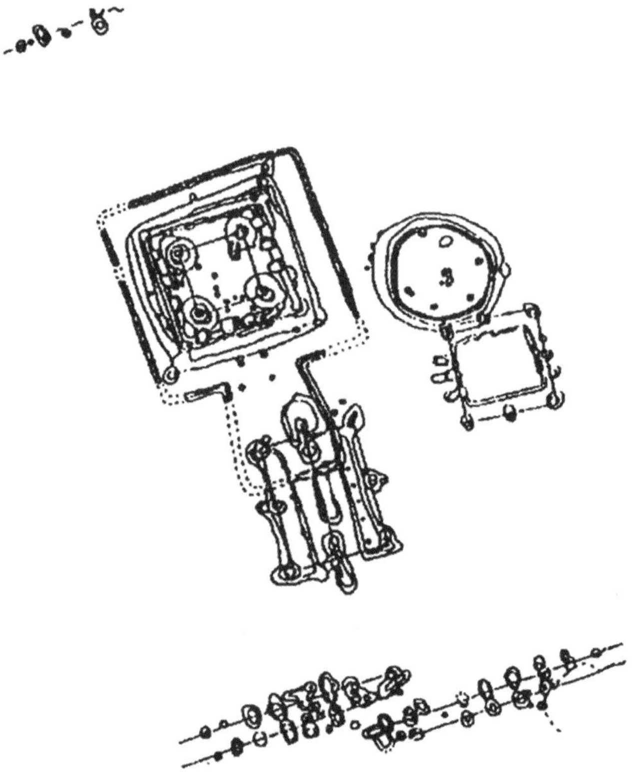

图 2-5 日本鸟取县长濑高滨
弥生时代建筑遗址平面图

0 10m

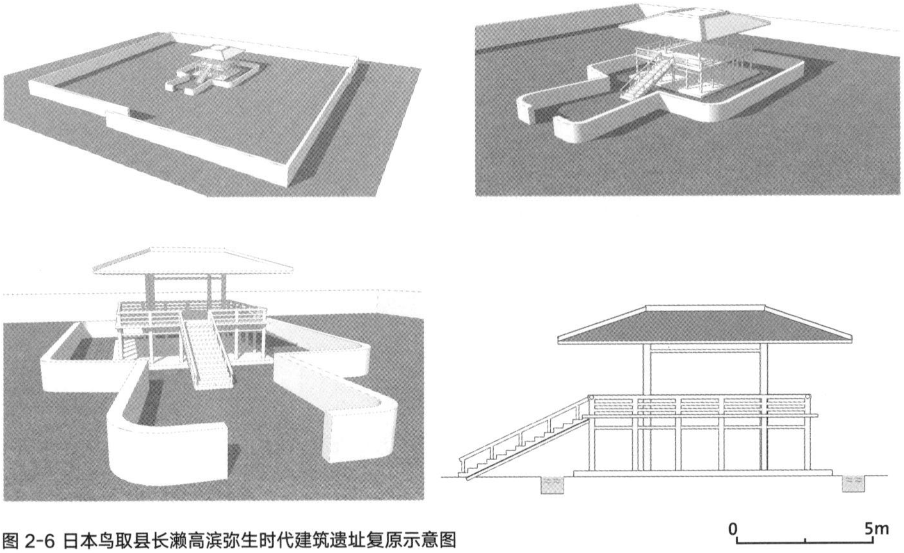

图 2-6 日本鸟取县长濑高滨弥生时代建筑遗址复原示意图

0 5m

可能只可以称作“棚子”或者“亭子”（图 2-6）。在长濑高滨聚落遗址上的特殊建筑构成与仰韶半穴居的平面大幅度的应合，进一步表明了古人确有把原始建筑格局及其空间结构用作较大环境控制的传统。

以公玊带之“黄帝时明堂图”的形态关系为基础，应可认为日本鸟取县羽合町长濑高滨聚落遗址上的特殊建筑其实就是某一等级的明堂，在这种设置中虽然其院落门朝向西南，但作为建筑组合整体的朝向则应为东南，因为判断一个建筑组合的朝向应以其主体建筑的正面门向为依据，而不是以院落的门向为依据。

把仰韶文化半穴居的室内组织结构移植于建筑群组的组织，当然不是自西汉才面世的“黄帝时明堂图”始。现知把相应的空间组织方式用于建筑群组构造的明确的例子，可以追溯到属于仰韶文化早期的姜寨遗址第一期文化遗存。

姜寨遗址位于陕西省西安临潼北约 1 千米临河东岸之二级台地上。第一期文化遗存在时间上与西安半坡仰韶文化遗址早期相近，距今约 6000 年。据发掘报告，该聚落主体部分外有平面为椭圆形的壕沟围护，该椭圆东西约 170 米，南北约 155 米，壕沟内面积约 2 万平方米，在壕沟内分布着一系列建筑组团。在多数文献中，姜寨遗址壕沟内的建筑组织被描述为五个组团围绕一片空场。五个建筑组团均以平面略为正方形、被考古学称作“大房子”的建筑为主体，周边簇拥着数量不等的中型房子和小房子[15]（图 2-7）。

严文明认为，姜寨是一个以氏族或者胞族为基础的公社，小房子里容纳的是对偶家庭，中型房子则用以安排老人和尚未有婚姻生活的少年男女。[16] 由于仰韶半穴居的小房子一般只能容纳一对配偶和其离不了身的孩子。如果孩子可以离身，但又缺乏应有的自理能力，这时制作出某种公共性的建筑安排这些孩子居住，并由没有配偶共居的老人入住这种公共建筑起一定的管理、教育之责是可以设想的。这种房子较普通房屋要容纳更多的人，其尺寸也就比普通房屋要大些，这就形成了人们所谓的中型房子。这些少年有性别差异,所以一个组团中当有两所中型房子。在原始社会中，老人往往有着很大的权威，那些安排老人和尚未进行婚姻生活的少年男女居住的中型房子，当是以老人为主导，所以，从聚落层面看，中型房屋可以视为“尊长之处”。

社会发展到一定水平，人们需要在聚落中安排某种用于集会的设施，将公共活动都放在这里进行，这个设施既要面对更多人口，又要适应特定仪式氛围的需求，以至于人们乐于在这种设施上更多地投入，制造出更大的体量和更隆重的形式，于是大房子就产生了。姜寨 F1 那样的大房子是社会组织和建筑技术发展到一定水平的产物。最初的大房子应该还要满足特定人员住宿的需求，但其所容纳

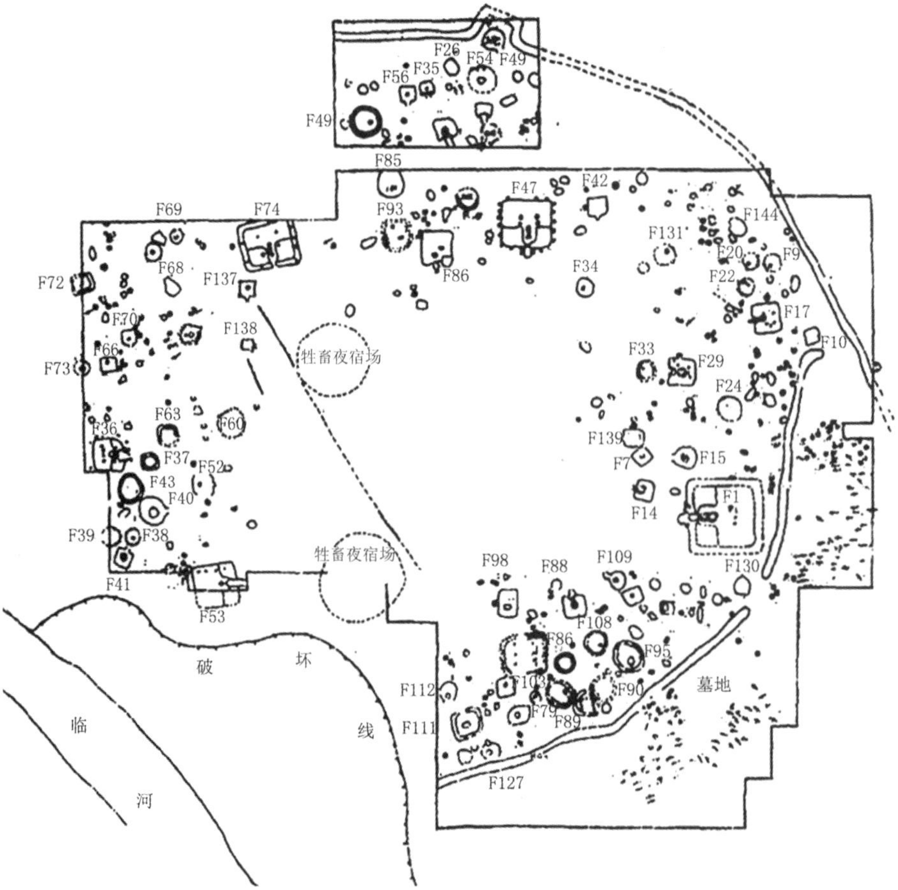

图例： 房屋基址 F111 基址编号

0 50m

图 2-7 陕西省西安临潼县姜寨遗址仰韶文化聚落平面图

者应该与中小型房屋中容纳的人员有所区别，很可能是尚未婚配或临时不能和配偶同居的成年男性。

姜寨的各个建筑组团的规模不同，作为建筑组团主体建筑的大房子间有较大的尺寸差异，F103、F53、F74、F47 在尺寸上大于其周边的房屋，显示出组团的主导性，只有 F1 大于聚落中所有其他房屋，显示出聚落的主导性。也就是说，建筑组团的大房子之间是有层级区别的，所谓“大”也是一个相对的概念，在一定层级中，大于周边其他建筑的房屋，就可以称作大房子。至于“大房子”的用途，曾有过不少讨论。20 世纪 80 年代初，汪宁生结合民族学资料，提出了“大房子”

是氏族公共集会的会堂，是举行宗教仪式的场所的观点。[17]稍后，严文明在对姜寨仰韶文化遗址的研究中，也表达了“大房子”是举行节日庆祝、宗教仪式以及集会议事的场所的看法。[18]

近年，陈星灿结合台湾的民族学资料对仰韶文化庙底沟期大房子的功能做了更为细致的研究。他观察到，台湾土著不论是行母系还是行父系，部族都建有用于男子集会的“大房子”。这些“大房子”不仅是未婚男子夜宿的地方，更是部落举行集会、祭祀等活动的地方，是一定人群政治、宗教活动的中心。重要的祭祀大都在“大房子”里或以“大房子”为依托举行。相关祭仪有部落繁荣祭、五谷祭、除袚祭、祖先祭、粟收获祭以及最重要的成年礼。在祭仪活动过程中，部落成员会在从属于大房子的广场上，狂歌曼舞，夜以继日。不仅如此，“大房子”也是部落少年的教育中心，其中包括“公民”的教育和军事训练，前者教授部落历史、传统和礼俗，后者包括胆量、抛石、弓矢、战术、跑步等训练。陈星灿根据这样的民族志材料推断，庙底沟期的大房子的功能当是部族进行节庆活动、祭祀活动和集会教育等集体活动的场所。[19]考虑到文化的延续性和诸多的祭祀活动都是在大房子里或以大房子为依托举行，应该可以把姜寨遗址建筑组团中的大房子视为对聚落或建筑组团开放的、具有很强公共性的“通神节点”。

有了中型房子可以视为“尊长之处”而大房子可以视为“通神节点”的知识基础，再回过头来观察姜寨遗址的各个建筑组团，似乎就能看出一些以前不曾发现的东西，那就是：大房了附近的中型房屋，并不是简单地簇拥着人房子安排，而是分布在其右前方。如果大房子是坐北朝南的话，这些中型房屋就是分布在其西南方。中型房屋和大房子之间，即“尊长之处”与“通神节点”之间构成了西南、东北的照应。在姜寨原始聚落的建筑组团构成上，我们看到了同时期半穴居建筑室内主导空间关系的翻版。

应该是为了生活方便，小型房屋的安排多随中型房屋。所以，最终我们在姜寨仰韶文化聚落遗址上看到的是中、小型房屋多处于大房子右侧或右前方的格局。这种建筑组团形成的方式，深刻地显示出祭祀活动在当时聚落生活组织上的特殊地位。

无论什么时候，建筑的营造都是要花费大量社会资源的活动。建筑体量越大，花费的社会资源越多。人们愿意为某类建筑投入更多的资源，说明对它更为重视，这就意味着“大”房子的社会地位一般会较高。从已知的资料看，最早的用于居住的竖穴平面形状多趋向于圆形，之所以如此，当和圆形的穴坑边缘相对稳定不易坍塌有关，且同样的周长，圆形可以覆盖的面积最大。随着时间的推移，越来越多的方形平面半穴建筑出现了，方形平面具有更为明确的方向感，因而可以和自然方位以及要求行为有一定约束的礼仪活动更好配合，这就可能形成方形平面规格较高的意识。在半坡和姜寨遗址上，已有研究中被明确为大房子的建筑均为方形，最大的房屋 F1 也是方形，这应该表明方形平面在当时是较为高级的做法，或圆形平面在等级上逊于方形平面。除了用于人类居住的半穴居建筑，在当时的聚落遗址中，还存在着垃圾坑、贮藏坑和用于祭祀的坑穴，观察这些坑穴，可以明确看到，垃圾坑的形状往往比较随意，而祭祀坑则往往比较规整。[20] 对于不同坑穴的处理，应该表明，那些平面形状难以归纳的坑穴，在等级上又逊于圆形平面。此外，半坡和姜寨的最大建筑都是正方向布置的，建筑的正方向布置提示围绕其活动的人与自然方位的关系，使人们更容易辨别自己的具体位置和朝向，形成和自然运行呼应的感受，这应该是某些仪式活动特别希望的。正是这种优势，应该使人们乐于把那些与仪式活动相关的建筑正方向布置，甚至正方向布置是建筑规格较高的表示。

考虑到“大”“方整”和“正向布置”可能蕴含的意义，在把姜寨遗址的建筑组团定义为由大房子和其右前方的其他建筑构成的条件下，姜寨聚落的组织结构似乎还可以作进一步的讨论。

具体地说，除了原来确定的 F1、F103、F53、F74 和 F47 为大房子以外，还有一些建筑应该是大房子，即一定建筑组团的主体建筑或通神节点。首先是编号为 F36 的建筑。该建筑平面为方形，坐西朝东的正方向布置。在位置上，其远离其他大房子，却几乎与姜寨遗址上最大的建筑 F1 正面相对，与 F1 共同构造出一条横贯广场的东西轴线，这条轴线并不严格，却有助于提升 F36 的地位。在 F36 的右手和右前方，确实存在与其密切相关、聚为一团的较小建筑，加上其位于 F53 的左后方，使其很难被归入 F53 主导的建筑组团。因此，可以认为 F36 是一个相对独立的建筑组团的主导者。其次是位于大房子 F1 以北偏东的 F17，该建筑的平面为方形，其正门的右前方也存在一系列与其关系密切且聚为一团的较小房屋，考虑到 F17 及相关的房屋与 F1 为首的建筑群组之间某种程度的空间疏离，似也可以认为，这里也存在着一个相对独立的建筑组团。不过，F17 自身的面积较小，且其右前方缺乏方形平面的建筑，这似乎是说，该组团等级较低，对 F1 为首的组团有较多的依赖性。另外，在 F47 北边的 F54，其平面虽为圆形，但与其周边的其他建筑相比，尺寸明显较大，在其前方及右前方存在一系列面积较小的方形建筑，正是这些方形建筑的存在，表明了 F54 不同一般，以其与 F47 相对疏离的情况看，这一部分也可以视为从属于以 F47 为首之建筑组团的次级组团。这样，从建筑群的组织方式看，姜寨遗址至少由 8 个有着等级差异的组团共同构成。其中，以 F54 和 F17 为首的建筑组团，因其远离中央广场，主导建筑规模较小或平面等级较低，且和以 F47、F1 为首的建筑组团在空间上相对靠近，可以将其定义为半独立建筑组团（图 2-8）。

这 8 个建筑组团大致围绕着一片空地基本连续的安排，造成了一个相对确定的空间界面，从而使原本的空地成为广场。这个广场无疑是全聚落的公共空间。因为形成广场界面的房子和建筑组团大小不一，它们与广场间的距离也有差异，所以，这些房子和建筑组团对于广场的影响也有所不同。对应于不同大房子的人群在广场上活动时，尤其可以明白地体会到自己所在组团在整个聚落中的地位。

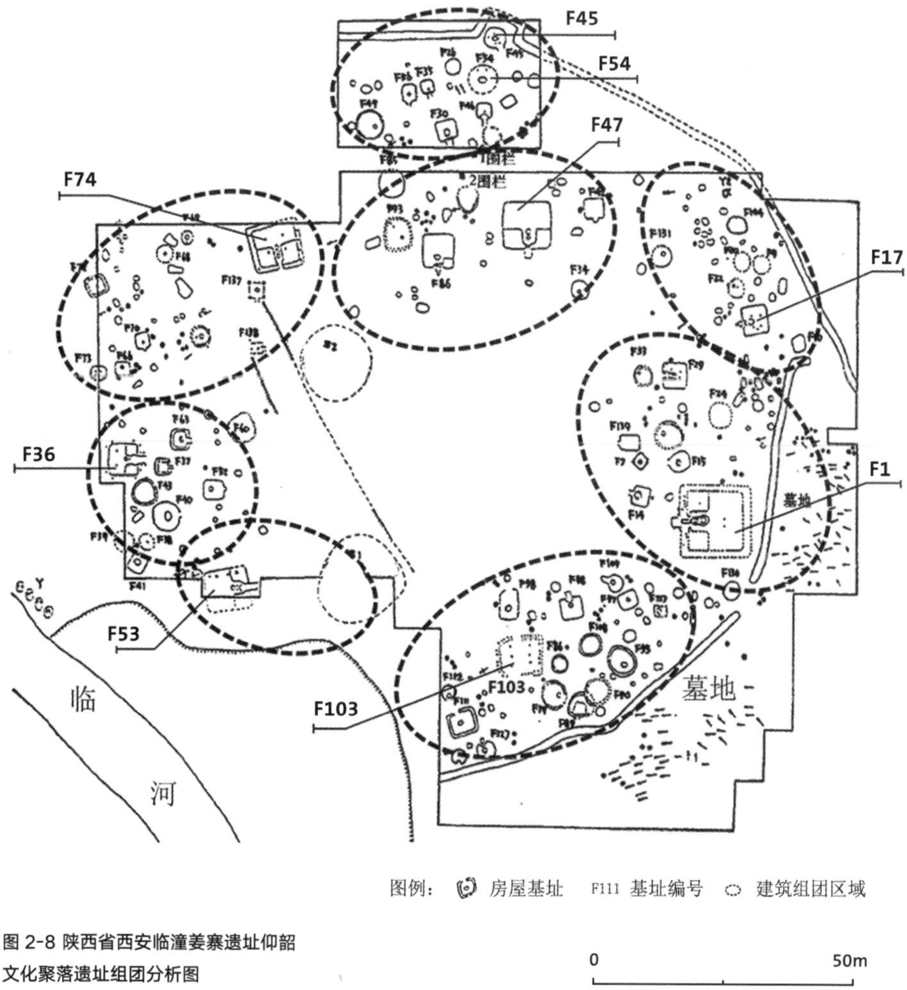

图 2-8 陕西省西安临潼姜寨遗址仰韶文化聚落遗址组团分析图

种种情况表明，在姜寨，虽然还较为粗糙，人们已经在整体聚落构成上通过对建筑尺寸、建筑形状、大房子的定位、组团与中心广场的关系、组团的规模大小等的控制，促成了一个中心明晰的多层级的秩序整体的形成。也就是说，在中国传统社会中长期存在的建筑等级制度和某种聚落秩序形成规则在此已经粗备。这里的秩序形成不仅依靠建筑制作、群体规模，并且还依靠空间组织。多种控制手段的参与，显示出当时社会生活组织和空间感受之间的细致对应，仰韶时期的聚落营造实践，已经显示出中国人特别关注室外空间层级细致叠加的建筑艺术实践路径。

注释

1 杨鸿勋：《中国古代居住图典》，云南人民出版社，2007 年，第 47 页。

2 严文明：《仰韶文化研究》，文物出版社，1989 年，第 221 页。

3 徐朝华：《尔雅今注》，南开大学出版社，1994 年，第 166 页。

4 [东汉] 郑玄注，[唐] 贾公彦疏：《仪礼注疏》，北京大学出版社，2000 年，第 903 页。

5 蒋志丹、王鲁民：《“屋漏”考释》，《南方建筑》2012 年第 1 期。

6 严文明：《仰韶文化研究》，第 185 页。

7 徐朝华：《尔雅今注》，第 166 页。

8 杨鸿勋：《建筑考古学论文集》，文物出版社，1987 年，第 33 页。

9 [南唐] 徐锴：《说文解字系传》，中华书局，1987 年，第 229 页。

10 [东汉] 郑玄注，[唐] 孔颖达疏：《礼记正义》，北京大学出版社，2000 年，第 604 页。

11 朱芳圃：《殷周文字释丛》，中华书局，1962 年，第 38-39 页。

12 笔者 1987 年赴苗族居聚区调查时亲见。

13 [西汉] 司马迁：《史记》，中华书局，1959 年，第 1297 页。

14 杨鸿勋：《宫殿考古通论》，紫禁城出版社，2001 年，第 11 页。

15 西安半坡博物馆、陕西省考古研究所、临潼县博物馆：《姜寨》，文物出版社，1988 年，第 15 页。

16 严文明：《仰韶文化研究》，第 221 页。

17 汪宁生：《中国考古发现中的“大房子”》，《中国考古学报》1983 年第 3 期。

18 严文明：《仰韶文化研究》，第 173 页。

19 陈星灿：《庙底沟期仰韶文化“大房子”功能浅论》，《考古学研究（9）：庆祝严文明先生八十寿辰论文集》，文物出版社，2012 年。

20 拓古、问鼎：《对灰坑的讨论》，《江汉考古》1995 年第 3 期。

第三章
大房子的分解与上古国土景观秩序

Chapter 3
Deconstruction of Large Houses and the Hierarchy of Land Use in Ancient China

一 大房子的建构与明堂的创制

顾名思义，“大房子”，就表明了这种建筑在一定的组合中相较于其他建筑为大。考古发掘表明，大房子不仅尺寸较大，附近多有中、小型房屋分布，并且仰韶文化早、中期的大房子多与一定面积的空地（广场）相关。中、小型房屋的门向选择，除了朝向广场之外，还有可能朝向大房子，表现出它们与大房子之间的呼应或从属关系。

严文明注意到，姜寨一期原来认定的 5 所大房子中除了 F103 情况不明外，其余的“在火塘两旁都有低平的方形土床，面积因房子的大小而异，10 ~ 18 平方米不等，这样一所房子可以住 20 ~ 30 个人。由于房子较大，床位后面有很大一片空地，除了一些必要的摆设外，还可以容纳较多的人集会议事，举行节日庆祝或宗教仪式等”[1]。即从姜寨大房子的情况看，它除了服务于集会议事，举行节庆和宗教仪式，还可能容纳一定量的人员住宿。到了时间稍晚的仰韶文化的庙底沟期，情况发生了改变。人们在这个时期的大房子室内“并没有发现凸起为床的土台子。……房内少见遗物或其他生活设施”。除此之外，许多大房子“居住面用料礓石、草拌泥等多层铺垫而成，面上涂抹料礓石做成的白灰面，有的白灰面还涂红……有的墙壁上还涂有红色颜料。这种红色颜料在有的遗址被证明是辰砂。不少室内柱都有石柱础，柱础上还涂有红色”[2]。土床的缺失，表明大房子居住功能的取消；而红色，在中国古代有辟邪厌胜的功能，它的存在，强化了建筑与宗教仪式的关系；更细致的地面及墙面加工和室内石质柱础的使用则进一步显示了对室内空间礼仪性的关注。凡此种种，表明这时的大房子已经脱离日常起居功能，转而成为专门用于祭祀和仪式的公共建筑了。营造上对室内的特别关注，应该是说其主导功能主要在室内得以落实。

姜寨遗址的大房子室内柱子的布局有多种形式。从空间形成的角度看，它们的室内柱子都以门洞中轴为基准对称安排。这种安排柱子的做法，表明人们已经利用柱子来营造特定的室内空间气氛，也再一次显示室内空间对于其功能落实的重要性。不同的大房子，其室内柱子的数量有可能少到两柱多到八柱，这样的差别，与实际空间尺寸结合，形成了差异明确的室内空间感受。举例说，编号为 F1 的大房子室内在靠后墙处对称设两柱，F103 则为对称六柱，F53 似乎为对称八柱，F74 为对称四柱（图 3-1）。应该特别注意，大房子室内柱子数量与其尺寸之间缺乏对应关系，并不是建筑面积越大室内柱子越多，这种情况明确显示大房子中的柱子并不仅具有结构价值，其装饰或者象征作用更是不可忽视的。之所以要在大房子这种

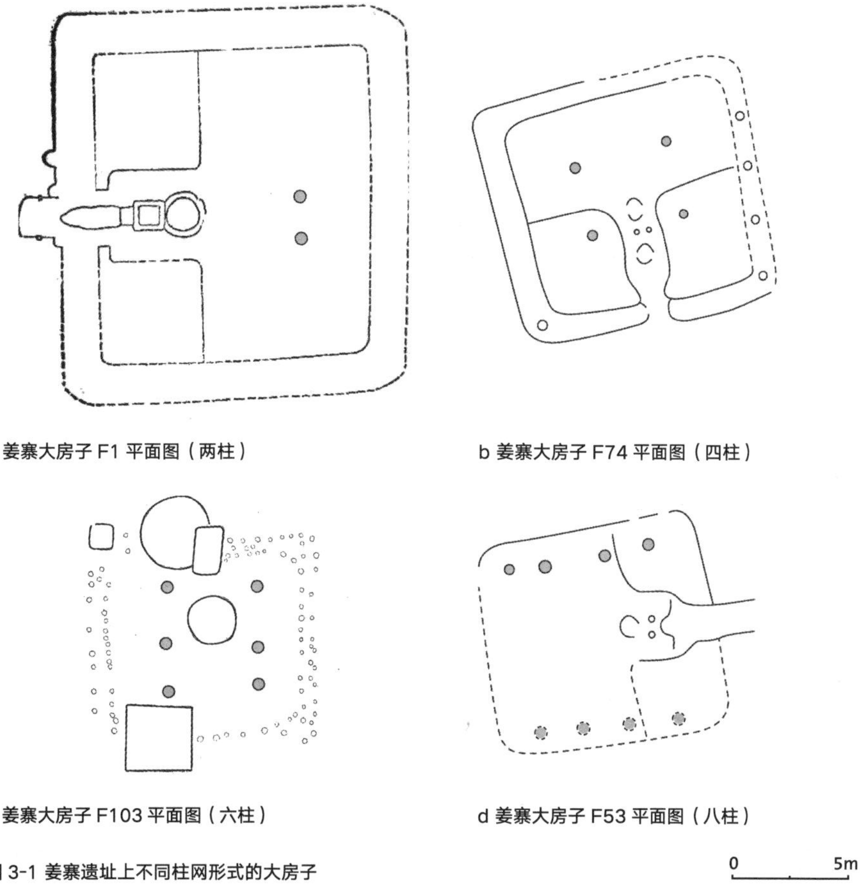

a 姜寨大房子 F1 平面图（两柱）　b 姜寨大房子 F74 平面图（四柱）

c 姜寨大房子 F103 平面图（六柱）　d 姜寨大房子 F53 平面图（八柱）

图 3-1 姜寨遗址上不同柱网形式的大房子

特殊建筑上制造室内环境的差异，表明了大房子特别是其室内在制造环境的可识别性或人群的认同上的特殊地位。利用柱子数量的不同来形成建筑之间的差异，无论在建筑形式处理上还是建筑功能的发掘上，都是极具价值的做法。可是，这种极具价值的建筑处理方式似乎并没有被后人积极地继承，因为，按照陈星灿的观察，到了时间较晚的庙底沟时期，“大房子的室内柱皆为四个”。[3]

严文明说：“就大房子而言，面积是不断扩大的，仰韶早期面积为 60 ～ 125 平方米，中期为 200 平方米左右，晚期为 150 ～ 300 平方米，仰韶文化末期与此相当或略大。”[4] 陈星灿则注意到：庙底沟期的大房子往往将入口两侧的墙向前斜出，使得房子的平面接近五边形[5]（图 3-2）。结合庙底沟期大房子中的火塘有更加靠近入口安排的倾向，可以认为将建筑前墙向外斜出的做法有两方面的价值：一是扩大了总体建筑的容量；二是在火塘后方形成更大的居停空间。把这种情况与严文明指出的大房子面积不断增加的情况联系起来，可以十分肯定地认为：为了在大房子里容纳更多的人员或满足建筑室内仪式安排的要求，在仰韶文化的相当长的一个时段里，人们持续地有着扩大大房子容量和面积的意愿。从营造的角度看，要扩大这种在室内对称安排柱子，因而其大略为框架结构的建筑的面积与体量，最经济的办法就是在室内安排更多的柱子，形成更大的柱网覆盖面。由于在室内安排六柱甚至八柱的做法在较早的姜寨遗址中已经存在，人们对相应的构造与结构方式应有一定的经验，如果在此基础上作进一步的努力，利用更大的柱网覆盖面来取得更大的室内空间，在技术上应该没有问题。可时间排在姜寨之后的、把两扇前墙向外斜出的庙底沟时期的大房子反而室内只用对称的四柱，不能不说这里存在着某种逻辑上的矛盾。矛盾的情况，使人有理由认为在室内对称安排四柱的大房子是某种具有特殊意义的做法。

按照结构的可能性，仰韶文化方形半穴居室内对称四柱的大房子结构的复原应是先在四棵柱子上端安置四根大致等高的横木，形成一个方形主体构架，然后设一头搭在此构架之上，一头落在地上的斜向杆件以承托屋面。那些用以承托屋面的斜向杆件可以分成两种。一种是平面投影与架在四柱上的横木垂直的斜杆，在这种斜向杆件中，八条最近柱子的杆件相对特殊，因为它们的投影可以视为某一柱子上端横木投影的延长线；把这种斜杆的投影与方形构架的投影视作一个独立的系统，将其落在大房子的穴坑所形成的方框中，就会得到一个九宫格。另一种斜杆只有四条，这四条杆件上端应搭在柱子上，下端落在方形穴坑的四个角的顶点附近，用以支撑四面坡顶的四条斜脊，其平面投影为一条跨在九宫格交角四宫上的45°斜线，这条斜线使得四角四宫有别于正向五宫。如果再把这四条45°斜向杆件的平面投影线向九宫格的中央延伸，则会得到一个其上打了一个大叉的九宫格（图3-3）。

在古代文献中，人们可以把建筑构架中位于最高处的起结构作用的横杆称作“极”。《说文解字》徐锴注说：“极者，屋脊之栋，今人谓高及甚为极。”[6]在后世采用抬梁式构架的坡顶建筑上，多数屋顶通常只有一条位于构架最高处的“屋脊之栋”，也就是脊檩。而在方形平面中置四柱的大房子的结构复原中，则有四条大致处于同一水平的架在室内四柱上的横木，如果在这四条横木以上的屋顶部分由搭在这些横木上的斜向杆件的上端延伸部分来支撑，那么在这些横木以上就不再有起结构作用的横木，于是这四条横木都可以称作“极”，即仰韶文化方形半穴内对称四柱的大房子可以有四条极（图3-4）。

“四极”和“九宫”的存在，鼓励我们把室内四柱的大房子与《淮南子》中所涉及的天地格局联系起来。《淮南子·览冥训》讲到女娲补天时说：“往古之时，四

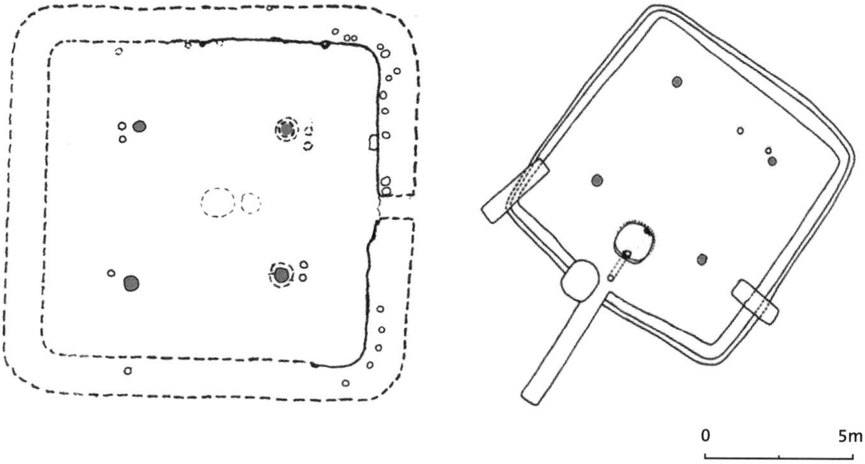

a 半坡 F1 平面

b 庙底沟时期的大房子平面

图 3-2 不同时期的大房子

图例： ○ 柱洞 ┈┈ 推测泥墙 ═ 实测泥墙

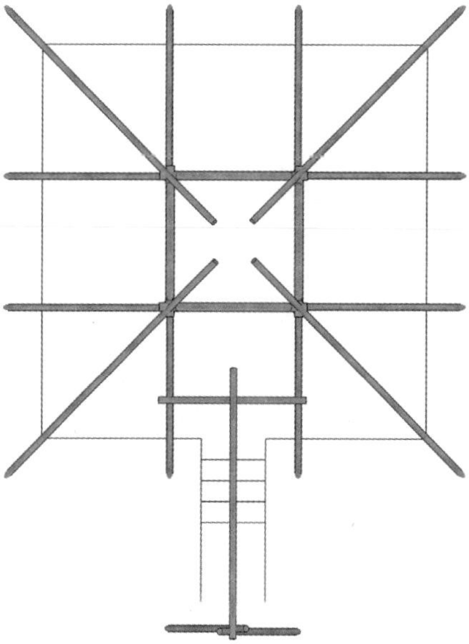

图 3-3 仰韶文化室内
四柱大房子构架俯视图

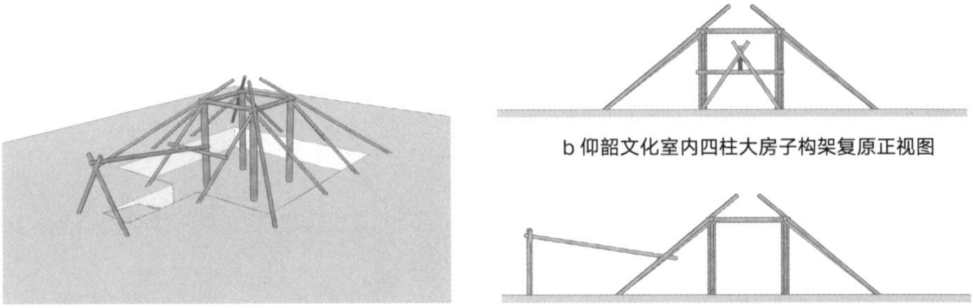

a 仰韶文化室内四柱大房子构架复原透视图

b 仰韶文化室内四柱大房子构架复原正视图

c 仰韶文化室内四柱大房子构架复原侧视图

图 3-4 仰韶文化室内四柱大房子构架复原示意图

极废，九州裂，天不兼覆，地不周载，……女娲炼五色石以补苍天，断鳌足以立四极。”[7] 这里“立”释为“位”，作“安置”“使就位”讲；“极”指位于最高处的横木；鳌足有四，“断鳌足以立四极”的意思是用四棵柱子使四根位于结构最上端的横木就位，通过这样的手段使天得以稳定；天所覆盖的大地，则由“九州”构成，九州的格局历来被认为与九宫格相关。可见，《淮南子 · 览冥训》指示的女娲所修复的天地，在形态构成上与仰韶文化的平面方形室内对称四柱的大房子原则对应。[8] 假如这种解释成立，那么在持续地想扩大大房子室内面积的背景下，人们坚持方形平面，且室内只对称安置四柱的目的就很明白，那就是要取得一个有着宇宙象征性的室内空间。象征性往往为宗教仪式的特别需求，它对于仪式的认同和隆重感的形成有巨大的助力。从建筑变迁的角度看，对方形平面室内对称四柱的坚持是和大房子逐渐转成为专门用于祭祀、仪式活动的公共建筑的历程合拍的。

《淮南子 · 览冥训》所指示的宇宙模式对于方形平面中对称四柱房子结构系统的认同，确定了许多人对宇宙形态的常规设想，这样的设想又可以反转过来成为大房子的意义来源和形式约束。在庙底沟期的大房子上看到的将大房子的前墙斜出，就是在保持与四柱宇宙模式对应的条件下尽可能地扩大室内空间的办法。

方形平面内设对称四柱那样的大房子的室内，因其四个角部空间相对逼仄，又分属于不同的侧面，与中央一宫间有柱子遮挡，它们很容易被看作为整个建筑的次要部分。如果将这四个角的四宫搁置，那么，大房子就剩下主导的正向五宫，这剩余的五宫所呈现的平面形态，其实就是一个“亚”形（图 3-5）。把亚形当作古代宗庙明堂平面图的说法，是宋代以后解释亚形意义的主流。[9] 宗庙、明堂都是祭祀建筑，可见亚形在祭祀活动组织上有特殊的价值，其缘由，当在它与特定的宇宙模式的关系。

20 世纪 30 年代在长沙出土的战国时期的楚缯书，中间为大面积文字，围绕着覆盖范围大略为方形的文字部分，四面安排一边三位共十二神，形成一个有方位标识的格局。在这个正方形的转角处，画有青、朱、黄、黑四棵大树。十二神或与十二月对应，青（春）、朱（夏）、黄（秋）、黑（冬）则与四季对应，也就是说，楚缯书所示出的以方形为基准的图示整体上有着明确的时间意涵。这个具有时间意涵的图示转角处四株大树的位置，正与方形平面室内四柱式大房子的室内柱位相应。所以，张光直“将楚缯书加上黑框，再把四木的四角躲开”，就顺利地得到一个亚形[10]（图 3-6）。这个结果，既表明了战国楚缯书上的图案与方形平面内对称四柱大房子之间的内在联系，也十分有趣地显示了所谓的“亚”形是怎样被制作出来的。

从长沙战国楚缯书看，方形平面内置四柱的建筑不仅有天地象征价值，并且

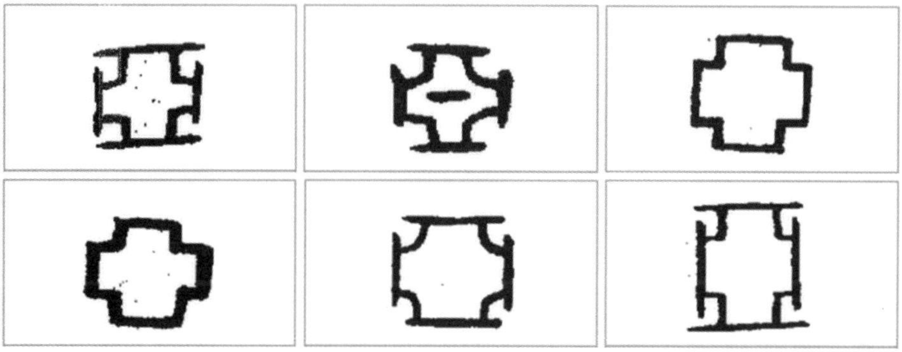

图 3-5 金文中的“亚”形

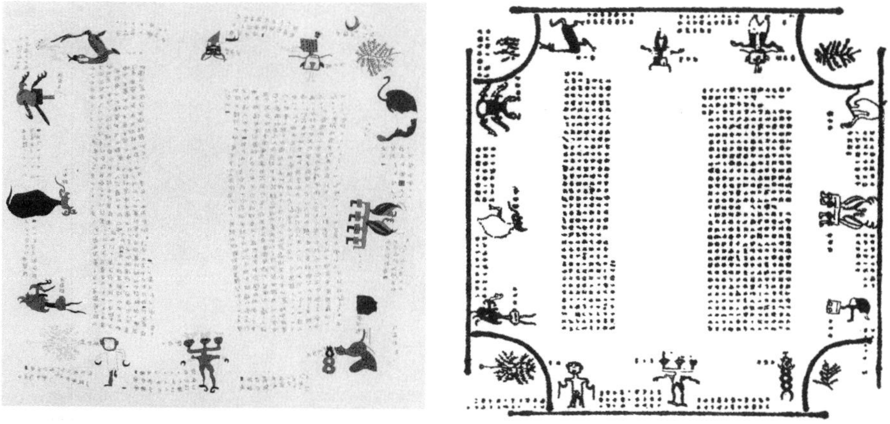

a 战国时期的楚缯书摹本

b 张光直亚字版楚缯书

图 3-6 楚国缯书

还有时间流转的含义。《庄子·庚桑楚》云："有实而无乎处者，宇也；有长而无本剽者，宙也。"[11]《淮南子·齐俗训》："往古来今谓之宙，四方上下谓之宇。"[12]为什么表达时间含义的"宙"字有一个与屋顶相关的"宝盖头"？"亚"形何以获得了时间表达能力？这要从古人的营造活动说起。古代重要的建筑实际起建之前，一项重要的工作就是取正，取正就是确定房屋的朝向。确定建筑的朝向，古人是通过测度日影的变化来达成的，这从一开始就让建筑和时间有了断不开的关系。为了慎重，中国古代建筑朝向的确定要在四个方向上分别进行，由于中国传统的重要建筑平面多为规则的矩形，所以在通常情况下，确定朝向的结果就是画出一个位于建筑地盘中心的十字。在中国传统表达顺序的十天干中，第一个是"甲"字，而"甲"的甲骨文作"十"。因为"甲"字的契文形状与建筑定向的记录同一，即与建筑起建的记号同一，所以"甲"字有可能来源于对此记号的认同。方形平面中对称四柱的建筑本身，不仅必然包含着一个十字形的轴线，并且"亚"形本身就可以被认作为一个双钩的"十"字。于是，方形平面内对称四柱的建筑和"甲"字就有了更进一步的关系，也就与时间过程的启动有了脱不开的关系。前面提到方形平面内对称四柱建筑主要构件的投影可以视为在其上打上45°斜线所成之大叉的九宫格，在这样的图形上，如果隐去方形的外框，就能得到一个"⽶"形，在甲骨文中，"癸"写为"⽶"形，对于方形平面内对称四柱的建筑来说，"⽶"形的出现意味着结构主体的完成，而"癸"正是十天干的最后一个字。可见，在方形平面内对称安置四柱的建筑中，很自然地包含了天干的首字和尾字。"甲"字意味建筑营造的开始，而"癸"字表明了建筑主体建造的结束。于是，包含着"甲""癸"图形的大房子就有了时间变化循环的意义[13]（图3-7）。

其实，表达时间的字码序列的首尾字可以写作任何形式，但最终选择与大房

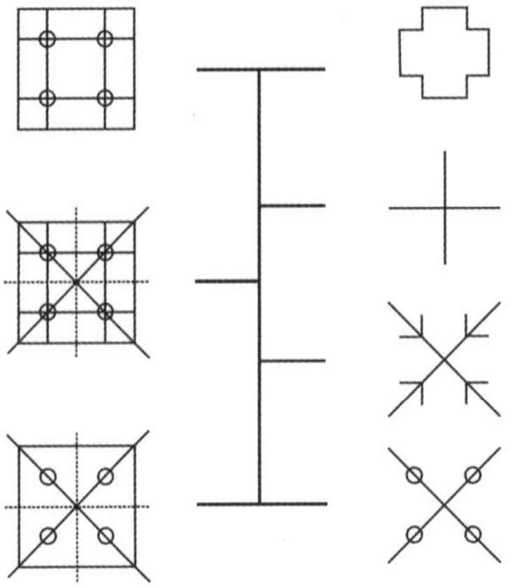

图3-7 四柱九宫分析图

子有关系的“十”和“※”，当然是因为大房子在社会生活和聚落空间组织上的地位特殊。一旦确定了“甲”和“癸”的写法，大房子不仅在总体形态上获得了时间流转的含义，并且其不同的部分，也就成为有时间对应价值的空间，这一点楚缯书上十二神的安排显示得很清楚。大房子各个部分与一定时间的对应，对其所承担的与农耕活动相关的祭祀活动的展开是十分有利的。从某个角度看，这个字码创作和意义认定的过程，可以认作是一个系统设计，通过这样的设计，最终使特定形态的大房子可以理直气壮地成为一定空间架构的中心。

明堂是中国古代的特殊建筑。古代文献中，历来有明堂象天法地的说法，所谓“天称明，故命曰明堂，上圆法天，下方法地，八窗法八风，四达法四时，九室法九州，十二坐法十二月，三十六户法三十六雨，七十二牖法七十二风”。[14] 早期明堂的平面形状有五室之说和九室之说。九室说如《大戴礼 · 明堂篇》:“明堂者，古有之也，凡九室，……二九四七五三六一八。”[15]“二九四七五三六一八”为洛书九宫之数。北朝甄鸾《数术记遗》说:“九宫者，即二四为肩，六八为足，左三右七，戴九履一,五居中央。”[16] 据此,明堂的平面就是一个九宫格（图 3-8）。五室说如《考工记》:“周人明堂，度九尺之筵，东西九筵，南北七筵，堂崇一筵，五室，凡室二筵。”[17] 五室明堂的具体格局，可由《淮南子》高诱注的说法猜度,《淮南子·本经训》高诱注说:“（明堂）上圆下方，堂四出。”[18]“堂四出”是说这个建筑的四个方向均向外凸出，依此说法，可以画出多种平面图形，可最为明快、单纯的却应该是一个双勾十字，即通常所谓的亚形。所以，无论五室、九室，无论是在象征性上还是在平面的基本格局上，明堂都与室内四柱的大房子有脱不开的关系。

方形平面内对称四柱的大房子本身有着明确的天地模型和时间流转象征价值，所以明堂象天法地应是其“本质属性”。从来源上和意义上看，五室明堂与九室明

四	九	二
三	五	七
八	一	六

图 3-8 数术九宫图

堂都来自同一源头，但从发生的逻辑看，九室明堂可以视为对方形平面内对称四柱建筑本身形态的直接引用，而五室明堂则是在九宫基础上适应特定视觉要求的形式创造。九室明堂所对应方形体量缺乏足够视觉的特异性，而五室明堂所具有的曲折建筑轮廓，对显示建筑的特殊性大有帮助，有了一定技术条件的支持，五室明堂会很自然地成为明堂这种特殊建筑的专属形式。

人们通常把《礼记 · 月令》中所涉及的建筑平面想象成一个“亚”形。这个建筑是由十三个部分构成，分别称作：“青阳左个”“青阳大庙”“青阳右个”“明堂左个”“明堂大庙”“明堂右个”“总章左个”“总章大庙”“总章右个”“玄堂左个”“玄堂大庙”“玄堂右个”和“大庙大室”。《礼记·月令》的“庙”指每一面向的当中间，“室”是指四边都有墙垣的空间，“个”的意思则为正房两旁的侧室。从先秦文献看，通常建筑正房两边的侧室称作“夾”，这个“夾”字确实很好地说出了这种东西处在两边的位置和其辅助中间部分突出其中心地位的作用，是一个十分得体的表达。可是到了《礼记 · 月令》这里，“夾”字不用了，改用“个”。在古汉语中，作为量词的“个”也可以写作“個”，但这里的“个”是个名词，不可以用“個”替代。从《月令》所涉建筑的平面格局看，这些“个”，都是处在建筑平面的角部。为什么角部的房间称作“个”，回到方形平面室内四柱大房子的平面组织，问题并不难回答。如前文所说，大房子主体构架的平面投影图去掉四方边框后是一个“⋇”字，这个“⋇”字的四个角就是四个“个”形。称《月令》所涉及建筑当中间（大庙）两侧的房间为“个”，源于人们对特定形态建筑的室内空间结构与形态的理解，是大房子角部四宫分化的结果（图 3-9）。

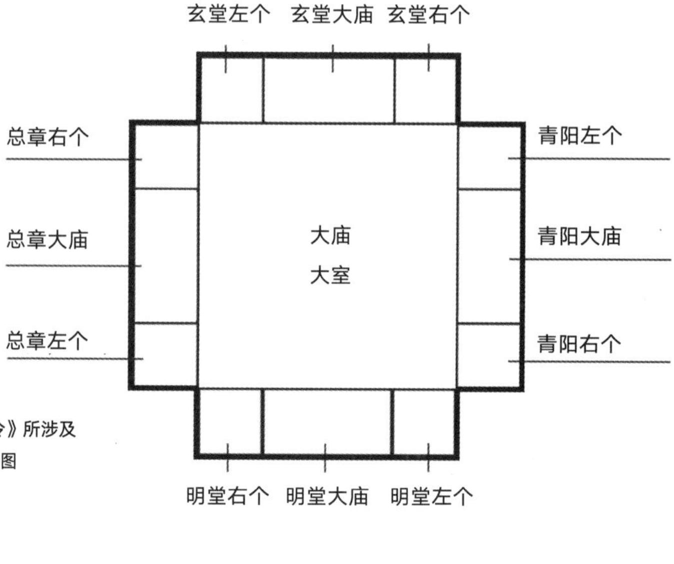

图 3-9《月令》所涉及建筑平面示意图

古代用于测度方位的式盘上的图案往往具有宇宙图式的意义，安徽阜阳双古堆出土的式盘即是一例。此式盘之地盘上的图案即是甲骨文的“十”（甲）与“㐅”（癸）的合形，只是“癸”字表达为位于四个角部的“个”。这些“个”位于每个正面向的两端，正是《月令》所涉建筑的大庙两侧房间称作“个”的说明（图 3-10）。

《礼记·月令》要求：天子按照不同时间，居于其所涉及建筑的不同位置施政。[19] 这种做法，是对方形平面内对称四柱建筑“本来就具有的”时间对应意义的自然发挥。这一发挥与其将建筑转角处的房子称作“个”的做法结合起来，正表明了该建筑与平面方形内对称四柱的大房子间的内在联系。该建筑平面外廓虽为亚形，但却是包含着十三个部分的复杂组合，由于这十三个部分其实可以与基础为九宫的大房子的室内分析结果对应，所以它又可以视作将方形平面内对称四柱所含有的空间组织转为“亚”形的结果。将方形平面内对称四柱所含有的空间组织“亚”形化，导致这一特异建筑的每一面向更加突出、独立、完整，使得建筑的轮廓和屋顶形式复杂多变，这无疑有助于提升所涉建筑的隆重性甚至神圣性。

按照《礼记·月令》所述，“明堂”只是其所涉及的建筑朝南正中的那一部分，可其所涉建筑与“五室”“九室”的形态格局，又与后世主张的独立型明堂完全照应。这种情况，似乎暗示“明堂”二字起初只是特定建筑的局部名称，后来才用来指称特定的独立建筑整体。

大房子本是一定人群所拥有的建筑组合中最具公共性的设施，特定形式的大房子与宇宙模式的特殊关系，使得它成了各种祭祀与礼仪活动特别适合的场所，人们倾向于把各种各样的重要事项都放在大房子里，或以其为依托来实现是完全

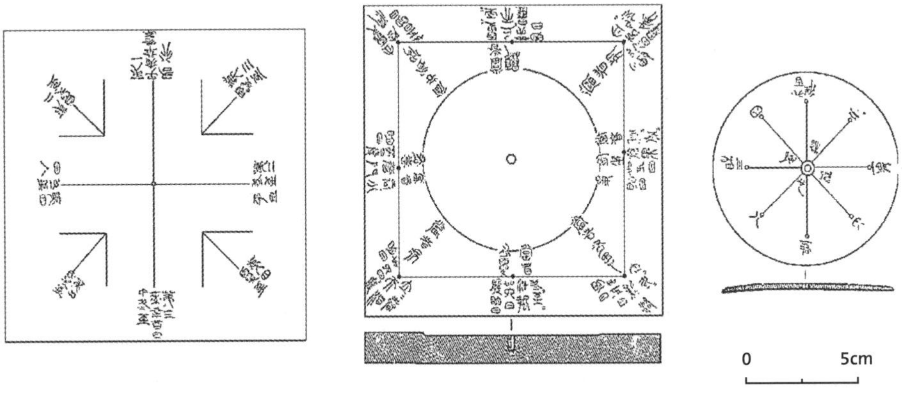

图 3-10 安徽省阜阳市双古堆出土的式盘

可以理解的。古代文献对于明堂的功能有种种说法，正表明了明堂是一个应对各种祭祀与礼仪活动的综合性公共设施。

将不同文献关于明堂功能的说法罗列一下，也许会有利于对明堂功能的公共性和综合性的理解。《逸周书·程寤》说："文王乃召太子发，占之于明堂。王及太子发并拜吉梦，受商之大命于皇天上帝。"[20]"帝"在上古义同后世所说的天神，《淮南子·地形训》提到"众帝"[21]，"众帝"就是一众天神。这许多的天神各司其职，保障着宇宙的运行，最初这些天神之间，不见得有严格的等级差别。可随着地上社会的演进，位于天上的这些"帝"之间也有了地位高低，并与人世相应，出现了统领众帝之帝，也就是"皇天上帝""昊天上帝"，所以按照《程寤》，明堂是拜祭天神乃至于至上神的场所。《尚书·洛诰》云："考朕昭子刑，乃单文祖德。"[22]郑玄注云："明堂者，祀五帝，太皞之屋。"把"五帝"与太皞并提，这个"帝"就不是指一般的天神，所指应该是黄帝、颛顼、帝喾、帝尧、帝舜等上古圣贤，这样，明堂又是祭祀古代圣贤的地方。蔡邕《明堂月令论》曰："明堂者，天子太庙，所以崇礼其祖，以配上帝者也。"[23]这是说明堂还承担着祭祀自家祖宗的功能，即明堂也是宗庙。《逸周书·大匡解》说："勇如害上，则不登于明堂。"[24]《左传》记文公二年（公元前625年），晋与秦"战于殽也，晋梁弘御戎，莱驹为右。战之明日，晋襄公缚秦囚，使莱驹以戈斩之。囚呼，莱驹失戈，狼瞫取戈以斩囚，禽之以从公乘，遂以为右。箕之役，先轸黜之而立续简伯。狼瞫怒，其友曰：'盍死之？'瞫曰：'吾未获死所。'其友曰：'吾与女为难。'瞫曰：'《周志》有之，勇则害上，不登于明堂。'死而不义，非勇也。"[25]由这故事看，当时一般贵族如果为国牺牲，也可进入明堂得到祭祀，所以明堂还是供奉为国捐躯烈士的场所。明堂除了用于祭祀之外，还有其他功能，蔡邕的《明堂月令论》对此有一番总结："谨承天顺时之令，昭令德宗祀之礼，明前功百辟之劳，起尊老敬长之义，显教幼诲稚之学；朝诸侯，选造士于其中，以明制度，生者乘其能而至，死者论其功而祭，故为大教之宫，而四学具焉，官司备焉。"[26]按此说法，明堂不仅是一个万神殿，同时它还承担着授时昭历、养老诲稚、尊能敬贤、朝会诸侯乃至日常行政的功能。因为各种祭祀礼仪都倾向于在明堂中举行，所以，明堂还是举行盛大宴会的场所。《周礼·春官·大司乐》云："大飨不入牲，其他皆如祭祀。"郑玄注曰："大飨，飨宾客也。"贾公彦疏："凡大飨有三：案《礼器》云'郊血，大飨腥'，郑云'大飨，祫祭先王'一也。彼又云'大飨尚腶修'，谓飨诸侯来朝二也。[27]《曲礼下》云'大飨不问卜'，谓总飨五帝于明堂三也。"[28]在原始社会，合祀群神和大飨宾客应该是连在一起的行为整体，合祀群神要动用大量的祭品，祭祀完毕后将祭品分给参与祭祀的人众是再自然不过的事了，既然有“总飨五帝于明堂”一项，那么在明堂聚众餐饮是顺理成章的。

由上面的罗列来看，明堂的功能与台湾民族志所示的大房子的功能有相当的吻合，表明了明堂与大房子之间有特殊的关系。但也有两点重要的不同。首先，较早时期大房子本为所有的聚落都有，并非特殊聚落的专利；从考古发掘看，大房子初见于仰韶社会早期，其时，后世的占有广阔地域、对众多聚落实施统治的“王者”还没有产生。此外，在台湾民族志中的大房子那里，求取丰收与繁荣是特别突出的祭祀内容。按说，在主要靠天吃饭的古代，通过祭祀求取丰收应该是明堂这种综合性祭祀建筑功能设置的应有之义，求取丰收最为直接的祭祀对象应是土地之神和农业之神。但在蔡邕综论明堂的《明堂月令论》中，却看不到在明堂中祭祀土地和农业之神的迹象。《礼记·月令》虽有多处涉及求取丰收，如孟春之月“天子乃以元日祈谷于上帝”，孟冬之月“天子乃祈来年于天宗”（天宗指日、月、星辰），但却舍近求远，不是直捷地敬祀应该早就存在的农业之神或土地之神，而是把脸向上，转祈于上帝和日月星辰。

不仅在功能上大房子不能简单地等于明堂，姜寨或半坡时期的大房子在形式上和明堂也有重要差异。因为在古人那里，明堂的形式不是仅仅具备“九宫”“四极”就够了的。《淮南子·主术训》说：“明堂之制，有盖而无四方，风雨不能袭，寒暑不能伤，迁延而入之。”[29] 什么是“有盖而无四方”？这需要对明堂的样子作进一步的讨论。

古人对事物的命名十分慎重，所以人们总能通过“说文解字”的办法来达成对事物的正确认知。《说文解字》说：“明，照也。”[30]《春秋左传·昭公二十八年》曰：“照临四方曰明。”[31] 建筑物本身不会发光，所以这里的“明”应是其引申义，即“显露”“显示”或者被日光照亮的样子。《礼记·檀弓上》注云：“堂，形四方而高。”[32] 可见堂有一个凸出地面的方形台子。把这和“有盖而无四方”的说法结合起来，可以推测“明堂”应该是上有屋顶，四面没墙壁，可以顺利地被日光照亮的台子，即其形态正与公王带“黄帝时明堂”上“四面无壁”的“殿”一致。需要注意，“堂”又不同于“台”。在古代，严格地说，“台”上不应有屋顶覆盖，而堂的篆文写为“𡊌”，明确地显示其上有屋顶存在，用现在的话说，所谓“堂”是指建筑的台基。前文涉及的仰韶时期的四方四柱的大房子都是半穴居，不仅没有凸出于地面的“台基”的存在，并且，四方都有墙垣遮挡，日照不得长驱直入地照到室内的地面上，因而其不可能就是“明堂”。

但是，在一定的营造技术条件下，为了满足大房子的使用需求，原始社会的大房子很有可能转化成明堂。

现知仰韶文化早期的聚落，如姜寨，遗址的每一所大房子所对应的中、小房子为 20 多座，这 20 多座房屋能够容纳的总人口大致为 80 ~ 90 人[33]。从实际测量看，姜寨遗址上可以判为大房子的建筑室内空间，小的仅为 50 平方米，大的不过 160 平方米，并且聚落中最大的房子还有属于整个聚落的可能。也就是说，在一定的祭祀或仪式活动中，这些大房子未必能够容纳下所有希望进入室内参加相应活动的人。随着社会经济条件的改善、医疗水平的提高，人口的出生率上升和死亡率下降，会导致大房子所对应的人口持续增加，同时，祭祀活动在生活中地位的上升，也会使祭祀活动的排场越来越大，社会变迁其实在不断地挑战大房子的容纳性，要求大房子的面积持续地增长，前引严文明所述即表明了这一点。可是，大房子面积的扩张在许多时候受到室内只能放置四柱的条件限制，在容纳压力越来越大的情况下，通过仪式组织的改变限制进入大房子的人数就成了一种选择。那些不能进入大房子参加活动的人就要转到大房子之外，依托大房子展开礼仪活动。仰韶文化早、中期的大房子前往往有广场或开敞地段，就表明了在一定条件下，大房子的功能落实已需要室内与广场的互动。广场和室内毕竟是两个部分，本来要在同一空间中完成的连续仪式过程，要分在室内和广场两个空间中进行并不总是恰当的，为了让在广场上参与仪式的人群与大房子里进行的仪式更好地互动，在保持大房子的四柱九宫的宇宙图示的前提下，以当时的技术条件，解决问题的办法似乎有两个：一个是取消大房子四周的围垣，这种做法导致了日本鸟取县羽合町长濑高滨弥生时代晚期遗址所见的那样的明堂的产生；另一个办法是在大房子和广场之间建立一个中介型空间，使得大房子与广场之间有着更加确切的空间连续性，让大房子能够更积极地与广场上的活动互动。在我们看来，正是后一个办法导致了陕西扶风案板遗址那样的仰韶文化晚期大房子的出现。

陕西扶风案板遗址出土的仰韶文化晚期大房子编号为 93FAGNF3。这是一处地面建筑，门向朝南，基本正南北布置，其主体部分为室内对称安排四柱的方形，南北约 11.4 米，东西约 11.8 米，面积约 134.5 平方米，室内与姜寨 F1 大致相同。与姜寨的大房子相比，93FAGNF3 的不同之处有二：一是其内部没有发现火塘的痕迹；二是其东、西墙南端向外伸出 2.6 米，形成了一段面积约为 30 平方米的南向“外廊”[34]（图 3-11）。

在姜寨，大房子应该是举行各种祭祀活动的主场，燔烧是祭祀活动不可缺少的手段，火塘是中国传统的祭祀活动中的关键性要素。扶风案板大房子的室内火塘的缺席，很可能是由于房间难以满足人群聚集的要求，已经不得不把某些仪式环节迁移到大房子以外，与燔烧相关的部分由在大房子之内进行转而成为以大房子为依托进行。发掘报告称，在案板遗址出土的大房子“外廊”以南未发现其他建筑，

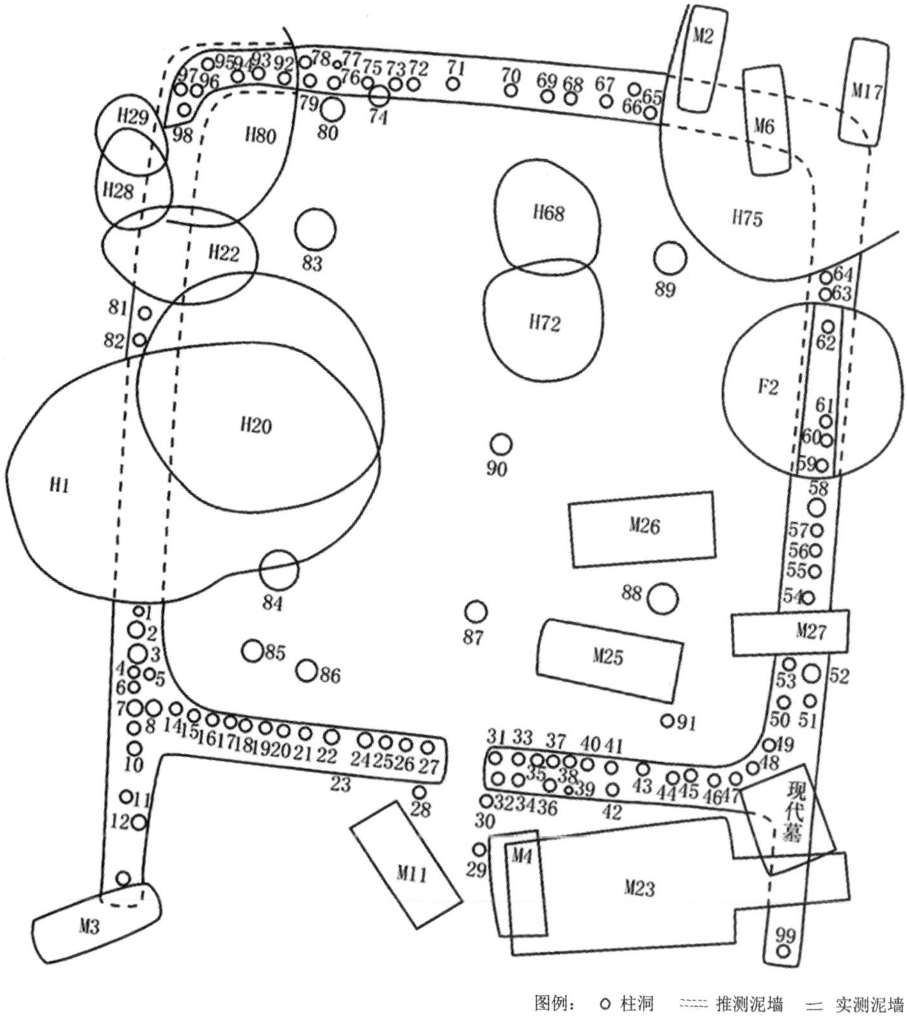

图 3-11 陕西省扶风县案板遗址
仰韶文化晚期大房子平面图

0 2m

表明该建筑南边面临广场，由此推测，放在室外用于祭祀的火塘应该就在建筑的南边。从具体位置看，扶风案板遗址大房子南端的“外廊”，就是更好地使大房子成为广场上活动依托的具体凭据，它在房屋的占据者与广场上的仪式参与者之间关系的连续性建设上起着十分积极的作用。这个“外廊”的出现表明了聚落成员分化为大房子的占有者和广场上的活动者，在某些仪式中，聚落的首领即大房子的占有者在“外廊”上活动，并不离开大房子，以能够更好地借力于大房子的“神力”，同时，外廊又为大房子的占有者提供了一个很好地被观瞻的背景，使他们与大房子两相重叠，合为一体，更为有力地对广场上活动的人群施加影响，这些应该就是这段“外廊”的设计者所期望的吧。

案板大房子上那个在后世看来毫不稀奇的“外廊”的檐下部分，正处在建筑的南面，其前面没有墙壁遮挡，在白天的大多数时间里阳光可以不受阻碍地照临其上，这个檐下部分又有屋顶覆盖，这就已经有了“明堂”的基本特征。不过，案板遗址的93FAGNF3号大房子虽为地面建筑，却未有台基，所以这段前廊的地面部分还不能称为堂。综合考虑其形态特征和建筑演变的基本逻辑，将这段“外廊”理解为明堂的雏形当不为过。

案板大房子未在其突出达2.6米的外廊部分增加立柱，表明了保持室内四柱格局对于这个房子的重要性，设置突出的檐廊和火塘的缺席则意味着许多祭祀活动的重心已经转移到了广场上，而只能在广场上参与仪式的人员，至少在仪式过程中不能充分感知大房子室内格局力图传达的神圣意义，从而使本来应该获得的仪式体验大打折扣。此外，新增的南外廊虽然在某些方面满足了使用的要求，但却在实际上改变了建筑整体与宇宙模式的严密对应，建筑平面事实上是一个九州图案与一个缺少意义的赘物的拼合。第三，火塘本是通神要物，火塘从建筑内迁出，事实上也在某种程度上降低了建筑作为通神节点的价值。这一切，都有可能让人们去寻求一个更有表现力的，形式、意义和活动安排有机结合的建筑形式。

可以设想，为了使大房子更好地服务于特定的仪式，在仰韶文化的一定时期出现过多种多样的尝试，不过，这些可能存在的尝试因为史迹淹没，可能已经永远无从了解。不过，我们还是幸运的，因为考古工作者在甘肃秦安大地湾遗址发掘到了基于方形平面室内对称四柱大房子的区别于日本鸟取县“明堂”的革命性创造物。[35]

甘肃秦安县大地湾遗址的覆盖范围最大时达到100万平方米，规模如此巨大，足以令人猜想它是一个足够大的地域的中心聚落。考古发掘报告将大地湾的遗存分为五期，时间跨度从仰韶文化到常山下层文化（约公元前3000年）。聚落延续到第四期，也就是在仰韶文化晚期达到最盛。与上一期相比，这一时期建设上最为突出的表现，是在离开沿河道分布的一般居住地段的南部断崖以上的山坡上，形成包括一系列大中型房屋的特殊片区。在这些大中型房屋中，最为突出的是编号为F901、F400、F405和F411的建筑。

在空间组织上，这几幢建筑可以分为两个单元。F901一幢建筑可以视为一个空间单元，它位于这个特殊片区的北端，独自矗立于一条临河断崖的大致中点，向北俯瞰着下方沿河分布的一般居住地段。F901 的南部相当范围内没有同期的其他建筑，也就是它的南边是一个具有相当规模的广场，为依托 F901 举行各种活动提供了条件。F400、F405 和 F411 等则可以算作另一个空间单元。这三座建筑由西到东顺序排开，最西边为 F405，最东边是 F411，F400 距 F405 约 15 米，F400 与 F411 相距 30 米。三者离 F901 约 300 米。大体上看，这三座建筑共同占据着南为山坡顶点，北为断崖，东、西有冲沟界定的边界相对明晰的地块的中心区（图 3-12）。

F901 与 F400 等的距离虽远，可这两个空间单元却大致南北相值，也就是说，F901 与 F400、F405 和 F411 三者所成之建筑组团共同构成了一条涵盖一定地区的南北轴线。按照常规，若将 F901 和 F400 等都正向布置，由于门向一致，会让使用这些建筑的人更加顺利地感受到它们间的轴线对应关系，促成地区轴线的显现。可是很奇怪，所有这些建筑都不是正向安排。F901 的正门南向偏西 28°，F400、F405 正门北向偏东 30°，F411 正门北向偏东 42°。虽然并不严密，但 F901 与 F400 等之间试图形成西南、东北呼应关系的意态还是十分明确的。这种呼应，正是我们在仰韶文化半穴居室内看到的那种西南与东北的呼应。如果和姜寨遗址建筑组团的构成方式结合起来考虑，F901 地处东北，因而和“通神节点”对应。F400、F405 和 F411 等所成之建筑组团位处西南，从而与“尊长之处”相关。

F901 是目前考古发掘所见仰韶文化房屋中占地面积最大的一座，总占地达到

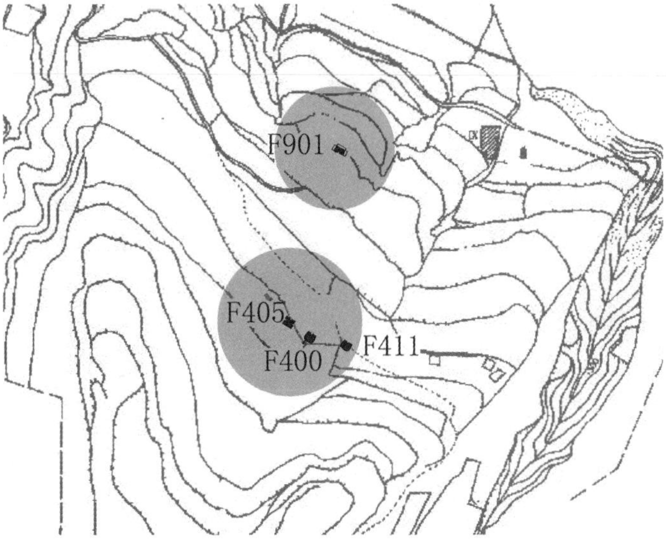

图 3-12 甘肃省秦安县大地湾遗址中心区平面图

420 平方米。可观的尺寸，使它和“大房子”亦即“通神节点”建立了进一步的对应关系。

F901 是一座多空间的组合型地面建筑。其核心为一矩形的大房间。前墙广 16.70 米，后墙广 15.20 米，东墙长 7.84 米，西墙长 8.36 米，房间面积约 130 平方米。正门往里正对一巨大的灶台，灶台后有东西对称的两根大柱，室内前、后墙壁上各有八根附壁柱将墙面分成九“间”。在核心大房间左右各有侧室的残迹，后部则有后室的残迹，主体建筑正门开在建筑南墙正中。正门外向南约 3 米以外有两列柱迹，每排有六根柱子，在南边一列柱迹以南，距离与两列柱间距相同，有六个青石铺设点，此应为柱础，也就是说，在建筑主体以南，有一个面阔五间进深两间的独立柱网系统。这一独立柱网通阔与中央大室相等。考虑屋顶排水的要求，这里可以恢复成一个坡向里高外低的大棚子。在大棚子之下，位于核心大房间主入口的西南，另有一个火塘设置。总体上看，大地湾 F901 是一个三面有附室的主体建筑和一个阔五间深两间的大棚子的拼合体（图 3-13）。

F901 的形态看似复杂，但如果沿着它的外轮廓画线，就会发现，我们得到的是一个不折不扣的“亚”形。如果把主体建筑的左右以及后部附室及大棚子都视为主室向外拓出部分的话，这个亚形的平面，就是《淮南子 · 本经训》所谓的“堂四出”的结果，也就是说，这里看到的，正是一个可以描述为“五室”的建筑。而那个由 18 根柱子支撑的棚子正是“四面无壁”的状态。这个部分位于建筑主体的南

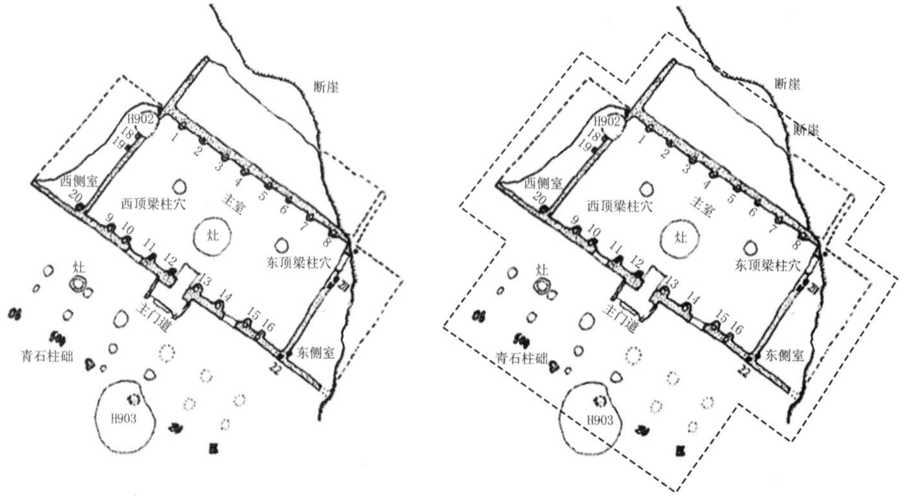

a 大地湾仰韶晚期 F901 平面图　　b 加了亚形框的大地湾仰韶晚期 F901 平面图

图 3-13 甘肃省秦安县大地湾仰韶晚期 F901 平面及平面分析图　　0　5m

面，在白天的大多数时间里，阳光可以不受阻碍地入射至棚子下面的地面，F901的大棚子所对应的地面，虽然没有明确地高出周边的地坪，可由于其正与《月令》所指涉建筑上称作“明堂”的部分位置相应,我们仍有理由将其与明堂联系在一起。

比较F901和案板编号为93FANGF3的大房子，可以认为，F901南部的大棚子对应的正是案板大房子南部的外廊。考虑到它们与方形平面中对称四柱大房子的共同关系，认为大地湾F901是在案板大房子的基础上创制而成的是合理的。进一步把F901与《礼记·月令》所涉及的建筑相比较，在具体构造和整体空间分化上，其四出部分未能做成中轴对称的三间格局，它虽然比《月令》所涉及建筑来得简单，但结构的一致性却是毋庸置疑的。如果把F901视作《月令》所涉建筑的前身，那么，我们就建立了一个由方形平面内对称四柱大房子、案板大房子、大地湾F901和《月令》所涉建筑构成的，在特定的象征要求限定下克服容纳性问题而来的，连续性极强的建筑形式变迁线索，这条线索一方面表明了特定形态的明堂生成的路径，一方面表明了“明堂”原本只是一种建筑处理而非建筑类型，它有可能本来只涉及特定建筑的一个部分。

若将大地湾F901与《月令》所涉建筑进行平面比较，可以看到，除了大地湾F901缺少位于四个角部的那些被称作“个”的部分以外还有另外一些差异。首先，其南面“四面无壁”部分与主体建筑之间有差不多4米的距离，考虑到主室正门外有一段凸出的门道，可以认为，这一部分相当独立，大棚子和建筑主体还未被纳入到一个统一的结构框架之中。以杨鸿勋所作的F901的复原图为基础进行形态的斟酌，似乎其形态上的凌乱很难避免（图3-14）。第二，这座建筑缺少一定高度的台基，周边也缺乏与环境界分的设施，这使其隆重性大打折扣。可不管怎样，F901作为应对更大规模的祭祀活动、提供更有力的大房子内外行为互动平台的产物，其建筑构成与功能分化较之案板遗址上所见的93FAGNF3确是进了一大步。

由于前及之日本鸟取县出土的弥生时代晚期之建筑平面高出地面，且四面无壁，从形态上立论，可以认为，这个建筑就是一个明堂，不过它形态简单、体量有限、空间分化水平较低，因而，只能是大房子的较低等级的形式变体。大地湾F901那样的建筑不仅包含着一个鸟取明堂，并且还提供了丰富的空间与造型可能，它才是大房子的高等级的形式衍化成果。甚至，在许多人看来，明堂本应就是特定建筑实体上的一部分，如果没有建筑的其他部分与之共同形成强有力的宇宙象征意义的整体表达，它就很难有效地承担起人们期望的全部神圣功能。在这种认知背景下，日本发现的鸟取明堂，应该是一定时期在大地湾F901那样的建筑上剥离下来的神圣建筑的低等级形式。古代青铜器上往往可以见到的类似亭子的建筑图样，应是这种明堂的表达（图 3-15）。

发掘报告提到，在 F901 中央大室外西南方大棚子下存有一个火塘，火塘具有烧烤功能，在此人们可以把那些需要以熟食形态进奉的东西进行加工，然后送进中央大室。于是，这个火塘就成了一定仪式环节的起始点，进奉祭品者由此出发进入中央大室，采用的就是“由西南入”的方式。逻辑上，进奉的起始点应为“尊长之处”，可这里的“尊长之处”在 300 米开外，如果以其为仪式环节的起始点距离太远，另设一个短程的进奉起始点是需要的。这里通过设定一个与公玊带“黄帝时明堂”同构的行为格式，既强调了西南与中央的照应在一定祭祀活动上的必要性，又使某些燔烧活动从中央大室中解脱出来，减少了中央大室的空间压力。

独立型的四面无壁式的明堂的存在，实际上给把案板 93FAGNF3、大地湾 F901 以及《月令》所涉及的那样的建筑整体称作明堂创造了机会。把案板 93FAGNF3、大地湾 F901 以及《月令》所涉建筑视为应对一定仪式需求的、由方形平面内对称四柱的大房子而来的形式变迁序列，即可看出《月令》所涉建筑的成立是依托建筑结构技术方面的进展对大地湾 F901 那样的建筑大尺度整合的结果。这个整合不仅是把大地湾 F901 整个地放到了一个高于地面的台基上，并且把大棚子纳入到一个统一的结构和造型框架之中，使因技术条件限制而不得已独立存在的大棚子成为“五室”的结构整体的一个有机部分，这当然取消了“明堂”的体量独立性，但却使得这个“明堂”与其赖以神圣的其他部分合为一体，共同构成了一个新的整体。这里，明堂是这个整体上最为特殊的部分，这时就有可能以局部代称全体，把那种只有南边正间开敞的亚字形平面的建筑统一称作明堂。

大地湾 F901，把原来封闭于房间内部的宇宙图案用作建筑外部轮廓，形成前所未有的复杂的建筑形态，在应对新的仪式需求的同时，在更大的空间中有效地展示它所含有的宇宙图示。这个形态特异的建筑位于一个界限明确的地块的北端，特定的位置条件使得人们主要是从南边接近它，因而，原本封闭于方形平面室内对称四柱宇宙图案的展示并没有被简单地因循成制，四方均等的格局没有被采用，而是采用了东西向长，南北向短的形态，用较少的投入，获取建筑与广场之间的足够宽阔的接触面，为统治者在“明堂”上的表演提供了更为舒展的背景。

无论从哪个方面看，大地湾 F901 的出现，都是一项充分组织既有资源的成功的创造，这项创造的成功，使得亚字形的平面在后来的世代中，被认为是明堂形式的正宗。

F901 在中央大室之内设有两棵巨大的立柱，从其偏在东西轴线以北且不与其他柱子照应的情况看，结构支持作用似不是其设置的首要目的，这里的竖向支撑

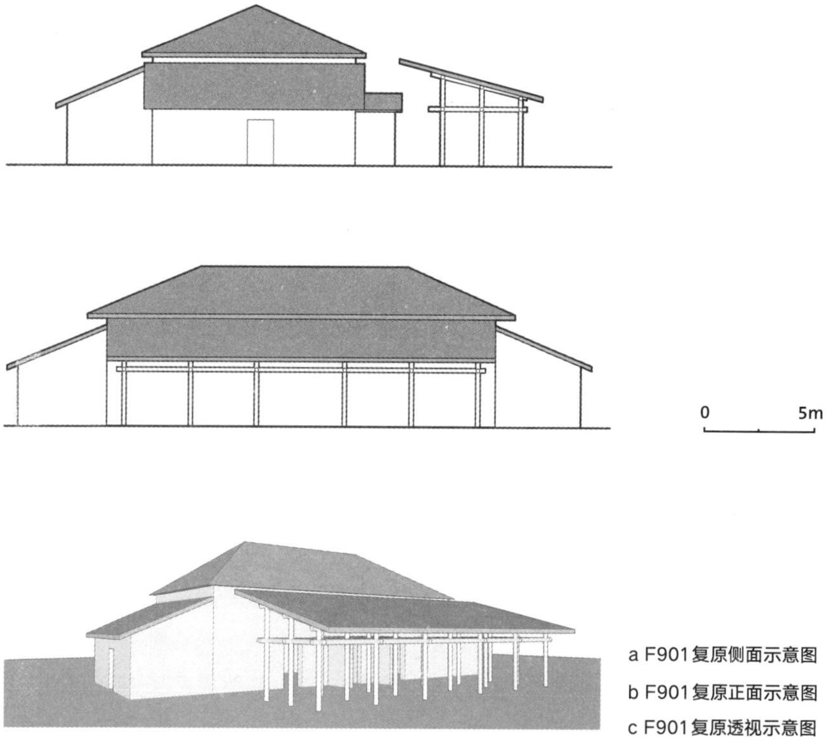

a F901复原侧面示意图
b F901复原正面示意图
c F901复原透视示意图

图 3-14 甘肃省秦安县大地湾仰韶晚期 F901 复原设想图

图 3-15 东周青铜器上的与鸟取明堂对应的建筑图样

主要由埋在墙体里的“附壁柱”承担。这两根柱子设置的主要目的，更像是为了装饰或意义表达。在室内设置两柱是一种历史久远的做法，姜寨遗址大房子中面积最大的 F1，就是室内对称两柱。从民族学的资料看，室内两柱可以具有象征意味。生活在云南的母系社会的纳西族“大房子”称作“一梅”，其主室火塘边上也安排两柱，分别为“男柱”与“女柱”。在某些仪式中，男性位于男柱一侧，女性位于女柱一侧[36]（图 3-16）。男为阳，女为阴，据此推测 F901 主室内的这两棵柱子具有“阴”“阳”相生的含义似乎并不为过。从原始半穴居的结构变迁看，室内两柱的做法在逻辑上要早于室内四柱，其所具有的象征价值当更为原始。在 F901，建筑外部已经为四柱宇宙图示的表达，若仍在主室内设置四柱，就显得意义重复，所以在主室内采用两柱以增加意义层次应是顺理成章的做法。F901 的中央大室内用“附壁柱”将前后墙划成九间，当然也有意义赋予的价值，九为极阳之数，这种划分，可以强调中央大室的重要性。建筑的明堂部分为六柱五间，五是一到九之间的中数，因而它具有表达设施中心性的价值，后世所谓的九五之尊的概念或者在此就已存在。凡此种种，说明 F901 是一个有着多重神圣含义的构成物，多重神圣含义当然有助于提升它的说服力，使其可以和其所承载的多种神圣功能相匹配。

从整个建筑体系构成的角度看，大地湾 F901 的出现，使得案板类 F1 那样的“明堂”成为明日黄花。从此，所谓的“明堂”，就是这种平面“亚”形、外廓曲折、形态复杂的建筑的一部分，或者就是指平面五室的建筑整体。虽然谁也无法阻止人们把建筑上南边没有墙壁阻挡、阳光可以无阻碍地照临其上的建筑台基称作明堂，但是，这种东西原本可能含有的神圣意义总体上处在一个意义被不断遮蔽的过程中。今天，人们仍然能够在许多明清住宅正房上看到它们的存在，但却因其缺乏足够视觉影响力和解释扩张力不再被人以“明堂”目之。

二　新的聚落构成

大地湾 F901 可以称作“明堂”，明堂是由大房子脱胎而来的举行多种祭祀、典礼的地方，那它当然是一个“通神节点”。这样，与其作西南呼应的 F405、F400 和 F411 等建筑就应该与“尊长之处”相关，不过大地湾的“尊长之处”的内容与姜寨的中型房屋大有不同。

在 F901 南边顺序排开与其作西南呼应的建筑中，F405 是最西边的一个，这

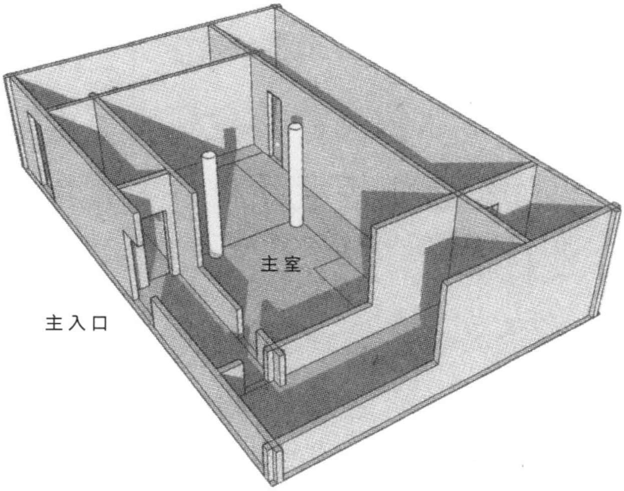

图 3-16 纳西人母系氏族大家庭住宅“一梅”模型俯视图

座建筑平面为矩形。北墙长 14 米，南墙长 13.8 米，东、西墙各长 11.2 米，面积约 150 平方米。其东、北、西三面各于墙壁中央辟一宽 1.25 米之门。房屋外墙厚 0.62 ~ 0.7 米，夯筑而成，墙内密排小柱以为固结之用。室内靠后墙处设大柱两根，从其偏在建筑横轴一侧的情况看，其结构作用亦不明确。室内亦有附壁柱分别将面阔划为七间，将进深划为五间。东西墙外均有地面铺设，西垣外 1.3 ~ 1.8 米处有柱洞一列八个，与建筑进深面同阔，推测这里原有一段面西的外廊(图 3-17)。如果在建筑西侧有外廊存在，那么，考虑到东侧亦有地面铺设，且东墙也设有门洞的情况，可以推测东侧本也有外廊存在。发掘报告认为 F405 为“举行盛大活动的大会堂”[37]，应该是不错的。不过结合挖掘情况可以对这个建筑的性质作更进一步的定义。《礼记·祭法》云：“王宫，祭日也。”郑玄注：“王宫，日坛也。”[38] 都说王宫为祭日仪式举行之所在。F405 的东、西两侧的外廊分别对着日出与日落方向，设想其有祭日的功能是合适的。再加上其位于“长者之处”，可以认为，F405 是“王宫”，即聚落首领用作日常礼仪和某些政务活动的场所。如果与后世的王宫比照，或者可以称其为“朝”。“朝”含有臣下在此敬奉天子的意思，明堂也有“朝诸侯”的功能，即诸侯要在明堂敬奉天子。因为明堂为通神节点，而这里的朝在尊长之处，或可认为，明堂之“朝”是典仪性的，这里的“朝”是日常性的，依后世的区分，明堂之朝是大朝，F405 应为“常朝”。

在三座建筑中间的是编号为 F400 的庞大建筑。其遗址破损较为严重，发掘报

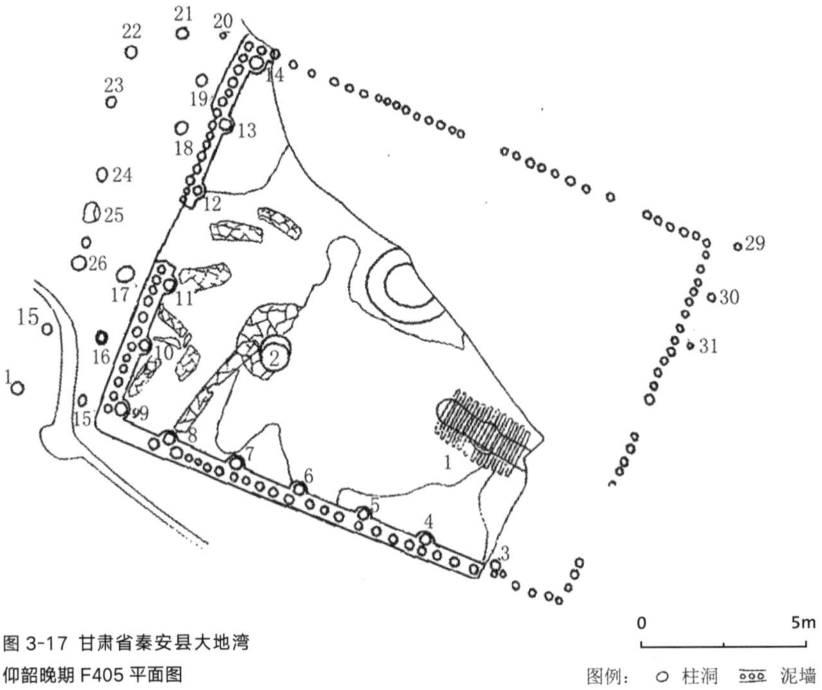

图 3-17 甘肃省秦安县大地湾
仰韶晚期 F405 平面图

告认为："完整的 F400 是一座平地起建的近方形房址，门道设在北部正中，进门后左右两侧有两套间，室内中部偏后有一屏风墙，中轴线两侧当有 8 个立柱。中心部位可能有一大灶台（现已无存），屏风后设有一取暖壁炉。这种布局和结构都具有鲜明的特点，推测它应为部落的公共活动中心。"[39] 该建筑的复原边长约 16 米，室内面积约 260 平方米。其室内亦有壁柱，大略将面阔分为 9 间，进深分为 8 间，这种室内界面的划分，似乎规格要高于 F405（图 3-18）。大屏风和屏风后取暖壁炉的存在表明屏风前为聚落首领经常的落座之处，而室内分出套间则给在这一建筑中睡眠和贮藏提供了条件。这些情况，有助于我们想象 F400 是聚落首领日常起居的地方。与后世宫殿建筑比照，应该可以称其为"寝"。

前文提到大地湾 F901 与 F400 等南北相值，只是一个大略的说法。如果仔细一点，由 F901 画一条正南北的直线，我们将会惊奇地发现，这条直线并不通过 F400 这个位于该建筑组群中部的巨大建筑，而是与在 F400 东边约 30 米处的体量远逊的 F411 相交（图 3-19）。

与 F405、F400 和 F901 相比，F411 在尺寸上可以说是小得可怜，其东西约 6 米，

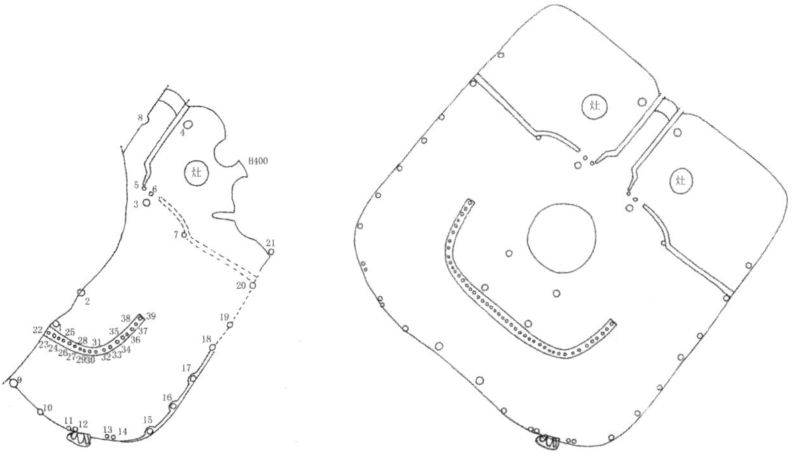

a F400 平面图　　b F400 平面复原示意图

0 5m

图例： 柱洞 灶 泥墙

图 3-18 甘肃省秦安县大地湾仰韶晚期 F400 平面及平面复原示意图

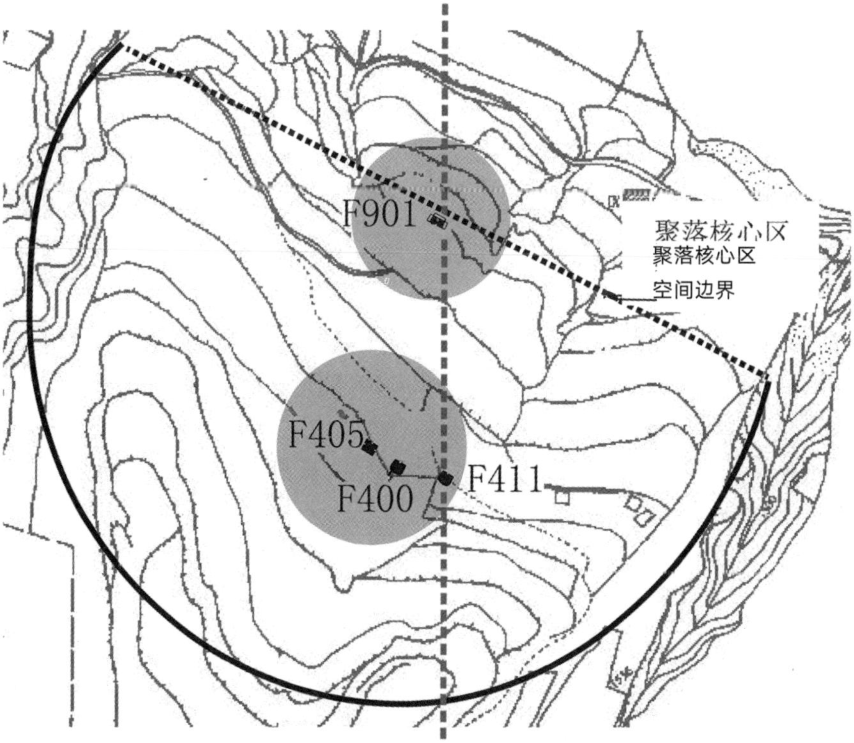

图 3-19 甘肃省秦安县大地湾中心区建筑关系分析图

0 200m

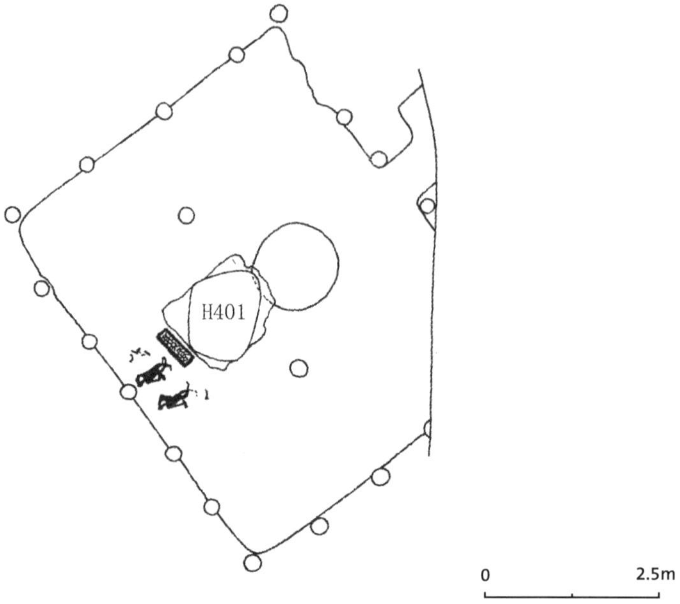

图 3-20 甘肃省秦安县大地湾仰韶晚期 F411 平面图

南北约 4.8 米，面积大约只是 F400 的九分之一（图 3-20）。这么个小建筑却位于与整个聚落控制相关的区域轴线之上，不禁让人要问它究竟是一座什么建筑。

F411 虽小，却十分特殊，除了与 F901 共同支撑区域轴线外，在靠近室后（南）壁的地面上，人们发现了由炭黑绘就之地画。该地画的范围为东西 1.2 米，南北 1.1 米。画面上部有两人作舞蹈状，均为左手抚头，右手下垂至髋部，握棒，两腿交叉。两人右边有模糊墨迹，似乎另有一人。人像左下方有一长方形框格，里面有两个匍匐之动物，动物头部有类似须毛的东西向后方斜出[40]（图 3-21）。

长期以来，人们对 F411 中的地画关切有加，发掘报告及众多学者先后对它进行了释读。大地湾遗址考古发掘报告编写者认为，地画可能有祖神祭拜的意义，画面上方的人物是祖神，下部方框内的动物是供奉神灵的牺牲，画面表现的不是原始社会氏族、部落的共祖，而可能是氏族小家庭的一种偶像崇拜，并认为地画体现了原始社会晚期以男性为主导的三位一体的家庭组合方式。宋兆麟则认为，地画反映的是丧葬舞蹈。李仰松主张，地画表现的是驱赶巫术或报复巫术，画面上方分别为巫师和女主人，下部方框内的动物为置于棺内的鬼象或敌人。张朋川认为，画面上方人物为氏族的祖先神，下部方框内动物为氏族的图腾神，两者皆

图 3-21 大地湾 F411 中的地画

为燔祭的对象。尚民杰认为地画表现的是人类咒杀某种动物的厌胜活动，厌胜的对象或为农业害虫（如蝗虫）。严文明认为框内的动物是青蛙，上面的人正在对其施行巫术。陆思贤主张地画下部框内的图案为“上德”祥瑞——蝼蛄，三个舞者对其舞蹈，是“启蛰而郊”祀典的写照。张光直则主张画面上方的两个人物可能是丧仪中祈使死者复生的巫师，下部方框内的图案为棺内作蛙形屈肢的两个死者，并认为蛙形屈肢及骨架状态是死者向母体子宫回归的象征。[41]

在对于 F411 中地画的诸种解释中，差异最大的是对人像右下方长方形框格中的那两个“动物”属性的判定。对这两个“动物”属性的判定，也基本上决定了对地画内容乃至 F411 建筑属性的判定。

张光直曾经提出“玛雅、中国文化连续体”的概念，认为印第安人与石器时代的中国人，曾经共同享用同一种文化。[42] 由现知的材料看，这是有着相当的支持的论断，因而，我们有条件利用在印第安文化中出现的资料来进行相应的讨论。在印第安文化留存的图像中，有一种俘酋图，不同地方和时期的俘酋图，有一定差异，但都表现被俘虏的敌方首领被捆绑屈服的状态。有一例俘酋图被镌刻在石台阶上，显示俘酋被限定在一个方框之内，他匍匐在地，头发和头饰向后披散（图 3-22）。从轮廓看，这一刻画与大地湾 F411 中所见地画左下方的图形基本相同，

图 3-22 玛雅文化俘酋图

特别是大地湾地画方框内的动物头部类似须毛向后方斜出与印第安俘酋图中的俘虏头饰格局几乎完全一致。文化上的关联与具体形象的类同使我们倾向于认为，大地湾 F411 地画左下方框内的动物其实是被俘虏的敌方首领。两个人形一大一小，应该表示其性别不同。男女敌酋匍匐在那两个作舞蹈状的人的脚下，表明用俘酋奉献于他们。这样，大地湾 F411 中地画的名称可定为“献俘图”。古人在战争胜利后往往要将俘获的敌酋献祭于祖先。[43]《逸周书·世俘解》记录了武王克商后，在牧野举行的告捷礼中，用所俘殷贵族一百人作为对祖宗的献祭。在返回镐京后，又选定日期在周人宗庙进行献俘礼，最重要的献祭物中，不仅包括商王的头颅，[73]并且也包括商王配偶的头颅。[44] 如果方框中的动物为俘酋，那么，地画中的那两个舞蹈状的人应该是被供奉的祖先。把祖先的图形画在地上，或者表示他们已经长眠于地下并且可能从地下复出。

如果 F411 中的地画为“献俘图”，那么 F411 应该就是宗庙。我们不能因为 F411 的体量较小，就认为它是一般小家庭供奉祖先之所在，从其与 F400、F405 的关联性布置和具体承担地区轴线的情况看，F411 应该是聚落首领也就是 F405 和 F400 的据有者用以供奉祖先的宗庙。

前文述及明堂的功能之一是祭祀祖宗，即明堂具有宗庙的性质。对于大地湾遗址来说，F901 为明堂，也就是说聚落已经有了统治者的祭祖场所，那为什么在同一建筑组合内，又另设一祭祖设施？

《尚书 · 尧典》在说到帝尧禅位于舜时说：“舜让于德，弗嗣。正月上日，受终于文祖。在璇玑玉衡，以齐七政。肆类于上帝，禋于六宗，望于山川，遍于群神。辑五瑞。既月乃日，觐四岳群牧，班瑞于群后。”[45] 这段话的大意为，舜谦让不过，只好在正月上日，在“文祖”这个地方接受禅让。即位之后，他根据天象，安排政事，并在“文祖”中向上帝报告。接着遍祭先王、四时、山川、群神，接受他人所献之瑞玉。又选吉日，在“文祖”中接受诸侯朝见，并将瑞玉颁发给他们。什么是“文祖”？《集解》说：“郑玄云：‘文祖者，五府之大名，犹周之明堂。’”《正义》云：“舜受尧终帝之事于文祖也。……唐虞谓之五府，夏谓之世室，殷谓之重屋，周谓之明堂，皆祀五帝之所也。”从《尧典》的记述看，舜在文祖中的活动与前列明堂的功能基本对应，表明了将“文祖”理解为明堂是没有问题的。可是，同样是《尚书 · 尧典》，在说到舜在进行了四方巡狩后说：“归，格于艺祖，用特。”是说舜回到京都，在“艺祖”这个地方举行了祭祀活动。同一件事，《史记》作：“归，至于祖祢庙，用特牛礼。”《大传 · 虞夏传》作：“归，假于祢祖，用特。”[46] 也就是说，“艺祖”就是祢祖庙，“祢”是指父亲的牌位，所以祢祖庙就是专奉统治者父亲的庙。可见，在帝尧之时，在统治者所居之都邑，除了设置明堂以供奉统治者先祖之外，还出现了专用于祭祀统治者祢祖的建筑。两者并行，各自承担着自己的责任。这样，我们在判定大地湾 F901 为明堂之后，又认为 F411 为宗庙应该是没有问题的。这里的 F411，应为供奉统治者祢祖之所在。用《尧典》的话说，F901 当为“文祖”，F411 应是“艺祖”。

仰韶文化时的大房子，是一个综合性祭祀场所，设想氏族的祖先集中于此得到祭祀是合理的。从中国传统社会的发展历程看，在历史的某一时期，因为社会运作的需求，出现了凌驾于他人之上的最高统治者。在凌驾于他人之上的最高统治者出现之后，为了满足秩序建设和最高统治者个人情感的需要，将其近祖从综合性的祭祀场所中迁移出来，设置专属场所进行供奉是有其必要的，F411 的出现正是这种历史过程的见证。

从考古发掘的情况看，F400 和 F405 的左近没有其他建筑存在，而 F411 在其存在时期，左近还有其他建筑存在，并且它还本身“被 F410 所压，又叠压 F412、F409、F414，并被 H401 打破”[47]。这些情况应该表明，随着聚落首领的更换，用于聚落首领父祖供奉的建筑也要予以更换。也就是说，在大地湾已经存在某种形式宗庙的迁毁制度。[48] 即随着原来统治者的去世和新统治者的即位，原来在艺祖供奉的祖灵，要被转移到 F901 那样的明堂中加以供奉，同时拆除旧庙，建造新的艺祖以供奉新统治者父祖的神灵。

从相对位置看，F901 为通神节点。在先秦时代“国之大事，在祀与戎”的政治框架中，承担着更多祭祀功能的 F901 地位较高是很自然的。从建筑规模看，F901 总面积最大，形态复杂特殊，且具有明确的宇宙象征性，这些使它有条件凌驾于其他建筑之上。相比较而言，F400、F405 和 F411 不仅面积较小，并且外部形态缺少明确的宇宙象征性，因而其等级较低。至于 F400、F405 和 F411 三者的关系，参照后世一般“朝”的规格要高于“寝”的通则，并考虑当时的具体文化条件，似乎类似于“常朝”的 F405 在形态格局上要高于类于“寝”的 F400，而作为统治者祢祖庙的 F411 的形态规格似应最低。比较三者，可以看到 F405 和 F400 在面积上互有胜负：F405 占地面积大于 F400，但 F400 主室面积大于 F405。如果 F405 等级高于 F400，其优胜点似乎主要在于其主室边角硬挺，而 F400 建筑角部都做了倒角处理。尺寸大小，从来都是确定营造规格的关键性指标，大则规格高，小则规格低，可以说是常规。大地湾 F411 面积远小于 F400、F405，尺寸上规格较低是明白的，不过，其与 F901 共同承担着地域轴线，导致了它的所在地实际上意味着整个地块的中心点，这也就使它可以与 F400、F405 比肩。F411 占据中心点这一状况是和它本身祭祀功能的定位匹配的，中心占据也有效地提升了建筑的规格。在这里，可以结合上面的讨论对营造中已展现出的建筑规格确定规则作总结，以期有助于我们即将展开的对中国早期聚落设置的讨论：首先，尺寸越大，建设等级就越高；其次，平面规整，边角硬挺的形态等级较高；第三，宇宙象征和尊贵意涵的承载，会提高设置的等级；第四，中心或特殊位置的占据是判定等级的标尺之一。综合考虑大地湾中心区各个建筑的处理，可以认为，最高等级的建筑，当然可以在各个方面都采用最高等级的做法。一般建筑则可以通过不同方面的规格确定尺度的取舍，最终形成自身确切的等级位置：比如 F411，虽然面积很小，但却可以通过采用四角硬挺的矩形平面和占据关键位置，使其可以与 F400、F405 相颉颃；而 F400 虽然四角圆转，但也可以通过室内的划分规格的提升来使自己和 F405 相匹配。

大地湾 F901 与 F400 等所占据的地块上缺少一般的居住建筑，且其北部为断崖，东西两侧为冲沟，南边为山丘顶点，也就是说它与聚落一般的居住地段是相对疏离的，这种疏离暗示一般的人员不能够随意地进入相应场域。由 F901 和 F400 等所占据的这一地段可以视作为一个带有禁地色彩的聚落中心。禁地型聚落中心的出现，表明了社会组织方式的重要变化，提供了新的中国传统聚落要素之间的结构逻辑。

大地湾聚落中心的禁地属性，在很大程度上是依靠其本身与一般居住地段间的空间疏离来取得的，它与一般居住地段之间，缺少强硬的人工隔离设施。造成这种状态的原因，可能是这时的社会组织还带有某种原始民主色彩，统治者与普通民众之间还未形成难以逾越的界限，或可设想，普通民众在许多时候仍然可以依据习俗进入这个聚落的中心区。

把 F901 和 F411 置于一条轴线上，形成了祭祀建筑对一定区域空间的控制，在把祭祀作为头等大事的社会里，这是一项很有创意的设计。但处于轴线上的房屋门向与轴线方向不一，会使得某些敏感的人在使用这些建筑时感受到地区轴线与建筑轴线之间的某种抵牾。从后续的宫殿区的空间变迁看，这种抵牾应该是被意识到了的，事实上，解决这个抵牾在相当长时期内成为聚落中心空间设计要面对的重要问题。

把大地湾尊长之处和通神节点的功能组合与姜寨遗址上中型房子和大房子的功能组织相比较，可以认为大地湾的这一组合是姜寨中型房子和大房子所包含的功能要素重置的结果。大地湾将原来属于大房子的太阳祭祀、祢祖祭祀、日常行政等功能转移出来与尊长居所合并在一区，充实了尊长处所的功能，提升了聚落首领日常生活的地位。这些功能由原来的通神节点转移或析出，当然会使通神节点的功能相对单纯，可以更有针对性地应对特定的礼仪活动，但也在一定程度上削弱了它的重要性，降低了它在聚落构成元素系统中的首位度。大地湾 F901 那样的大房子在形式上更加隆重复杂的同时，相较于姜寨遗址上体量最大的大房子 F1，它在聚落中的重要性却降低了。

其实，大房子或者明堂中的功能析出或转移，并不是从大地湾才开始的，大房子或明堂中的重要功能的析出和其在聚落中首位度的降低过程应该早就在进行当中。

上古穴居为了通风排烟在屋顶开出的洞口称作中霤，中国古代民间把祭“中霤”作为五种最常实行的祭祀之一[49]。《礼记·郊特牲》说，“家主中霤而国主社。”孔颖达疏："中霤谓土神。"[50]《白虎通·五祀》："六月祭中霤，中霤者，象土在中央也。"[51]郑注云："中霤亦土神也。"一般都据此以为中霤祭祀的就是土地之神，可是，郑玄注中的一个"亦"字，显示了对将祭中霤与祭土地之神对等起来时的某种犹豫，为什么会出现这种情况呢？

为了明确中霤祭祀的属性，要涉及在中国古代曾经被普遍认可的另一种宇宙模型。从早期文献的叙述看，应该在四柱九宫式的宇宙模式出现之前，还存在过一种可以称为"建木昆仑"的宇宙设想。这种宇宙设想，是说在大地的中央，有一棵上及天庭下达黄泉的巨柱，这个柱子称作建木，天神可以利用建木，上天下地。在建木脚部簇拥着昆仑山，在昆仑山的周边是一片平原，称作都广。建木极东，称作扶桑，太阳由那里升起；建木极西，是昧谷，太阳由那里沉入。何新根据古人的记述，为建木昆仑宇宙作了一个想象图（图 3-23）[52]。

何新所做的建木昆仑宇宙图示，对于中国建筑史的研究来说，最可注意之点是它与仰韶文化早期就出现的独柱式穴居或半穴居在构成上的一致。在独柱式穴居或半穴居中，支持上部构成的独柱往往大致位于建筑地盘的中央，为了建筑的稳定，柱子的下端深深地埋入土中，这样，这根柱子就在形态上与建木有了基本对应。为了使柱子更加稳固安全，人们要在柱脚处加以培土甚至用草泥围护，这种培土或草泥维护的形态是一个形态混沌的堆状物，注意到古人可以将一个形状难明之物称作"混沌""胡仑"，而"昆仑"与"混沌""胡仑"谐音，所以，这个柱下的培土或草泥堆就是古代传说中的昆仑山想象的基础。如果这种房子坐北朝南安排，当然它的极东为日出之地，极西为日落之所。众神仙要由建木上下，不仅是因为位于穴居中央的独立柱子上接屋顶，更重要的是它附近应该有中霤的存在[53]（图 3-24）。

中霤与下方火塘的呼应，不仅使得独立中柱上端常常处在烟雾弥漫、光线朦胧的环境中，助成了神灵与其相关的想象，并且使得立柱附近的某块土地有可能经常接受风霜雨露的滋润。接受风霜雨露滋润的土地是植物生长的基础，这也就给了利用这块土地祭祀以助庄稼生长为职司的农业之神提供了条件。在中国古代，稷为农业之神。《淮南子·地形训》说："后稷垅在建木西，建木在都广。"[54]《山海经·海内经》则云："西南黑水之间，有都广之野，后稷葬焉。"[55]都表明了在上古的独柱式穴居中曾经有着农神祭祀的一席之地，祭祀的对应空间应在独立柱以西或西南，正处在通神节点与尊长之处之间，这个位置，显出相应祭祀的经常性与重要性。

严格说，祭祀中霤是祭祀凭借中霤上下的一众天神，而是因为食物之重要，与土地关系密切的农神之祀就自然地凸显出来。谷物的丰收与土地有莫大的关系，

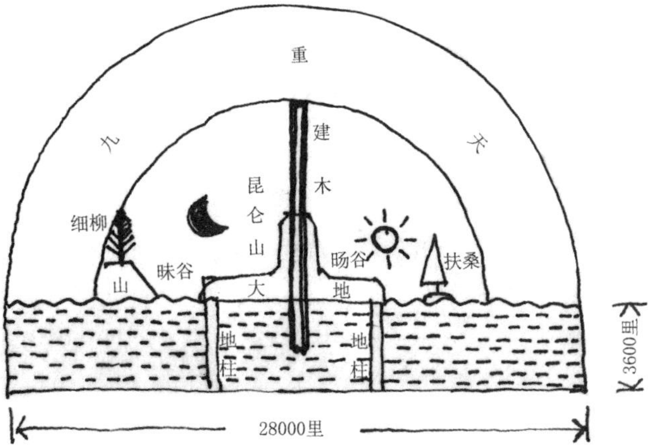

图 3-23 建木昆仑式宇宙模型图式

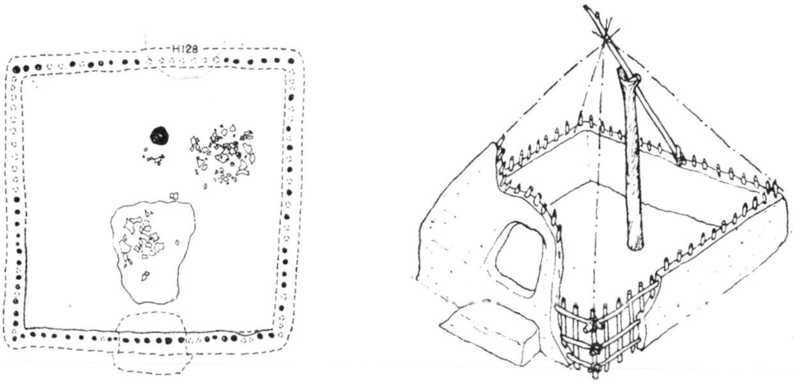

a 西安半坡遗址 F39 平面图　　b 西安半坡遗址 F39 结构复原设想图

0　1m

图 3-24 西安半坡遗址 F39 平面及结构复原设想图

对农神的祭祀包含、甚至就是对土地之神的祭祀，社稷在很多时候实是不可分离的一体，这就是郑玄所说“中霤亦土神”的道理。对与稷相关的土地的祭祀关切核心不是空间的占有，而是五谷的生长，所以其祭祀对应的土地要强调与霜雪雨露密切联系。

《国语·鲁语》说及古代祭祀设置的原则：“夫祀，国之大节也，用节，政之所成也。故慎制祀以为国典。……夫圣王之制祀也，法施于民则祀之；以死勤事则祀之；以劳定国则祀之；能御大灾则祀之；能扞大患则祀之。非是族也，不在祀典。昔烈山氏之有天下也，其子曰柱，能殖百谷百蔬；夏之兴也，周弃继之，故祀以为稷。共工氏之伯九有也，其子曰后土，能平九土，故祀以为社。黄帝能成命百物，以明民共财，颛顼能修之；帝喾能序三辰以固民；尧能单均刑法以仪民；舜勤民事而野死；鲧鄣洪水而殛死，禹能以德修鲧之功；契为司徒而民辑，冥勤其官而水死；汤以宽治民而除其邪；稷勤百谷而山死；文王以文昭；武王去民之秽。故有虞氏禘黄帝而祖颛顼，郊尧而宗舜；夏后氏禘黄帝而祖颛顼，郊鲧而宗禹；商人禘舜而祖契，郊冥而宗汤；周人禘喾而郊稷，祖文王而宗武王。幕，能帅颛顼者也，有虞氏报焉。杼，能帅禹者也，夏后氏报焉。上甲微，能帅契者也，商人报焉。高圉、太王，能帅稷者也，周人报焉。凡禘、郊、祖、宗、报，此五者国之典祀也。加之以社稷山川之神，皆有功烈于民者也；及前哲令德之人，所以为明质也；及天之三辰，民所以瞻仰也；及地之五行，所以生殖也；及九州名山川泽，所以出财用也。非是不在祀典。”[56]

以上大篇幅地引用古人对于祭祀设置原则的说明，是因为这篇文字讲出了一个在相当长的时间里被人忽视的祭祀谱系序列。按照《国语 · 鲁语》的叙述，可以看到，在古代的祭祀体系中，最早被列入祀典的是能殖百谷百蔬的农业之神，也就是“稷”。排在稷后面的社祀，社、稷之祀都与土地有关，可社祀关切的重点不在于生殖繁衍，而在于“能平九土”，即保障族群所拥有土地之安全。其后的五帝则各以其能而获祭，至于“天之三辰”“地之五行”的祭祀也都是因其有用于人而在祀典。那些志在梳理人间秩序的祭祀则产生得很晚。这样一个顺序，十分符合人类生活的组织规则和社会发展逻辑。其实，在物资匮乏、填饱肚子往往是最重要事务的早期社会，首先供奉农业之神，甚至以农业之神为核心来组织祭祀谱系，应是十分正常的。

以“中霤亦社”的说法，早期的“社”“稷”之祀大约是一体的，具体地表现为中霤之祭。从考古遗迹看，当时的中霤之祭很可能是在房间内相应部位进行谷物的埋藏来完成的，这与后世社祀在坛的情况大为不同。

中国古代的祭祀场所从形式上分大致有四种：“坛祭”“墠祭”“坎祭”“庙祭”。坛祭是指用土、石构筑台子，在台子上展开的祭祀。墠祭则要简单得多，是根据祭祀的需要清理出一块可用的地面，在上面展开祭祀，即所谓“扫地而祭”。坎祭则是掘地为穴，在穴中展开祭祀。庙祭则是在建筑中展开祭祀。从考古发掘所得的资料看，距今 4500 年以上的坛祭遗址主要发现于长江流域和辽河流域。[57]而在这个时期的黄河流域，坛祭遗址几乎未见。这应暗示，坛祀在黄河流域发生较晚，后世那些要在台坛上举行的祭祀，在距今四五千年的黄河流域，还主要在建筑中或平地上进行。

《礼记 · 郊特牲》云：“天子大社，必受霜露风雨，以达天地之气也。”[58]《吕氏春秋 · 贵直论》则说：“亡国之社不得见于天。”[59]《白虎通 · 社稷》云：“故《春秋公羊传》曰：‘亡国之社，奄其上，柴其下。’《郊特牲》曰：‘丧国之社屋之。’自言与天地绝也。”[60]之所以有如此的做法，应本于社与稷之间的内在联系和万物生长离不开阳光雨露的理解，破坏社之神力的办法是在祭祀社神的场地上加以屋顶，阻断其与霜露风雨的接触。

《淮南子》《山海经》显示出与土相关的稷神祭祀之所与独柱式穴居相关，暗示在室内祭祀社稷的做法来历古远。[61]随着社会的演进，人们发明了大房子，只要大房子上还有“中霤”，阳光和雨露霜雪还能借着中霤进入室内，那么，更为正式、隆重的社稷之祭就可以由普通住宅转入大房子中进行。按照杨鸿勋的观点，半坡的半穴式的大房子屋顶之上有“中霤”存在，所以，在其中祭祀社稷神是可以设想的。

随着地面建筑的出现，建筑周边起围护作用的墙体加高了，这就有了在围墙上开启窗洞以采光通风的机会。原来在屋顶上设置洞口采光排烟虽然有种种好处，但毕竟形成了一个屋顶构造上的薄弱环节，直面朝天的洞口在防止风霜雨露对室内的侵袭上也不见得有利。在围墙上开启窗洞给消除屋顶的构造薄弱环节带来了可能，从建筑营造的角度，取消中霤是一个必然。中霤的取消使得风霜雨雪不可能像原来那样，由上方飘洒而下，混合着火塘的烟气滋润房子中特定的地面，原本存在于大房子之中的对于社稷的祭祀就得另择他地。从考古资料看，在案板遗址的大房子和大地湾 F901 上，应该已经取消了“中霤”，所以它们已经不再拥有祭祀社稷的职能。这也是“月令明堂”那样的建筑中设有农业之神祭祀的理由。

与丰饶和繁殖相关的社稷之神的祭祀地点由建筑中迁出，其落脚点改在哪里？对这个问题的回答，或者可以参考两则考古资料。

在郑州商城宫殿区东北角紧靠城北垣内侧的坡地上，发现一处由立石堆、狗坑、祭房、烧坑组成的祭址。立石堆共有 6 块大石，中心一块最高，四周又放 5 块。《淮南子 · 齐俗训》云，“殷人之礼，其社用石”，所以这里看到的应为社祭设施。[62]从商朝的社祀设在宫殿区以北近便处看，最初的从大房子或明堂中迁出的社祭场所，或者应该还在大房子附近，或者与由大房子里迁出的其他重要功能设施在一区布置。具体到案板遗址，新的社祭场所或在大房子以北，至于大地湾遗址，由于 F901 北靠断崖，它的北面没有地方安排社祭场所，很可能这里的社祭场所在 F405 等所成组团的南边。

按照何新观点，社中所立石柱是高禖的实体象征。高禖即地母，主丰饶与繁殖，[63]可见，这些在宫殿区后面的社坛的祭祀关切点还在于增殖与繁衍。

略早于大地湾明堂的产生，以黄河流域为基地的仰韶文化经历了一个势力急剧膨胀和所占空间快速扩张的过程。这种扩张与膨胀当然导致了大量的空间冲突和文化交流，并“终于在公元前第四纪中间形成了一个‘相互作用圈’，布定了最早的中国历史文明的地理舞台”。[64]不同文化和族群之间的空间冲突，当然有助于社祀活动中本来就隐含的空间占据的内容凸显出来，甚至，引出另一种土地之祀，这种土地之祀的主要关切点为土地幅员的控制和安定。在形式上，专注于生殖和繁衍的土地之祀的环境设置关注的是生殖象征的呈现，而与空间控制和安定相关的社祀环境设置则关注空间占据的表达和力量的宣示。于是，另一种社祀场所出现了。

从现有文献看，早期族群权威对于部族土地“四至”的确认往往是通过巡狩来实现的。《尧典》中提到的巡狩伴以祭祀可以视为新的“社”祀的具体表达。《尧典》说在禅让礼仪完成后，舜即展开巡狩，以确认自己权力的空间范围：“岁二月，东巡守，至于岱宗，柴。望秩于山川，肆觐东后。……五月，南巡守，至于南岳，如岱礼。八月，西巡守，至于西岳，如初。十有一月，朔巡守，至于北岳，如西礼。”[65]过去一般认为巡狩过程中的“柴”为祭天，“可是，甲骨文明说‘方帝，三豕，犬；卯于土，宰，雨’以四方之神合祭于邦社，恰与昭公廿九年左传所谓‘五行之官，祀为贵神。社稷五祀，是尊是奉’，祀四方于社稷之典相合。足见四方之神，在商、周王朝的祭典里，本属地界，不隶天空。月令‘立春之日，迎春于东郊；立夏之日，迎夏于南郊；立秋之日，迎秋于西郊；立冬之日，迎冬于北郊。’迎四季之神于四郊，当是祭四方于社稷的遗制，与天神无涉。”[66]丁山说明四方之神，在商周本属地界，确是的论，但说迎四季之神于四郊为祭四方于社稷的遗制，却不如说迎四季之神于四郊为巡狩四岳之遗制来得更为顺当。

《诗经·甫田》：“以社以方。”《传》曰：“社，后土也。方，迎西方气于郊也。”《笺》：“秋祭社与四方，为五谷成熟，报其功也。”陈奂《毛诗传疏》：“昭二十九年《左传》‘后土为社’，此《传》所本也。……社，后土，与五祀后土不同。”马瑞辰《毛诗传笺通释》：“《春秋》昭十八年《传》：‘郑子产大为社祓禳与于方。’此古者祭社比兼四方之证。”[67]“五祀后土”是为祈求丰饶而设，与“五祀后土”不同且和四方之祀相关显示出“以社以方”所涉及的社祀的关注点为空间的确认和占有。丁山所说“祭四方于社稷”的社是与空间确认与占有相关的社，不是与丰饶祈求相关的社。在古人那里社祀可以分作两处是明确的。

尧、舜之时巡狩四岳的具体路线应该是十分曲折的，可是在四个方向上设祭却毫不含糊地在概念上形成了以京都为中点，以四岳为顶点的空间十字。这种十字的建构当然有助于京都的中心性的建构。作为这个十字架中心的京都，在概念上即为“中国”，“中国”很自然地具有通神上的优势。

从祭祀实践看，以巡狩的方式确认空间权属，应该是规格较高、成本巨大的办法，作为最正式的礼仪活动，它当然有其独特的价值。但是，在战争频仍，祀求神祇以保证自己空间权力成为一种经常性需要时，在聚落左近适当的地方以合理的形式举行相应的活动当然是一种合理的选择。

从考古资料看，在公元前3000年至公元前2500年左右的良渚文化、红山文化的遗址上，都有可能看到坛祀遗址，从其规制完整、规模宏大看，坛祀在这些文化中使用甚早。也就是说，在仰韶文化的扩张中，原本生活在黄河流域的人们，有可能接触到这些文化所制作的祭坛，感受到这种设施在统治者的力量展示和空间占有意味表达上的特殊价值，这就为引入祭坛祭社创造了条件。

《左传》："共工氏有子曰句龙，为后土。"[68]《国语 · 鲁语上》："共工氏之霸九州也，其子曰后土，能平水土，故祀以为社。"[69]《汉书 · 郊祀志》说："自共工氏霸九州，其子曰句龙，能平水土，死为社祠。有烈山氏王天下，其子曰柱，能殖百谷，死为稷祠。故郊祀社稷，所从来尚矣。"[70]《史记》则说："自禹兴而修社祀，后稷稼穑，故有稷祠，郊社所从来尚矣。"[71] 一般认为烈山氏所处时代稍早于共工氏，所以稷祀的产生要早于社祀，或者说农业之神的社祀要早于空间之神的社祀。但《汉书》的叙述顺序，却以能平水土的社祀为先。这应该表明，随着广域国家的建构，与空间占据、保有相关的祭祀活动获得了更加优先的位置。按《史记》的说法，以平水土为主要内容的社祀似乎是到夏代才产生，较《汉书》的说法为晚，由一般认为夏代之后，文化与种族间的争拗才渐趋激烈，这种说法应有其道理。《汉书》并未说及"能平水土"的社祀应在何处进行。《史记》则明确社祀为"郊祀"。《礼记·郊特牲》有"于郊，故谓之郊"，说"能平水土"的社祀地点在聚落之外。之外究竟有多远，《说文解字》云，"距国百里为郊"，也就是说，以空间安定、保有为目标的社祀设施可能离都城中心区有一段距离。

从历史上看，室内祀土是具有长久渊源的做法，而前揭之与农业相关的社祀场所也应是在聚落之内，现在说社为郊祀，反映出与空间相关的社祀场所和与丰饶相关的社祀场所发生了分化，祭祀农业之神的社之所以能够放在聚落以内，很大的原因是其规模体量有限，将其置于聚落当中，并不致于破坏既有的空间结构。祭祀"能平水土"的社神的设施需要显示力量，倾向于采用巨大的土冢和相应配套，将其放在聚落当中就会干扰既有的空间秩序，所以采用郊祀的办法是一合理的选择。这样应该使得当时一定人群的完善的社祀有两个地点，这两个社祀的功能有相当的重叠但各有偏重，在聚落内偏重丰饶的祈求，在郊的则偏重于空间占有的祈求。

《墨子 · 明鬼》说："昔者虞、夏、商、周三代之圣王，其始建国营都日，必择国之正坛，置以为宗庙；必择木之修茂者，立以为菆位。"[72] 按照相关注解，"菆"

为社祀的场所，林木修茂之处当然很难在聚落当中，所以在《墨子》那里，社应该是在郊的。这个社，当然是针对空间占有的社。在当时不同的文化中，这种社有不同的名称，且形态、组织也有不同。《墨子 · 明鬼》曰："燕之有祖，当齐之社稷，宋之有桑林，楚之有云梦也。此男女之所属而观也。"[73]燕之"祖"为祖泽，又名"沮泽"，是燕国之大祀，桑林曾为商汤祷雨之所，亦为宋之大祀。从名称的设定看，这些国家的社祀位置的选择不仅要林木丰茂，并且往往有水体存在。树木丰茂和水体的存在，都指向土地的丰饶与多产，这种安置在聚落之外的社祀虽然以空间诉求为主，但也含有祈求丰饶的内容。

在相当时间里，在郊之社祀有着两种十分不同的面象：一与狂欢相关；一与杀伐相关。战国时，鲁庄公要到齐国去观看当地的社祀，"曹刿谏曰：'不可。夫礼，所以正民也。是故先王制诸侯，使五年四王、一相朝。终则讲于会，以正班爵之义，帅长幼之序，训上下之则，制财用之节，其间无由荒怠。夫齐弃太公之法而观民于社，君为是举而往观之，非故业也，何以训民？土发而社，助时也。收攟而蒸，纳要也。今齐社而往观旅，非先王之训也。'"[74]按照何新观点，社祀期间不禁男女之奔，所谓观民于社，其实是要观看与男女之事相关的祭祀仪式和狂欢。[75]在顺势巫术中，男女之事导致的繁殖将引发植物的繁盛，这里可见社祭与丰饶繁衍相关的一面。《尚书 · 甘誓》说："用命，赏于祖；弗用命，戮于社。"[76]表明社祀与刑杀、征服有关。《左传 · 襄公十年》记："宋公享晋侯于楚丘，请以《桑林》。荀罃辞。荀偃、士匄曰：'诸侯宋、鲁，于是观礼。鲁有禘乐，宾祭用之。宋以《桑林》享君，不亦可乎？'舞，师题以旌夏，晋侯惧而退入于房。去旌，卒享而还。及著雍，疾。"[77]看到旌夏之旗竟然吓病，可见旗上图案之狰狞可怖。图案具有如此的恫吓能力也从侧面表明了社祀与刑杀、征服的关系。南宋诗人杨万里《观社》："作社朝祠有足观，山农祈福更迎年。忽然箫鼓来何处？走煞儿童最可怜！虎面豹头时自顾，野讴市舞各争妍。王侯将相饶尊贵，不博渠侬一饷癫！"[78]可见社祀的两个面象在南宋的民间社祀中仍有体现。

社祀的古远和其内涵与空间位置的转变，使得社祀成为一个十分复杂的系统。《礼记 · 祭法》："王为群姓立社，曰大社。王自为立社，曰王社。诸侯为百姓立社，曰国社。诸侯自为立社，曰侯社。大夫以下成群立社，曰置社。"郑玄注："群，众也。大夫以下，谓下至庶人也。大夫不得特立社，与民族居百家以上，则共立一社，今时里社是也。"[79]

这表明，曾经有一个时期，一定等级的中心聚落中，有多种社存在。一种是"大社"或"国社"。这种社在郊，即在聚落之外安排。另一种在聚落之内，分属不同等级。

与王的居地相对应的曰王社，与诸侯居地相对应的是侯社，与大夫以下人员居地相对应的是置社或里社。放在郊的社更多地与刑杀、征服相关，放在聚落内的社更多地用以祀求丰饶与繁衍。前者拥有巨大的范围和大型主体建筑，而后者应该在空间上相当收敛。宋之桑林、齐之社稷当为大社或国社。而在郑州商城和周原西周城址上看到的社则当为王社或侯社。天子和诸侯有土地分封的权力，所以其设大社与国社，至于诸侯以下的社祀则与空间占据的关系较少，只有主要为丰饶祈求而设的置社。

社稷之祀从明堂中的析出在某种程度上带有迫不得已的性质。虽然在取消了中霤的明堂中不再适合祭祀社稷，但仍是拜祭上帝、日月星辰的重要场所。其实，上帝、日、月、星辰和农业丰收、种族繁衍也有脱不开的关系，在明堂中通过它们求取丰年也实属正常，这一点在前文与《月令》的叙述中已经见出。虽然在明堂中仍然可以祈求丰年，可社稷之祀的迁出，还是大幅度地降低了明堂的地位。

从中国传统聚落本身的构成需求看，社祀场所是聚落的必然组成部分。新的以空间占有为主要关切的社祀场所采用引人瞩目的体量，远离聚落主体部分而与聚落主体遥相呼应，这一设置，强化了中国传统聚落不是边界相连的建设地块之拼接，而是由一系列相距一定距离的聚落必备要素控制的包含着自然山水在内的复杂整体认知。

在中国传统祭祀中，燔烧祭品是供奉神灵的基本办法，特别是对天神的祭祀。从《左传》看，周人祭天用禋祀，日月星辰用实柴，山川等则用槱燎。禋祀要燔玉、帛和全牲；实柴要燔烧帛和牺牲的躯干，槱燎要燔烧肢解的牲体。大地湾 F901 室内的灶台直径已达到 2.5 米以上，可知这时在其上进行燔烧的供品尺寸和数量已经相当可观。燔烧尺寸大的供品当然需要更大的火力，太大的火力会给尺寸难以持续扩大的以木头为主材的建筑带来安全上的威胁，这样，将那些需要燔烧大尺寸供品的祭祀活动迁出明堂，在祭祀礼仪水平不断提高的情况下是可以设想的。

坛台体量崇隆且上面没有屋顶的限制，为那些需要大量燔烧的祭祀活动提供了适当的环境。随着对上帝或者天的祭祀最终成为最高规格的祭祀活动，需要燔烧大尺寸的祭品的祭天活动最终搬出明堂势在必然。在明堂之外进行的祭天仪式选择了坛祭的方式。在明堂中仍然可以祭天，但规仪与在坛台上举行的祭祀当有差异。天的祭祀的迁出，当然会进一步降低明堂的地位。

《逸周书·作雒解》说，周人设坛祭天是在南郊。[80] 与在宫殿以北进行的祀求丰饶的土地之祭相互照应，一个在外，一个在内，南属阳、北属阴，符合了人们对天、地属性的想象。这种想象，有可能影响到原本在郊的、与空间占据相关的社祀地点的选择。

公元前 3000 年到公元前 2000 年间，中国传统聚落的主导元素系统内容应该经历了一些变化。不过，在这个时期里，利用在仰韶文化半穴居中形成的空间规则确定聚落内主导元素位置的做法不仅被坚持下来，并且还在更广的范围里传布。在距今 4500 年左右的一系列城址上，都能看到西南、东北呼应的空间处理手法存在。

山东省阳谷县景阳岗城址使用年代为龙山文化中期至龙山文化晚期，该城址平面为东北斜向西南的圆角方形，长约 1150 米，宽 300 ~ 400 米，面积约 35 万平方米。在城址中部存在大小两座夯土台基。小台位于大台东北，面积在 1 万平方米以上，大台在小台西南，面积约 9 万平方米。大、小二者的方位与尺寸关系，颇可与大地湾中央区建筑组团的情况对照，小台上可以安排大地湾 F901 那样的建筑，大台则主要应对朝寝等占地较多的设施。巧的是，人们在小台基上发现了属于龙山时期的祭祀痕迹，包括牛、狗骨架和陶器，而在大台基上发现有 4 ~ 6 层叠压的台面，推测应为大型宫室基址。[81] 由这样的遗址情况，应该可以认定小台基上的设施更多地承担祭祀功能，大台基上的设施则主要面对统治者的日常起居和施政活动。这里实行的是在西南设尊长之处，而在其东北安排通神节点的做法（图 3-25）。

良渚文化主要分布于长江中下游，延续时间约在公元前 3300 年至公元前 2300 年。在杭州市余杭区发现的良渚文化瓶窑古城[82]，城址基本正南北向布置，城址中部偏北，有一称作莫角山的人工堆筑的巨大的坛台，该坛台高约 14 米，东西 670 米，南北 450 米，面积约 30 万平方米，在这个坛台上，分布着大莫角山、小莫角山和乌龟山三座土台，大莫角山位于莫角山的东北部，小莫角山在大莫角山以西，而乌龟山位于大莫角山西南[83]。小莫角山与乌龟山南北相值，处在一条南北轴线上，参照大地湾朝寝分立置为一区的做法，可以认为小莫角山和乌龟山上安置的建筑应为一个建筑组合整体，乌龟山较大，其上建筑地位较为隆重，应是这一建筑组合中的“朝”。乌龟山与大莫角山成西南、东北照应的关系，从其所处位置看，大莫角山应为通神节点所在（图 3-26）。与大地湾遗址及景阳岗城址比，这里大莫角山体量甚至大过小莫角山和乌龟山之和，如果其上的建筑体量与之体量成正比，这里的情况或者意味着中心区各元素的地位和其空间组织方式的某种改变。

石峁城址位于陕西省榆林市神木县石峁村界内的丘陵地带，城址由外城、内城和小城（皇城台）三部分构成。根据出土遗物的碳十四测年，石峁城址的时代应在公元前 3900 年至公元前 2300 年。城址为东北斜向西南布置，平面格局与山东阳谷景阳岗城址大略相同。该城址东西约 2 千米，南北最长约 3 千米，城内总面积约 4 平方千米，是迄今为止发现的夏代积年之前就已经建成的最大城址。石峁城垣的建

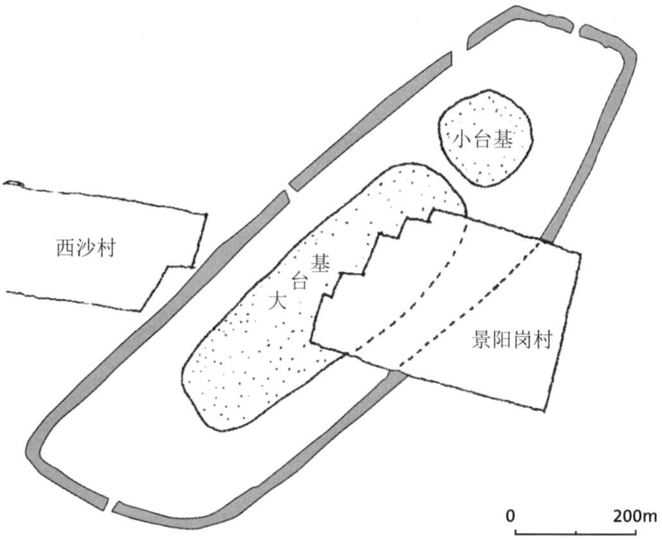

图 3-25 山东省阳谷县景阳岗
龙山文化城址平面图

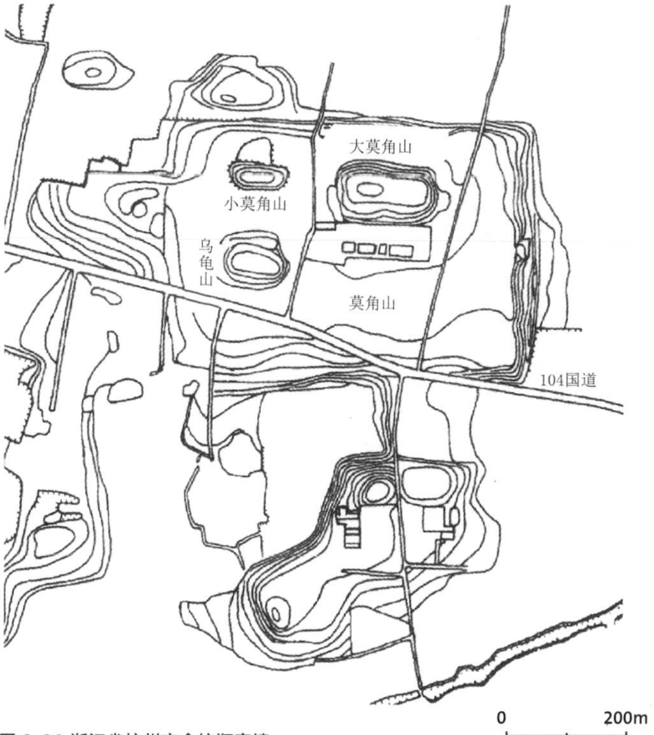

图 3-26 浙江省杭州市余杭瓶窑镇
良渚文化城址中心区平面图

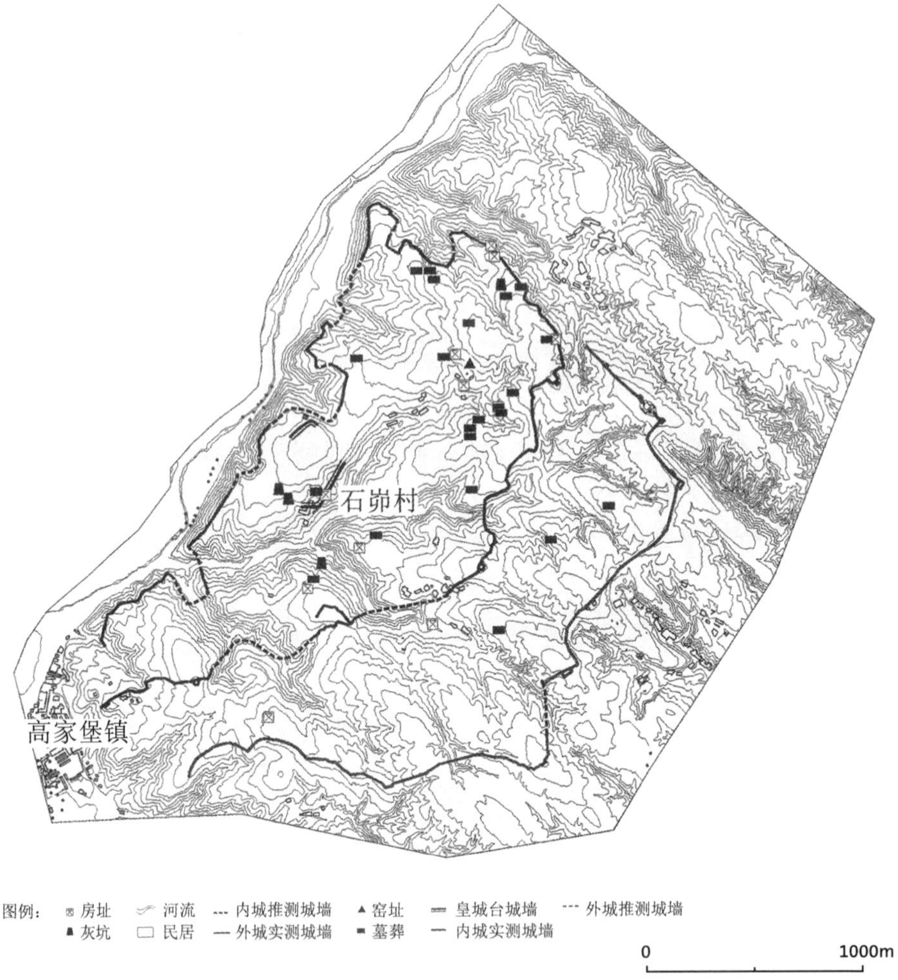

图 3-27 陕西省神木县石峁城址平面图

造技术与黄河流域的城垣建造使用的夯土技术明显不同，是用石块叠砌而成。这种做法与内蒙古包头一带发现的原始城址做法相似，表现出强烈的地方性。发掘报告认为城内的宫庙区应集中在皇城台内[84]，但仔细观察石峁城址的平面图，可以看到，在皇城台的东北方向存在着一个房址、墓葬及其他设施的相对集中区，也就是说，这里有一个特殊片区与皇城台成东北、西南的照应关系。基于城址平面的类同，在我们看来，这里的西南、东北互相照应的两个区，其内涵应与景阳岗遗址上西南、东北照应的大小台基相同，西南为尊长之处，东北为通神节点（图 3-27）。

三　上古城池规制与国土秩序

应该是为了空间区别和安全防卫，在仰韶文化早期，人们就在其居住区的周围开挖壕沟。最早壕沟的总平面形状往往近似圆形，例如姜寨遗址。之所以采取这种形状，应该主要和相同的线段长度圆形可以包括最大的内部面积相关。用壕沟围护的聚落称作环壕聚落。

围护姜寨的古村落遗址的壕沟尺寸十分有限。由分布在聚落北、东、南三面的几段壕沟看，其上口宽为 1.5~3.2 米，底宽 0.5~1.3 米，深 1~2.4 米不等。[85] 这种壕沟用来防阻虫蛇、区划空间还有一定作用，用作战争防御就有明显的问题。半坡遗址上发掘到的大壕沟尺寸就大得多，上口宽 6 ~ 8 米，底宽 1 ~ 3 米，深 5 ~ 6 米，[86] 这样的壕沟在当时条件下应该已经是很好的军事防御设施了。挖掘这样尺寸的壕沟，会产生许多渣土，如何处理这些渣土，就是一个问题。用这些渣土垫高壕内地坪有利于防潮、排涝，把这些渣土集中堆在壕沟沟边内侧，则对阻碍外来入侵会有相当的帮助。半坡遗址靠近居住区一侧之沟壁较陡，其高度也较外侧沟沿多出 1 米，表明当时人们已经明白这些道理。

聚落间的冲突加剧，会让人越发明白将渣土集中堆在壕沟内侧在提高聚落防御能力上的价值。从逻辑上看，用在聚落周边的“城”，就是在半坡那样的壕沟内沿处理的基础上因势利导形成的。

在湖南澧县发掘到的城头山遗址上，人们发现了迄今所知中国最早的城垣。城头山城址建于大约公元前 3000 年，平面略为圆形，面积约 8 万平方米。城墙就是用壕沟挖出之渣土堆成的[87]（图 3-28）。河南郑州西山仰韶晚期城址，时间或者比城头山城址略晚，但却是在黄河流域发现的城址中时间最早的。该城址也略为圆形，面积约 3.5 万平方米[88]（图 3-29）。从这两座城址的规模和相应的技术看，它们应是在华夏大地上出现的第一批城址。两座城址平面均近圆形，其理由应和早期环壕聚落壕沟平面近圆的道理相同，是要相对经济地取得较大的城内空间。

聚落周边的墙垣有无当然是决定聚落规格等级的重要形式条件。《左传·庄公二十八年》说“邑曰筑，都曰城”[89]，则进一步表明了聚落周边墙垣的厚度可以是区别聚落等级的标志。《诗经·大雅·板》提到聚落的界分设施有三种，“藩”“垣”“城”，并用不同的界分设施与不同的人对应，显示出“藩”“垣”“城”的等级地位不同。“藩”应指用竹木搭造的栅栏，“垣”与“城”都要夯筑而成，但两者之间应有重要的形式差别。古代夯筑而成的墙垣也可以称作“墉”，西周金

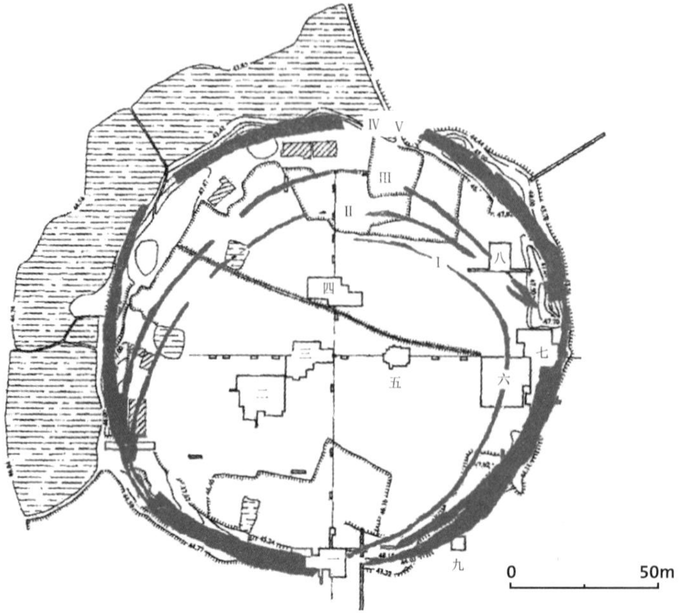

图 3-28 湖南省澧县城头山城址平面图

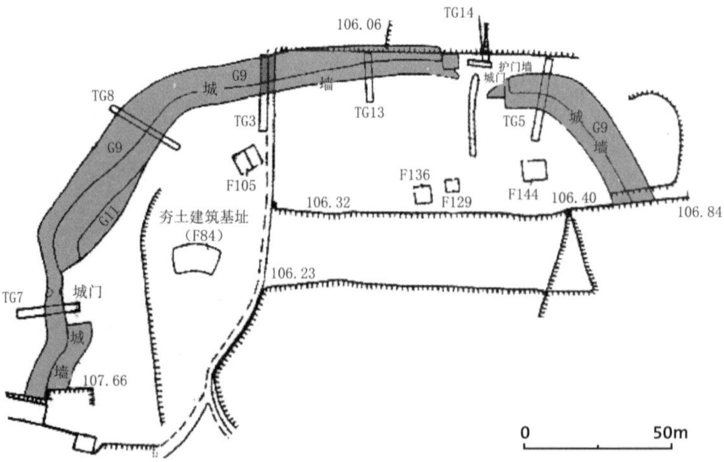

图 3-29 河南省郑州市西山仰韶晚期城址发掘平面图

文中“城”字的写法是在“墉”字右边加上“戉”字旁。这一表达方式深刻地揭示了“筑”与“城”的根本差异。“筑”造就的是其上不能安排兵员驻守的空间分划物，而“城”造就的则是其上可以安排人员执戈守卫的设施。文字材料和考古资料相结合，可以认为，当时一般的村落周边也或当有壕沟、栅栏之类形成某种水平的防御，但是在规格上高于一般村落的“邑”周边的防御设施则应是夯土而成的墙垣，至于更高等级的“都”，其周边的防御设施不仅要用夯土筑成，并且要足够厚，厚到其上可以安排兵丁驻守，这样的墙垣才是所谓的“城”。

距今 5000 年左右，古华大地上的城址数量相当有限。时间到了距今 4500 年左右，情况似乎发生了变化。城址明显增多，在筑城技术有较大提升的同时，许多城墙开始放弃圆形平面。

与后世以矩形城址为惯常的状况不同，当时的城址，除了那些面积在 3 万平方米上下，性质大略相当于后世之宫城者，出现采用边角硬挺的规则矩形平面的情况外，其他的城址即使放弃圆形平面，也很少采用边角硬挺的规则矩形。黄河、汉水及长江流域所见之城址平面角部作圆化处理的占了绝大多数。前文曾经指出，在仰韶时期的建筑上，平面形状可以是判断其规格等级的标准，那么，这些角部作圆化处理的城址是不是利用形态来进行等级区分的结果呢？进一步观察这一时期的遗址，如果以矩形为参照，并把注意力集中在城址西南隅上，可以看出，那些形态难以归纳的城址，大体上可以分为两类。一类是采用了城址西南隅扩展的做法，具体做法又可分为三种：一是山东阳谷景阳岗城址与陕西神木石峁城址都采用的南垣由东向西外斜以拓展城址西南隅的做法；二是山东章丘龙山镇的城子崖城址、杭州余杭瓶窑城址采取的南墙与西墙在交接处向外弧出扩大西南隅的做法；三是湖北荆门马家垸城址、湖北天门石家河城址等采取的西垣由北向南斜出扩张西南隅的做法（图 3-30）。与此不同，第二类则采用了西南隅压缩的做法，具体的例子如：湖北孝感叶家庙城址、四川成都大邑盐店古城遗址、河南焦作博爱的西金城龙山城址、山东日照丹土城址等（图 3-31）。

我们知道，在仰韶的聚落空间定位上，西南隅是尊长之处。那么，对城址的西南隅的不同处理，是否表示在仰韶文化半穴居中形成的空间组织规则已经被用在城址轮廓的确定上，并用以确定城址的规格等级？如是这般，结合前文对于仰韶时期建筑平面的分析，我们似可推论，那些角部作圆化处理、平面为矩形变体的城址，在等级上是远高于圆形但低于规则矩形的东西，并且，西南隅突出的做法，在等级上要高于西南隅压缩的做法。因为西南隅突出虽然导致了平面图形的不整，使其与规则矩形相比等级降低，但却保持了尊长之处与通神节点西南东北对应的

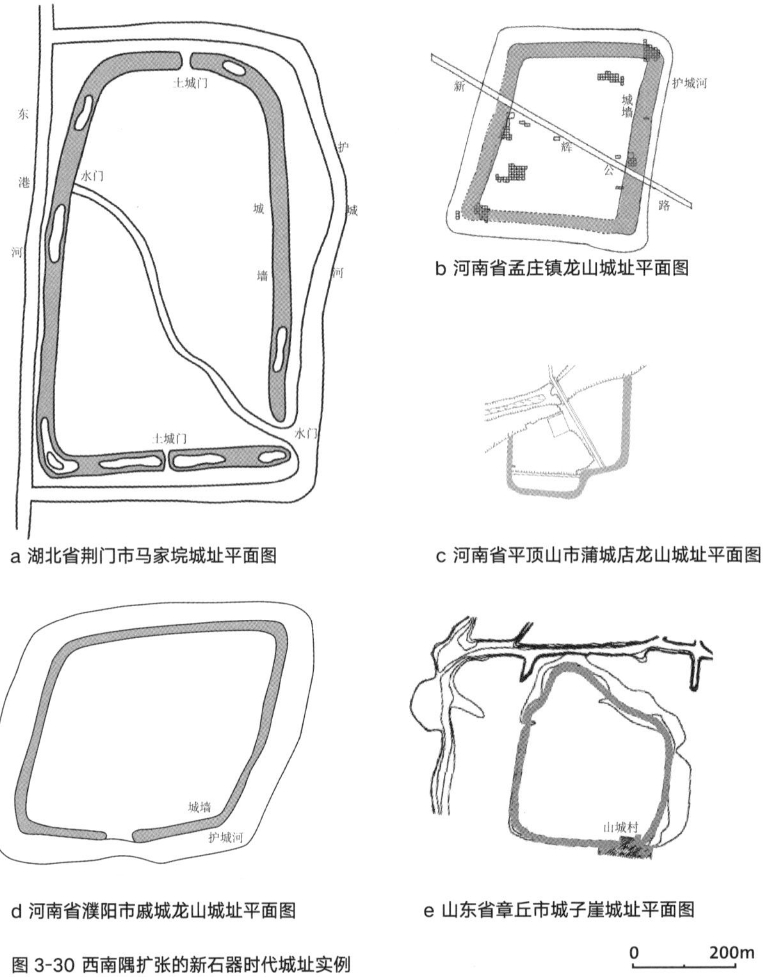

a 湖北省荆门市马家垸城址平面图

b 河南省孟庄镇龙山城址平面图

c 河南省平顶山市蒲城店龙山城址平面图

d 河南省濮阳市戚城龙山城址平面图

e 山东省章丘市城子崖城址平面图

图 3-30 西南隅扩张的新石器时代城址实例

基本格局的完整性，这种格局的完整性，从逻辑上看，在古人那里，应该是保证人神的正常沟通的基本条件，城址西南隅压缩，可以是尊长之处受到压迫的表达，这压迫，当然会使人神的沟通受到影响。在祭祀作为国之大事之首的文化氛围下，聚落首先是一个祭祀中心，西南对应中央的基本结构的完整与否，是判断城市祭祀能力的最为敏感的标尺。当聚落因为等级制约需要采用形态不尽方整的城池平面时，对西南隅的处理就成了判别城址规格的关键。突出西南隅，意味着尊长之位与通神节点对应的结构的完整，而压缩西南隅，则表明人神沟通的关键空间受到某种干扰。于是，城址的西南隅扩展，应该是较高规格的表现，而城址西南隅压缩，则意味着城池规格较低。由是，城址西南角的刻意的收放处理，其实是特

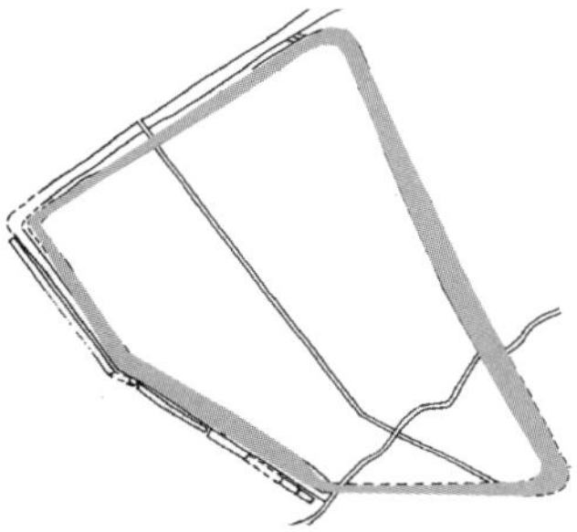

a 四川省成都市大邑盐店城址平面图

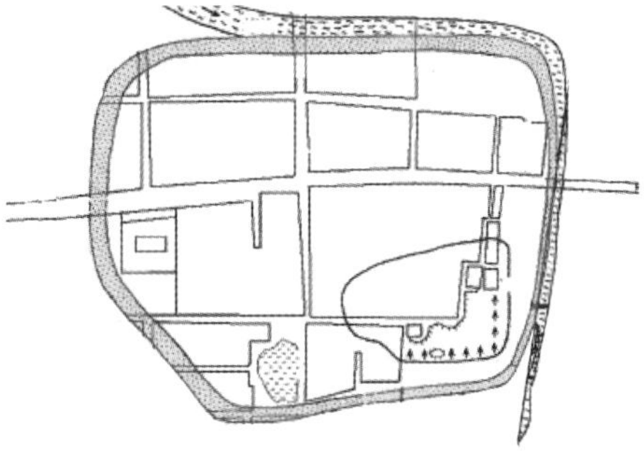

b 河南省博爱县西金城城址平面图

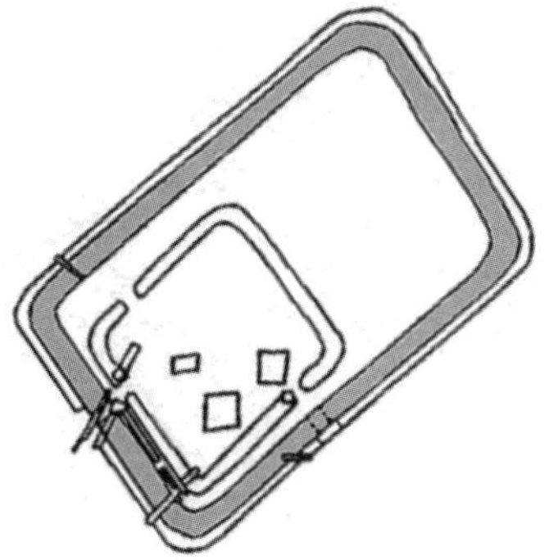

c 江苏省连云港市藤花落城址平面图

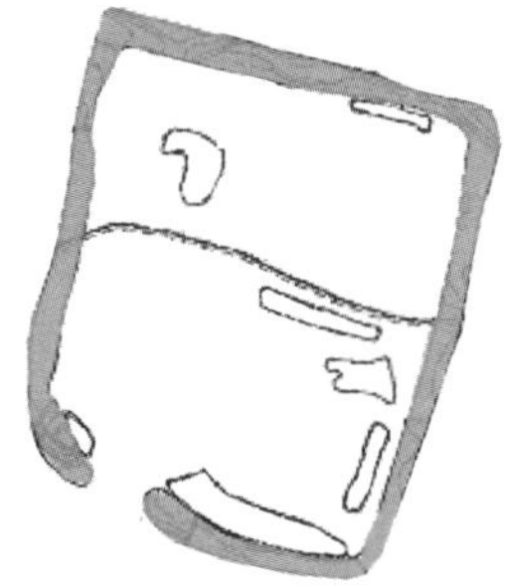

d 湖北省孝感市叶家庙城址平面图

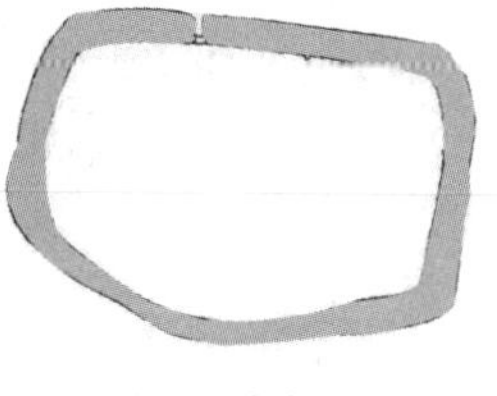

e 山东省日照市丹土城址平面图

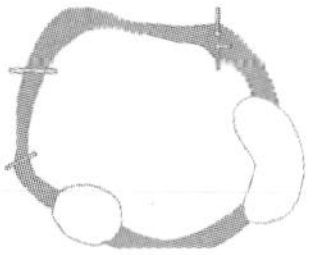

f 山东省茌平县教场铺城址平面图

图 3-31 西南隅压缩的新石器时代城址实例

0 200m

定条件下区别城址等级的办法。

由于西南与中央（东北）共同构成某种空间主轴的观念来自于对仰韶文化半穴居内部空间构成的理解，所以，与此相关的城址格局控制规则在与这种穴居没有多少关系的长江流域甚至是四川盆地使用，应该表明了在新石器时代晚期，黄河流域已经成为了相当有力的文化输出地。不仅如此，因为文化的传播特别是制度文化的传播往往与政治、经济和军事的优胜相关，所以这种情况的存在甚至暗示，当时以黄河流域为基地的某一人群在政治地位上要高于其他地区的权力优胜者。

如果再进一步，我们会发现新石器晚期的采用了仰韶半穴居中所成之规则的城址中存在着城垣部分缺失的情况。特别是在现知的大型城址上，城垣的缺失似乎是一种常规：石峁古城的西南部，存在着一个长达 500 米的城墙缺口；湖北天门石家河城址的南垣东段和东北角，也存在着城垣的缺失（图 3-32）。过去，人们往往将这里的城墙缺失视为史迹湮灭的结果，不予置问，可是如果仔细地看一下

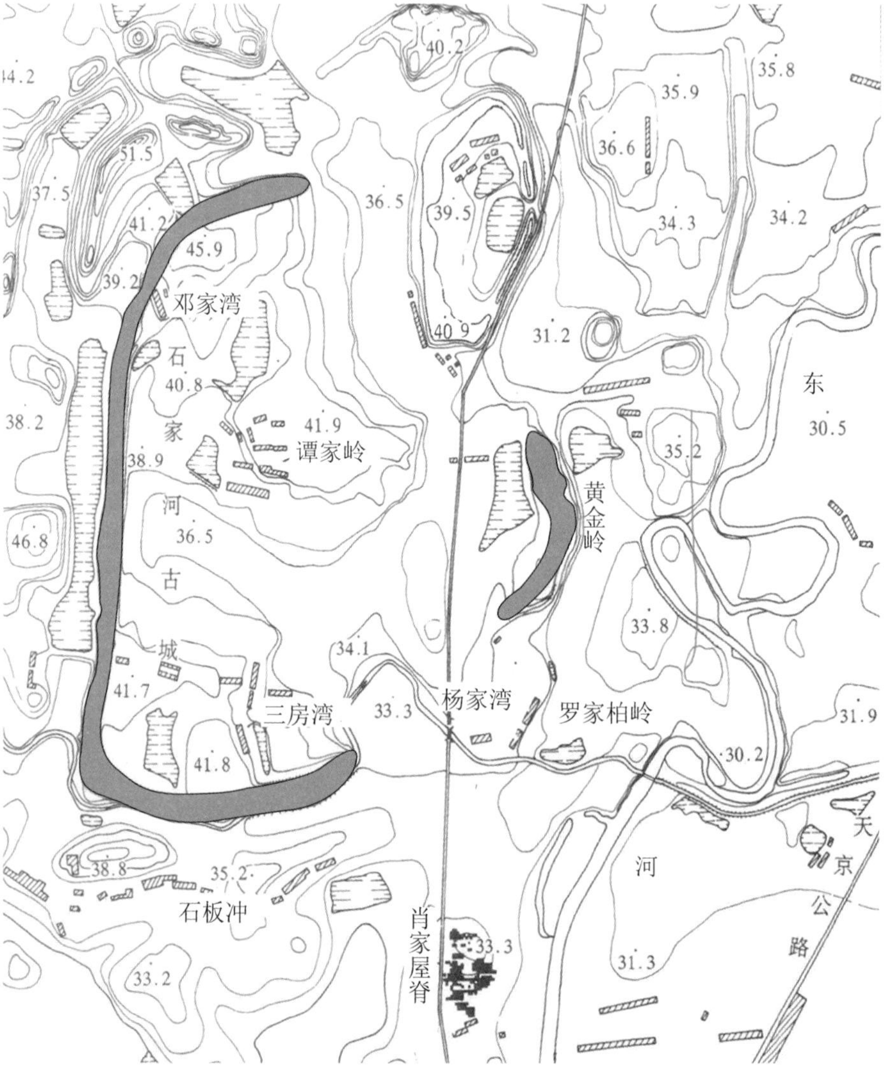

图 3-32 湖北省天门市石家河遗址发掘平面图

瓶窑良渚古城的南垣东段处理，就应该可以认定，情况并非如此。

瓶窑古城南垣东段，存在着连续开启、相互间距离有限的四个缺口。最东边一个缺口西侧城垣上存有一定规模的城垛，或可据此推测最东边的这个缺口为城门。城门以西的三个缺口小的与城门缺口同宽，大的尺寸达到了 80 米左右，从缺口两侧城垣遗迹端头齐斩的格局看，这几个缺口应为刻意留出，并非遗迹湮灭所致（图 3-33）。由于现有的河道走势与规模并不与这些缺口对应，应可认为，这几个缺口也不是为了应对河道的流通而设。此外，如果观察浙江余杭三镇良渚文化居住类遗址分布图，可以看到，在这个缺口以南 500 多米处，存有一个东西向展开、延续 1000 米以上的带状居住遗址。这个居住遗址的展开方式，十分明白地

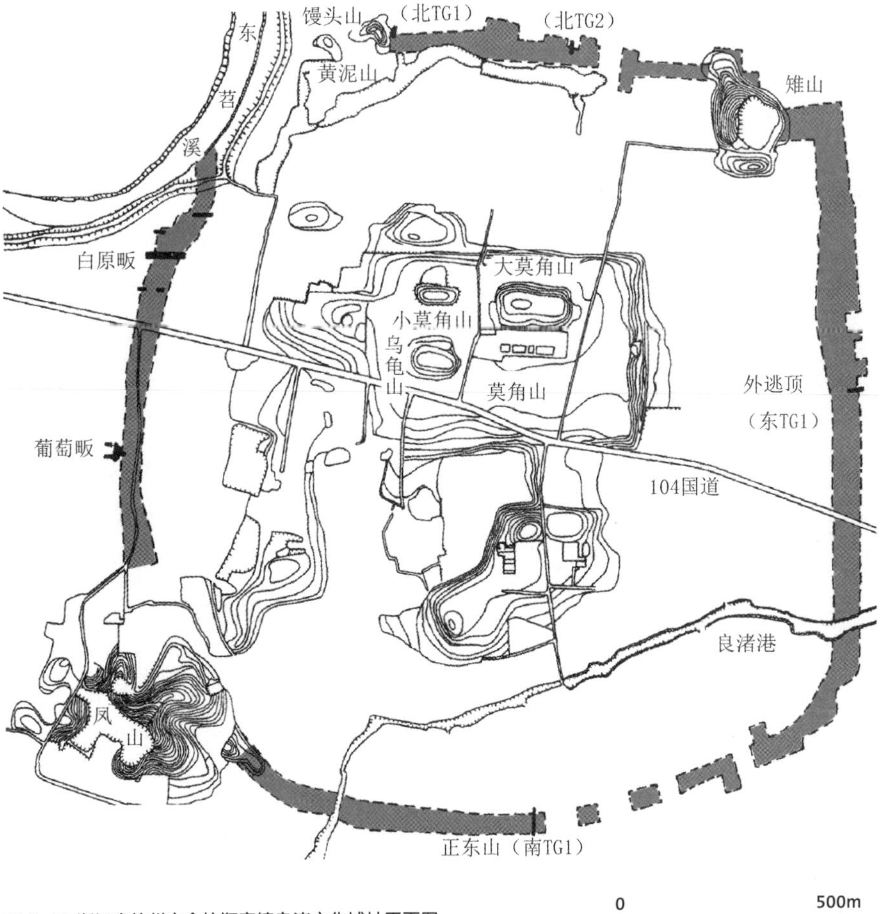

图 3-33 浙江省杭州市余杭瓶窑镇良渚文化城址平面图

交代了它的功用正是为了补足城垣缺失所造成的防御薄弱。反过来看，如果上述城址缺口处为河道，这种做法就为不必。结合各种情况综合判断，可以认定这些缺口是在城垣上刻意留下的防御弱环（图 3-34）。

建造城垣，本是为了防御。城垣的大规模缺失，与城垣建造的初心严重不符，那为什么会存在这种情况呢？

《公羊传 · 定公十二年》云："百雉而城。"汉何休注云："天子周城，诸侯轩城。轩城者，缺南面以受过也。" 徐彦疏云："然案旧古城无如此者，盖但孔子设法如是，后代之人不能尽用故也。"[90] 如果把眼光仅放在秦汉之后的城址上，徐彦说的或不大错，确实很少城垣的南面不建，留下一个大空缺的轩城。可如果说秦汉之前，就可以看到，所谓的"轩城"确实存在过。

上列石家河、瓶窑、石峁三座采用了"轩城"做法的城址，规模均不一般：湖北天门石家河城址面积为 1200 万平方米；浙江余杭瓶窑古城址面积为 290 万平方米；陕西榆林神木石峁古城址面积则为 400 万平方米。在距今 4500 年时，营造这样的城池需要巨大的投入，同时，从这几座城址的出土文物和城垣营造技术看，它们都根植于当地相对独立的文化，它们的据有者都是文化相对独立的强权者，可正是这样的人建造了轩城，放弃一定的防御能力表示某种服从，这当然是因为外部存在着文化上和军事能力上更为有力的单位。或者说，这些轩城的存在，明确地表明了在公元前 2500 年前后，在中国的大地上，已经存在着一个操控范围北至山西北部，东至杭嘉湖平原，南至湖北境内的权力单位。石峁、瓶窑、石家河古城的具有一定地方特征的文化政治集团，与这个权力单位之间存在明确的臣服的内容。

提出"游团—部落—酋邦—国家"这一国家产生路径的塞维斯认为，"一个真正的国家，不管发展不发展，与酋邦以及其他更低阶级的社会之区别，突出地表现在一种特殊的社会控制方式之中，也即武力合法地掌握在社会的某一部分人手上，他们不断地使用武力或者威胁要使用武力，以此作为维护社会秩序的基本手段"[91]。上列轩城的存在，既表示在这些轩城之上，存在着一个对其持续地威胁要使用武力的权力单位，也毋庸争辩地显示了这些轩城的拥有者承认另外有人在一定条件下可以合法地对其动武。也就是说，在距今 4500 年左右，也就是在夏王朝成立前三四百年，某种形式的广域国家在华夏文明中心区已经产生。

既然有一系列轩城存在，那么当时的天子之城在哪儿？由于上列轩城都采用了在仰韶文化半穴居中才可能产生的空间格局控制规则，所以，天子之城首先要到黄河流域去找。似乎是事有凑巧，人们在山西发掘到了与上列古城存在时间相

图 3-34 浙江省杭州市余杭三镇良渚文化居住类遗址分布图

若的与帝尧相关的陶寺古城遗址。

按照传统文献，帝尧是夏代之前主要在黄河流域活动的广域王朝统治者。《尚书·尧典》说："曰若稽古帝尧，曰放勋。钦明文思安安，允恭克让，光被四表，格于上下。克明俊德，以亲九族，九族既睦。平章百姓，百姓昭明。协和万邦，黎民于变时雍。乃命羲、和，钦若昊天，历象日月星辰，敬授人时。分命羲仲，宅嵎夷，曰旸谷。寅宾出日，平秩东作。日中，星鸟，以殷仲春。厥民析，鸟兽孳尾。申命羲叔，宅南交。平秩南讹，敬致。日永，星火，以正仲夏。厥民因，鸟兽希革。分命和仲，宅西，曰昧谷。寅饯纳日，平秩西成。宵中，星虚，以殷仲秋。厥民夷，鸟兽毛毨。申命和叔，宅朔方，曰幽都。平在朔易。日短，星昴，以正仲冬。厥民隩，鸟兽氄毛。"[92]"帝"字的使用，表明了古人认为尧所主持的权力单位与后世王朝相同；"万邦"当应该涉及一个相当广袤的空间；"协和"二字似乎强调王朝的存在和上下关系的确认依靠的主要是文化与政治的力量；"宅"是指在一定地方安排住宅甚至聚落，"分命羲仲，宅嵎夷"就是派遣羲仲到嵎夷设立居地。

《尧典》在对帝尧作概括的介绍后，立即用相当的篇幅叙述他安排一系列人员设置专门的观测点，观测日月星辰，以敬授民时。把这种叙述方式与文中所努力申明的帝尧统治正当性表述联系起来，似乎暗示在确认帝尧统治地位的诸种手段中，相当重要的是帝尧一族在历法技术上的优胜。在现代社会，历法的确定首先是一个科学事项，可在4000多年前科技蒙昧、基本靠天吃饭的农耕时代，准确的历法不仅是农业生产以及日常生活秩序建构的核心依据，并且还是人与神灵沟通有效、得体的具体表达。对于当时的人来说，提供准确的历法可以是确认自身优势并规范社会行为的基础条件。某些族裔凭借历法技术的优胜，获得他人的膺服是完全可以想象的。

依现在的知识，在有限的范围里设置不同的天象观测点对观测准确性的提升帮助或者有限，但从景观和环境秩序确定上看，帝尧设于都城四个方向上的观测点在显现帝尧的文化优势上价值明显。可以认为，帝尧颇具形式感地安排"羲仲""羲叔""和仲"与"和叔"之所宅，不仅是观象的需求，更是表明自己权力神圣性、正当性的手段。

郑玄《诗谱》曰："尧始居晋阳，后迁河东。"阎若璩《尚书疏证》说："尧为天子，实先都晋阳，后迁平阳府。"晋阳大致在今太原。平阳，春秋为晋羊舌氏邑。《左传·昭公二十八年》晋分羊舌氏之田以为三县，赵朝为平阳大夫。汉代置平阳县，三国魏置平阳郡，故治在今山西临汾市西南。[93]

考古发掘到的陶寺古城正在今山西临汾市南边的襄汾县塔儿山西麓。

陶寺古城由大城和小城两部分构成。大城北半部的城垣可以视为圆角矩形的一部分，南北最长处2150米，最短处725米，东西最长处1650米，建造时间约在公元前2100年至公元前2000年间。陶寺古城的大城轴向与石峁古城相同，大致为南偏西45°。小城位于大城东北部，建于公元前2300年前后，平面为圆角长方形，南北长1000米，东西宽560米，面积约56万平方米。大城的修造或与小城的废弃同步。大城东部有一同时期夹城。夹城东部为中期贵族墓地，墓中被埋葬者皆头向东南。夹城中部是以观象祭祀台为主体的建筑群，西部是零星的小型建筑基址。观象祭祀台建筑平面形状为大半圆形，面积1400平方米。发掘者根据考古发现的三道夯土墙推测，此处原应有三层平台，第三层平台上有半环形分布的夯土柱列，可能用来形成观测缝，观测缝的主要功能是观日出，定节气。该建筑附属的夯土东阶及生土半月台，应该是用于礼仪活动时人员驻停的场所。20世纪70年代末至80年代初，在陶寺的大型墓葬中，出土了鼍鼓、特磬及龙纹陶盘、玉钺、玉瑗等“重器”[94]。庞大的城池规模，特殊的观象祭祀建筑，高规格的墓葬以及位于临汾市南部的地理位置，让人不由得不认为陶寺古城就是帝尧的都城（图3-35）。

可是，从城址的具体情况着眼，把陶寺古城认作协和万邦的帝尧之都有着巨大的障碍。因为，除了该城址角部进行了圆化处理外，更为重要的是，陶寺古城也是一个“轩城”，并且是一个南城墙完全缺失的“轩城”。

考古发掘表明陶寺古城南部为宋村沟，陶寺古城的东墙与西墙皆在沟边止住，并未形成城垣周环的形态。

这个面积亦属可观的城池在当时是为何而建？结合考古资料和《尧典》所述，认为陶寺古城是帝尧在都城之外另设的四个天象观测点之一应该不错。陶寺古城夹城中的观象祭祀设施，可以视为这一推测的有力支持。在夹城大墓出土的鼍鼓、特磬等不同于一般但却被认作具有通天功能的器具，表明被埋葬者是具有特殊通神能力的巫师。夹城东部墓葬中的尸体均为头向东南，与观象台在城址上的方位相同，则进一步暗示被埋葬者的职司与东南方的天象观察有特殊关系。从建造顺序上看，这个居地一开始规模有限，只建有小城，在夏朝出现的前夜进行的城池规模扩张和观象设施规格的提升，似乎显示当时的统治者面临着权威性的挑战，这正与当时可能的军事和政治大势相呼应。

何驽认为，陶寺“并非由小聚落，经中型聚落自然发展，凝结成大聚落或都城，没有前期聚落自然生长的过程，而以‘空降’似的‘落地生根’特征，给人以横空出世之感”[95]。高炜则指出：“从考古发现看，在同时期各区系中，陶寺文化（约

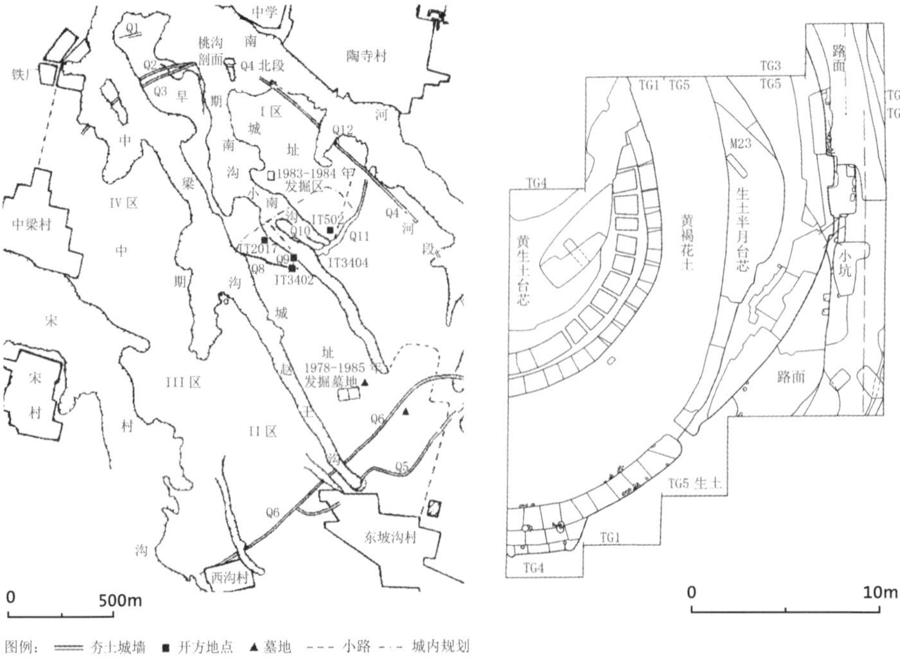

a 山西省襄汾县陶寺古城址平面图

b 山西省襄汾县陶寺城址“观天授时”遗址平面图

图 3-35 山西省襄汾县陶寺古城址及陶寺城址“观天授时”遗址平面图

公元前 2300 年至公元前 1900 年）的发展水平最高，但它的覆盖面大致未超出临汾盆地的范围；它同周邻文化的关系，则表现为重吸纳而少放射。若同二里头文化比较，可明显看到陶寺文化的局限性，说明陶寺尚未形成像二里头那样的具有全国意义的文化中心。”[96]“空降”似的“落地生根”正好说明该聚落是受人指令派遣的产物，而“重吸纳而少放射”则说明了它不是一般意义上的聚落，而是根据指令执行专门任务的专业性聚落，它虽然文化水平高，但却无意于对周边地区进行征服。

陶寺古城拥有者无意于对周边地区的征服，但是相应的防御还是要给予足够重视的，考古发掘揭示，与陶寺同属一系的聚落主要坐落于古城的西南方，这种做法，当然可以弥补城南垣缺失造成的防御能力的折损（图 3-36）。

观察史前古城，还有一件事需要予以注意，那就是那些规模较大的城址的东北角是缺失的。缺失东北角的具体做法大致有三种：一是城垣东北角作圆弧状处理，如日照丹土古城、马家垸古城；二是将城址东北角抹去，如景阳岗龙山古城、公安鸡鸣城；三是将东北角挖去，如石峁古城和瓶窑古城。东北角缺失的做法从修建、防卫的角度很难得到合理的解释，其应该仍然和城址的祭祀效用有关。《史记》记

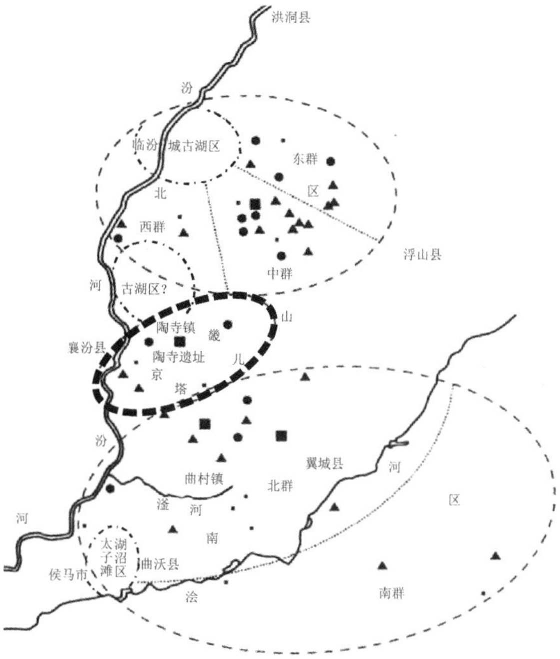

图 3-36 陶寺古城周边早期聚落分布图

方士赵人新垣平云："或曰东北神明之舍，西方神明之墓也。"[97] 前文已经提到，仰韶文化半穴居室内的东北隅是室内次要的通神节点，城址缺失东北角，就意味着减少了神灵停留于此的机会，应该也是一种降低城池规格的处理。陶寺古城的城垣东北角的情况不够清晰，但从已知城垣的走势看，其角部不是完整的直角，因而它的祭祀等级也有限。

至今人们还未能在黄河流域发现夏朝以前大型的平面方整四角硬挺的周城。如果以上述分析推断为据，四角硬挺的矩形周城应该是帝尧之都的基本特征。《尧典》述及的，"羲仲""羲叔""和仲""和叔"之所宅，最为合理的位置是分别处于帝尧都城的四个方向。从都城意义建构上讲，它们不是全然独立的城邑，而是都城组织的辅助部分。这些辅助部分与郊祀设施相结合，进一步扩大了都城实体涉及的空间范围。四个用于观测天象的聚落虽然有可能存在着规模和形态上的差异，但至少在概念上，四向四宅的安排一定会赋予大致位于中央的都城以强烈的中心性，使其明确为形式上的"中国"，并十分明白地凌驾于其他聚落之上。尧都与其他城邑之间的具体空间关系如何，现在的考古资料还不足以支持对这个问题展开讨论。不过，考古工作者在江汉平原和余杭地区的努力，已经使我们能够对这两个地区的聚落景观与空间秩序构成以及城市格局控制规则作出进一步的探讨。

对江汉平原和余杭地区的新石器时代聚落组织方式的探讨，要依据某些判断城址规格等级的标准，目前可以依托的标准似乎只有在前面讨论中提出的那些。当然这些标准是未经最终认定的依据考古现象的逻辑推论，其正确性只有在一系列知晓其拥有者身份差异的有较高相关度的聚落存在时才能确认，这在当下应该是不现实的。在这种情况下，也许我们可以尝试性地使用那些已经推得的标准对已知的聚落系统和遗址进行解释，如果所得结果合乎逻辑，并且能形成更加深入、细致的对解释对象的理解，那么就可以进一步认定相应标准的有效性，并且有条件在以后继续使用这些标准展开相关研究。

截止目前，考古工作者在长江中游的江汉平原约 4.6 万平方千米的范围内，发现到屈家岭文化中晚期的古城址十三座和大型环壕聚落遗址一座。它们是：石家河城址，面积约 120 万平方米；屈家岭环壕聚落，壕内面积约 70 万平方米；城河城址，面积近 50 万平方米；陶家湾城址，面积约 67 万平方米；马家垸城址，面积约 24 万平方米；门板湾城址，面积约 20 万平方米；叶家庙城址，面积约 15 万平方米；笑城城址，面积 6.3 万平方米；鸡鸣城城址，面积约 15 万平方米；青河城址，面积约 6 万平方米；鸡叫城城址，面积约 22 万平方米；阴湘城城址，面积约 20 万平方米；王古溜城址，面积约 80 万平方米；张西湾城址，面积约 9 万平方米。[98] 这些遗址基本沿江汉平原北部山前区东西向顺序布置，形成一个大约 300 千米的遗址绵延带。在这个绵延带的中部偏东长约 60 千米左右的范围里，遗址分布相对集中，集聚着石家河城址、屈家岭环壕聚落、陶家湖城址、门板湾和笑城城址五个单位（图 3-37）。我们将这个部分称作此城址绵延带的核心组团，在此组团中部偏西，有此一地区围垣最为厚重、面积最大的石家河城址。从局部地形看，该城址处在山脉的端头，两侧有山体形成了一个相对封闭的防御空间，坚强的防御系统、巨大的规模和特殊的坐落环境，表明了石家河城址的地域主导地位（图 3-38）。

依照相对位置和地形条件，或可辨识出，在上述核心组团以外，还有另外三个城址组团，它们是：西辅助组团，包括马家垸、阴湘、城河三座古城；东辅助组团，包括王古溜、叶家庙和张西湾三个城址；西边缘组团，包括鸡叫城、鸡鸣城和青河三座城址（图 3-39）。

仔细观察这些组团，可以看到，核心组团含有石家河、门板湾两个西南隅扩张的城址，西辅助组团马家垸为西南隅扩张的城址，西边缘组团鸡叫城城址西南隅扩张。东辅助组团王古溜城址形态不明，而叶家庙是这一地区唯一的东北角完整硬挺的城址。也就是说，依照前述之标准，在江汉平原的屈家岭文化中晚期的聚落组织中，除了核心组团之外，其余组团都有一个在祭祀上具有某种优势的城址。

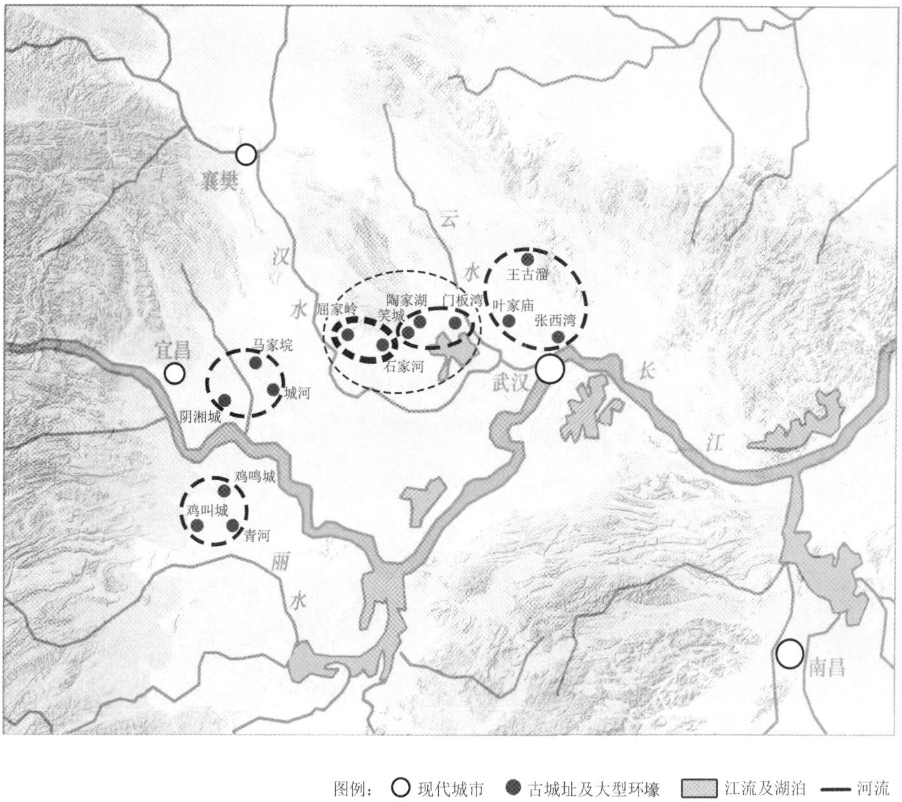

图 3-37 屈家岭时期江汉平原原始城址及大型环壕聚落组织分析图

其实，如果以是否存有在祭祀上具有优势的城址为据，我们还可以把核心组团也一分为二，西边是由石家河城址和屈家岭环壕聚落所成之组团，其中石家河是祭祀优势聚落，东边是由门板湾、陶家湖和笑城所成之组团，门板湾为祭祀优势聚落。这样，这里就有五个城址组团，每个组团中均有一个祭祀优势聚落存在。从功能布局着眼，这种布局表明这里一共存在着五个祭祀单元，每个单元的祭祀中心就是那个在形态上表明其有祭祀优势的城址。

在这些祭祀中心中，石家河规模巨大，面积仅次于石家河城址的祭祀中心马家垸只有 20 余万平方米，相当于石家河的五分之一。从情况相对清晰的组团看，与这些尺寸不大的祭祀中心相伴共同形成聚落组团的，除了西边缘组团外，都有一个尺寸远大于相应祭祀中心的城址，这些城址包括王古溜城址、城河城址和陶家湖城址。它们的面积接近 50 万平方米或在其以上。王古溜城址形态不明；城河

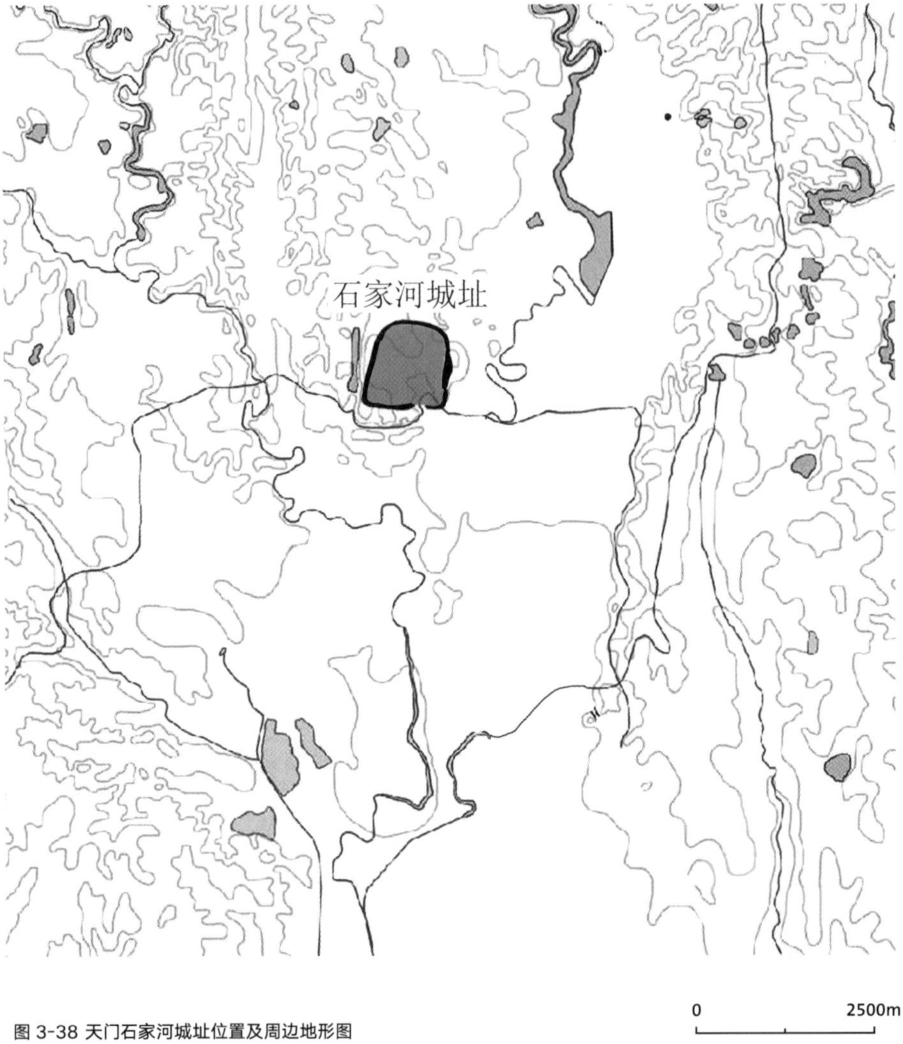

图 3-38 天门石家河城址位置及周边地形图

城址平面北半部与东北角缺失的矩形相关，南半部则与圆形相关；陶家湖城址则基本为圆形，其所对应的祭祀效能应不高。在我们看来，正是这些平面规格不高的大型城址与祭祀中心性城址共同形成了一个可以容纳一定量居民的组织单元。这样的安排应该显示，在某些时候，这些聚落组团应该都有相当数量的居民需要安置，可既然有这样的居民安置需求，为何不建一个较大的城址来应对，而是不惮劳烦地建造城址组团？

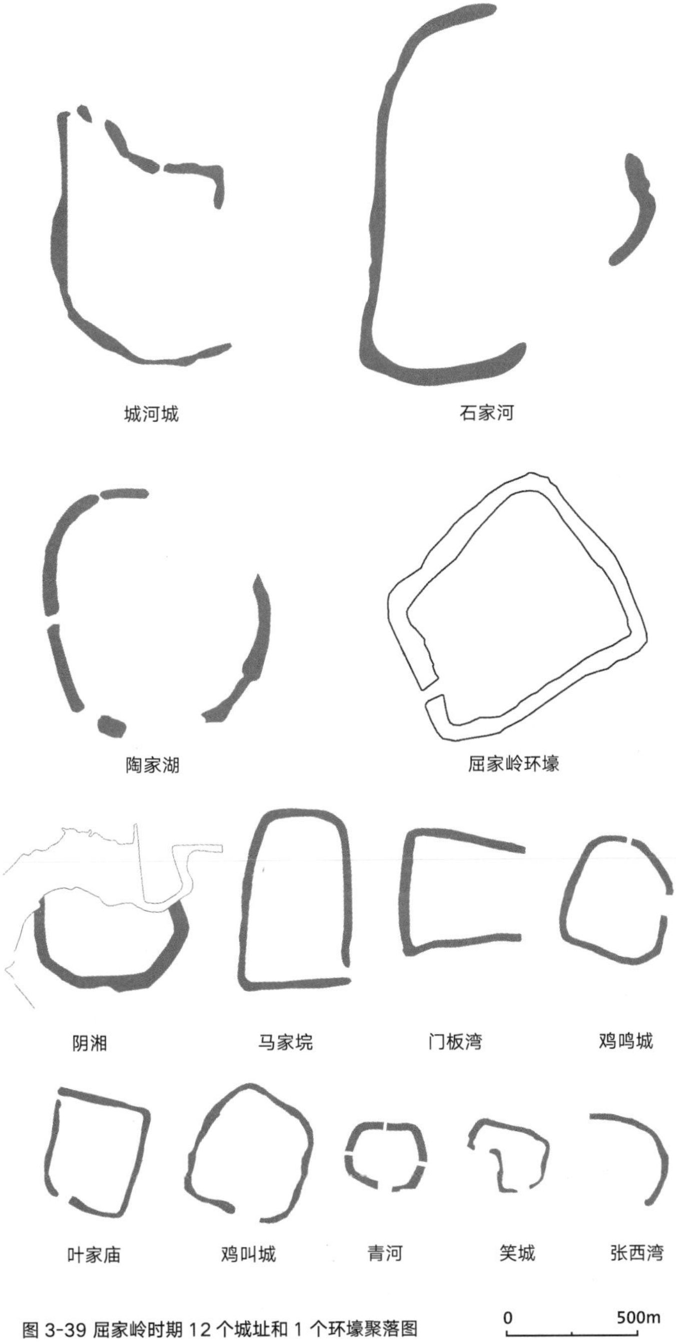

图 3-39 屈家岭时期 12 个城址和 1 个环壕聚落图

造成这样安排的缘由应该是，在相应时期出现了将更多的人聚集在一起实现有效防御的要求，如果将这些人众集中在一个城址中，并在该城址满足较高规格的祭祀要求，那就不可避免会形成在祭祀与防御上均具有较强竞争力的城址，从而对该地区无可置疑的中心聚落石家河城址的主导性形成挑战，导致地域空间与景观组织的失序。因此，为了使石家河城址更为明确地占据综合性的优势地位，就有必要对石家河以外的居民区的安排进行功能的分解，采用防御主体与祭祀中心分离的做法，使其所具有的任何一个城址都不能与石家河城址相提并论，城址大的则祭祀规格低，祭祀规格高的则城址规模不值一提。

注意到石家河城址边也有一个规模可观然而祭祀规格和防御设施水平都较低的屈家岭，与其共同构成一个聚落组团，这种情况表明，与周边的城址组团相同，石家河也同样因为制度的缘由，不得不进行功能和空间的分拆，以免造成对另有的城址的挑战，也就是说，石家河组团分拆现象的存在，再一次表明了在它之上，存在着有能力对其实行管控的权力。在这个组团中，为了不致喧宾夺主，屈家岭部分采用了西南隅压缩的壕沟作为防御屏障。

既然西南隅凸出是保证祭祀效用的高规格的做法，很自然，从表达的角度看，西南隅凸出显示越明确，城址的等级就越高，这一点，或者可以从石家河城址与这一地区的其他祭祀中心的平面比较中看出。此外，如果每个江汉平原上的早期聚落组团中都有一个祭祀优胜聚落，且非核心组团中的较大聚落为了避免冲撞区域中心石家河城址，不可以是祭祀中心的话，那么，叶家庙城址的东北角完整就明白无误地应是其祭祀水平较高的表达。

石家河城址与屈家岭环壕聚落位于中心地段，二者的面积之和接近 200 万平方米，远大于其他聚落组团，且拥有规模最大、等级最高的石家河城址，这个组团的主导性是无可争辩的。在石家河聚落组团的两侧，东边是陶家湖、门板湾和笑城三座城址所成之组团，西边是马家垸、阴湘和城河三座古城所成之组团，二者总面积大体相当，但作为祭祀中心的马家垸城址比门板湾城址规模略大，作为人口容纳者的陶家湖则比城河略大，应该认为这两个组团的规格相近，设置却有侧重不同，东组团略重防御。再往外，西边是鸡叫城、鸡鸣城和青河三座城址所成之组团，东边是叶家庙、王古溜和张西湾三座城址所成之组团，西边的三座城址规模都很有限，并不存在一个以人口容纳为主要功能的城址，三个城址中，具有祭祀中心地位的鸡叫城规模最大。鸡叫城占地 22 万平方米，小于另一组团中的祭祀中心马家垸，这个组团的等级低于马家垸所在组团是明确的。从区域环境着眼，江汉平原安全的主要威胁来自其东北方，这样，位于整个地区东部，且正对由北向南进入江汉平原的通道，由叶家庙、王古溜和张西湾所成之城址组团的防御压力就特别突出。这也就是在这个组团中，安排了一个面积达80万平方米的王古溜城址的缘由。由于在这个组团中，存在一个面积大于与其位置对等的鸡叫城组团三城之和的王古溜，所以作为这一组团的祭祀中心的叶家庙城址的等级应该大幅降低，叶家庙城址在规模上和祭祀规格上都低于鸡叫城是可以想象的。

石家河城址以东各组团的防御压力更大，这是石家河以东聚落组团中主要用于人口容纳的城址规模要大于其以西聚落组团中相应城址的理由，也是位于石家河城址以西聚落组团的祭祀中心规格要高于其以东聚落组团相应城址的理由。

由上述分析可以看出，当时确定聚落或聚落组团的规格可以从两个维度进行：一是军事的维度，城池的规模在这方面具有决定性价值；一是祭祀的维度，城址形态是其重要内容。在屈家岭时期的江汉平原上，存在着一个中心突出，两侧大略对称，各个组团根据自身等级和功能要求在人口安排、防御能力设定、祭祀空间营造上各得其所的聚落体系。虽然还可以根据不同组团的具体情况作进一步研究，但以上展示的对于这一聚落体系的合乎情理并导向更细微理解的解释，应该表明前文提出的聚落规格确定标准是大致有效的。

与石家河城址占据江汉平原北部中央，带领一系列城址，依托山区控制整个平原地带的做法不同，浙江余杭的瓶窑古城位于一个袋状地形的端部。东边面向开阔地带，北、西、南三面均有的山水阻碍形成易守难攻的核心地区。显然是为了形成东部的防御屏障，在瓶窑古城以东25千米处，位于几座小山形成的夹缝当口，设置由六个环壕聚落构成的玉架山聚落群。[99] 从防御和工程的角度看，如果要形成坚固的防御，设置城址会更为合适，不设城址，可能是奉命在这里驻扎者的身份等级还不够高（图3-40）。

玉架山环壕Ⅰ在六个环壕聚落中规模最大，处于其他五个环壕聚落所成半环的中央，规模及位置安排表明其等级较高。将玉架山环壕Ⅰ与瓶窑古城城址比较，可以看到二者的平面如出一辙，都是西南扩展、东北缺角的格局，由此，应可认为玉架山环壕Ⅰ为这一地区的祭祀中心，环壕Ⅰ中应该有这几个环壕聚落共有的祭祀设施。依照江汉平原的古城组团处置规则，在一定条件下，人们可以在祭祀中心之外，把要在此地安置的人众集中安置于一个较大的聚落中，与祭祀中心共同应对这个地区的容纳和防御要求，可在这里，这种情况并未出现，取代一个较大聚落的是五个尺寸更小的环壕聚落，这种做法，虽然可以形成某种防御纵深，但却使兵丁分散，在防御上不算有利，之所以会出现这种做法，逻辑上只能归因于驻扎者的身份等级有限，其所控制的地域不能拥有更大的防御系统。

a 浙江省余杭良渚文化聚落遗址分布图

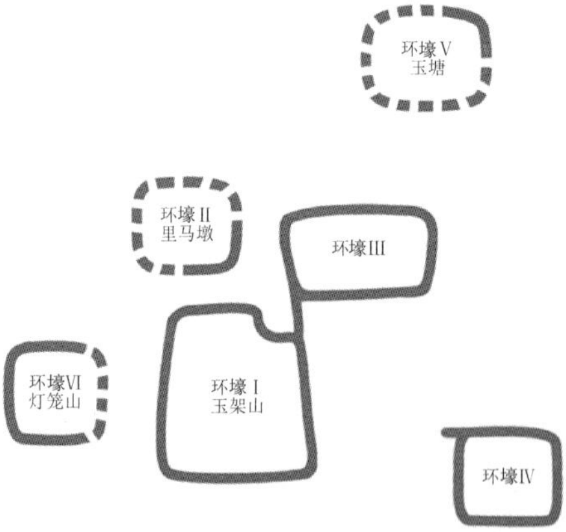

b 玉架山环壕聚落总平面图

图 3-40 浙江省余杭良渚文化聚落遗址分布及玉架山环壕聚落总平面图

瓶窑古城城址面积达到 290 万平方米，但城址中的居住遗址面积相当有限。考虑到在此城址附近的诸多聚落周边甚至连环壕也未得发现，这种状况应该表明一旦发生战争，这些聚落中的居民都要进城躲避并参与防守。从现有资料看，即使把瓶窑古城周围的聚落与城内的居址面积都算在一起，也不过在 100 万平方米左右，远小于瓶窑古城城内面积。这在某种程度上表明了，这个时期的城址大小的确定，并不见得与可能容纳的人口对应，而首先是拥有者身份等级的表达。石家河古城与屈家岭环壕聚落的分置，从另一个角度表明了这一点。

宋镇豪估测约 1000 年后的殷墟人口总规模为 14 万略多[100]，在当时的供应条件下，这应是殷墟人口集聚的极值（详后）。若仍按宋镇豪建议的这一时期每个家户占地 100 ~ 160 平方米计，在每户 5 人时，14 万人所需聚落用地约为 280 ~ 450 万平方米，江汉平原城址带核心区的四座城址加一座环壕聚落的面积共计约为 280 万平方米，即使当时的供应能力与殷墟相等，那这个核心区可能的人口容量也已达当时在一定空间内集中安排人口数量的极值，也就是说，江汉平原城址带核心区的人口容纳水平对于位于其上的统治者的城址已经形成挑战，在我们看来，这既是其要在核心组团分设多个城址的缘由，也是其有必要将其主导城池建为“轩城”的理由。由此，似乎可以认为，在一定时期，轩城也不是什么人都可以建造的，只有其城池尺寸及军事能力足以挑战天子，轩城的制作才可能成为必要。也就是说，只有瓶窑古城和石家河古城在军事能力上都可以与天子之城相争时，才有必要在城池上缺其南面来表示服从。

江汉平原城址带核心区的主导城址石家河古城的面积远小于瓶窑古城，表明了这里的驻扎者的身份等级低于瓶窑古城的主人，可因为在其左近，还有一列城址存在，其整体面积与瓶窑古城相当，将相应面积分拆的做法应该表明这里依附于这些城址生活的人口要多于瓶窑古城，不然就不必费事采用这样的城址组团设置。当然这里的居民也完全有可能像瓶窑地区那样，平日并不在城内居住，只有战争发生时才进入城中躲避并参与防守。

将城址的南部逼近沟壑或水道建设，使得水道和沟壑成为由南边进入城址的障碍，应该是弥补由“轩城”所造成的防御体系缺失的重要手段。除去陶寺城址，这种做法还可以在龙山文化末期的另外一些城址中看到，如河南登封的王城岗城址。

王城岗龙山城址位于东周时所建的阳城西南方约 1000 米的地方。城址由大城和小城两部分构成，小城在大城东北部，为两个面积各约 1 万平方米的部分东西并列而成。东侧小城已被五渡河冲毁，仅保留有西南角，残余的东城西墙由北而南向外斜出，南墙部分也由东而西向外斜出，制造出一个扩张了的西南隅。西城较完整地保有南垣与西垣，北垣仅存西段，西城北部如何与东城相接难以判明。西城南垣与东城脱开，形成入口，城址内发现殉人、殉兽的奠基坑和青铜器残片等。参照瓶窑古城中心区的布局，东城内应有重要祭祀设施，从现有遗存看，进入东城，或者要先进西城，也就是实行由西南入的做法。从规模上看，这两个小城应该相当于后世的宫城。将王城岗的宫城与大地湾的聚落中心比较，这里看到的是一个相当强硬的禁地型空间。对于一个宫城来说，4 米多厚的城墙足够制作出硬性区隔的状态，宫城城垣的存在表明此时的社会组织已与大地湾遗址的情况大不相同。

王城岗小城建于公元前 2150 年之前，早于夏代积年约 100 年。大城建于公元前 2100 年左右，也略早于夏代。大城东濒五渡河，南临颍河，显示出利用这两条河形成东面与南面防御屏障的意图。发掘到的城墙仅为西墙与北墙，西墙长约 580 米，北墙长约 600 米，东墙或为五渡河所毁，南墙未能发现。如果原来东墙逼近五渡河设置，王城岗古城内面积应有 40 万平方米。颍河与城址相接部分走势为西北而东南，与陶寺古城南边的宋村沟之走势相同，这或者表明王城岗城址的做法来源于陶寺古城相应的处理，很可能其南墙应本未建，该城当为轩城[101]（图 3-41）。

因为王城岗龙山城址就在东周时期的阳城附近，有学者结合“禹都阳城”的古说，指该城址即为大禹之所都“阳城”[102]。王城岗小城起建之时，陶寺古城还正兴盛，大城建设时，夏人也还未能立国，王城岗大城远小于陶寺古城的规模，或者与当时夏禹一族的身份地位是符合的。将此规模有限的王城岗也建为轩城，或是大禹身份特别敏感的表现。从王城岗城址本身看，其防御系统并不坚固，不过，该城址位于颍河上游，背靠嵩山，西南为箕山，东为具茨山，这样由东面和南面接近王城岗，都要通过一段峡谷，由北边和西边接近城池，则由高山阻挡，所以城虽不大，却相当安全。

公元前 2100 年左右，应是夏人开始勃兴的时期。正是在这一时期，王城岗修造了大城，在大城兴建的同时，位于颍河下游的瓦店龙山遗址也兴盛起来，瓦店龙山文化遗址正位于由南向北通往王城岗的道路上，它的兴起对于强化王城岗的防御大有助益。在通向核心区的通道上设置阻碍的做法，与瓶窑古城相似。进入夏代积年之后，王城岗并未作城池形式上的改变，仍然保持着轩城格局，只是在公元前 2020 年前后，又在王城岗东的双洎河上游建造了古城寨龙山城址。从位置上看，古城寨封住了由东面进入王城岗地区的通道，进一步提升了王城岗的总体防御水平。防御水平的提升当然有助于提升其隆重水平，也大致适应了夏人地位提升的现实。王城岗本身建设及周边聚落的变化与夏人历史地位变动状态耦合，从侧面表明了王城岗古城的特殊性，支持王城岗古城为禹之所都的判断[103]（图 3-42）。

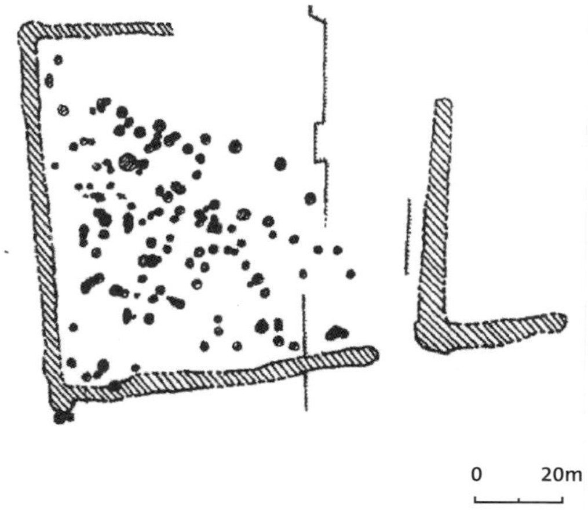

a 王城岗的小城平面图

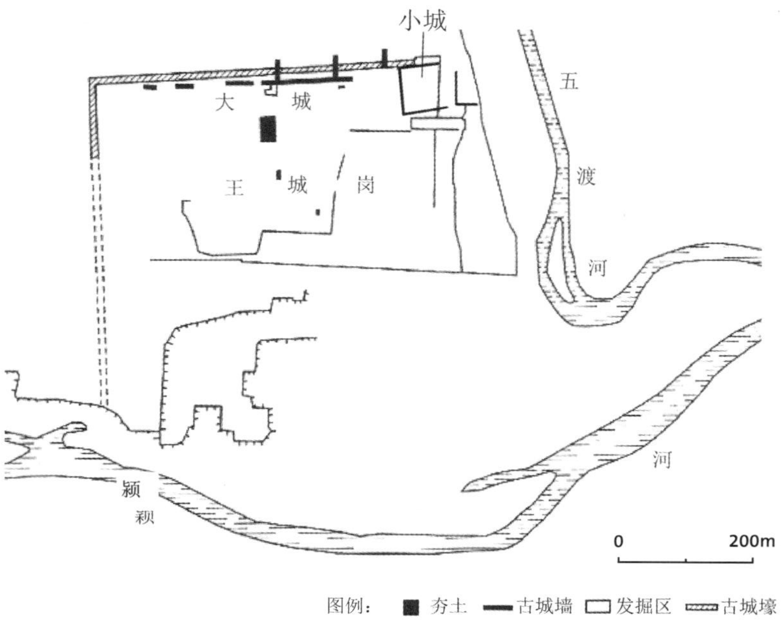

b 王城岗的大城平面图

图 3-41 河南省登封市王城岗的大城及小城平面图

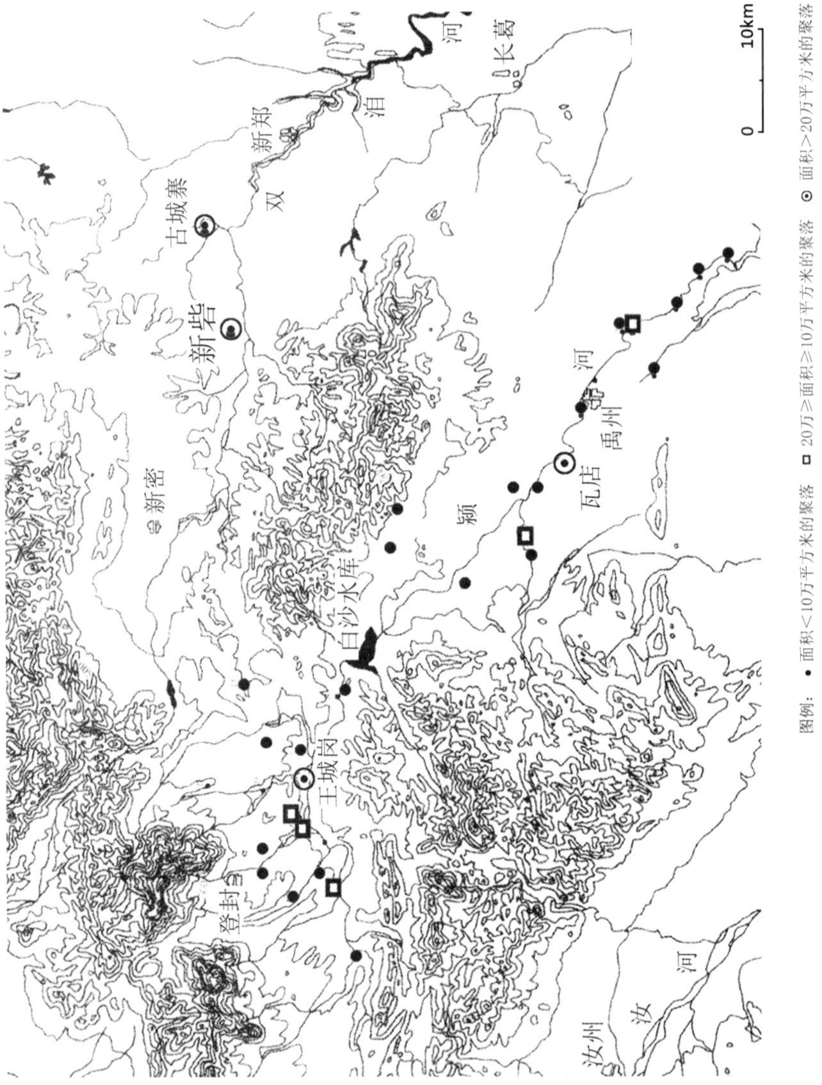

图 3-42 颍河中上游龙山文化晚期聚落分布图

王城岗地处丘陵，交通不便，在自身发展与对外辐射上颇受制约，对于一个谋求更大发展的族群，将都城迁往更为开阔的地点实属自然。古城寨龙山城址兴建 100 多年后，在约公元前 1900 年稍后，人们在古城寨附近的双洎河北岸，兴修了大邑新砦。新砦是一个城内面积达 70 万平方米的设防聚落，有内城、外城和外壕三个层次的防御设施，此外，在其北面和南面还有河道作为屏障（图 3-43）。从文化类型上看，新砦期遗存是王城岗文化与后来被确认为夏晚期文化的二里头文

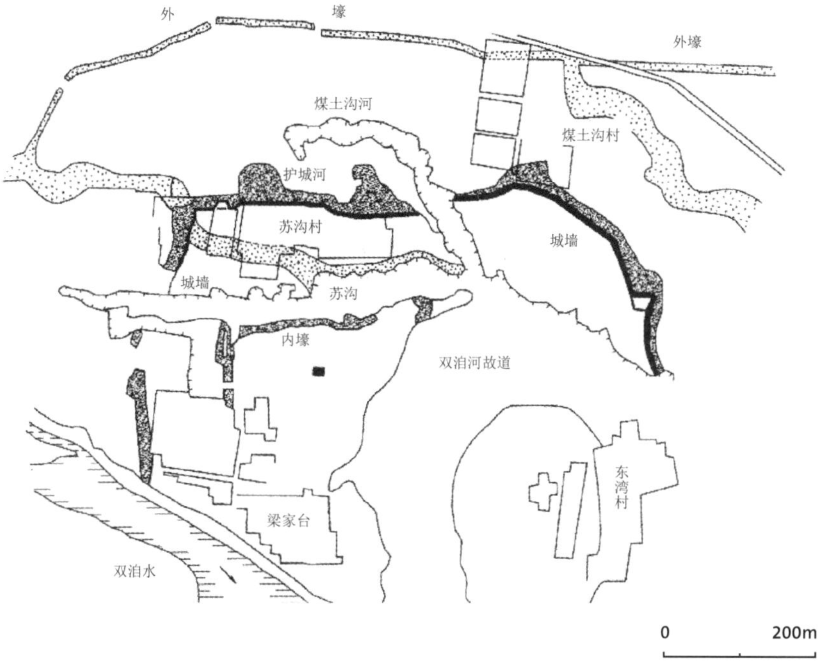

图 3-43 河南省新密市新砦城址平面图

化的中介，在新砦兴起时，王城岗开始衰落，将新砦古城视为继王城岗古城之后的夏人都城是有道理的。[104] 新砦古城，处在中原开阔空间的边缘，与被判为夏代中晚期都城的二里头遗址在空间上有更紧密的联系，这样的区位关系，使我们有条件把它视为夏人从丘陵地区走向更加开阔的舞台的一个步骤。考古资料表明，新砦古城兴起以后，与夏人有关的文化遗存才在更大的范围铺展开来[105]（图 3-44）。

新砦古城位于双洎河北岸，其面积较王城岗大城几乎大出一倍，其两重城墙辅以外壕的做法，有效地凸显了其位于中心区的内城的重要性，这里应该有宫殿及祭祀设施。在新砦内城的中央偏北，人们发掘到了一座浅穴式建筑基址，浅穴，古人称作坎，在上古，坎是用以祭地的专属建筑形式，该基址东西长 92.2 米，南北宽 14.5 米，在南北穴壁附近与基址中间，均未发现承重柱及隔墙遗迹，所以该基址上没有屋顶。[106] 在郑州商城宫殿区以北发现有社祀遗址，故这个在中心区以北可以称作坎的建筑应当为社。

在新砦古城，不仅把社祭、宫殿置于城址大致的中心，并且还通过城垣和壕沟的重叠安排，凸显出中心的关键性。按照传统，中心本是通神节点的常规位置，对中心的占据表示取得了某种祭祀上的优势，将新砦古城的做法与王城岗古城将宫城置于次级通神节点的大城东北角的做法相比，可见新砦古城在祭祀规格上有所提升。这种规格的提升，与夏人势力的进一步增长相关，也是其入主中原的野心的显示。

在早于新砦古城的实例上，我们在瓶窑古城址第一次明确看到聚落的核心设施聚为一团占据城址中央的做法。在新砦古城，似乎其核心设施亦聚为一团设置，设想其中心区的核心设施的内容与分布和瓶窑古城中心区某种程度相似是可以接受的。至于核心设施的内容，除了社以外，还可以参考大地湾四期所成中心区的情况，设想其有明堂、宗庙、朝、寝等建筑。

在城垣的格局方面，新砦大城东北角大幅抹去，整体轮廓有明显的圆化倾向，城址南边与陶寺古城和王城岗大城相似，有一条由西北而东南斜过的河道，新砦外城的东西墙应建到河边为止，即新砦古城是一个轩城。就此或可认为，新砦城址较之王城岗城址在规格上有相当提升，但在总体上与天子之制之间还有相当的距离。

双洎河古称洧水。《穆天子传》："天子东游于黄泽，宿于曲洛，废□。使宫乐谣曰，黄之池，其马歕沙，皇人威仪。黄之泽，其马歕玉，皇人寿谷。丙辰，天子南游于黄台之丘，以观夏后启之所居，乃□于启室。"[107]《水经注》云："洧水又东南，赤涧水注之。水出武定冈，东南流，径皇台冈下，……注于洧。……洧水又东，于黄水合。……黄水出太山南黄泉。"黄即《春秋》之所谓黄崖也。故杜预《注》云："苑陵县西有黄水者，又东南流，水侧有二台，谓之积粟台。……黄水又东南，径龙渊东南，……注于洧水。"[108]丁山说："洧水先受赤涧水，次受黄水，黄水如可指为《穆天子传》之黄泽，则积粟台非传文黄台之丘，黄台之丘可确指其即赤涧水旁之黄台冈。洧水出于阳城山，与黄水所出之太山，正是一脉；而黄、阳二字，古音同部，意者洧黄之间，即夏后启故居。"[109]新砦遗址的周边环境，与《水经注》所述黄台冈的情况基本一致，或可认为其即为《穆天子传》的黄台之丘，乃夏后启之所居。不过初时此处未必就有如此水平之城防。只是到了夏人在这一区域发展到一定水平时，才加筑城垣，作为由王城岗向二里头过渡的跳板。

即使新砦只是一个临时性质的天子都城，其规格之有限仍然让人瞩目。这种情况显示，一直到进入夏代积年之后200余年，夏人在城址形态规格的设定上仍相当低调。按照《史记 · 夏本纪》所述，舜去世后，禹曾要把帝位让给舜的儿子商均，自己躲到阳城。禹在即位为天子后，又举用皋陶为帝位继承人，将之举荐给上天。再后又举用益，将国政授予他。禹死后，是益把帝位让给禹的儿子启[110]。这种周折，应该反映了夏代初年乃至更长的时间里，夏人在政治和军事上并无特别优势，和其他族群长期处在一个此消彼长、互有长短的状态。从政治运作的角度看，

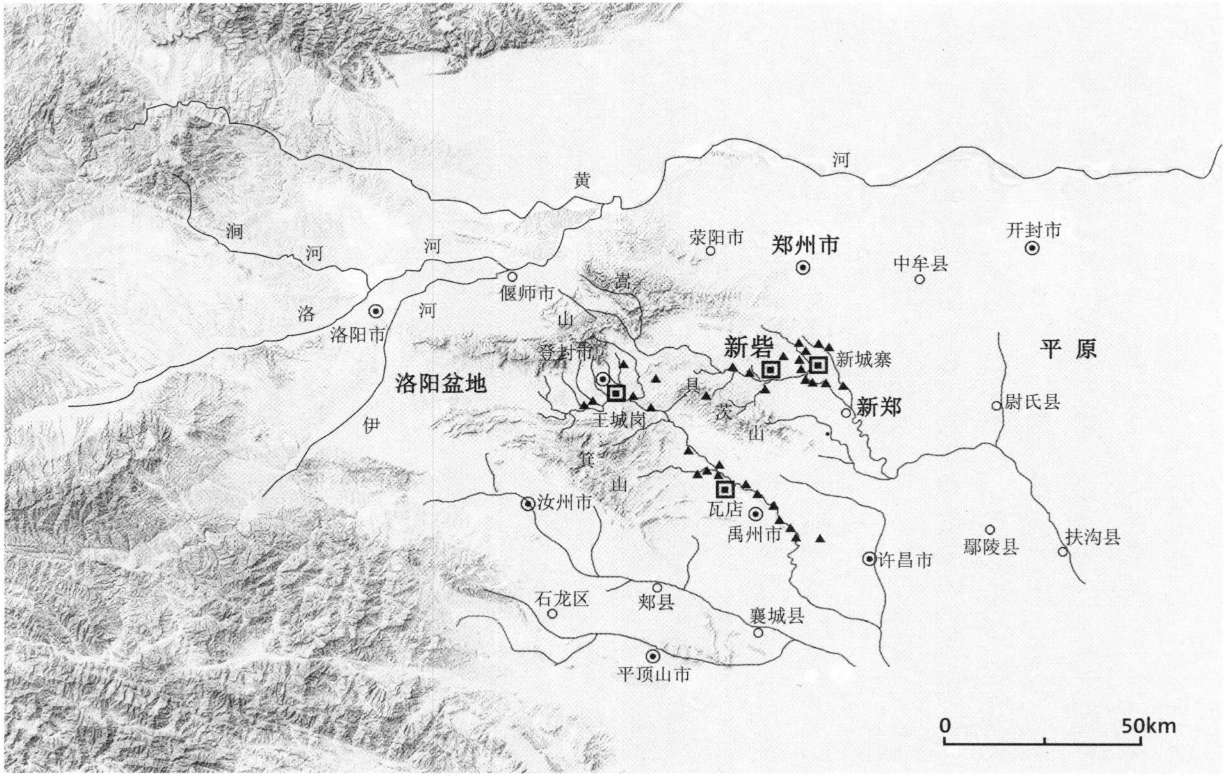

图 3-44 新砦古城与新郑、郑州的位置关系图

图例：◘ 大型中心聚落 ▲ 同期聚落

都城长期规模有限，甚至在规模不大的城池上制作轩城，都可以视为韬光养晦以避免他人争较的具体做法。古代文献所称“禹卑宫室”[111]，即可以视为这种政治策略的组成部分。至于城池规模有限带来的防御能力不尽如人意的问题，夏人采用的是在瓶窑古城那里就可以看到的老办法，即在都城的近便之处安排其他据点，以控制通向都城的要道，形成具有一定纵深的、由一系列关键点扼控的京畿地区来解决。

从现有的考古成果看，似乎在进入夏代以后，石峁古城、瓶窑古城那样的大型城址就销声匿迹了。石峁古城城址面积巨大，可其既不临可以通航的河道，周边土地亦不属丰饶，外部交通与农耕条件也都不支持大量人口在此聚集。现有发掘可见，石峁古城内部文化遗存的覆盖范围也相当有限，其城内居住人口未必充盈。单为等级显示而成之巨大的城池的建造不仅带来巨大的经济压力，并且还会因为城内人口有限，造成防御上的困难。依照这样的分析，有夏一代不见石峁古城那样的巨大城址，在某种程度上也是对不顾实际容纳需求的前朝大城做法的纠正，是人们开始注意到人、地、城之间应该有某种对应关系的表现。

陶寺古城、王城岗大城以及新砦古城都处在由西北而东南走势的沟壑或河道的北侧，逼近相应的沟壑或河道。这造成了它们与石峁古城、瓶窑古城十分不同的城址平面格局。石峁古城、瓶窑古城等都有一个膨出的西南隅，而陶寺古城、新砦古城等则都有一个被压缩了的西南隅。因为压缩西南隅是较低等级的做法，所以这种做法或可理解为一种形式平衡策略。制作轩城本意是要削弱具有相当军政实力的诸侯都城的防御能力，当这些轩城将南部逼近沟壑或河道安排，实际上就使相应的沟壑和河道成为防御屏障，这道屏障与城墙结合，制作出了事实上的“周城”。这种做法表面上并不违反规制，但却在根本上与规制的精神不符。所以采用这种做法的城池要在形态设定上作出某种让步，通过压缩城址西南，降低城池的形态规格，在一定程度上抵消“假轩城”所造成的对制度的冒犯。

新砦古城就在古城寨城址边上，两者相距不足 10 千米。夏人走向平原的跳板为何不径直利用古城寨而是另择新地建造城池？这很可能是因为古城寨城址本来作为王城岗古城的配套而建，当时为了扩大防御范围，其选址更倾于向平原地区突出。同时，其规模仅为 17 万平方米，不必造为轩城，故将其放在溱水东岸。这种地形条件，使得将其直接转为既要有一定规模，又不能过于嚣张的夏人都城存在困难。从最终的成果看，夏人将新都城定位于区位稍稍向山地退缩、在规模扩张的情况下可以方便地制作出符合其政治需求的城址格局的地方。

历史上人们都把大禹治水视为史实，但现代学者则多将其视作神话。考古学表明，距今 4500 年前后的黄河流域，人们为了增强自身文化的辐射能力和聚集更多的人口，开始寻求在更开阔的地方，毗邻较大的河流来安排中心聚落。这样，城池的营造者们就面临着前所未有的水的挑战。他们不仅要防御洪水的泛滥，还要疏浚大河周边原本存在的池沼，保障聚落安全并为聚落成员提供足够的耕地。这样的现实与更早的洪水传说结合，造成了大禹治水的神话。[112]《左传·襄公四年》说，“芒芒禹迹，画为九州，经启九道。民有寝庙，兽有茂草，各有攸处，德用不扰”，[113]九州，与九宫格关系密切。所以大禹的作为，从一开始就包含着明确地将世界逻辑化、形成便于人们把握的世界的努力。从具体的叙述看，所谓大禹治水明确地与某种水平的国土规划联系在一起。或可认为，上引《左传》文字所涉及的就有资源区划、建立交通主轴、安排居民点、界定人居与自然的空间关系等内容，可见所谓大禹治水，是当时人们处理新的人地关系的神圣表达。

经典文献显示：一方面大禹采用以疏为主的治水方法，取得了较好的成绩，为新的居民点建设提供了条件；另一方面，他又将原本独立于人类社会的、未被很好地纳入人类环境框架中的山野纳入世界构造体系，促成人们对系统的了解，最终强化了自然与社会的关联，改变了既有的世界框架，使得自然更为恰切地成为生活世界的一部分。这些作为当然有助于大禹赢得不同族群的认同。

大禹治水的一项重要成果是九鼎的铸造。《左传》说：“昔夏之方有德也，远方图物，贡金九牧，铸鼎象物，百物而为之备，使民知神奸。故民入川泽山林，不逢不若。魑魅魍魉，莫能逢之。用能协于上下，以承天休。”[114]九鼎铸造之根本目的是使“民知神奸”，即让人了解基本环境构成，处理好人与山野的关系，使人们可以生活在一个可控的和平的秩序之中，其功用与帝尧“历象日月星辰，敬授人时”是一致的。从《禹贡》看，或可认为相应的知识是在大禹治水的过程中逐步构建起来的，其具体内容虽然不乏想象与创造，但在当时却应有足够的正确性并成为其特殊通神能力的表达。九鼎既通过博物志的办法向人们提供了一个生活框架，又是大禹功德及通神能力的显示。把九鼎置于聚落核心空间，是永久地向人们宣示大禹在确立世界秩序上的贡献，并表明夏人作为天下共主的必然性。在这层意义上，正是“九鼎”使得夏人占据天子之位具有合法性并使其都城成为神圣之域。

注释

1 严文明:《仰韶文化研究》,文物出版社,1989年,第173页。

2 陈星灿:《庙底沟期仰韶文化“大房子”功能浅论》,《考古学研究(9):庆祝严文明先生八十寿辰论文集》,文物出版社, 2012年。

3 北京大学考古文博学院,北京大学中国考古学研究中心编:考古学研究(9):庆祝严文明先生八十寿辰论文集(下),2012年,第597页。

4 同上,第223页。

5 陈星灿:《庙底沟期仰韶文化“大房子”功能浅论》。

6 [南唐]徐锴:《说文解字系传》,中华书局,1987年,第112页。

7 [东汉]刘安撰,[东汉]高诱注:《淮南子》,上海古籍出版社,1989年,第65页。

8 王鲁民:《中国古典建筑文化探源》,同济大学出版社,1997年,第65页。

9 张光直:《中国青铜时代》,生活·读书·新知三联书店,2013年,第315页。

10 同上。

11 陈鼓应注:《庄子今注今译》,书目文献出版社,1983年,第653页。

12 《淮南子》,第116页。

13 王鲁民:《中国古典建筑文化探源》,第70页。

14 [东汉]桓谭:《新论》,参见[南朝宋]范晔撰,[唐]李贤等注:《后汉书》,中华书局,1965,第3177页。

15 黄怀信:《大戴礼记汇校集注》,三秦出版社,2005年,第914-915页。

16 [北周]甄鸾,《数术记遗》,载《四库全书·子部·天文算法类·数术记遗》(文渊阁影印本),第10页。

17 林尹注释:《周礼今注今译》,书目文献出版社,1985年,第471页。

18 《淮南子》,第83页。

19 [清]朱彬:《礼记训纂》,中华书局,1996年,第213-287页。

20 黄怀信、张懋镕、田旭东:《逸周书汇校集注》,上海古籍出版社,1995年,第193页。

21 《淮南子》,第41页。

22 顾颉刚、刘起釪:《尚书校释译论》,中华书局,2005年,第1493页。

23 [东汉]蔡邕撰,邓安生编:《蔡邕集编年校注》,河北教育出版社,2002年,第229页。

24 黄怀信、张懋镕、田旭东:《逸周书汇校集注》,第367页。

25 王守谦:《左传全译》,贵州人民出版社,1990年,第386页。

26 [东汉]蔡邕撰,邓安生编:《蔡邕集编年校注》,第518页。

27 [东汉]郑玄注,[唐]贾公彦疏:《周礼注疏》,北京大学出版社,1999年,第695页。

28 同上第190页。

29 《淮南子》,第86页。

30 [南唐]徐锴:《说文解字系传》,中华书局,1987年,第137页。

31 [春秋]左丘明著,[晋]杜预注,[唐]孔颖达疏:《春秋左传正义》,北京大学出版社,2000年,第1923页。

32 [东汉]郑玄注,[唐]孔颖达疏:《礼记正义》,北京大学出版社,2000年,第280页。

33 宋镇豪:《夏商社会生活史》,中国社会科学出版社,1994年,第100页。

34 西北大学文博学院考古专业:《案板遗址仰韶时期大型房址的发掘——陕西扶风案板遗址,第六次发掘纪要》,《文物》1996年第6期。

35 下列有关大地湾遗址的考古信息均来自甘肃省文物考古研究所:《秦安大地湾:新石器时代遗址发掘报告(上、下)》,文物出版社,2006年。

36 王鲁民、吕诗佳,《建构丽江》,生活·读书·新知三联书店,2013年,第191页。

37 《秦安大地湾:新石器时代遗址发掘报告(上、下)》,第413页。

38 《礼记正义》,第1510页。

39 同上,第406页。

40 赵建龙:《大地湾遗址仰韶晚期地画的发现》,《文物》1986年第2期。

41 参见邵明杰:《大地湾地画新考》,《内蒙古文物考古》2009年第2期。

42 张光直:《中国青铜时代》,第325页。

43 如《左传·僖公二十八年》:“(晋师)振旅,恺以入于晋。献俘、授馘,饮至、大赏。”杜预注:“献楚俘于庙。”

参见《春秋左传正义》，第 523 页。

44 “武王在祀，太师负商王纣县首白旂、妻二首赤旂，乃以先馘入，燎于周庙。”参见黄怀信、张懋镕、田旭东：《逸周书汇校集注》，上海古籍出版社，1995 年，第 440 页。

45 《尚书校释译论》，第 112 页；宗同示，甲文有六示，六示就是六代祖先之神主。参见陈梦家：《殷墟卜辞综述》，科学出版社，1956 年，第 461-463 页。

46 《尚书校释译论》，第 150 页。

47 《秦安大地湾：新石器时代遗址发掘报告（上、下）》，第 434 页。

48 周朝天子的宗庙迁毁制度大致如下。天子七庙，其中三个供奉始祖和在其家族史上作出特别贡献的两个祖宗，这三个庙一经设立，就不再改动。其余四个用来供奉当世天子的父亲、祖父、曾祖与高祖。当世天子去世，新的天子还是供奉距离最近的四世祖宗，这时去世天子的高祖的牌位就不再占据一庙，其牌位迁至始祖庙中安置。在迁移牌位的同时，要对宗庙的某些部分进行更换改造，以应对新的主人的入驻。

49 《礼记·月令》：“天子乃祈来年于天宗，大割祀于公社及门闾，腊祖先五祀。”郑玄注：“五祀，门、户、中溜、灶、行也。”参见《礼记正义》，第 642 页；王充《论衡·祭意》：“五祀报门、户、井、灶、室中溜之功。”参见黄晖：《论衡校释》，中华书局，1990 年，第 1059 页。

50 《礼记正义》，第 918 页。

51 [清] 陈立撰，吴则虞点校：《白虎通疏证》，中华书局，1994 年，第 80 页。

52 何新：《诸神的起源》，生活·读书·新知三联书店，1986 年，第 124-141 页。

53 王鲁民：《中国古典建筑文化探源》，第 57 页。

54 《淮南子》，第 41 页。

55 周明初点校：《山海经》，浙江古籍出版社，2010 年，第 243 页。

56 邬国义等：《国语译注》，上海古籍出版社，1994 年，第 126-127 页。

57 井中伟：《我国史前祭祀遗迹初探》，《北方文物》2002 年第 2 期。

58 《礼记正义》，第 917 页。

59 张双棣等：《吕氏春秋译注》，北京大学出版社，2000 年，第 794 页。

60 《白虎通疏证》，第 85 页。

61 下文把土地相关的稷神或者主要与繁殖相关的社神作“社稷”。

62 宋镇豪：《夏商社会生活史》，中国社会科学出版社，1994 年，第 85 页。

63 何新：《诸神的起源》，第 116 页。

64 钱耀鹏：《尧舜禅让的时代契机与历史真实——中国古代国家形成与发展的重要线索》，《社会科学战线》2000 年第 5 期。

65 《尚书校释译论》，第 129 页。

66 丁山：《中国古代宗教与神话考》，上海世纪出版集团，2011 年，第 169 页。

67 黄淬伯：《诗经覈诂》，中华书局，2012 年，第 336 页。

68 《春秋左传正义》，第 1739 页。

69 徐元诰撰，王树民、沈长云点校：《国语集解》，中华书局，2002 年，第 155-156 页。

70 [东汉] 班固撰，[隋] 颜师古注：《汉书》，中华书局，1962 年，第 1191 页。

71 [西汉] 司马迁：《史记》，中华书局，1959 年，第 1357 页。

72 [清] 孙诒让：《墨子间诂》，中华书局，2001 年，第 235-236 页。

73 同上，第 229 页。

74 邬国义等：《国语译注》，上海古籍出版社，1994 年，第 113 页。

75 何新：《诸神的起源》，第 122 页。

76 《尚书校释译论》，第 854 页。

77 《春秋左传正义》，第 1014-1016 页。

78 [宋] 杨万里撰，辛更儒笺校：《杨万里集笺校》，中华书局，2007 年，第 1936 页。

79 《礼记正义》，第 1520 页。

80 黄怀信、张懋镕、田旭东：《逸周书汇校集注》，上海古籍出版社，1995 年，第 533 页。

81 山东省文物考古研究所等：《山东阳谷县景阳岗龙山文化城址调查与试掘》，《文物》1997 年第 5 期。

82 该古城的命名采用裴安平的意见，参见裴安平：《中国史前聚落群聚形态研究》，中华书局，2014 年，第 366 页。

83 浙江省文物考古研究所：《杭州市余杭区良渚古城遗址·2006—2007 年的发掘》，《考古》2008 年第 7 期；中华人民共和国科学技术部、国家文物局编：《早期中国——中华文明起源》，文物出版社，2009 年，第 100-101 页。

84 戴应新：《陕西神木县石峁龙山文化遗址调查》，《考古》1977 年第 3 期；西安半坡博物馆：《陕西神木石峁遗址调查试掘简报》，1983 年第 2 期。

85 西安半坡博物馆、陕西省考古研究所、临潼县博物馆：《姜寨》，文物出版社，1988 年。

86 中国科学院考古研究所、陕西省西安半坡博物馆：《西安半坡》，文物出版社，1963 年。

87 湖南文物考古研究所：《澧县城头山》，文物出版社，2007 年。

88 国家文物局考古领队培训班：《郑州西山仰韶时代城址发掘》，《文物》1999 年第 7 期。

89 《春秋左传正义》，第 332 页。

90 [东汉] 何休注，[唐] 徐彦疏：《春秋公羊传注疏》，北京大学出版社，2000 年，第 579-580 页。

91 王震中：《重建中国上古史的探索》，云南人民出版社，2005 年，第 133 页。

92 [清] 孙星衍：《尚书今古文注疏》，中华书局，1986 年，第 1-22 页。

93 《春秋左传正义》，第 1719 页。

94 刘庆柱主编：《中国古代都城考古发现与研究》，社会科学文献出版社，2016 年，第 49 页。

95 何驽：《2010 年陶寺遗址群聚落形态考古实践与理论收获》，《中国社会科学院古代文明研究中心通讯》2011 年第 21 期。

96 高炜：《晋西南与中国古代文明的形成》，载《汾河湾——丁村文化与晋文化考古学术研讨会文集（襄汾·1994 年）》，陕西高校联合出版社，1996 年。

97 [西汉] 司马迁：《史记》，第 1382 页。

98 裴安平:《中国史前聚落群聚形态研究》,中华书局,2014年，第 250-300 页。

99 有关资料和数据参见裴安平：《中国史前聚落群聚形态研究》，中华书局，2014 年，第 363 页；另及相关考古报告。

100 宋镇豪：《夏商社会生活史》，中国社会科学出版社，1994 年。

101 参见方燕明:《夏代前期城址的考古学观察》，载《新果集》，科学出版社，2008 年；北京大学考古文博学院、河南省文物考古研究所：《登封王城岗考古发现与研究（2002—2005）》，大象出版社，2007 年，第 287 页。

102 方燕明：《登封王城岗城址的年代及相关问题探讨》，《考古》2006 年第 9 期。

103 上文所说各城的建造年代，参考《夏代前期城址的考古学观察》。

104 赵青春：《新密新砦城址与夏启之居》，《中原文物》2004 年第 3 期。

105 许宏:《何以中国》，生活·读书·新知三联书店，2014 年，第 54 页。

106 中国社会科学院考古研究所河南新砦工作队、郑州市文物考古研究院：《河南新密新砦遗址浅穴式大型建筑基址的发掘》，《考古》2009 年第 2 期。

107 王贻梁、陈建敏：《穆天子传汇校集释》，华东师范大学出版社，1994 年，第 282 页、第 290-291 页。

108 王国维：《王国维全集》第 13 卷《水经注校》，浙江教育出版社，2009 年，第 39 页、第 41-42 页。

109 丁山:《古代神话与民族》，商务印书馆，2005 年，第 6 页。

110 《史记》，第 82-83 页。

111 同上，第 38 页。

112 《古代神话与民族》，第 179-180 页。

113 《春秋左传正义》，第 963 页。

114 同上，第 693-694 页。

第四章
祖灵的供奉与
大邑的营造

Chapter 4
The Worship of Ancestors and
the Construction of the Dayi*

* Large capital cities and domains.

一　聚落中心的结构重整

在祭祀是国家权力首要保证的社会中，天地祭祀的析出，导致明堂或大房子在社会生活组织中的地位下降。族群间军事竞争日渐激烈，导致某种程度集权的产生。集祭祀、军事权力于一身的统治者为了确立自身权威，增强族群核心成员间的凝聚力，自然会要求提升祖灵尤其是其近世祖灵在祭祀上的地位，多种力量的合流，最终导致了河南偃师二里头遗址第三期那样的聚落中心的出现。

河南偃师二里头遗址是夏代晚期都城的留存。二里头遗址所在的洛阳盆地，四周山峦回护，出入孔道有限，较王城岗所在的地段远为开阔，较新砦古城所在之空间环境又相对安定。穿盆地而过的伊、洛二水较颍河和洧水大出许多，既有利于农田灌溉，又有利于舟楫通行，为更多的人口聚集提供了条件。在这个面积有限、边界明晰的空间里，二里头遗址坐落于洛阳盆地的大致正中位置，显示出夏人建构“中国”的意图和面对世界的全新姿态。二里头遗址选址于古洛河北岸，所处总体环境和新砦古城地区多条水道东西向分布的情况相同。北有邙山、南有洛水的安排，既考虑了防卫的需求，又是传统空间文化承续的表达（图 4-1）。

与王城岗及新砦遗址相比，二里头遗址的规模大幅提升，加上相关文化辐射范围大幅扩张，表现出夏人在此经营的成功和地位的提升。

二里头的遗址规模达到 300 万平方米。在遗址中南部的地势高亢处，发现了包含多座大型夯土遗址的宫殿。宫殿区周围有四条大路形成井字形框格，大路内侧有土墙遗迹，这道土墙表明了禁地型宫殿区——宫城的存在。二里头遗址的宫城东西约 300 米，南北约 360 ~ 370 米，面积在 10 万平方米以上。这远大于王城岗和新砦遗址上的宫城。

二里头遗址宫城内宫殿的建设，可以分成三个阶段。二里头文化第二期时，在宫城东北方形成了三号和五号宫殿，这时宫城的西南部为大面积空地。二里头文化第三期，三号、五号宫殿被拆除，在它们的位置上建造了二号宫殿和四号宫殿，同时，在这两个宫殿的西南方建造了一号宫殿、七号宫殿和八号宫殿。在二里头文化的第四期，在二号宫殿以北，加建了六号宫殿[1]（图 4-2）。

二里头文化第二期建造的三号宫殿基址，南北长 150 余米，东西宽约 50 米，由南北排列的三座院落组成。中院主殿的夯土地基上，发现有连排的房屋及其前廊遗迹，相应建筑的院落中发现多座同期中型墓，墓葬东西排列，间距相近，均为南北向的土坑竖穴墓。墓中存有木棺葬具，多数墓铺置朱砂，随葬品有青铜器、

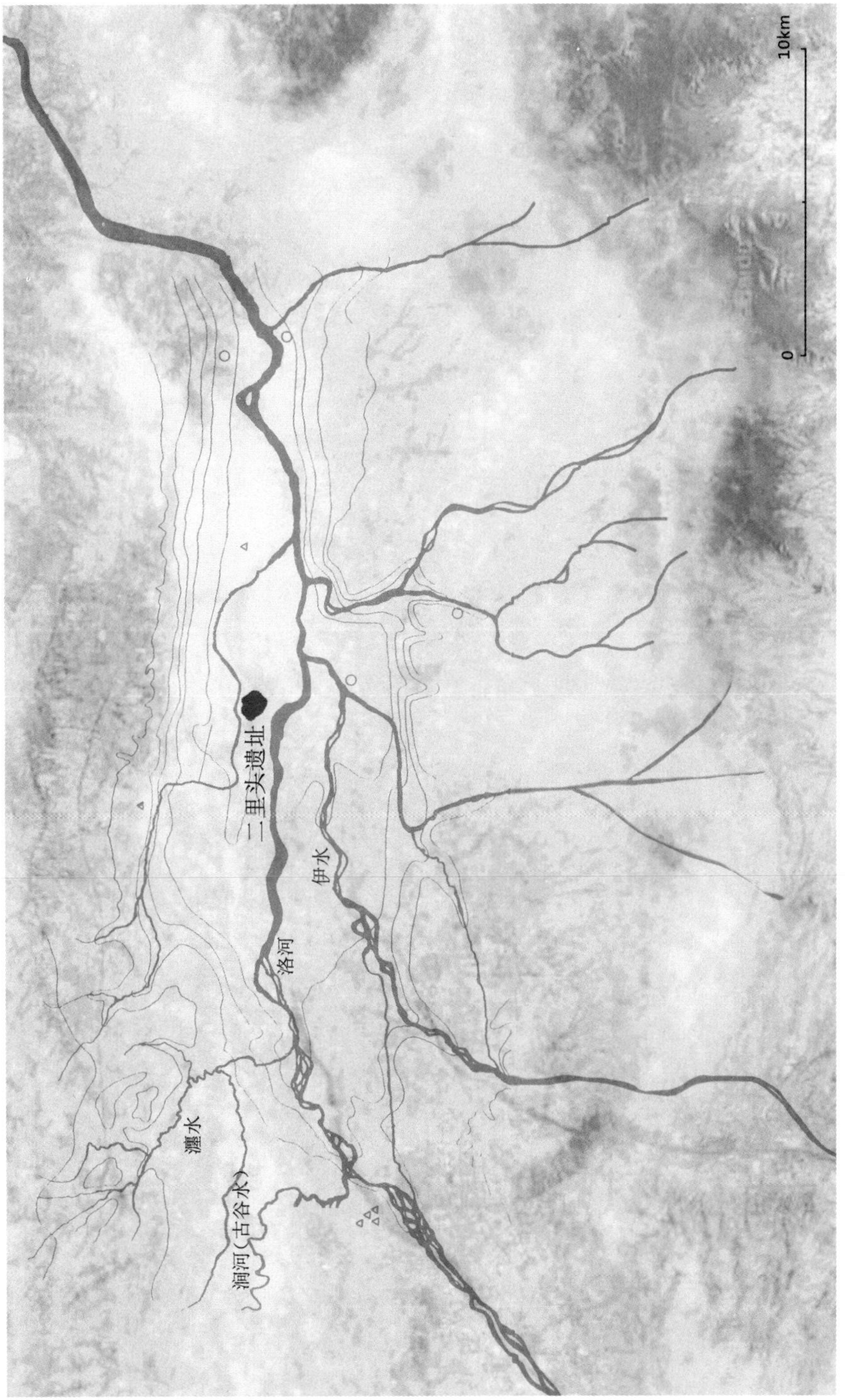

图 4-1 河南省偃师市二里头遗址位置图

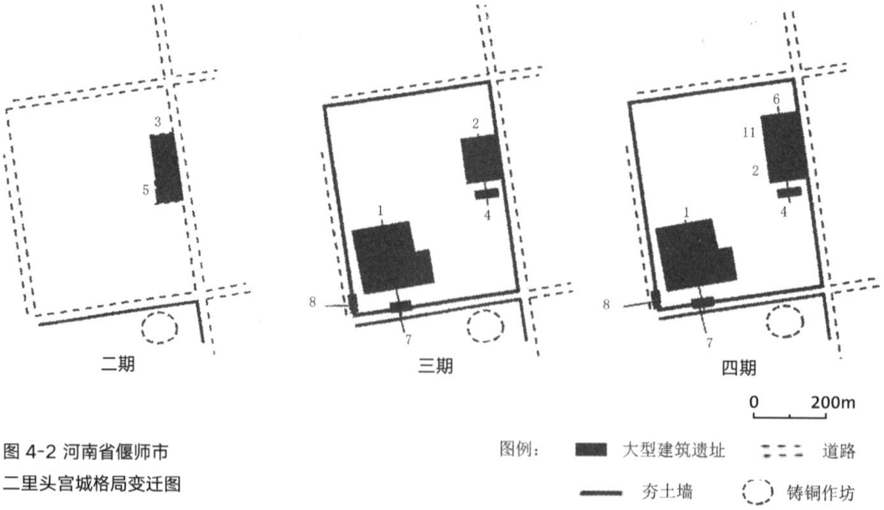

图 4-2 河南省偃师市
二里头宫城格局变迁图

玉器、漆器、白陶器、原始青瓷器、镶嵌绿松石器。在三号宫殿遗址的西侧，存有五号宫殿遗址，二者间有南北向通道相隔，在五号宫殿基址上发现大型柱础遗存，暗示该建筑规模庞大。[2]

三号宫殿基址处在宫城的东北部，其中存有同期的墓葬遗存，这些墓葬规模有限，不可能是主要的祭祀对象，但其伴有高规格的随葬，说明其并非一般的牺牲，可能其为主要供奉对象的陪祭。有陪祭当然就有主要供奉对象，由此，应可断定三号宫殿为宗庙。这个宗庙在二里头有一定建设后建成，说明其供奉的是都城迁至此后产生的亡灵，他们与时君的世代关系相近，所以这所宗庙应为《尧典》中所说的“艺祖”。五号基址在三号基址的西侧，其西南为开阔的广场，因其规模可观又靠近广场这个可能的人群汇集场所，所以它应该有更强的公共性。阔大的广场紧贴在五号基址的西南方，使得建筑与广场有最直接的西南—东北的呼应关系，广场上的人员进入五号基址采用从西南入的方式。该建筑应是一个关键性的祭祀设施。位置条件，让人们倾向于认为它是明堂，即《尚书·尧典》中提到的“文祖”。按照《考工记》，明堂在夏代被称作“世室”。

如果这样，在二里头文化第二期时的宫城的布局上，出现了与大地湾遗址中心区格局的重大差异。大地湾的宗庙或“艺祖”与“明堂”或“文祖”的关系可以识别为宗庙处在尊长之处而明堂处在通神节点。在二里头，统治者用以供奉其近祖的宗庙离开了其在西南与明堂相呼应的位置，转而与明堂并置，共同形成了新的通神节点。前引《墨子·明鬼》说三代之圣王建国营都，要在国之正坛安排宗庙。《墨子》所谓的“宗庙”，应该理解成为统治者专设的祭祖之所，即“艺祖”，而

“正坛”，则应指通神的灵应地点。在上古，也许认为中心当在通神上最为灵应。可中心是唯一的，在明堂与宗庙的地位大致相当的情况下，为了避免争执，将二者同时置于有更多容纳性的“神明之舍”即宫城的东北隅是可行的。区别于中心，这个东北隅可以称作“正坛”。虽然宗庙略微靠边，与广场人群的关系稍显疏离，可与大地湾祢祖庙居于尊长之处的情况比，统治者近祖的地位有了大幅度的提升。

在二里头文化的第三期，二里头宫城区内的空间结构大幅度改变。这一期建造的二号宫殿位于宫城的东北部，大致在原来建有三号宫殿的位置，该建筑为一大型廊院。所谓廊院是指用廊子围括主体建筑并在主体建筑前形成主体院落的建筑组合。这个廊院东西广 58 米，南北深 72.8 米，院落北部正中为一殿堂建筑，殿堂台基东西 32 米，南北 12.4 ~ 12.75 米。在该建筑后面，有一座与之同期的大墓。[3] 就大墓位于院落门屋中轴的延长线上看，该墓应为此一院落组合中之关键元素。就此可以认为，二号宫殿也是一个与近世祖宗祭祀相关的设施。用二号宫殿来取代三号宫殿，暗示当时存在某种迁毁制度，即在一定条件下，将老庙拆除，老坟迁出，修造新庙，供奉新产生的祖灵。以前在三号宫殿中供奉的主要对象，随着二号宫殿的成立，当然要迁到他处供奉，其可能的地方，当然是明堂。二号宫殿大殿后面的同期大墓，墓通深 6.1 米。发掘时发现“该墓东南角被汉墓破坏，中部有一早期大盗坑，从上直深入墓室，墓中遗物荡然无存，仅见如下一些现象：在盗洞发现少量朱砂和漆皮及蚌饰片。汉墓墓东壁内深 2.5 米处出一陶龙头，龙头上有朱砂或硃漆。在西边墓口上出一块卜骨。在墓口下 2.7 米深处，在盗洞与汉墓道之间有一完整的狗骨架。狗骨长 35 厘米，头北尾南，背朝东，身体蜷曲。狗架似在一红漆木匣中。木匣南北长约 42 厘米，东西不详，因已被盗坑所打破。狗架处于墓中略偏东的位置上。在墓室底部有少量烧过的骨头渣和一块经过加工的骨片。”[4] 由以上叙述可见，墓葬中原有的人架完全不见踪影，因为盗墓者对人骨架缺少兴趣，所以人架的全然缺失应该理解为在大墓被盗之前，墓中的祭祀对象已被迁出。结合后世的情况，可以确认，在二号宫殿建成以后，曾发生了祭祀制度的改变，此后的祖宗祭祀，可能实行庙与墓分离的做法。新的祭祀办法是在宗庙中供奉时君以上数代祖灵的牌位，当新的祖灵产生，即将最上一代祖灵牌位迁出（图 4-3）。

在二号宫殿西侧毗邻未发现其他建筑，与其西或西南空间相接的是一个广场。在广场西南，是与二号宫殿同期建设的一号宫殿，该宫殿占据了宫城西南的大部分空间。一号宫殿也是一个大型廊院，廊院覆盖范围东西广约 108 米，南北深 101 米，占地约 11 000 平方米，规模远大于二号宫殿。在一号宫殿院落的北部中央为一大型殿堂，台基尺寸东西约 36 米，南北约 25 米。周边有完整的一圈柱迹，柱径 40

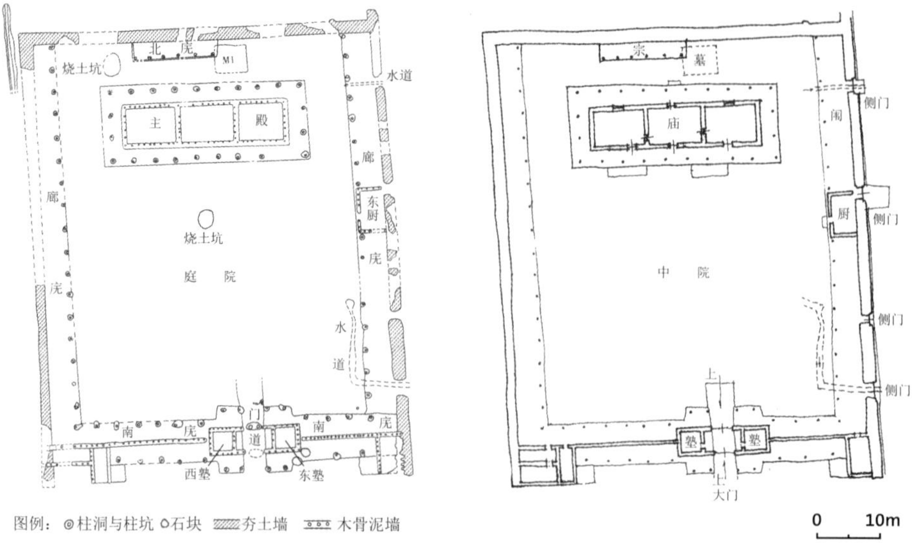

a 河南省偃师市二里头遗址二号宫殿建筑遗址平面图

b 河南省偃师市二里头遗址二号宫殿复原平面图

图 4-3 河南省偃师市二里头遗址二号宫殿建筑遗址平面图与复原平面图

厘米，在这些柱迹外侧，又有一圈柱径稍小的柱迹，应为擎檐柱，它们与大柱结合形成特殊的支撑单元，用以支持屋檐长距离的挑出。在一号宫殿基址上，发掘到多处祭祀遗迹[5]（图 4-4）。

对二里头 F1 宫殿用途的判定，存在着“朝堂说”“朝寝一体，前朝后寝说”“庙寝合一说”和“夏社说”等不同观点。[6]按照发掘到的柱子尺寸与格局，二里头一号宫殿之大殿为一有顶的建筑应是没有问题的，可是我们已经知道社坛上一旦覆盖了屋顶，其就不能正常地执行“社”的功能，所以一号宫殿不可能是社。但若说其为“朝”，单从格局上来说是没有问题的，但由于在遗址上发现有祭祀遗迹，这就要求我们进一步定义这是一个什么样的“朝”。

从文献看，历史上有过明堂居于宗庙以西或西南的做法。《艺文类聚 · 居处部一 · 总载居处》引《董生书》曰：“礼，天子之宫在清庙，左凉室，右明堂，后路寝。”[7]《诗经 · 周颂 · 清庙》序云：“《清庙》祀文王也。”[8]《文选 · 上林赋》：“登明堂，坐清庙。”郭璞注：“清庙，太庙也。”[9]可见清庙就是宗庙。按照《董生书》的说法，如果建筑坐北朝南布局，那么明堂应当放在宗庙西南或西边（图 4-5）。现在可以确认二号宫殿为宗庙，一号宫殿位于其西南，所以以位置论，一号宫殿有可能是明堂，或者是“世室”。按照传统的解释，“世”为“大”，“室”字本指周边有墙垣封闭的室内空间。人们在一号宫殿大殿基址上，只发现一圈柱迹，杜金鹏将其复原成一个

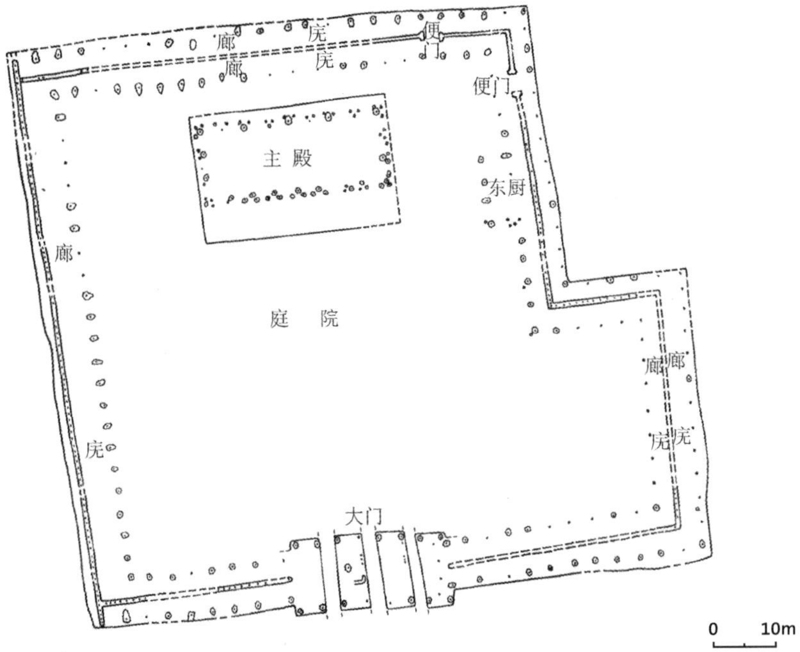

图 4-4 河南省偃师市二里头遗址一号宫殿建筑遗址平面图

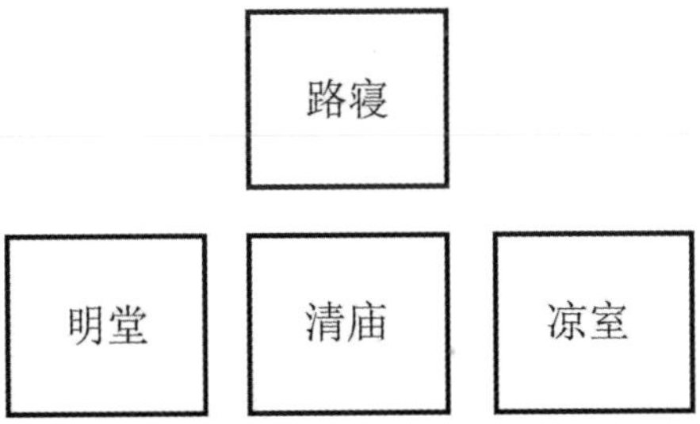

图 4-5《董生书》所揭“天子之宫”平面示意图

内部无分割的大空间是没有问题的。从建筑本身看，这是一个没有分割的巨大的四边有墙垣封闭的“室”，所以将其视为“世室”应是合理的。另外，一号宫殿与其他建筑十分不同的是在大殿前面有面积可观的“月台”。这个“月台”与建筑上部长距离挑出的屋檐一起，提供了一个特别的中介空间，这个中介空间的一部分，有类于案板 93FAGNF3 的前廊部分。也就是说，“月台”在某种程度上提供了一个应对明堂功能的场合。再者，明堂本身承担着诸多祭祀功能，二里头一号宫殿遗址上的祭祀遗迹正表明了它有祭祀功能。最后，在一号宫殿前面的西侧的宫城城墙上存有八号宫殿遗址，从其位置看，这个建筑当为宫城的门。这个门的存在，使得利用此门进入一号宫殿的院落时，必须采取由“西南”且“迁延入之”的做法。大地湾聚落的中心主要由明堂、宗庙及朝会之所构成，这几种建筑应是一定时期聚落中心区的核心要素，或者说，对于早期高规格聚落而言，明堂有其不可或缺性。杜金鹏主张位于二号宫殿前面的四号宫殿为明堂。[10] 从格局上看，四号宫殿应只有一堵北墙，建筑的形式与明堂大致相符，可在夏代宫室组织中，明堂应是宫城中的主导元素，且其形态表现为“世室”，这里的四号宫殿的体量有限，且没有“室”的存在，故只能视其为二号宫殿的附属建筑。如果四号宫殿不是明堂，那么在宫城中，只有一号建筑可以是起着明堂作用的设施。

从功能延续的角度看，一号宫殿是将原本处在宫城东北方的五号宫殿迁置此处的结果。虽然这里仍可以祭祀多种神灵乃至时君的始祖、远祖。但这个位置脱离了正坛，应该是以其祭祀重要性下降为基础的。五号宫殿的具体格局不清楚，可这里的一号宫殿不是一个像大地湾 F901 那样的单一体量，而是一个廊庑封闭的、多层次的、具有更为复杂的容纳性的建筑组合。廊庑提供了更充足的空间，为在这里安排更为丰富的功能提供了可能，在这个建筑组合中，不仅可以有统治者的居所，并且可以有养老诲稚的场所。这样二里头一号宫殿应该是一个综合性更强的构成。

一号宫殿正南的宫城城墙上存有七号宫殿遗址，其中轴与一号宫殿大殿的中轴大致相值。从位置看，七号宫殿遗址也应是一个宫门，它的存在，表明在某些场合下人们可以由此进入一号宫殿的院落。由此进入一号宫殿的院落，就不是采取由西南迁延而入的方式。不采取由西南迁延而入的方式，事实上是把一号宫殿的祭祀功能予以搁置，在这个时候，一号宫殿就有可能是一个相对单纯的用于日常朝会的场所。即一号宫殿所承担功能是双重的，它既可以用作祭祀场所，又可以视为朝会之处，既可以用于“大朝”，又可以用于“常朝”。

如果一号宫殿为世室，那么二里头文化三期时宫城的布局，把本来处在通神节点的明堂迁到了尊长之处，在通神节点的位置，独独留下了宗庙。这一重大的改变，显示出时君及其家族地位的再一次上升和权力运作方式的改变。

将二里头一号宫殿判为“世室”，似有必要解释为何它不采用大地湾 F901 那样的具有突出宇宙模式意味的格局。依我们，可能的解释大致包括以下几个方面，一是文化的差异，这里既包括对相应形式的认同水平，也包括对这种房子对应的仪式内容的评价。虽然明堂象天是必须的，但象天可以有各种办法，对于某一人群，采用另外的办法也是可行的。二是建筑营造技术方面的原因，《世本·作篇》云："禹作宫室。"[11] 在仰韶文化晚期，人们已经建造了大地湾 F901 那样的复杂而又隆重的建筑，所以《世本》所说的"禹作宫室"应理解为禹在宫室的制作上又有了新的发明。在公元前 2000 年左右，较为规则的排架结构的出现、廊院组合的产生、二里头一号宫殿那样的宏大建筑体量的使用等或者可以作为这种理解的支撑。新的技术条件使人们倾向于选择巨大的单一室内空间来表达隆重，可从发掘到的建筑看，这时排架结构还在草创阶段，以新的建筑结构系统，要建造一个与二里头一号宫殿体量相若的、结构统一的亚形，恐怕遭遇的技术问题太多，因此夏人把"明堂"造成"世室"是有充分理由的。最后，也许是最为重要的，是如果夏人的世室采取大地湾 F901 那样的形式，那么这个建筑就会在视觉分量上过多地超越为了照顾传统体量本来就较小的宗庙，造成聚落中心区的景观形态与相应建筑的社会价值判定的不匹配。为了使中心区各个设施在景观分量上各得其所，体量巨大的二里头一号宫殿必须采取一个十分简单且收敛的格局。虽然在保留下来的有限的线索和大体的轮廓上看不出二里头一号宫殿和宇宙图案的关系，但这并不意味着它的形式与宇宙图案毫无牵连。从后世的情况看，它还有诸多机会建立其与宇宙图案的关系。比如，使用特定的图绘或色彩，采用特殊的建筑局部处理等。[12]

排架式结构的出现，使得用"间"来判定建筑的规格成为常规。二里头一号基址大殿面阔为八间，与后世主体建筑多为奇数开间的做法相比，二里头一号宫殿基址大殿使用偶数开间显得相当特别，这种做法来源于对建木昆仑宇宙模型的认同。建筑的当中一柱具有建木意涵，这种开间选择，本身就是明堂象天的具体表达。[13]

在这里，地位已经大大提升了的二里头二号宫殿，并未占据整个宫城的几何中心，而是居于宫城东北。把这一点和二号宫殿的体量远远小于一号宫殿的事实联系起来看，可以认为此时明堂和宗庙在地位上还难分伯仲，在功能上它还承担着诸多祭祀功能，特别是从宗庙中迁出的远多于宗庙中供奉的祖灵牌位要在此获得供奉，二者的关系要通过建筑体量、建筑形态和所处位置等处理来保持某种势力的平衡。在宫城内，这里的明堂已经改在尊长之处，从整个聚落看，它则与宗庙一起，共同构成了祭祀功能主导的聚落中心。

从遗迹看，二号宫殿可以复原成三间主室、副阶周匝、前有东西两阶的格局。这种宗庙形式当然与后世所说周制的天子七庙、各庙分立的做法不同。虽然主体建筑每间有门对外，但只有两阶的情况，显示建筑更多地被作为一个整体来理解。从空间概念上看，这种宗庙格局对应的就是后世宗庙设置上的"同堂异室"的做法。[14]

廊院是高等级建筑组合的标识[15]。用作空间区划的廊子在建筑组合上的使用，不仅为建筑规格的划分提供了新的砝码，并且给建筑功能的扩展提供新的机会。在二里头遗址的宫城中，统治者的居住空间安排在哪里，似乎是一个并不引人注意的问题。当然，最高统治者的日常寝居场所可以安排在一号宫殿基址上的大殿当中，但由于殿内缺少分割，无论是物理环境控制还是具体的空间感受，都不十分适合日常起居特别是睡眠的要求。从空间自身的适应性看，统治者的寝居场所似乎只能安置在围合院落的廊子里。可安排在哪个方位，又可以选择：如果放在大殿两侧的廊子里，则统治者的住所偏离中轴，显得不够郑重且较隐蔽；放在大殿后面的廊子里，虽然逼仄，但至少在形式上可以接受。由于大殿仍然承担着祭祀功能，把统治者的寝居之处放在大殿后方的廊子里也就形成了后世所谓的“前庙后寝”的格局。廊子相对狭小，且缺乏独立性，将统治者日常寝居之处安排于此与其地位日渐提升的趋势不符，为最高统治者设置专伺型寝居空间势在必行。

按照蔡邕的说法，明堂还承担着养老诲稚的功能。这种功能设置的源头，本自于明堂与原始社会大房子的继承关系。可对于大地湾 F901 那样的建筑，很难设想养老诲稚功能能在其中实现，当时这类功能的安排，或者在大地湾朝寝建筑附近。二里头一号宫殿大殿周围的廊子，为养老诲稚功能回归明堂本身创造了条件，其适当的位置大约在大殿前院落两侧的廊子当中，受空间尺寸的制约，这里的养老是象征性的，“诲稚”的对象也应该只是统治者及其近亲的子弟。由于廊子与大殿可以视为一体，所以说这时天子之居和养老诲稚的功能都在明堂中实现应不为过。

在这里有个问题要顺带说及，那就是对于看惯了中国传统的矩形院落平面的人来说，都会注意到二里头一号宫殿的院落平面为一个东北部缺了一块的矩形，可为什么这样?

考古资料显示，中国传统建筑的早期历史经历过一个用多间地面排房取代独幢单一室内空间半穴居的过程。在多间排房中，在单间独幢的居室中形成的以西南为长者起居之所的做法就失去了落实的依凭。一幢建筑上有多个房间，每个房间都有西南隅，哪里是尊长之处就是一个问题。从汉代流行“宅不西益”的说法看，当时认为在排房西端进行房屋增建不利于家中长者[16]，这表明，当时为应合传统的将室内西南隅视为家庭里长者位置的做法，人们转而将排房的西部视为尊长的位置。这样，当把排房式的住宅放在院落当中时，为了让院门更多地离开排房的西端，以避免外部有害元素（鬼魅、煞气）通过院落入口妨害家长，出现了将院落大门东移的做法。[17]院落大门东移会使院落的正面不能对称，对于二里头一号宫殿这种特别强调礼仪过程控制的建筑，不仅要求主体建筑处在院落中央，而且要保持院落立面左右对称。为了取得院落立面对称的结果，具体做法就是将院落的前半部东扩，形成一个大门居中的外向部分。这样的处理，最终使院落成为前后分别完整的两个部分，后半部分为一大殿处中的院落，而前半部分为一大门处中的立面。院落前半部东扩而后半部保持原样，很自然地造成了一个缺失了东北角的院落（图 4-6）。

二里头二号宫殿的院落正面尺寸有限，已将院落大门作了尽可能的东移，可其避离“煞气”的效果还不能够让人完全放心，这时，在院落大门前安排阻挡物，当是方便而简洁地解决问题的办法。二里头二号宫殿前面的四号宫殿，主体部分台基平面为长方形，东西约长 36.4 米，南北宽 12.6 ~ 13.1 米。台基东部保存相对较好，局部台基面尚高于当时地表约 0.4 米。台基上面共发现 20 个柱坑，台基南缘一排共 13 个，3 米等距排列，从现状看，这排柱坑并无缺失。台基北缘现存 7 个柱坑，推断其原也有 13 个，与南缘对应。在台基东、西两侧均未发现柱坑，台基中部未发现任何建筑痕迹，按照遗迹情况，这里本来应无建设。台基北缘的柱坑位置发现有木骨夯土墙的痕迹，而南缘柱坑位置无此发现。由此，杜金鹏将其复原成屋顶覆盖下北缘单设一墙的格局。[18] 乍一看这座建筑似乎用途不明，但它只有一面墙的格局和其正在二号宫殿门前的位置，足以让人认为，建造它的目的就是要给它身后的二号宫殿的院门一个遮挡。其实，四号宫殿就是后世影壁祖型（图 4-7）。

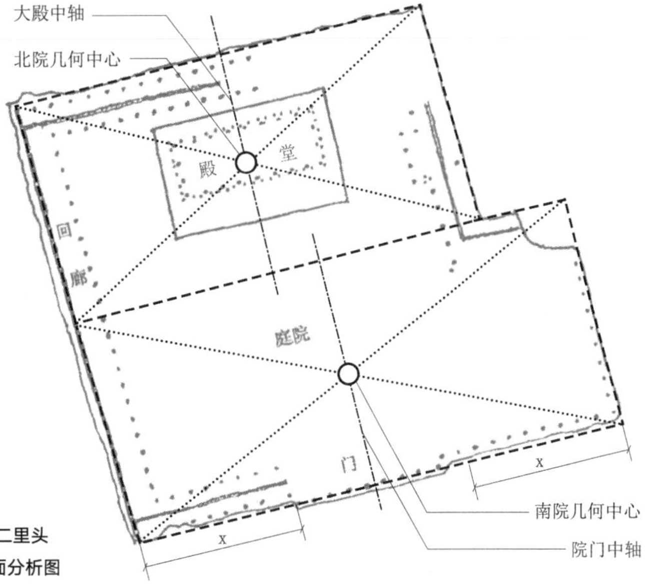

图 4-6 河南省偃师市二里头遗址一号宫殿基址平面分析图

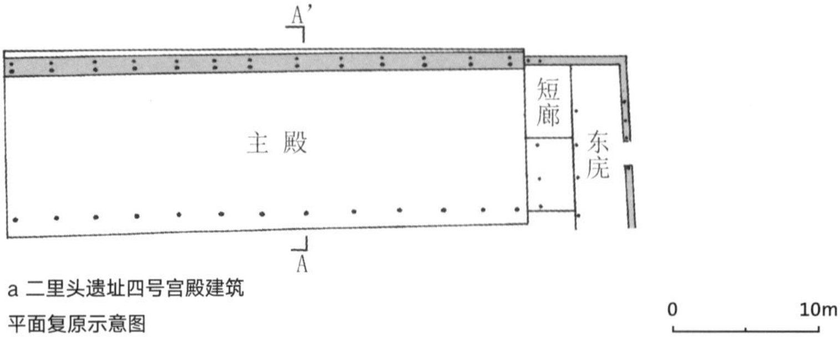

a 二里头遗址四号宫殿建筑
平面复原示意图

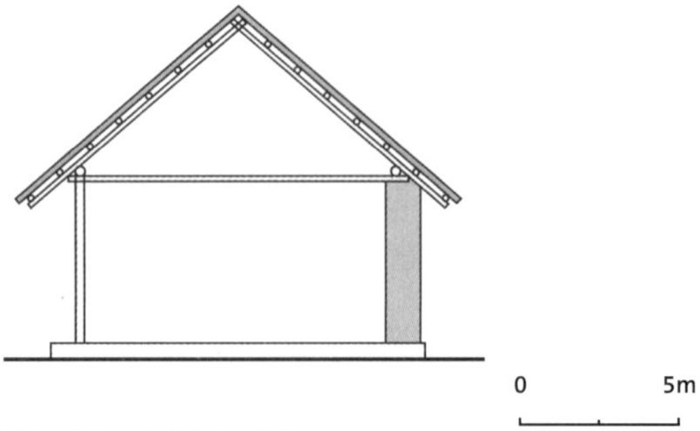

b 二里头遗址四号宫殿建筑
A-A' 剖面复原示意图

图 4-7 河南省偃师市二里头遗址四号宫殿建筑复原示意图

人们在二里头遗址上未能发现大城城墙，但这并不意味着人们不准备在此设置城墙。《礼记 · 曲礼》云：“君子将营宫室，宗庙为先。”[19] 宫城中包括宗庙、明堂等与祖宗祭祀相关的设施，因而先造宫城后建大城应是可以接受的营造顺序。王城岗遗址就是先有宫城数十年后才建大城的。二里头在只有宫城的情况下持续使用了上百年，很可能是因为大城的规制难以确定。前文提到夏人长久地采用韬光养晦的政治策略，现知其都城的城垣设置等级都相对较低。夏人进入洛阳盆地以后，势力大幅扩张，自我评价不断提高，在先王之制俱在且又自我认知不断变化的情况下，大城应该采用什么规制就成了一个问题。犹豫不决，或者是二里头遗址最终未能建成大城的主因。

二里头遗迹未建大城，其防御能力有限，可其周边山峦、河道基本形成环护格局，部分地增强了这一地区的防御，近年，在荥阳大师姑与新郑望京楼发现的同时期的城址，以及上文述及的新砦、古城砦城址，都可以视为都城防御的组成部分，它们与二里头一起，形成具有相当纵深的防御区域，在周边没有强敌的情况下，足以共同保障二里头一区的安全。[20]

二　偃师商城的尝试

夏后氏将都城设置在洛阳盆地这一事实与洛阳盆地的特殊的地形和区位条件相结合，赋予这片土地以某种灵性。在相当长的时间里，人们甚至认定这里是天地之中一个特殊的通灵场所。可能是因为这个原因，殷人灭夏之后，在距二里头遗址以东约6千米的地方建立了商代立国后的第一个都城“偃师商城”[21]（图4-8）。与二里头遗址相比，偃师商城大大地偏离了洛阳盆地的中心位置，坐落在盆地东口附近，也就是偏在商人旧地一侧。特殊的位置选择以及南临洛水，北倚邙山坐落，显然更多地考虑了防御乃至撤退问题。

偃师商城由宫城、小城、大城三个层次构成，从时间上看，大城的建设晚于小城。小城大致为规则的矩形，南北长约1100米，东西宽约740米。城垣包围面积约80万平方米。小城的西垣、南垣及东垣之南段与大城城垣重合。虽然小城城垣上有种种曲折，可与已知的早于偃师商城的其他城址比较，偃师商城小城平面前所未有的方整，作为克夏后建造的第一个都城，这一图形选择显示出殷人对于方整平面的重视，方整在殷人那里，有可能是最为隆重的城池图形。偃师商城大城为南北狭长西南隅凸出之矩形，东西长约1710米，南北长约1240米，大城城垣包围的面积约为190万平方米（图4-9）。在小城的中轴偏南，人们发掘到了一号基址。在一号基址西南，发掘到了二号基址，在一号基址东北，大城之内小城之外紧邻小城，则有三号基址。一、二、三号基址外围均有围墙包围。这三个基址由西南而东北提示一个大致45°的斜轴，形成与仰韶半穴居内尊长之处、通神节点和神明之居由西南而东北顺序对应的格局，一号基址处在这个斜轴的中间，这种安排在形式上又一次强调了一号基址的中心地位。发掘者推测，在小城南垣的中央位置应辟有城门[22]。这样一号基址的中轴正好与城南门相值形成一条明确的局部轴线，强调了一号基址的隆重。小城南垣不是一条直线，而是中段部分向外推出，在某种程度上使城址形态与日本鸟取县羽合町长濑高滨弥生时代明堂内垣相关，进一步显示整个城址设置有对应仰韶半穴居之格局的意图，一号基址安排在小城中轴南段，选取的就是半穴居中央火塘特别是庙底沟时大房子中火塘的常规位置。这种做法再一次表明了中心位置的重要性，也暗示，在城池格局上，对于中国古人来说所谓的中心，往往会偏向于中轴偏南的位置。

一号基址周边围垣的尺寸约为200米见方，基址上安排有庞大而复杂的宫殿系统，研究者都认同其为后世所谓的宫城。考古发掘表明，这个宫城经历过一个

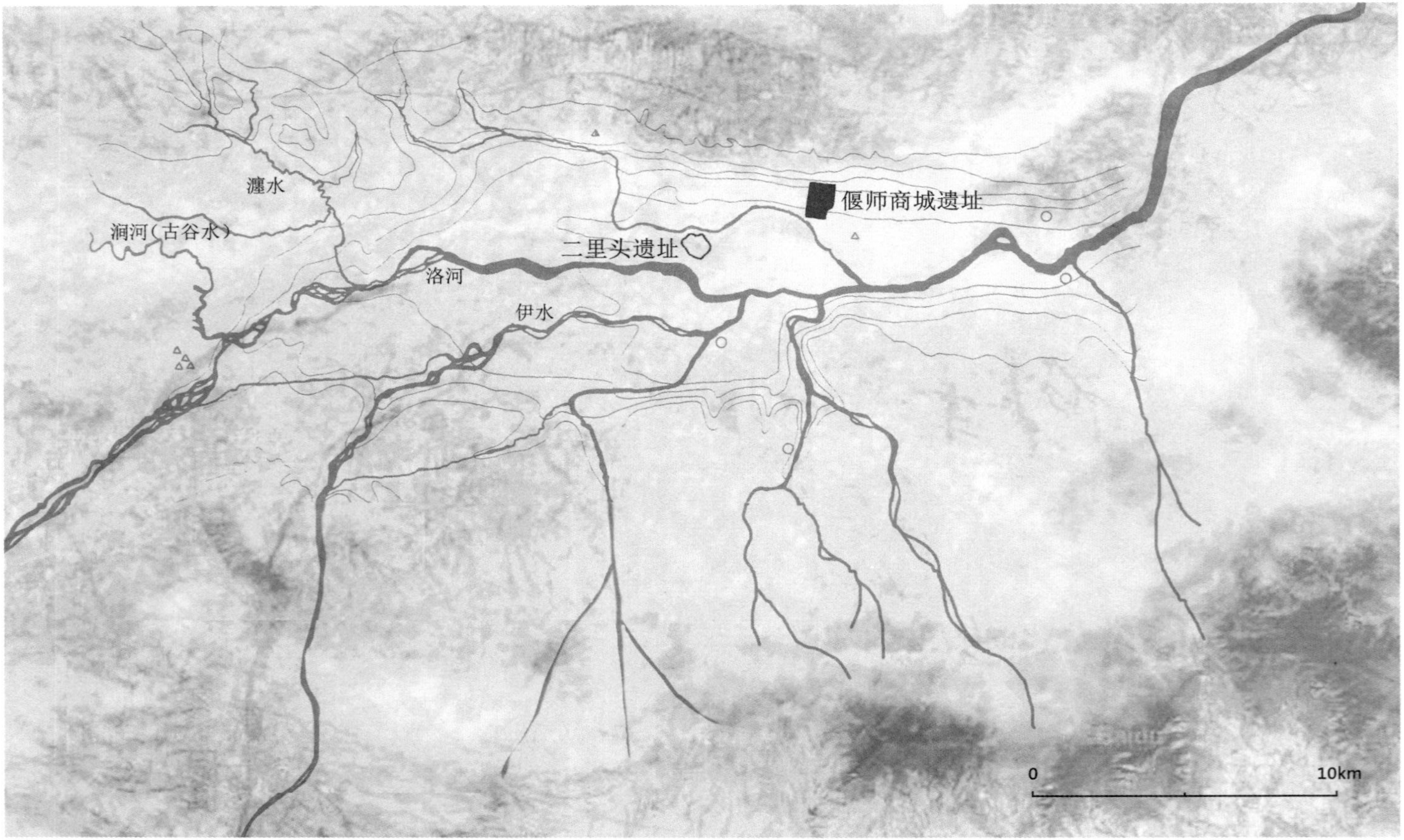

图 4-8 河南省偃师市偃师商城遗址位置图

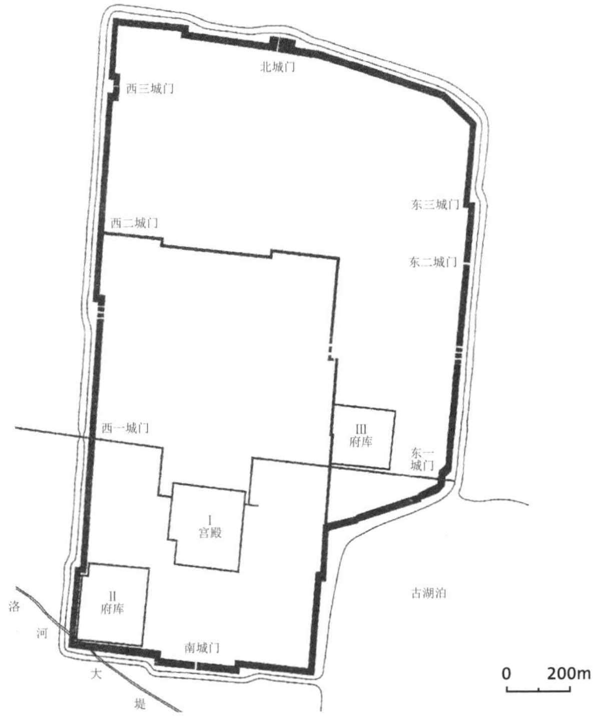

图 4-9 河南省偃师市偃师商城平面图

不断改造持续建设的过程，这个建设过程大致可以分为三期。

偃师商城宫城内第一期建成的房屋有一号、四号、七号、九号和十号宫殿以及位于这些宫殿北面的祭祀区和园苑区。这几个宫殿大致可以分成三个单元：一是位于宫城东侧的四号宫殿；二是位于宫城西侧的七、九、十号宫殿；三是位于两者之间的一号宫殿（图 4-10）。偃师商城的四号宫殿为一个廊院，这个廊院与在二里头见到的主体建筑外环绕廊子的情况有所不同，为大殿两侧出廊而在其前方形成院落，空间结构相对简单。四号宫殿院落东西长 51 米，南北深 32 米。大殿台基东西长约 36.5 米，南北深约 11.8 米，残高 25 ~ 40 厘米，正面出四个台阶。按此可推测其上的殿屋为四个开间。偃师商城四号宫殿的位置与二里头二号宫殿相似，都是处在宫城的东部或东北方位，它的体量与位于其西南的七号宫殿相比，小了许多，也和二里头二号宫殿与其西南方的一号宫殿的体量关系类同。这应暗示偃师商城四号宫殿与二里头二号宫殿功能相同。王学荣说四号宫殿“自第一期始建一直使用到第三期，长达一百余年而未改变，不像其他宫殿那样，使用了一段时期即被改建、扩建、重建乃至遭到破坏”[23]。因此，他认为将其确定为宗庙

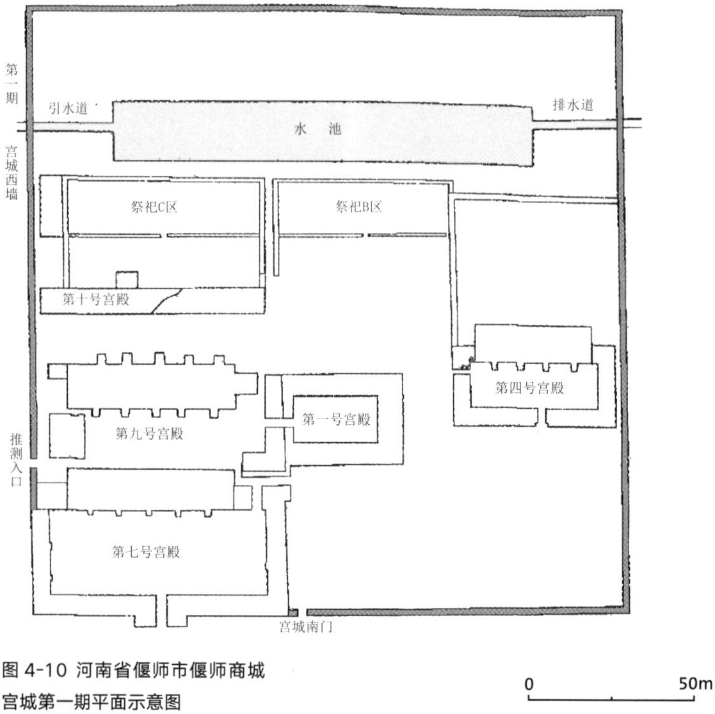

图 4-10 河南省偃师市偃师商城宫城第一期平面示意图

最为合适。基于四号宫殿的位置条件和与基地上其他建筑的尺寸关系，在我们看，这一判断无疑是正确的。

如果余杭瓶窑古城中心区的大、小莫角山和乌龟山都对应一个建筑单元，那么偃师商城宫城第一期的建筑分布和瓶窑古城中央宫殿区的格局十分相似，都是东侧为单一建筑单元，而西侧为一个以上的建筑单元的串列。四号宫殿与大莫角山对应，七、九、十号宫殿则可与小莫角山及乌龟山对应。格局的相似，暗示二者享有同样的文化资源，甚至有可能，在偃师商城出现的做法，来源于瓶窑古城。这并不是什么奇谈怪论，因为王城岗古城址选址及其与瓦店遗址的关系早就与瓶窑古城选址及其与玉架山环壕聚落群之间关系高水平地相似。如果瓶窑古城中心区的台基的大小与其上的建筑尺寸成正比，比较偃师商城宫城与瓶窑古城中心区，二者最大的不同也许是偃师商城宫城东侧的建筑单元体量几乎小过位于宫城西侧的所有建筑，而瓶窑古城中心区东侧的建筑单元尺寸则大于其西侧所有建筑。直到二里头遗址，明确为宗庙的建筑的体量基本上都在中央建筑群中不占优势，在相应时期，明堂往往是宫殿建筑中最大的。由此，可认为在时间上介于大地湾四期与二里头二期之间、位于瓶窑古城中心区大莫角山上的建筑应为明堂，而小莫角山上的建筑应为祖祢庙。也就是说，与瓶窑古城的中心区安排不同，偃师商城中心区的东侧实现了由明堂而宗庙的内容置换，其空间结构与二里头三期完全一致。看上去大致相同的格局，却蕴含着十分不同的社会内容。

偃师商城第一期的建设最为醒目的内容，是在宫城的西侧安排的七、九、十号宫殿。七号宫殿位于这一单元的最南边，为一大型廊院。格局与四号宫殿相似，院子东西长约 90 米，南北深约 50 余米。大殿台基东西长 50 余米，南北深约 12 米，台基前出五部台阶，显示出制作中轴线的努力。九号宫殿为一独幢建筑，位于七号宫殿北面，与七号宫殿大殿有对位关系，其台基东西长与七号宫殿相似，但南北深远过之。台基前后均设五部台阶，表明前后相当，都是仪式性进入的方向。十号宫殿位于九号宫殿以北，东西长远过九号宫殿，但南北进深小得多。这几座建筑共同占据的是二里头遗址上“世室”的位置。如果四号宫殿是宗庙，那么是否这几个建筑共同构成了二里头一号宫殿的对应物呢？杜金鹏认为第七、九、十号宫殿构成了一个前朝后寝的建筑群组。[24] 这个说法极有启发意义。依此，七号宫殿位于整个组群的最南端且独立对外开门，具有最大的开放性，可以设定其为用于人群聚会的“朝”。十号宫殿排在最北边，远离宫门，相对安静隐蔽，房间尺寸较小，容易形成安适温和的室内环境，设想其是用于主要统治者日常起居的“寝”应该问题不大。九号宫殿位于七号宫殿和十号宫殿之间，现存的台基上看不到将建筑分隔成一个个独立房间的隔墙[25]，这种情况，与二里头宫城的一号宫殿有一定的对应。九号宫殿使用于偃师商城宫城第一期。至第二期，九号宫殿为二号宫殿取代，二者位置、尺寸及平面形态基本相同，其性质应该大致相似。王震中认为二号宫殿和九号宫殿“有可能是早商时期的‘明堂’”，[26] 很有道理。这里补充的是，在九号宫殿及二号宫殿的前方的西宫墙上，都有另辟的门洞，紧对着这个门洞，设有建筑体量，于是如果由此门洞进入宫城接近相应的宫殿，就必得经由或绕过这一建筑体量，即人们都要经历由西南迁延入之的过程。此种处理，与二里头一号宫殿右前方安排八号宫殿的格局相似，足以表明二号宫殿与九号宫殿均为明堂、世室一类的建筑。这样，偃师商城宫城一期的七、九、十号宫殿就共同构成了一个与二里头一号宫殿功能完整对应的群体（图 4-11）。

前文指出，若把二里头一号宫殿视作用于朝会、祭祀和统治者居住的组合的话，统治者寝居最合适的位置应是大殿北面的一段廊子。把统治者寝居安排在相对逼仄的廊子中当然有助于干净利索地凸显一号宫殿大殿的主导地位，可也使天子之所居缺乏独立性和标识性，这对于逐渐成为专断统治者的天子形象的塑造不利。偃师商城将二里头一号宫殿一分为三，转为偃师商城的七、九、十号宫殿，既给

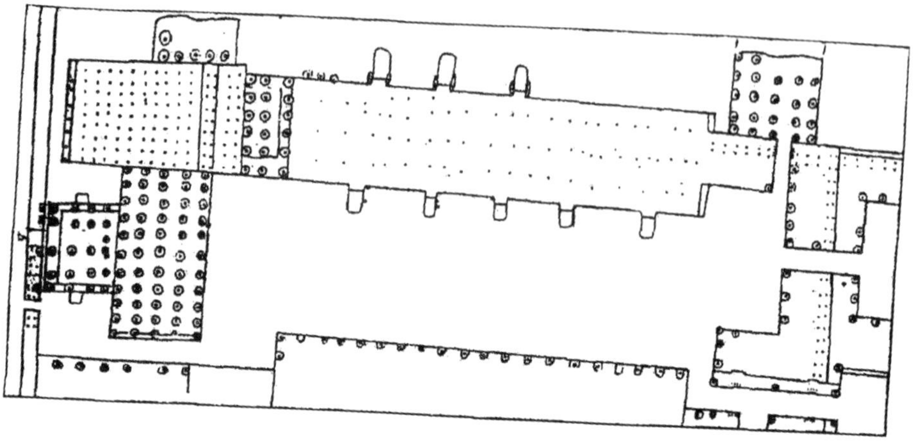

图 4-11 河南省偃师市偃师商城二号宫室基址平面图

统治者提供了一个空间上更为充裕、相对独立又具有一定标识性的日常起居场所，也改变了祭祀场所和朝会场所共用同一建筑的情况，使建筑所对应的复杂功能有区别地进行空间落实。可最终使明堂处于朝会之所后面，与先前的明堂相比在聚落景观层面缺乏足够的显示度，这当然表明其地位进一步下降。而朝会之所直接对外，对聚落景观造成更为有力的影响，可以理解为时君地位上升的表达。

从总平面看，七、九、十号宫殿串在同一条南北轴线上，具有一定的整体性，可在明堂的西南另设一口的做法，应在某种程度上打破了这一单元的整体性，使得明堂相对独立，这种处理，表明明堂此时还不能简单地从属于朝寝，明堂建筑被朝寝前后夹持，其对外开口完全独立，与整个宫殿区进入主轴缺乏必要关联的做法，显示出宫城布局的整体性有待加强。

和二里头遗址的情况类似，与明堂或由明堂分裂而来的朝寝祭祀建筑群相比，偃师商城用于祭祀近祖的四号宫殿不仅体量较小，并且深藏于院内，接近它要经过位于其西南方的宫城城门。这个宫城城门位于七号宫殿一侧，与七号宫殿向外凸出的门塾相比，它其实只是一个位于城墙上的缺口，突显水平不够，由此可见，当时用于统治者近祖祭祀的宗庙还需要小心翼翼地与其西侧建筑组合保持某种传统认可的关系。

《考工记》说“殷人重屋”，“重屋”的意思究竟是什么？《考工记》戴震《补注》：“世室、重屋，制皆如明堂……姚姬传曰：‘重屋，复屋也。别设栋以列椽……’”[27]，

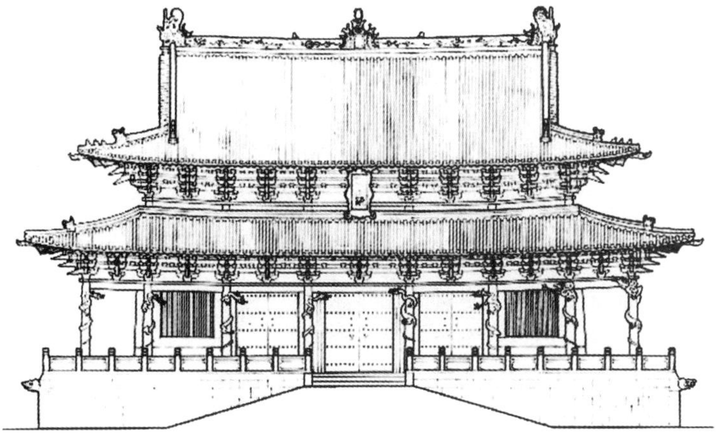

图 4-12 重檐屋顶示例：山西省太原市晋祠圣母殿立面图

张衡《东京赋》“复庙重屋，八达九房”，薛综注“重屋，重栋也”[28]，都认为“重屋”就是后世的重檐建筑。重檐是指在正常的屋顶之下，再加一层檐口，使屋顶部分看上去为两重屋顶叠置而成的样子（图 4-12）。但也有不同意见，如《考工记》郑注说：“重屋者，王宫正堂，若大寝也。”[29]《玉海》卷九十五《郊祀·神农明堂》引桓谭《新语》曰：“商人谓路寝为重屋。”[30]何为“路寝”？《文选·张衡〈西京赋〉》：“正殿路寝，用朝群辟。”薛综注云：“周曰路寝，汉曰正殿。”可见在先秦，“路寝”既用于王的起居，又用于王的日常行政。对应于偃师商城的情况，“路寝”应该是一组建筑，这里既有“天子”寝居之所，又有天子“朝会”之所处，更有祭祀包括“天子”始祖和远祖在内诸多神灵的设施，其整体可以视为原始社会大房子综合功能的主要替代，所以将路寝整体上视为明堂也不算大错。这个“明堂”是由一系列建筑在平面上前后叠置而成的，所以可以称为“重屋”。偃师商城“重屋”的安排，形成既导向纵深，又各层次相对独立的空间格局，虽然不那么严整，却开启了中国传统建筑使用“轴域”来主控建筑群体及其使用过程的特色通道。[31]

在偃师商城的宫城里，一号宫殿处在几乎正中的位置，因而特别引人注目。本书作者曾设想其为路寝[32]，现在将其置于整个宫殿演变的逻辑框架中，这个建筑的性质需要重新确定。二里头遗址宫城内的一号宫殿和二号宫殿东侧廊庑靠近正殿处都有一个区别于一般廊庑的独立部分，或者由廊庑向外拓出，或者用墙体围起，杨鸿勋等将其定为准备牺牲的东厨[33]，无疑是正确的。东厨的存在，打破了相应院落中轴两侧的建筑体量平衡，给这个要应对隆重仪式活动而须强调左右对称的院落空间的组织带来了小小的遗憾。应是为了改变这种状况，偃师商城在各祭祀建筑组合中不再单立东厨。可在当时的祭祀中，准备牺牲的专用设置是不可或缺的，于是，就有了在宗庙与明堂之间设置“中厨”兼顾对二者服务的做法。一号宫殿更靠近九号宫殿，并对其专设通道，至少在概念上九号宫殿是其主要服务对象。这种处理，表明明堂虽然遭遇不断的地位下降，但其仍然承担着更多祭祀活动。四号宫殿西廊上开出的洞口，应是为了加强与一号宫殿的联系。杜金鹏将一号宫殿判为服务于“西区宫殿的庖厨建筑”[34]，大致不错。从与最相关建筑的位置关系着眼，一号宫殿仍可以称作“东厨”。

偃师商城建设的第二期，宫城里的变化是在四号宫殿的右前方增加了六号宫殿。拆除了九号宫殿，在九号宫殿的基础上，建起了二号宫殿，因为二号宫殿的西拓，宫城的西墙也部分西拓。放弃了十号宫殿，并在其稍北新建了八号宫殿（图 4-13）。虽经历了一系列改造，整个宫城的整体空间结构仍大体保持原样。前文已经说明，二号宫殿应为明堂。按照发掘的情况，杜金鹏认为六号宫殿应为“东区宫殿的庖厨建筑”[35]。为宗庙单独设置庖厨表明了宗庙祭祀水平的提升，六号宫殿的建设使得四号宫殿前出现了一个相对独立的广场，这也增加了宗庙祭祀的独立性和隆重

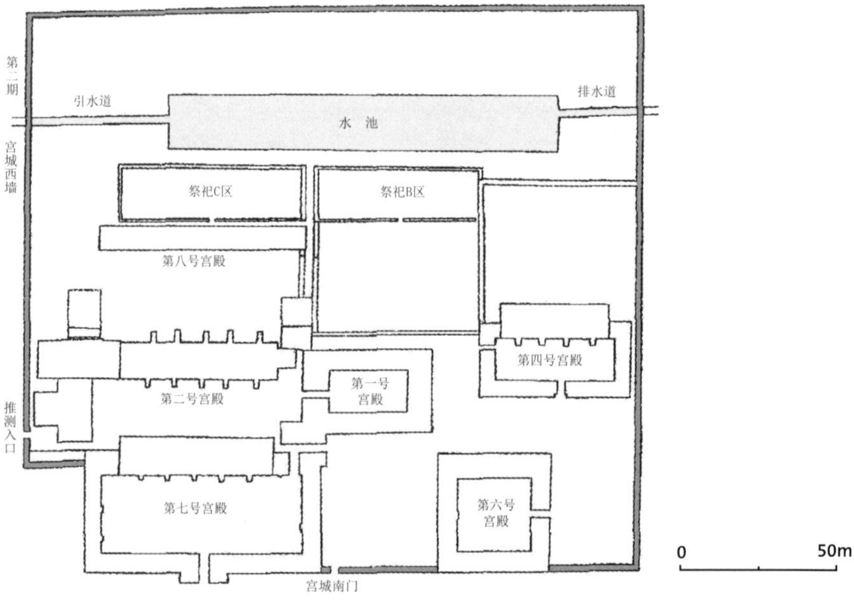

图 4-13 河南省偃师市偃师商城宫城第二期平面示意图

性。应是为了保持宗庙祭祀与明堂祭祀之间的某种平衡，明堂建筑主体的西侧增加了新的内容，形成更复杂的建筑组合。新建八号宫殿建筑进深有限，且被分划成一系列小间，其功能应和一期的十号宫殿一样，同为寝宫。新寝宫与老寝宫相比，建筑的进深有所增加，其所提供的房间更为宽敞，更为重要的是，它的位置尽可能北移，与其南面的明堂拉大了距离，造成了更为宽敞的前庭部分，这当然会使在此进行的活动场面更大，有更多的回旋余地。用八号宫殿取代十号宫殿，显示出围绕商王日常起居而设定的活动和仪式更加复杂、更加隆重。

六号宫殿的建设，大大地增加了与祭祀相关的庖厨在宫城环境及功能构成中的分量，是祭祀牺牲投入增加，祭祀活动在国家治理中地位上升的表现。依照这一判断，孔子所说“夏道遵命，事鬼敬神而远之，……殷人尊神，率民以事神，先鬼而后礼”[36]是有相当根据的。

偃师商城宫殿区建设的第三期大幅度地改变了整个片区的格局。最主要的是拆除了原本位于宫殿区南部的六号、七号宫殿，在用地上向南推进，建造了尺寸远远大过六、七号宫殿的三号宫殿和五号宫殿（图 4-14）。五号宫殿基址平面东西总长 107 米，南北深 81 米，主殿台基东西长 54 米，南北深 14.6 米，台基残高 10 ～ 30 厘米，其前设四部台阶。三号宫殿与五号宫殿的规模大体相当，较为突

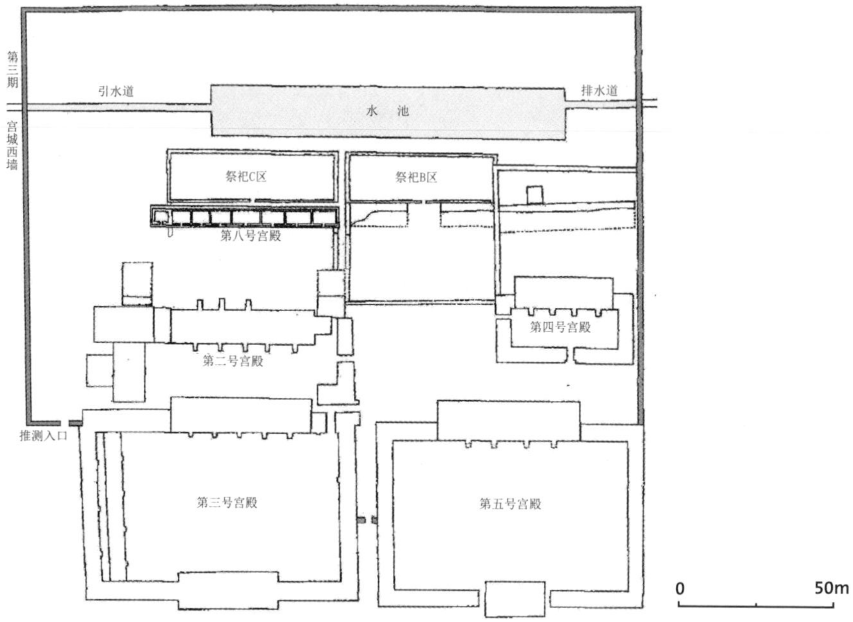

图 4-14 河南省偃师市偃师商城宫城第三期平面示意图

出的差别是门塾建筑体量更大，主殿的台阶为五部。三号宫殿主体建筑的位置要与其后面的二号宫殿对位，所以安排在北段围廊的东部。从二号宫殿、八号宫殿未加改动而三号宫殿主体刻意与它们照应的做法看，三号宫殿应该仍与它们共为一个整体，功能与被拆除的七号宫殿大略相同，为“前朝后寝”中的朝。五号宫殿依杜金鹏等人的考证应为宗庙。[37]

五号宫殿为一廊院，主殿前设四部台阶，按照杨鸿勋的复原，五号宫殿与四号宫殿一样，其主体均为四室，由此，认为其为宗庙应无问题。这个新的宗庙，不仅在规模上远远大于已经被定位为宗庙的四号宫殿，并且大于同一宫城内包括明堂在内的多数建筑，它直接对外开门，使用门塾建筑，从而强调其在整个聚落中的显示，五号宫殿的建造，大幅度地改变了祖宗祭祀设施在聚落整体秩序建构上的地位，意味着祖宗祭祀制度的重大变革（图 4-15，图 4-16）。

如果五号宫殿为宗庙，那么此前一直用作宗庙的四号宫殿这时功能如何就成了一个问题。王震中先生认为：“四号基址是商汤灭夏后在王都内所建最早的宗庙，里面供奉着上甲六示或自高祖夔以来商先公先王的神主，但随着时间的推移，里面也不断增添进入商代以后死去的商王神主，如成汤（大乙）、外丙、太甲及其以后死去的商王的神主，到了第三期时，四号建筑即四号宗庙内已经无法容纳更多祖先的神主，只好新建五号建筑即五号宗庙。”[38]我们的意见略有不同，参照二里头遗址上宗庙中都存有墓葬的情况，偃师商城最初的独立宗庙供奉的应该是迁都至此之后死亡的近祖，而迁都至此前去世的先公先王、族群的始祖和迁都至此后死亡的距时君四代以上的祖灵，应该在明堂里获得供奉。这样的祭祀方式，当然使统治者的近祖地位十分突出，但也缺乏独占族群传递的神圣脉络，强调其权力根植久远的能力。在时君地位持续提升的背景下，将原本在明堂中祭祀的族群的始祖及与自身血缘传承直接相关的祖灵抽离出来，单独供奉，作为自己根源神圣的系统支撑的重要部分是合理的。这部分祖灵的祭祀，当然有着更强的公共性，其原来又在尺寸较大的明堂建筑中进行，因而使用更大的建筑并将其放在更为显豁的地方进行祭祀可以设想，于是就有了五号宫殿那样的宗庙。五号宫殿与原来的宗庙四号宫殿结合，由前而后，形成一个顺序的神圣整体，很好地交代了祖灵之间的关系。自此以后，偃师商城中同时存在两个宗庙，供奉从商人始祖起到时君父考所有对族群发展作出贡献的祖宗，这种供奉方式，使得时君成为族群发展核心线索的自然承担者，有效地表明了其统治的正当性。

将商先公先王的祭祀从明堂中移出，当然减缩了明堂的祭祀份额。同时，用规模更大的三号宫殿取代七号宫殿，也表示朝会场所的地位提升，于是，在前朝

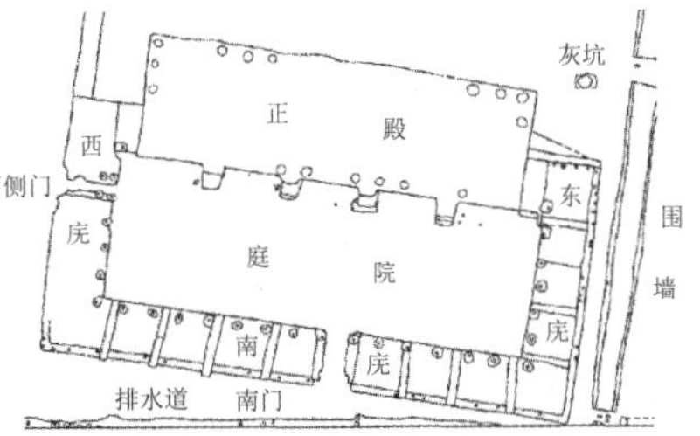

a 偃师商城四号宫室基址平面图

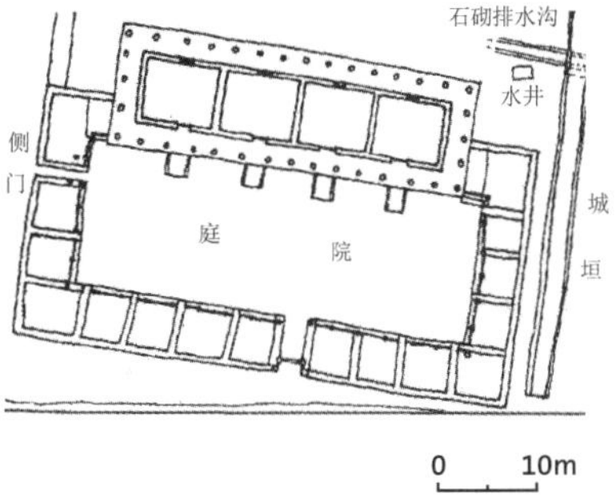

b 偃师商城四号宫室基址平面复原图

图 4-15 河南省偃师市偃师商城四号宫室基址及复原平面图

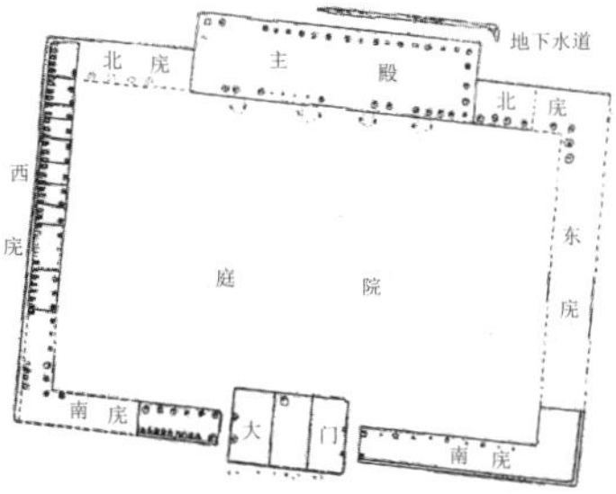

a 偃师商城五号宫室基址平面图

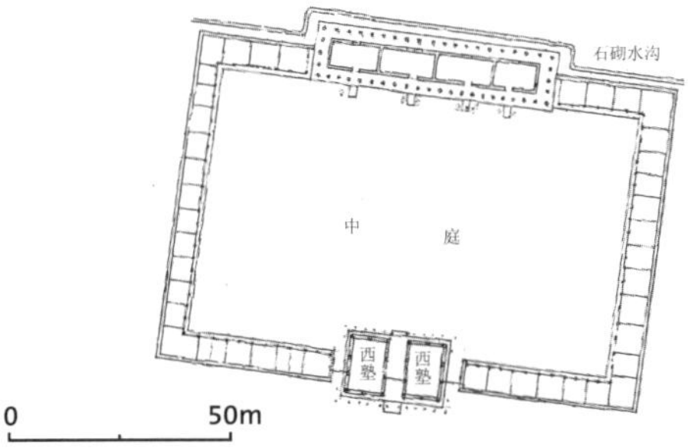

b 偃师商城五号宫室基址平面复原图

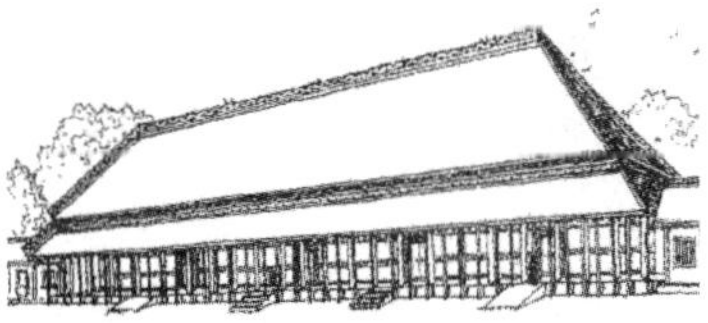

c 偃师商城五号宫室基址复原透视图

图 4-16 河南省偃师市偃师商城五号宫室基址平面、复原平面及复原透视图

后寝的建筑组合中，明堂的地位又一次下降了。

偃师商城四号宫殿与五号宫殿前均设四部台阶，由偃师商城三期的情况看，除了宗庙，其他建筑均为奇数台阶，似乎四部台阶是偃师商城宗庙建筑的标识。这与二里头的宗庙使用奇数开间而世室使用偶数开间的做法大相径庭。前文提到，偶数开间意味着建木昆仑式宇宙图示的引用，故宗庙上采用偶数开间，应该是祖宗祭祀地位上升的建筑层面的表达。这里也许要对八号宫室的情况略作解释，从台基的情况看，偃师商城八号宫室为分作八间的排房，但 D8F7 与 D8F8 之间的隔墙不仅远厚于其他分间隔墙，并且与其前后存有的夯土院墙位置接续，厚度相当，

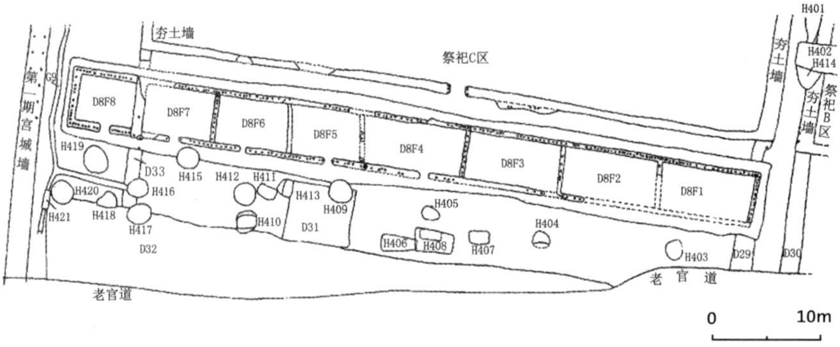

图 4-17 河南省偃师市偃师商城八号宫室基址平面图

所以从空间组织看，D8F8 是处在院落之外的部分，这样，八号宫室主体部分其实为奇数开间（图 4-17）。

与二里头一号宫殿比较，偃师商城的七号宫殿、五号宫殿院门向东偏移的幅度相当有限，特别是取代七号宫殿的三号宫殿，其正门中轴所对的是大殿西段，这种情况暗示，在偃师商城，人们已经着手解决二里头一号宫殿门塾中轴与大殿中轴大幅度错位带来的某种程度的空间挫折感受的问题。减小院落大门偏移水平，使院门中轴和大殿中轴间有更多的连续性，无疑对于仪式展开的连续性大有帮助，但却会造成对“尊长之处”的干扰。由于在这几座建筑的大门前未发现影壁的遗迹，所以这里采取的应该是在正门以外加设其他门道的办法。在通常情况下正门关闭人们从偏门出入，只是到了仪式需要时才大门洞开。另外，像后世那样，将影壁设在院落门道中央，平日关闭，必要时才打开似也能解决问题。

商代的甲骨文中，可以看到诸多祀社的卜辞。例如：癸卯贞：甲辰燎于社，大牢（《屯南》726）；贞：燎于社，三小牢、卯一牛、沉十牛（《合集》779 正）辛；巳贞：雨不既，其燎于豪社（《屯南》1105）。应该说，社祀在商代是一项重要祭祀。前文表明，天子之都有为群姓所立的“大社”和为王族设立的“王社”。“大社”的祭祀在郊。罗振玉、王国维通过卜辞研究发现商代祭祀分为内祭与外祭。罗振玉说：“其外祭可考者曰社。（王国维曰：卜辞所记祭事大都内祭也，其可确知外祭者，有祭社二事……）”[39]《尚书·大传》说，汤代桀之后，大旱七年，史卜认为应该进行祈祷，“汤乃剪发断爪，自以为牲，而祷于桑林之社。而雨大至，方数千里。”[40]桑林之社，应当位于桑树繁盛之所。偃师商城的规模不大，城内很难有桑林存在。所以，桑林对应的就是罗振玉、王国维所说的外祭，也就是天子为群姓所设之“大社”。

从商汤祷雨于桑林的故事看，在偃师商城之外应该存有专门用于社祭的场所。

在郑州商城宫殿区以北发现含有立石堆之社祭遗迹。在偃师商城中没有发现立石堆，但这并不表明王社不存在。偃师商城宫城建筑集中区以北有大规模祭祀场所，祭祀场所主体部分为一“沟状遗存”，由南向北，可以分为“观礼区”“焚烧区”和“献牲区”三个部分。[41]“沟状遗存”其实与新砦古城宫殿区以北的“坎”同类，从这个祭祀场的位置和形态两方面着眼，其主体部分的性质应为“王社”。

偃师商城的宫城西南和东北分别存在着形态与宫城相似、尺寸略小的两个小城圈，考古发掘将其称为二号基址和三号基址。二号基址位于宫城的西南，距宫城约 100 米，平面近方形，边长 200 米左右。发掘者推测该基址内应有 6 排，共计 106 座房屋。二号基址的外围围墙与宫城围墙厚大致相同，具有较强的区隔能力。遗址上的建筑都可以复原为大统间。周边道路土层极薄，没有零乱堆积，房屋内无炊具残片，也没有用火痕迹，并缺乏防潮防湿措施。所以，这些房子既不宜于储存粮食，也不适于住人，当时人也较少在此活动。发掘者认为二号基址是后世所说的武库是合理的。武库为贮藏兵器之所，在当时的条件下，对于兵器的控制是防御工作的重要内容，也是政权力量和权威的表达，在相当长的时间里，武库都是都城景观中的重要节点。其占据宫城西南，与宫城呼应形成都城空间主轴是有道理的。三号基址的性质或与二号基址相同，亦为库府所在。

从聚落形态与要素的整体演进逻辑看，宫城西南的二号基址又可视为将尊长之处迁至宫城后的某种遗存。这时二号基址内没有了祭祀和施政设施，但仍安排了当时在城市存续上具有关键意义的内容，以至于必须用厚重的围墙将它圈起来，与宫城形成景观实力大致相当的对应，正是这种占据着传统的尊长之处的设施与宫城对应，在聚落整体景观层面确切地提示着宫城对于整个城市来说的通神节点地位。

三　商代国土的景观秩序

偃师商城是商人克夏后所建的都城，初建时，只有小城，这时的城廓大致可以描述为一个四角硬挺、形态规则的南北向长的矩形。如果细致一点，这时的城址除了南垣中部凸出外，在城址的四边都有曲折。北垣与南垣中部外凸相反，作中部内收状，东垣中部也有一长段外凸，西垣则相反，中段作内收处理。这里外凸与内收的细微对应，更为确切地显示人们以规则矩形为模板进行城垣安排的初衷。至于为何北垣的内收段落长于南垣的突出段落，西垣上的内收段落也长于东垣上的凸出段落，还需要进一步探讨。或者可以猜测，这里的城垣曲折，应与某种祭祀或巫术需求有关。总体上看，在这里采取的大致矩形的城池轮廓和宫城居于中轴南端的做法，是其祭祀规格崇高的表现。

相较于新石器时代晚期的石峁古城、瓶窑古城，甚至是石家河古城，偃师商城小城约略 80 万平方米的城址并不算大，可其与王城岗古城、新砦古城相比，尺寸已经相当可观。如果把偃师商城小城放到夏代以后的城池建设的脉络中，它已经是一个前所未有的巨制。

考古研究表明，在偃师商城小城建成并使用了相当一段时间后，开始在其基础上修建大城。大城并未在小城的基础上各方向等距离外扩，而是主要在小城的东北部向外拓出，使整个城址的平面大大地偏离规则矩形，形成了一个总体格局为西南部向外凸出的不规则形，同时，偃师商城大城的北墙东部大幅内斜，造成了十分明确的东北角缺失。或可认为偃师商城大城的加建虽然增加了城池的规模，提升了它的防御能力，但却在相当程度上降低了城池的祭祀规格。

偃师商城的大城，与石峁、瓶窑古城，同属西南隅扩张的处理，但也有一些不同。首先，偃师商城大城的东北角的缺失是通过北墙东段内收实现的，与石峁古城、瓶窑古城通过北墙在东北角曲折造成东北缺角的做法相比，这种做法在视觉上相对含混。其次，偃师商城大城凸出的西南隅是通过南墙西段明确的折出实现的，与石峁古城用南墙西段斜出和瓶窑古城的南墙西段和西墙南段弧接形成膨出西南隅的做法相比，这种西南隅凸出的做法在视觉上相对明晰。东北角的缺失是降低城址规格的做法，而西南隅膨出虽然使得城址形态不再规整，但也突出了尊长之处的存在，乃是较高祭祀规格的表达。在降低规格做法表达上的含混和在保证祭祀规格做法上的明确，应该隐含着规格的差异，应可认为在形态上偃师商城大城是较石峁古城和瓶窑古城规格更高的东西。

王震中认为，商代先人最初曾在河南的内黄、濮阳一带活动。成汤时，为了挑战夏王朝，从内黄、濮阳一带来到郑州，将郑州作为克夏的基地，为此在郑州建有一些设施。推翻夏朝以后，殷人先行修造了偃师商城的小城，到商王大庚时，开始建设郑州商城大城城墙，在郑州商城开工后，殷人又在偃师商城小城的基础上加建大城。随后开始了偃师商城和郑州商城并行使用的时期。在偃师商城和郑州商城并行使用相当一段时间以后，商王终于放弃了偃师商城，将都城正式迁到了郑州。[42] 如果偃师商城的大城是在郑州商城修造后才动土的，也就是说，这时商王已经不将偃师商城作为唯一的都城，那么，通过修造大城来降低偃师商城的祭祀规格是完全可以设想的。

加建大城后的偃师商城，大幅度地提升了其军事防御能力，可以利用它更为有力地对当地的夏遗民进行压制，同时，降低了其在殷人整体祭祀系统中的地位，使其能够和新兴的郑州商城平衡。一升一降，显示出殷人在聚落形式确定上不是就事论事，而是充分考虑更大范围的秩序形成的情形。

郑州商城的城址大致为南北略长之不规则菱形。其北垣东部向南偏斜，所形成的城址东北角与偃师商城大城的东北缺角相类。南墙西端略向内收，形成了一个明确的西南隅压缩。整个城池东西约长 1700 米，南北约长 1870 米，面积约 310 万平方米，较偃师商城大出约 100 万平方米。在郑州商城中，大型宫殿基址主要集中在城圈的东北部（图 4-18），宫殿基址似乎大致为三列南北向纵深分布，格局与偃师商城不尽相同。考虑制度的连续性，这里恐怕也是大体上采用宗庙与朝寝并列、宗庙位于群组的东部、朝寝位于宗庙西侧或西南、朝寝以西再辅以次

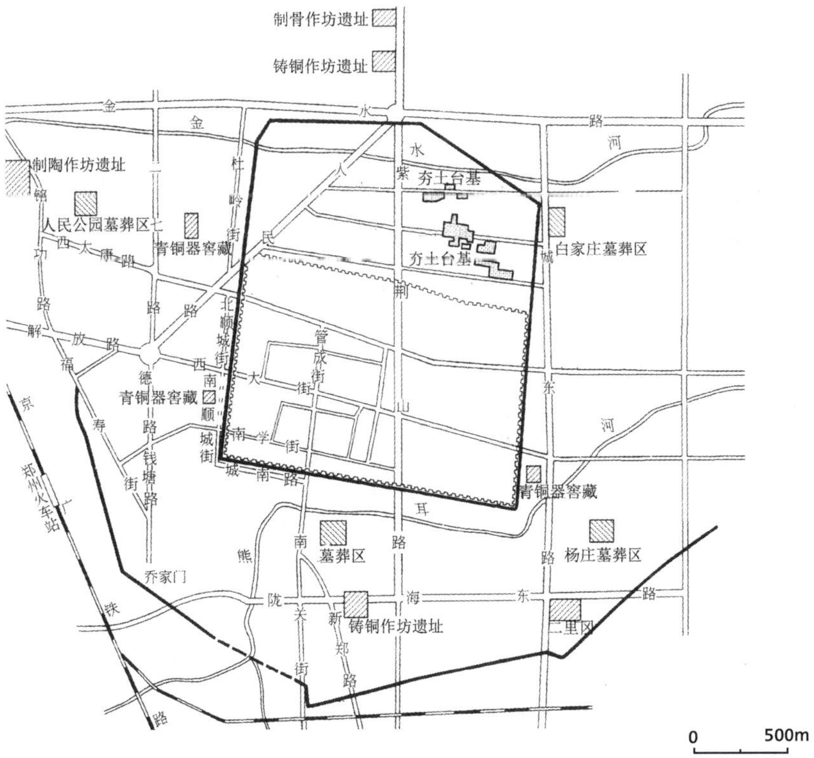

图 4-18 河南省郑州市郑州商城平面图

图例： 汉代城墙 商代城墙

要建筑的格局。在郑州商城的西南部，有相对集中的大型建筑台基遗存，但与城区东北部的基址群比较，在规模上要小得多[43]。如果和偃师商城对照，似可推测这一区也有武库之设。虽然在宫殿区和城西南部大型建筑台基遗存区外围没有发现墙垣围护，可西南与东北两区呼应，通神节点的确认需要西南方的特异空间策应的概念是明确的。归纳上面的叙述，我们在这里可以看到的是，城池规模扩大和宫殿区更为隆重的同时，宫殿区位置和城址西南隅处理上则采取了等级较低的做法。两相结合，使得偃师商城与郑州商城在总体规格上应该相差不多。

安阳洹北商城的发现是商代考古的重大成就。这个被认作晚商都城的城址南北约长 2200 米，东西约长 2150 米，覆盖面积约 450 万平方米，规模可以说是前所未有。洹北商城的平面基本为边角硬挺、形态方整的矩形，以 450 万平方米为前提，这个形状更使其在先秦城址中显得特别卓尔不群[44]（图 4-19）。

在洹北商城的中轴南端偏东置有面积巨大的宫城。2007 年以来的钻探和试掘表明，宫城平面为南北长之规则矩形，面积约为 41 万平方米。在洹北商城的西南

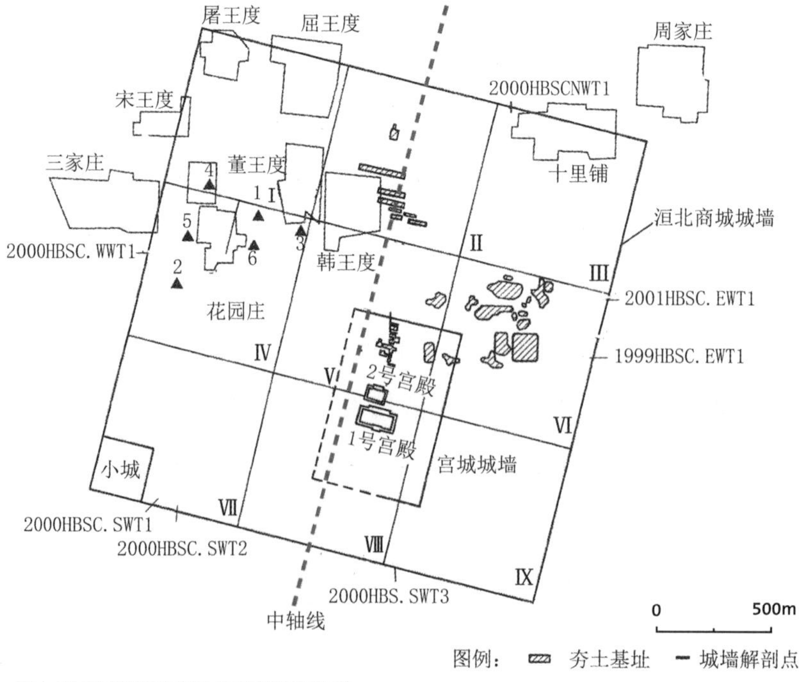

图 4-19 河南省安阳市洹北商城遗址平面图

隅，发现小城一座，该城东西长 240 米，南北长 255 米，面积略大于偃师商城西南隅的二号基址。这座小城的存在，及其与宫城的西南、东北的呼应关系，建立了洹北商城与偃师商城空间结构上的关联，表明它们共同遵循着某种传之久远的文化传统。

位于大城中轴南端偏东的宫城的西墙位置，大致与大城的中轴重叠。在此宫城的中部偏西，发现有巨大的一号建筑基址，在其北部不远，又有小于一号的二号建筑基址。两者间位置和尺寸关系与偃师商城第三期五号宫殿与四号宫殿间的关系完全相同，这两所宫殿的建筑格局，也与偃师商城五号与四号宫殿一样，都是主殿坐于后廊中央的廊院。一号宫殿基址平面为东西长约 173 米、南北宽 85 ~ 91.5 米的廊院，总面积近 1.6 万平方米。整个建筑由主殿、廊庑、东西配殿、门塾等构成（图 4-20）。二号宫殿基址，东西阔 92 米，南北深 68.5 米，北廊正中为主殿，在东庑东南有附属建筑与水井等，总面积为 5992 平方米。二者面积均比其所对应的偃师商城的五、四号宫殿大出许多。有研究者主张洹北商城一号建筑基址为宗庙，主要理由有二：一是在一号建筑基址上发现有祭祀遗存；二是这座

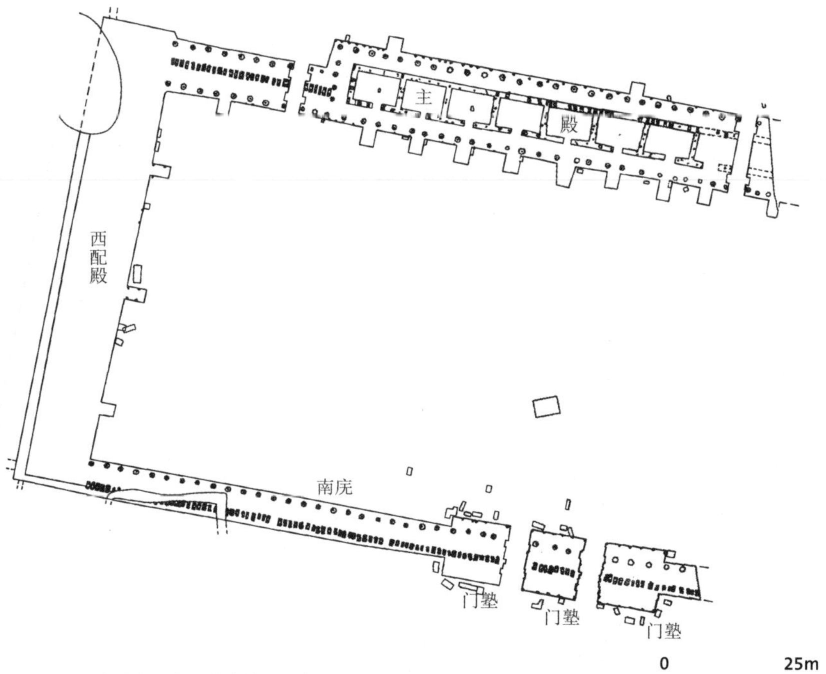

图 4-20 河南省安阳市洹北商城一号宫殿基址平面图

建筑采取了与偃师商城五号、四号宫殿遗址相同的廊庑围合主体建筑的组织形式。据说，甲骨文中的“口”就是后世“庙”字的雏形。如果洹北商城一号基址为宗庙，其位置在二号基址之前，在二者的位置关系中，其与偃师商城四、五号宫殿组合中的五号宫殿相当，那么二号基址则与偃师商城四号宫殿位置对应，并且同为廊院格局，其主殿前亦设四部台阶，形态与定为宗庙的偃师商城四号宫殿也相一致，因而它也应是宗庙。这两座宗庙中的祭祀对象，考虑到文化的延续性，也应与偃师商城的情况相同。位于后面规模较小的二号宫殿遗址，供奉时君以上四代先王，位于前面的一号基址则供奉商人的始祖和其他先公先王。洹北商城的一号宫殿东部虽然未能揭示，但现在情况表明，一号宫殿主殿可以分为两段，一段是带有八个台阶的八间建筑主体，在由西向东的第八间与第九间之间存在一个门道，将建筑分成两段，门道东侧的间数不明。将本来连为一体的建筑硬生生地作两段处理，主体部分设为偶数开间，似乎是说偶数开间是殷人宗庙设置的特征。就整体看，一号宫殿主殿的房间数量较偃师商城五号宫殿大幅增加，表明在这里有更多的祖灵享受单独设室以接受供奉的待遇。

注意到现在发现的洹北商城宫城中的建设内容，只相当于偃师商城宫城的东半部。由于一号、二号建筑基址已经相当靠近宫城的西墙，从空间上看，对于当时来说十分重要的朝堂、明堂和寝宫等就根本无法在宫城内存身。

洹北商城与偃师商城间十分明显的型制承继关系，和宫城西墙与城址中轴大略相值的状况，使人们有理由认为，在本来的设计中，在一号基址和二号基址的西侧还有一个与偃师商城宫城西半部对应的部分，这个部分和现知的宫城拼合在一起，才是洹北商城宫城的全部。不幸的是，洹北商城在建设过程中发生了意外，一把突如其来的大火烧毁了洹北商城的一号宫殿，导致这个宫城终于未能完成。如果洹北商城的宫城能够按照预期完成的话，那么，人们将能看到的是一个外城形态方整、城廓边角硬挺、宫城居于中轴南端、从而既与偃师商城相关又与原始社会大房子格局对应的构成。

洹北商城的宗庙安排与偃师商城三期有一点很不相同，即两座宗庙都离开宫墙，深处于院落当中。具体说这组建筑南距宫城南墙约 300 米，东距东墙约 200 米，北距北墙约 300 米，西距西墙也在 100 米以上。按照台基情况推测，一号宫殿主殿的高度不过 15 米左右。如果宫城城垣高有 3 米左右的话，那么，在宫城外 100 米以内向城内张望，根本觉察不到宗庙的存在。洹北商城的宗庙区是藏起来的，不像偃师商城三期的宗庙那样显豁。同时，为了明确宗庙为通神节点，接近它，要在其西南方起步，对于要进入宗庙区的人，在进入宫城之初，目标处在其侧前方，宗庙建筑所造成的体量的存在感相当弱。这里的宗庙给人一种脱离尘世的神秘感，显示出希望祖灵不被过多打扰的意味，整体环境关注的不是显豁而是幽深，古人将宗庙称作“清庙”缘由可能就在于此。

从与仰韶时期大房子的形态对应水平看，在现知的三个商代都城中，洹北商城方整的矩形暗示着最高等级的都城形式，在规格上明确高于偃师商城和郑州商城。可同为殷人的都城，为何要在设置上厚此薄彼？这确是一个需要解释的问题。

洹北商城所在区地，古人称为殷墟。在洹北商城建设之前，殷人经历过一个频繁迁都的历程。从商汤立国，到盘庚迁殷，十代十九王，约三百年，都城凡五迁。盘庚以后，传八代十二王，凡二百七十三年，定都于殷，不再迁移。从文献看，最终定都于殷不再迁移，是盘庚迁都之前已经确立之事。《尚书·盘庚》说：“先王有服，恪谨天命。兹犹不常宁，不常厥邑，于今五邦。今不承于古，罔知天之断命，矧曰其克从先王之烈？若颠木之有由蘖，天其永我命于兹新邑，绍复先王之大业，底绥四方。”又说：“往哉生生！今予将试以汝迁，永建乃家。”再说：“朕及笃敬，恭承民命，用永地于新邑。”[45]在不足七百字的篇幅中，“永”字凡三见，“天其永我命于该新邑”“永建乃家”“用永地于新邑”。这充分表明，从一开始，盘庚就确定了在殷墟建造的是永远之都，不再迁移。为了向民众传达这个信息，也是永远都城所应有，洹北商城采取了不同于偃师商城和郑州商城的最高规格的都城形式。

郑州商城的规模已经达到了310万平方米，近年考古表明，在其南部还有独立的防御工程存在，按照当时的营造能力，这个都城的建设要进行巨大的投入，在这样的情况下，郑州商城所采用的却是一个有可能放弃的城池形态，这种情况，应该清楚地交代了殷人在很长一个时期内，一直都未能定居于一地的欲求，他们一直在寻求一个永都之所在，在许多时候搬迁都城对于他们是一个生活常态。在永都未得的情况下，所建的都城均为临时都城，因而也就不会使用最高规格的城池型制，在相当长的时间里正是这样的王朝都城和方国都城一起，形成王朝聚邑的等级秩序景观。

现知商代方国都城遗址材料相当有限，为了说明问题，尽可能罗列于此并讨论如下。

山西省夏县东下冯商代早期方国城址，目前查明了南城垣和东、西城垣的南段。东城垣残长52米，西城垣残长140米，东西垣间距约370米，南垣总长400米，其西段向南推出75米。现已探知的城角均作圆弧形（图4-21）。参照偃师商城大城的做法，或可将其北半部复原为东北角抹去的大略矩形，这样，可以看到一个西南部向外凸出的城池。在城址向外突出的西南部，“发现了与城垣同时的圆形建

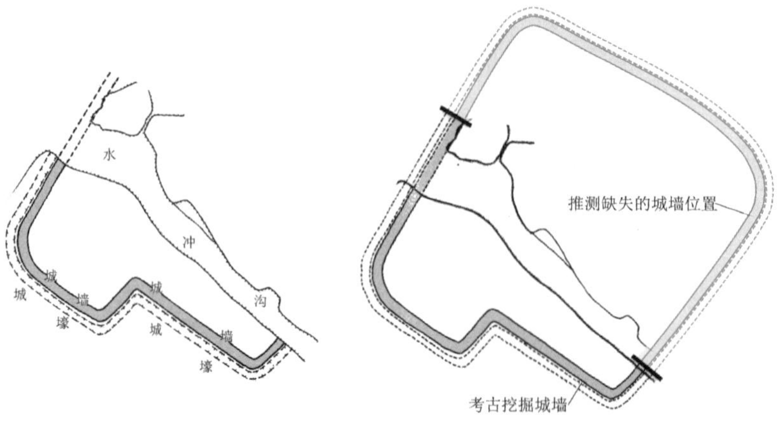

a 东下冯商城遗址平面图　　b 东下冯商城遗址复原猜想图

图 4-21 山西省夏县东下冯商城遗址平面及复原猜想图

筑基址 20 座，据钻探结果，该基址群至少有七排建筑，总数大概有 40 ～ 50 座之多。这些圆形建筑的直径在 8.5 ～ 9.5 米之间，均坐落于略高出当时地面的夯土台基上，基址面上都有柱洞，基址周围则发现有路土，该基址群有可能是一处仓储遗址”。[46] 西南隅安排仓库，使得这里的功能安排与偃师商城的二号基址的功能类似。参照偃师商城，东下冯城址中的宫庙区应在这个仓库区的东北方。

山西省垣曲县古城镇南关的古代城址始建于商代二里冈下层偏晚阶段，属于商代早期方国城址。该城址城垣轮廓略为不规则的菱形，南北长约 400 米，东西长约 350 米，总面积约 13.3 万平方米。垣曲商城中部略东为宫殿区，在此发现有大型夯土台基 6 座。规模最大的 2 号台基平面近长方形，东西长约 50 米，南北宽约 20 米，面积约 1000 平方米。垣曲商城南垣由东向西逐渐向南斜出，西垣由北向南渐次向西斜出，两垣在城的西南相交，形成一个以锐角为特征的扩大了的西南隅。类似做法，在景阳岗龙山城址和石峁古城上已经出现，只是二者都仅由南墙斜出以造成城址西南隅扩张。垣曲商城北墙的走势也与景阳岗龙山城址的北墙走势略同，是由西向东渐次向北斜走一段以后，向南稍转和东墙钝角交接，造成东北角的缺失。垣曲商城西垣、南垣外均有夹墙，与主城墙相距 7 ～ 10 米，夹墙在城西南角部断开，形成向东和向北两条窄长通道。西部通道由城西南角始，向北至西垣中部略北处是城门，该城门有一大道直通城内宫殿区[47]，这一曲折的进入方式和王城岗东小城的进入方式略同，是又一个“由西南入”做法的案例。如果南墙中间开有门洞的话，人们可以循此由北正南达到宫殿区，这样，这里宫殿区接近方式与二里头遗址宫城上分设南门与西门以接近一号宫殿的方式同构，这个同构应该表明这里的宫殿区既有明堂，又有朝会之所（图 4-22）。

盘龙城位于湖北省武汉黄陂滠口境内，这座早商方国都城坐落在一个小山丘上，平面为轴向略偏西南的菱形，南北约 290 米，东西约 260 米，城垣厚 21 ~ 28 米。[48] 城址面积约为 7.5 万平方米（图 4-23）。盘龙城城址平面形状与郑州商城十分类似，南城垣由东而西向内斜收，西垣由北而南向内斜收，形成了西南隅的压缩，城北

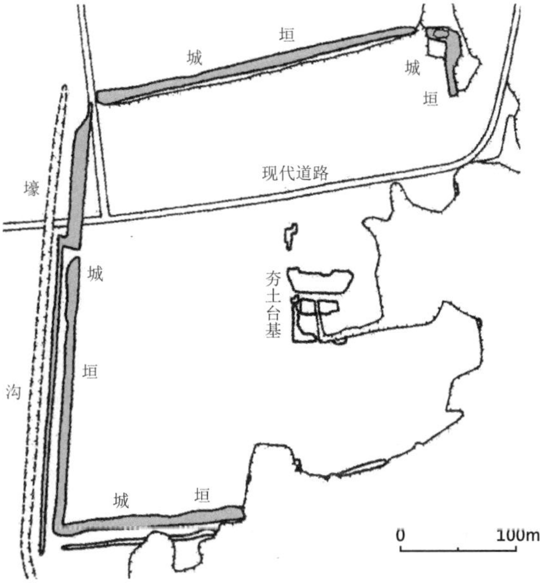

图 4-22 山东省垣曲县
垣曲商城遗址平面图

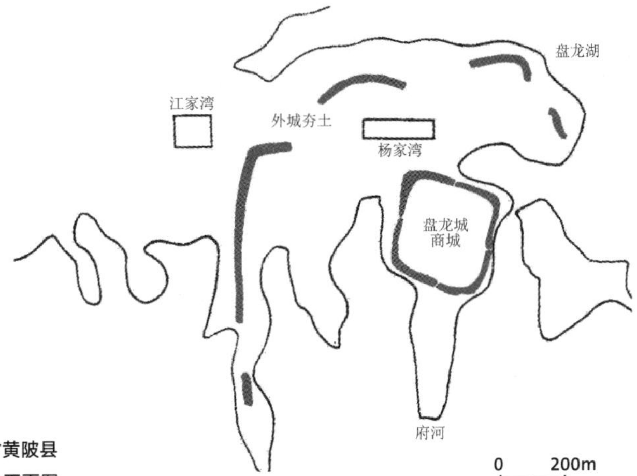

图 4-23 湖北省黄陂县
盘龙城商城遗址平面图

垣整体由西向东渐次内收，北垣与东垣的交接方式与郑州商城完全一致，暗示东北缺角。不同的是，其所有转角均做圆化处理，平面规制似应较低。

在盘龙城内的东北部高地上，发现有宫殿遗址，宫殿区的位置也与郑州商城宫庙所在位置相似，只是规模较小。考古资料显示盘龙城的宫殿区由F1、F2和F3三部分构成，F1与F2为大型殿堂，F3为周围廊庑。F1平面为副阶周匝中有并列四室的形式，格局和偃师商城的四号宫殿和五号宫殿的做法一致，可以推断为宗庙遗址。杨鸿勋的复原在其前加上四部台阶是合理的。盘龙城F2台基破坏较甚，难以断定其上有无分间。杨鸿勋将其复原为南半部设开敞的大堂，北半部有封闭的房间也应大体不错，因为只有这样，宫殿区的功能组织才算得上完整。开敞的大堂应与明堂相关，可以应对祭祀与朝会的需求，封闭的房间可以用作人员休息和物品贮藏（图4-24），从总体上看，盘龙城的F2的功能与二里头一号宫殿略同。至于统治者的住处，参考二里头一号宫殿遗址和“前庙后寝”的说法，应该在F1正后面那一段廊庑里。这样，盘龙城的宫殿是前为明堂与日常施政场所的综合体，中间为宗庙，后边为寝宫的格局。或者可以认为，盘龙城宫区里的这一路建筑，包含着二里头宫城或者偃师商城宫城里东、西两路建筑的功能。参考二里头宫城的处理，在这里外部回廊上的入口可以有两个，一个开在F2正南，一个开在F2西南（图4-25）。

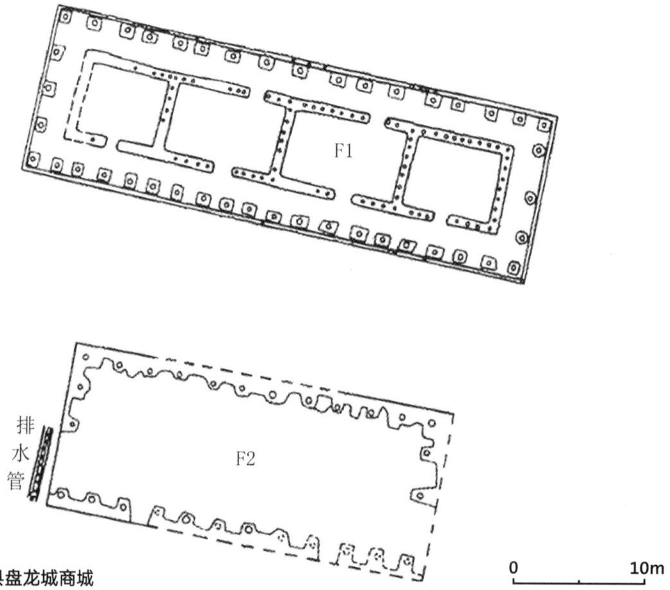

图4-24 湖北省黄陂县盘龙城商城宫城F1、F2基址平面图

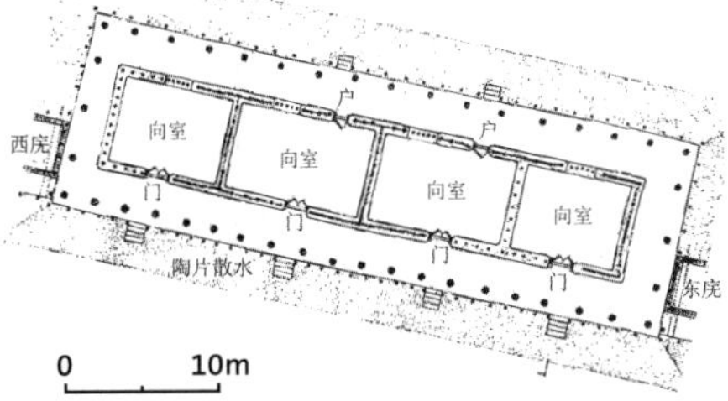

a 盘龙城 F1 宫室基址复原平面图

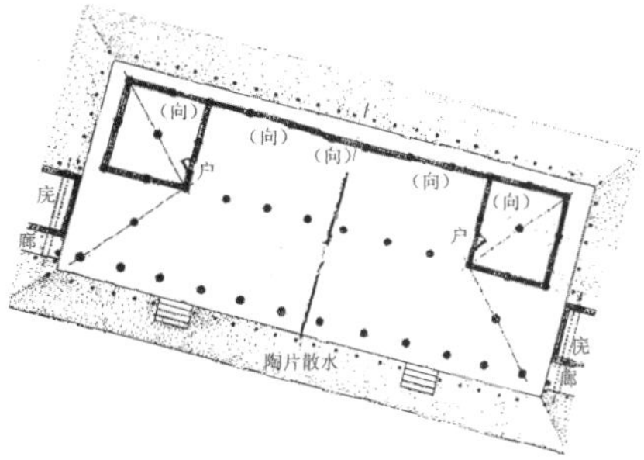

b 盘龙城 F2 宫室基址复原平面图

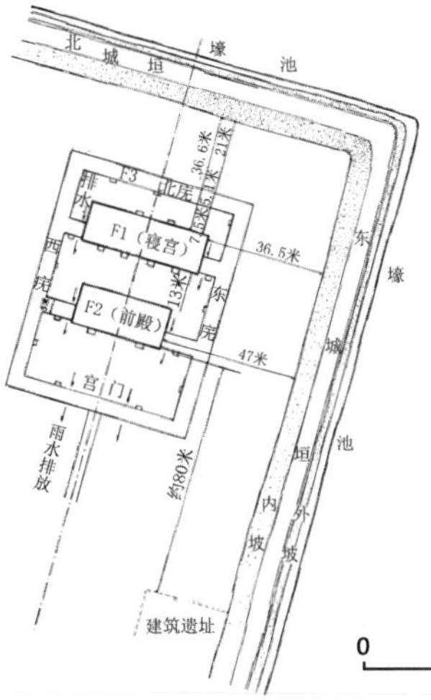

c 盘龙城宫殿区平面复原示意图

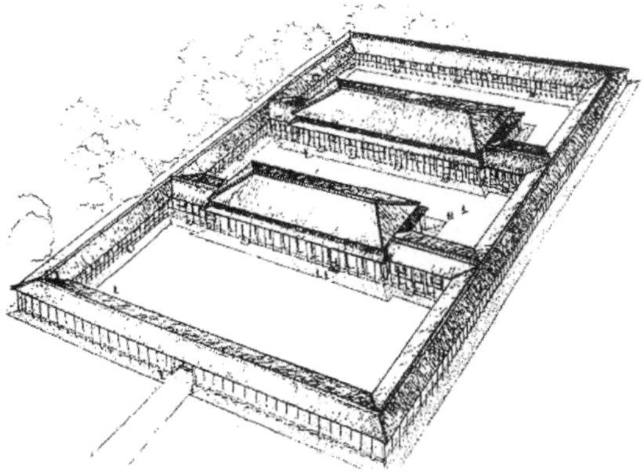

d 盘龙城宫殿区建筑复原透视示意图

图 4-25 湖北省黄陂县盘龙城宫殿区复原示意图

盘龙城宫殿建筑仅为一路，偃师商城的宫殿建筑则分为两路；盘龙城的朝会功能和明堂祭祀由一幢建筑承担，偃师商城朝会功能和明堂祭祀分别由两座建筑执行；盘龙城的统治者起居空间设在宗庙后面的廊庑之中，偃师商城在明堂北面有专设的统治者起居建筑。一句话，盘龙城的聚落主导功能空间分化水平低于偃师商城的聚落主导功能空间分化水平。这应该不是盘龙城的拥有者不知道把明堂祭仪与日常朝会分置两处会使相应活动更加正式，也不是不知道单独设置的寝居建筑更为舒展，其宫殿建筑群之所以取此格局，应是规则限制使然。盘龙城宫殿区与偃师商城宫城的差异，应该表明，当时城市主导功能的空间分化水平较高，则城市规格较高；空间分化水平较低，则城市规格也较低。或者说，城市主导元素的分化水平，是确定城市规格等级的标准之一。

当然，在盘龙城遗址上见到的不会是功能和空间分化水平最低的宫殿形式。比其等级更低的宫殿的具体格局由于缺乏商代的资料，似可以在周代的考古资料中窥见大概。20 世纪 70 年代，考古工作者在陕西省岐山县凤雏村发现的西周甲组建筑遗址也是一个廊院，整个院落建造在一个东西宽 32.5 米，南北长 43.5 米，残高 1.3 米的夯土台上。建筑的大门之外有一影壁，进入大门，为六开间的厅堂。人们在建筑两侧的廊庑中，发现有卜骨窖藏，窖藏的存在表明该建筑与祭祀有关，周围廊和偶数开间的做法则提示它应该用于祭祖。可是，这座建筑却很难被简单地定义为宗庙，因为在大殿遗址上只发现了东北转角墙基，建筑南边则未发现墙基的痕迹。就此，杨鸿勋将其复原为东、北、西三面有墙，建筑前檐开敞的样子是正确的[49]（图 4-26）。前檐开敞，使得建筑具有了明堂的属性。凤雏甲组建筑

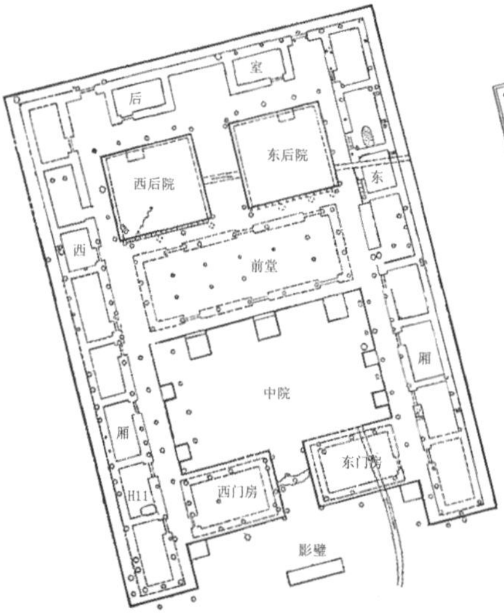

a 陕西省岐山县凤雏村西周建筑基址平面图

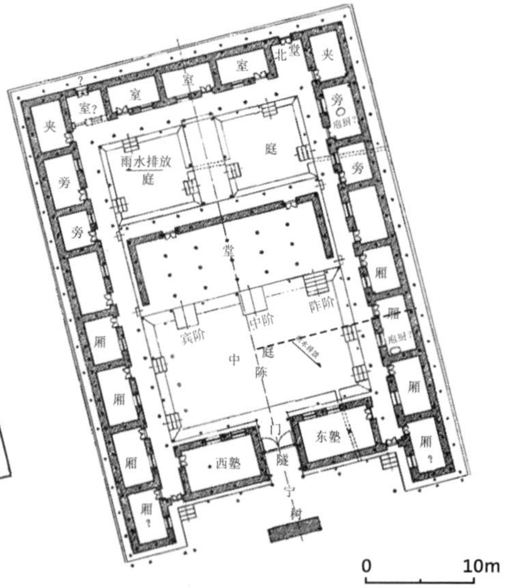

b 陕西省岐山县凤雏村西周建筑平面复原示意图

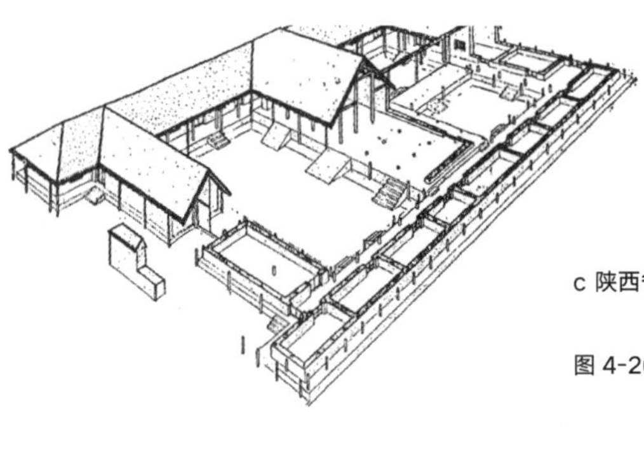

c 陕西省岐山县凤雏村西周建筑复原立体示意图

图 4-26 陕西省岐山县凤雏村西周建筑遗址及复原示意图

遗址正处在一个有相当规模的城址中央，其南边有社祀遗址与其遥相呼应，所以将其理解为这个都城的主导宫殿应该合理。若将这个宫殿与盘龙城遗址上所见的宫殿相比，在这里，宗庙、明堂与日常朝会等功能由一座建筑来实行，而在盘龙城，这些功能则由 F1、F2 两座建筑来实行。也就是说，这个西周城址上的主导功能的空间分化水平还不及盘龙城，所以这组宫殿的等级应低于盘龙城宫殿的等级。至于这里统治者的日常寝居之所，应该设在主体建筑后面的廊庑之中。

2001 年，人们在盘龙城城址的西边、北边及东北发现断续的版筑墙体，这些墙体与盘龙城城址的间距在 250 ~ 500 米之间[50]。有人将这些墙体理解为外城，而把盘龙城视作宫城。这样，盘龙城的宫城面积远大于偃师商城宫城，且其城墙厚度也非偃师商城所能比。盘龙城应该建造于商王强势的早商，并离王朝中心区不远，出现这种具有冒犯性质的情况是很难想象的。发掘到的墙体每段之间距离较大，形态与湖岸配合的倾向明确，主要分布于盘龙城的西边和北边，盘龙城的南边与东边现为低洼地，原来应为池沼，因而在这两个方向上本来应无墙垣设置。综合这些情况，认为在盘龙城城址外发现的这些墙垣并不构成后世所谓的城，将其视作城外结合地形而建造的独立防御设施更为合适。

早商方国都城府城商城位于河南省焦作市府城村西北部之台地上。城址平面约为方形，其形状与洹北商城略同。边长 280 米左右，城址面积约 8 万平方米。在城址的东北部存有一处二进廊院，考古发掘将其辨别为宫殿，该宫殿由南殿、正殿和北殿相贯而成[51]。从现有的考古痕迹推测，将这组宫殿想象成与凤雏甲组建筑遗址大致相同更为合适，为中间一殿，周围廊庑，分有前后院的格局。在宫殿设置上，焦作府城商城的规格明确地低于黄陂盘龙城（图 4-27）。

已经发掘到的晚商方国城址有四川广汉的三星堆城址和江西樟树吴城乡吴城城址。从现存的东、西、南面的城墙遗迹的走势看，三星堆晚商城址的平面形状与山西垣曲商城十分类似。在城址内分布着三星堆、月亮湾等四处台地，三星堆、月亮湾和西泉坎等台地附近均有祭祀器物埋藏坑出土，表明这几处台地在城市构成上较为特殊，月亮湾和西泉坎台地位于城址东北，三星堆台地则在其西南，构成了西南东北的某种呼应。从城址平面和内部构成方式看，三星堆古城的安排规则来自中原。该城址东西大约 1600 ~ 2000 米，南北 2000 米，城内面积约 350 万平方米，规模甚至大于商朝前期的王都郑州商城。方国都城能够如此，应该与其地处边缘以及王朝晚期商王控制力下降有关[52]（图 4-28）。值得注意的是该城南垣西段有内收倾向，这也许是其规模过大的某种平衡措施。

吴城城址轮廓初看似乎很难归纳，但稍加分析就能发现它其实就是郑州商城

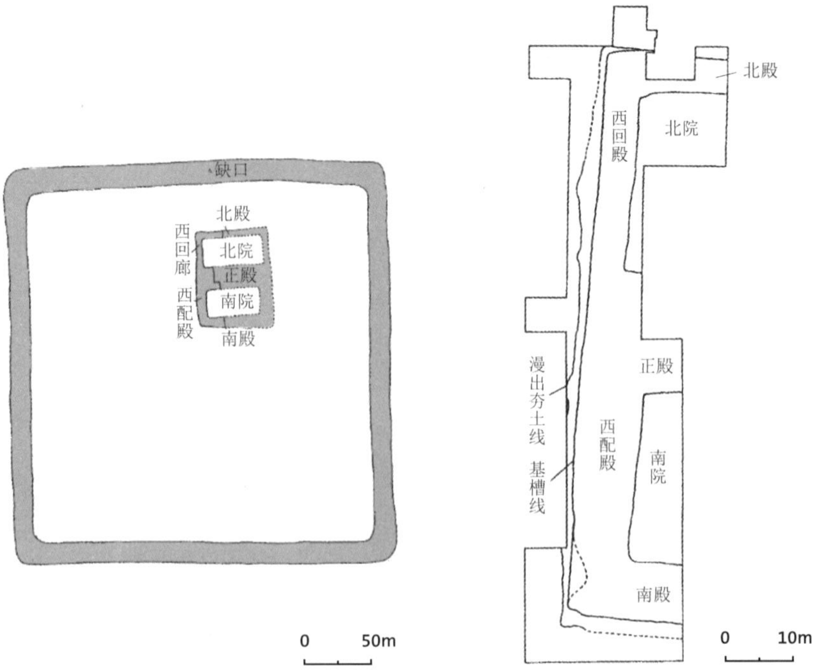

a 府城商城平面复原示意图

b 府城商城一号基址发掘平面图

图 4-27 河南省焦作市府城商城平面复原示意及一号基址发掘平面图

平面在具体地形条件约束下的变体。其北墙为一东端向南收进之折线，与东墙钝角相交，从而抹去了城址的东北角。南墙为一西端北斜的直线，西墙由北向南略向内收，与南墙共同构成了一个双向压缩的城址西南隅。东墙由北向东也略作内收。南墙、西墙双向内收压缩西南隅的做法至少在概念上形成了对由西南而中央的祭祀主轴的较多干扰，或者是等级上低于西南隅遭受单向压缩的做法。[53] 吴城城址南北最宽处约 800 米，东西最长约 1000 米，城内面积 61.3 万平方米。从城内地形特征以及发掘所获得之水井、窖穴、灰坑和灰沟的情况分析，发掘者认为城址内以高地岭、黄家岭、河背岭、大蒜院岭 4 个台地为中心安排居住区（图 4-29）。高地岭位于城址中轴北端偏东，正与可能的、位置略略偏东的城南门相对，应该是宫庙区之所在。注意到城址西南角有一宽约 50 米的西南豁口，位置与石峁古城的缺口对应，也许该城也是轩城。吴城古城的城址规模远大于商代早期中原地区的方国都城，显示出王朝控制能力的松弛，其城址西南隅双向压缩和可能存在的轩城做法，又表明其仍然不能肆无忌惮。

城址的大小与防御能力的强弱高度相关，历来是城市等级区别的重点。商代城址从等级上可以分成两类：一类是王朝都城，一类是方国都城。从规模上看，早

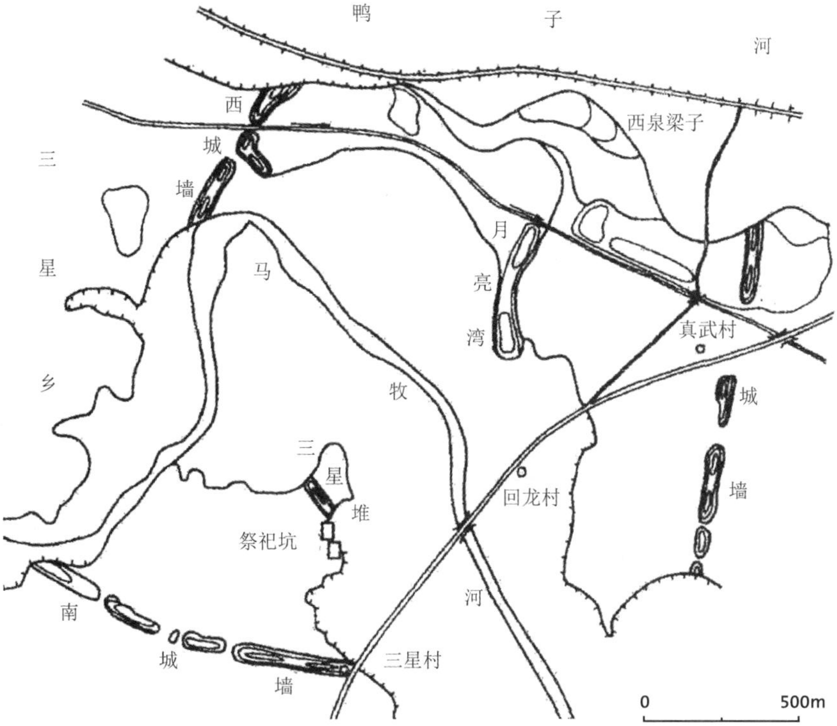

图 4-28 四川省广汉市三星堆城址平面图　　图　例：古城墙　祭祀坑　河堤

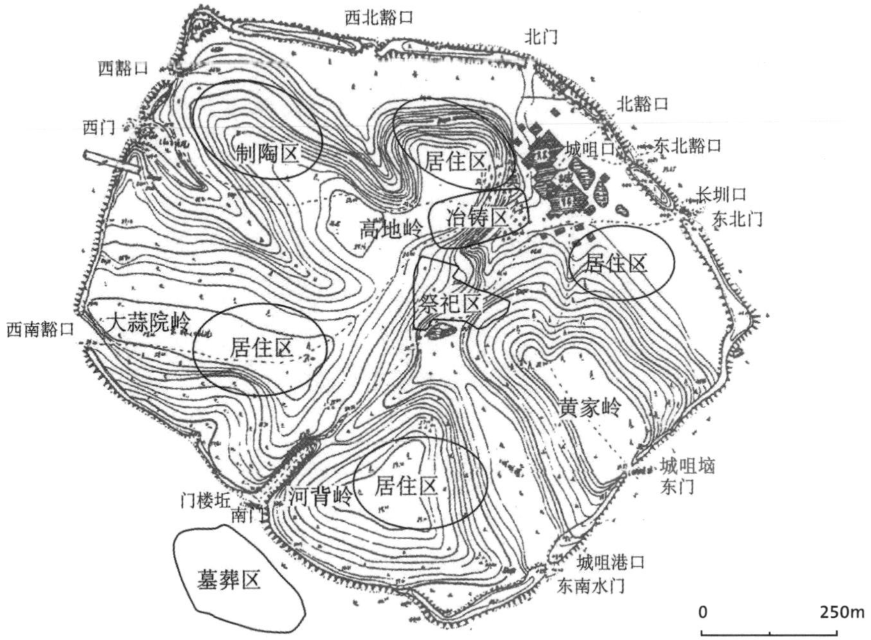

图 4-29 江西省樟树市吴城乡吴城城址平面图

商王朝都城的规模远远大于方国都城，无论是偃师商城大城还是郑州商城，其面积都比同期的方国都城大十倍以上。这应该是王朝早期对方国军事能力严厉控制的表达。早商方国都城中，又可分为两个层次：东下冯与垣曲规模略大，总面积在 13 万平方米左右；盘龙城与焦作府城规模略小，总面积约 8 万平方米左右。大城面积约为小城面积的 1.6 倍，十分明确的尺寸差异，可见方国在等级上是有明确的界分的。随着时间的推移，王朝都城的规模有扩大的倾向，郑州商城较偃师商城大 100 万平方米以上，洹北商城又比郑州商城大 100 万平方米以上，显示出营造能力和京畿地区人口聚集水平的提升。现知晚商方国城址面积比早商方国城址增长明显，吴城古城面积 60 万平方米，三星堆面积甚至达到了 300 万平方米以上，分别是内地较大早商方国城址面积的 4.5 倍和 23 倍。吴城与三星堆都远离王朝中心，王朝对这些地方的管控能力相对较弱，这或许是它们可以在规模上远大于商代早期中原地区的方国都城的主因。中原地区同等规格的晚商方国都城或者建不了这么大，但这些大型方国城池的存在却有可能成为一种示范，从而改变早商王朝都城与方国都城规模差异悬殊的局面，导致不同等级城址规模差异曲线相对平缓、呈阶梯状升降的结果。

商代都城可以明确看出将宫庙区放在城址中轴之上的案例只有一例，即偃师商城的小城。从推理看，洹北商城也应是宫庙居于中轴之上的安排。注意到偃师商城和洹北商城均为王朝都城，其宫庙部分都置于中轴南段，应该表明，这种做法地位较高。

由聚落核心功能的空间分化水平看，王朝都城均表现为较高水平的分化，而方国都城均分化水平较低。应该可以确认，前者规格较高，后者规格较低。

从城池的形态看，上列的十一座商城可以分成三类：第一类是规则的矩形，这种形状的城池包括洹北商城、焦作府城，偃师商城小城城垣的曲折有限，也应归入此类；第二类是西南隅扩张的不规则形，具体做法又可以区分出西南隅向外凸出和西南隅向外斜出两种，前者包括偃师商城大城和东下冯商城，后者有垣曲商城和三星堆商城；第三类是西南部向内收进的不规则形，包括郑州商城、盘龙城商城和吴城商城。虽然在形态上有某些变化，但与新石器时代的城址比较，不规则形的城址形态的关键处理在于西南隅却是特别明确的。在这些城址中，我们第一次看到了规模足够大、平面为规整矩形的城池。由于对应的例子垣北商城是殷人之“永都”，所以认为规则矩形是较高等级的做法应该没有问题。在这里，也许亟需予以解释的是为什么焦作府城商城的城池平面也采用了转角硬挺的正方形。《左传·庄公二十八年》说：“凡邑，有宗庙先君之主曰都，无曰邑。”[54]《礼记·王制》载：“天子七庙，三昭三穆，与大祖之庙而七。诸侯五庙，二昭二穆，与大祖之庙而五。大夫三庙，一昭一穆，与大祖之庙而三。士一庙。庶人祭于寝。”[55] 由此可见独立宗庙的设置对于聚落等级的价值。焦作府城商城，是上列商代城邑中宫殿功能分化水平最低的，按照分析，其没有独立的宗庙设置，祖宗祭祀与其他功能合在一幢建筑中进行。这样，城池形态是祭祀等级的表达，从根本上说，是为宗庙祭祀的灵应而为。当祖宗祭祀并不独立，城池形态对祖宗祭祀的回应也就失去了意义。因此，在那些不能独立设置宗庙的聚落的城池上，也就不必对宗庙祭祀作出回应，这应该就是焦作府城商城可以使用与洹北商城同样的规则矩形城廓的道理。

与新石器时代相同，东北角缺失仍是降低城池等级的做法。只是这里见到的实例都采用的是东北角抹去的做法，像石峁古城和瓶窑古城那样在东北角挖去一块的做法未见实例。

高等级的聚落为了使自己在格局上凌驾于其他聚落，维持统治者希望的层级性秩序，一方面要对其他聚落形态和构成进行限定，一方面又要在自己的聚落上进行空间设置的发明。普通聚落较少受到外部的形式挑战又无意挑战他人时，在形态上通常更多地显示传统做法的延续。不过“人往高处走，水往低处流”，低等级的聚落在设置上引用、学习高等级聚落的做法是难以避免的。作为整个国土秩序的一个层级，普通聚落量大面广，了解当时普通聚落的组织状况，有可能帮助我们形成对商代国土秩序更为系统的认知。

在河北省石家庄市滹沱河畔的藁城台西村，出土了十分难得的保存状况良好的商代村落遗址。藁城台西晚商村落遗址现存八幢完整的建筑遗存，由北向南，形成三个基本段落：第一个段落，含有 F14 一幢建筑；第二个段落，包括 F2、F3 和 F4 三座建筑；第三个段落则包括 F1、F5、F6 和 F12 四座建筑（图 4-30）。

第一个段落的 F14 由南北两个部分组成。与村落中其他建筑比较，F14 相当特殊：一是它建在高出地面的台基上，此为这里发掘到的房子中所仅见；二是这个建筑西侧没有墙垣，全部开敞，特别是其北半部分的南侧也没有墙垣；三是根据结构的可能性，F14 的房顶当为一面坡，整个建筑在某种程度上可以视为一个联立的大棚子。在 F14 中，出土物以陶器为主，其中以瓮和大口罐最多，在一个大陶瓮内发现了 8.5 千克的灰白色水锈状沉淀物，经鉴定，认为是人工酵母，这是我国现知最早的酿酒实物资料。另在四件大口罐内发现李的果实、桃仁、枣子、草木樨、大麻子等植物种仁，发掘者推测大部分应是酿酒的原料[56]。从平面组织的角度，台西 F14 最引人注意的是其北部单元的安排，这里不仅南面没有墙体设置，并且建筑台基的台阶设在建筑的西南方，而几乎正当台阶，有一棵建筑结构不可

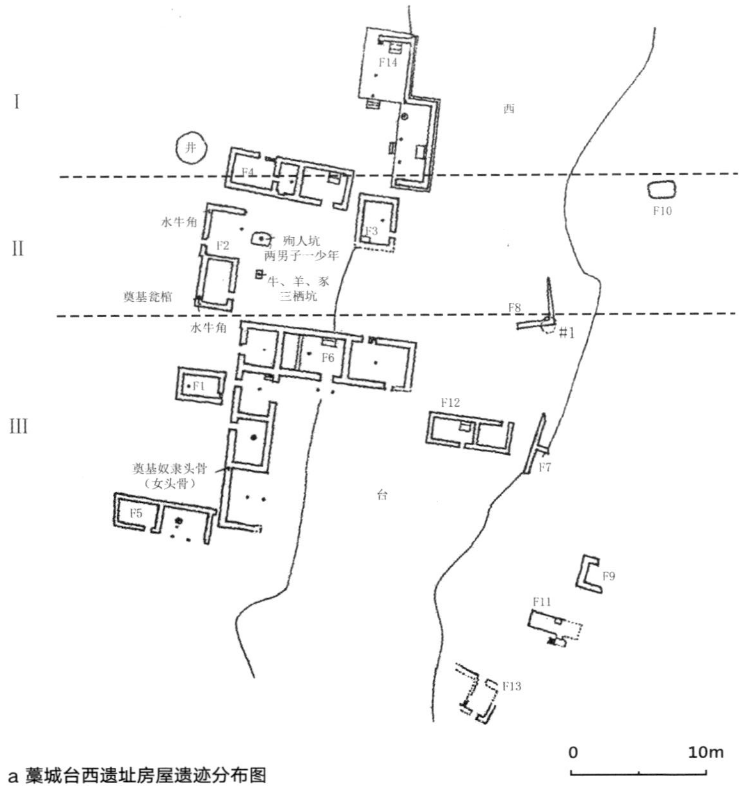

a 藁城台西遗址房屋遗迹分布图

b 藁城台西晚期居址布局复原图

图 4-30 河北省石家庄市藁城台西遗址房屋分布平面及居址布局复原示意图

或缺的柱子存在，从位置上看，这个柱子会影响到台阶的使用，使得上下不那么顺当，所以台阶放在此处当有必须如此的原因。在我们看来，这个必须如此的原因就是登堂入室的人要与处在北墙下的夯土台形成由西南而东北的照应，而夯土台，应是安置神灵排位的地方。在这里，台阶可以视为祭祀的出发点，是尊长之处，而北墙下的土台则是通神节点。结合这座房子高出地面的台基和南边不设墙垣的做法，可以认为台西 F14 北部单元就是村落级的“明堂”。F14 南部单元则是明堂所应有的辅助建筑，人们应该在这个建筑中和其前边的广场上举行祭祀活动和飨宴，举行这种飨宴活动的主席位置，或者可以设在 F14 的南半开口朝西的建筑台基上。那些酿酒的遗存，就是人们要在此处进行飨宴聚饮的证明（图 4-31）。

既然 F14 是村落级的公共建筑，按一般理解其建筑规格应该高于其他建筑。依照后世的制度，单坡屋顶在规格上较两坡顶为低，在其他房子均为两面坡的情

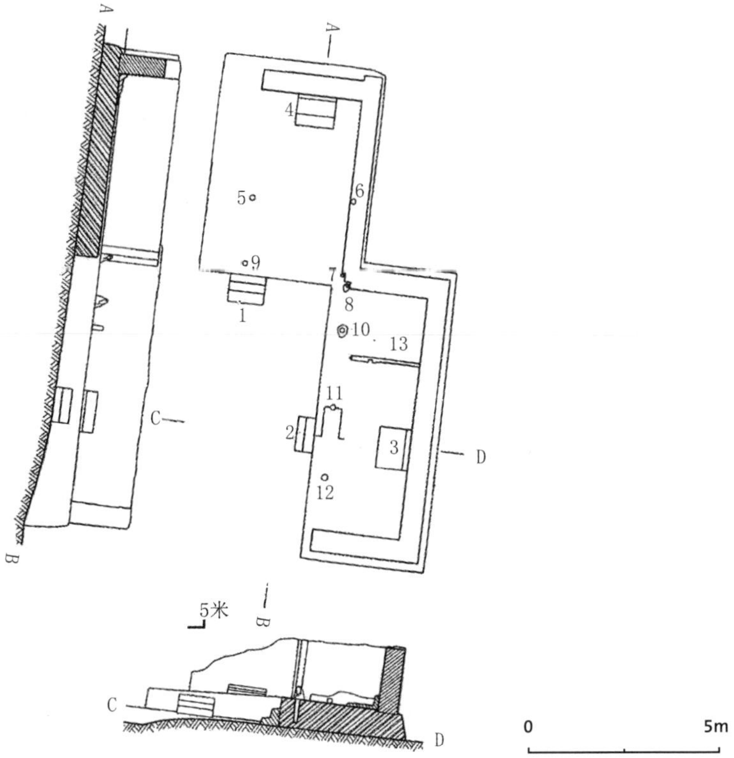

图 4-31 河北省石家庄市藁城台西遗址十四号房屋平面及剖面图　　图例：1、2 台阶　3、4 夯土台　5-12 柱洞　13 土墙

况下，这座房子却采用了单坡顶，对这一点作出解释，需要回到大地湾遗址，大地湾 F901 主体建筑南边的独立明堂部分，因其紧靠主体建筑，如果不让其屋顶排水落在主体建筑上，该屋顶的合理形式应该是靠近主体建筑一端高起的单坡顶。由此，与明堂相关的 F14 采用单坡顶应是一项有历史根据的制作。

建筑南边不设墙的做法，古代称作“屋前歇”。杨宽说，西周的村社活动中心，要采取屋前歇的样式，即也用明堂的样式。西周的村社活动中心，可以称作“庠”“校”“序”，孟子说：“庠者养也，校者教也，序者射也。”即这种地方是奉养村社老者的地方，是老者向年青人进行传统教育的地方，是青年人练习射箭的地方，当时的乡饮酒礼也是在此举行[57]。虽然传统的文献上并不强调这种建筑的祭祀功能，可设想在饮酒礼上，简单地表达一下对天地祖宗的敬意也是很自然的。比照台西 F14，如果该建筑的北部单元为祭祀场所，其南部单元应该就是所谓的“庠”“校”或者“序”。在台西 F14，祭祀空间和教育场所已经分化为针对不同功能的两个部分。

台西商代村落遗址的第二段是由 F2、F4、F3 共同构成的院落。在 F2 的建造过程中，使用了人和牲畜作为祭祀牺牲。F2 的南室东、西、南墙外不远，分别发现四个人头骨，皆为 30 岁左右的男性，发掘者认为这些人头可能原来都是悬挂在 F2 南室檐下的。如果把这些悬挂的人头理解为献俘的遗存，那么 F2 南室就应该是某一家族的祖宗祭祀空间。从建筑布局上，这个家族的成员应该住在 F3、F4 当中。

台西遗址的第三段的主体为标号 F6 的曲尺形建筑。在 F6 的北房中室内的东北角和门道内外，共发现四具人头骨，发掘者认为这些人头骨原来也是悬挂在这一部分的屋檐下或室内墙壁、柱子上的。基于相同理由，F6 的北房中室应为家族的祖宗祭祀之所。相应的家族成员应该住在其周边的建筑之中。这里的祖宗祭祀之所不是独立建筑，只是一幢建筑中的一间，在格局上符合“庶人祭于寝”的礼仪要求。[58]

以上分析表明，藁城台西遗址是村落公共中心居北、南部顺序安排家族居地的结构。在这里，每个家族都有自己的祖宗祭祀场所，在公共中心未发现明确的祭祀遗存，在家族祖宗祭祀处却有不少祭祀遗迹的显示，可见这时祖宗祭祀应该更为隆重，家族是更为明确的利益集团。与姜寨的情况相比，聚落层级的公共设施在聚落生活组织上的地位似有下降。

距安阳殷墟小屯村南约 2 千米的北徐家桥村村北发现有一系列商代建筑基址，表明这里曾经有一个基层聚落。从已发表的材料看，与这些建筑基址有关的信息远不如台西遗址细致详实，但也可以就已知情况进行初步的讨论，形成商代基层聚落知识的某种补充。北徐家桥所见建筑基址应该只是聚落中的某一片，这里的建筑平面形状大致分为两种：一是“口”字形布置的廊院，有 4 号、8 号、12 号、13 号基址；二是其他形状的建筑[59]。按照中国传统建筑规制，廊院是高等级建筑的特征，在台西遗址没有它的踪影，只此一点，就显示出这个聚落居民的身份远高于台西遗址。现有的发掘范围显示，这里的廊院建筑有占据中心的倾向，其他平面的建筑则处于边缘或表现为廊院建筑的附属。8 号廊院建筑基址似乎相当特殊，其南廊中部为门塾所在，门塾具有强调院落中轴的作用，是建筑隆重的表达。可在 8 号建筑门塾近前设有 9 号建筑，挡住了门塾及门廊以东部分，阻碍了 8 号建筑的整体显示，与其平面设置强调中轴对称的倾向矛盾。这样做的缘由，应该是要利用 9 号建筑使由广场进入 8 号建筑者采用由西南入的方式。这样，8 号建筑应与祭祀相关，由其处在居住建筑群组当中，位置略与藁城台西遗址上的 F2 南室和 F6 北屋中室相似，将其设定为一定水平的祭祀建筑是合理的。同理，很可能这里的 4 号建筑也为祭祀建筑，如是，这里的居民当分属不同的家族。独立祭祀建筑的存在或聚落主导设施分化水平较高再一次表明了这一聚落中的居民身份等级高于台西村（图 4-32）。

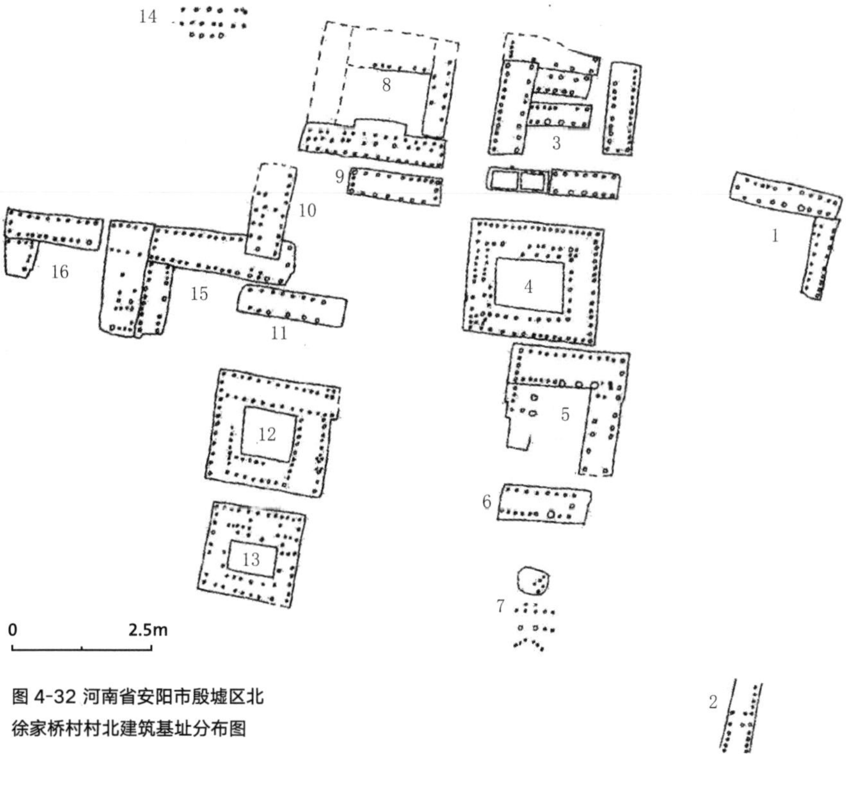

图 4-32 河南省安阳市殷墟区北徐家桥村村北建筑基址分布图

虽然不同地区的基层聚落所承继的建筑文化传统应有不同，但共同性似乎是主导的。把上面两个商代村落与商代不同等级的都城比较，总体看，最为明确的差别首先是村落规模小；其次是外围缺乏围垣保护；第三是建筑尺寸较小，北徐家桥遗址上所见建筑进深多在7米以内，藁城台西遗址建筑进深多不过5米；第四是祭祀建筑分化水平不同；第五，村落祭祀建筑与居住建筑尺寸差异不大；第六是村落层级的公共设施有孤立外置的倾向，祭祀建筑之间缺乏形式上的照应。这些做法结合起来，就使得村落的整体景观与都城相比，呈现松散、矮小、形态平淡和缺乏主轴的特征。作为国土秩序建构的基层元素，它们的存在，正好衬托出都城的坚固、高大、形态起伏有制与秩序严整。

四　殷墟与大邑商

洹北商城一号宫室的基址上出土了烧土块，可以断定洹北商城一号宫室为火灾焚毁。张国硕指出，这场火灾，使得当时的国家中心由"盘庚之殷"的洹北商城迁到了"武丁之殷"的小屯一带[60]（图4-33）。王震中则指出，"洹北商城遭受大火后，大概出于忌讳或其他考虑，殷人并未在其上重新修建宫殿宗庙等，所以，一号宫室基址的各类墙体及房顶在烧毁倒塌后，再未被扰动过，更没有新的宫殿建筑叠压其上，而是将宫殿区即政治中心从洹北迁移至洹南小屯一带，并紧邻洹水。武丁以来的商代文化遗址在洹北商城以外的殷墟其他地方发现甚丰，唯独洹北商城一带较少，这也说明当时殷人对洹北商城遭受大火颇为忌讳，不愿意在这里再大兴土木。"[61]

洹北商城是作为殷人永远的圣都起建的，《尚书》有关文字表明，当时迁都遭遇相当的阻力，因而在宫殿区还未最终成形，城墙工程只进行了一部分的情况下的大火[62]，对于迁都主张者的打击应该是巨大的，"永都"的建造被指为不合天意是可以设想的，这种舆论当然会给原址复建带来困扰。以当时的文化背景，在原址上进行复建，很可能需要神灵的专意指示，在条件不完备的情况下，人们应该很难提出原址复建的要求。不过，需要特别强调的是，未在洹北商城遗址上进行复建，并不意味着对洹北商城的放弃，从小屯的具体建设情况看，有商一代，洹北商城一直作为都城不可或缺的部分而存在着。

首先，小屯的宫殿中心区，恰在洹北商城之西南，这个方位选择，已经明白

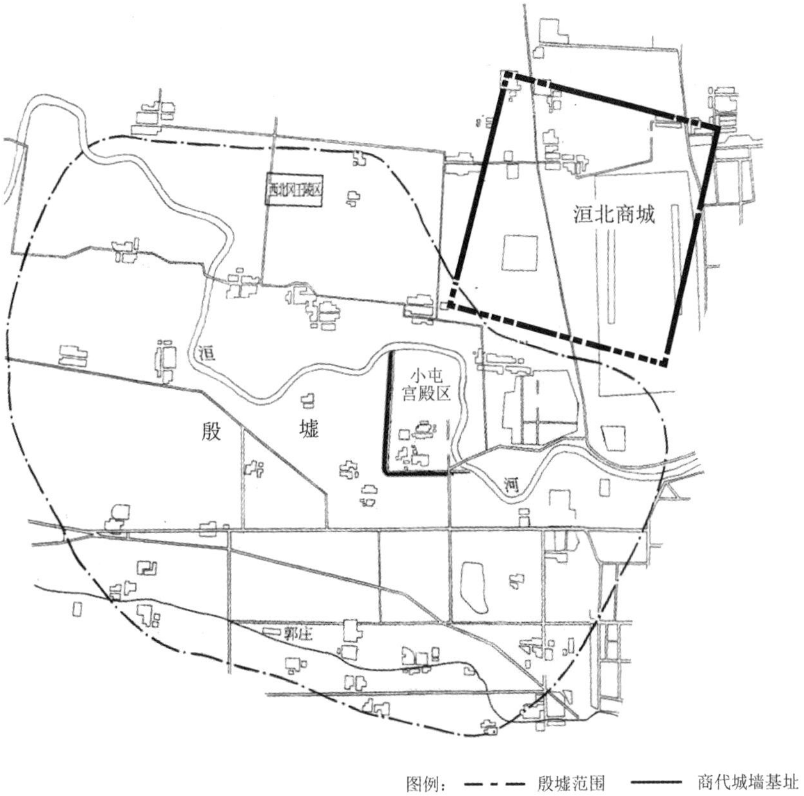

图 4-33 小屯殷墟与洹北商城位置图

显示了洹北商城仍然被视为地域中心和通神节点。其次，小屯宫殿区之前的商王朝都城，无一例外都有城墙，甚至有多套城墙，而小屯宫殿区外围仅有洹水和壕沟包裹，不见城墙踪影，在概念上“武丁之殷”很难被视为完整的都城。第三，偃师商城与洹北商城的主要宫殿外围均有规则矩形的宫墙环绕，而小屯宫殿区外壕与洹水所成之防御系统的平面形状并非规则矩形，其基本格局与垣曲商城相似，西壕走势由北向南略向外斜，南壕西段则略有内收，二者结合形成略有扩张的西南隅，特别是作为北壕的洹水为由西向东斜收的格局，造成了一个明晰的东北缺角，其平面规格还要低于垣曲商城，这些做法应该十分有力地表明这里只是一个临时所在。第四，在古人那里，都城的标志是宗庙的存在，由偃师商城和郑州商城的情况看，商王朝都城的宫殿区分为宗庙、朝寝明堂，两条线索平行设置，但在小屯，可以明确为主体设施的建筑仅为一列，主导设施分化水平较低且无独立的宗庙，因而它不可能是一个完整的宫庙区。总之，小屯的宫殿区很难被视为完整的都城核心，甚至很难被理解为要永续存在的都城部分。保持洹北商城被毁的宫殿遗迹不动，恰好表明这个遗址是被刻意保留的东西，要待时机再行重建。可惜的是，复建洹北商城的机会一直没有出现，在有商之年，洹北商城一直作为一个保留物与小屯宫殿区配合，共同构成一个整体的“殷墟”。

小屯殷墟的宫殿区遗址北面和东侧为洹水，西侧和南面为壕沟，主要宫殿建筑基址覆盖范围南北延伸约350米，东西覆盖约200米，不计东侧被洹水冲毁部分，面积在7万平方米左右。现存建筑夯土基址可以划分出甲区、乙区、丙区（图4-34）。甲区已发现台基十五处，大多坐东朝西布置。朝向落日方向，可能是为了满足祭日仪式的需要。在这一地区未发现殉葬人骨，将这一点与前引之王宫为日坛的说法结合，估计甲区为当时商王室的居住区。丙区已发现建筑基址十七处，基址尺寸与甲、乙两区之基址相比，十分狭小，分布上似乎依丙十二作对称布局，地下发现大量牺牲遗迹，此处应是举行某种祭祀的场所。乙区的建筑基址数量最多，并且有一系列体量颇为可观的设置。乙区东部为洹水冲毁，给这一地区建筑组织的辨识带来相当的困难，不同的研究者对这一区的建筑形态与格局有相当不同的设想，其最有趣者，当为李济等人对台基组织的推测。按照李济等人推断，夯土台基中编号为乙的所有台基，可以复原为一个东西面阔最宽处约120余米，南北跨度在200米以上的巨大的建筑复合体，这个复合体从南向北，由三个层次构成：第一个层次由乙十一、乙十二、乙十三、乙十五、乙十六、乙十八、乙十九和乙二十一等构成；第二个层次由乙七、乙八、乙十等构成，其中乙八为连接第一层次和第三层次的体量；第三层次由乙五、乙一等构成。第一层次又可分成两段，南段由乙十八、乙十九和乙二十等构成，这个部分通过乙十五、乙十六与由乙十一、乙十二和乙十三所构成的北段相连（图4-35）。

殷墟乙址当然是一个十分复杂的组合，可有一点，在李济等人复原设想的基础上，如果把这个建筑的第一层次孤立出来单独审察，应该马上就能看出，这个部分的平面外廓与大地湾F901的平面外廓高度相似。与大地湾F901相比，最明显的差异也许是在对应于大地湾F901的明堂（大棚子）的乙二十的两侧，增加了乙十八这样的类似于“阙”的体量。如果不考虑这两个装饰性体量，沿着乙址南端主体部分的外缘画线，就能够得到一个毫无问题的“亚”形。也就是说，这里存在的是一个巨大的“五室”型的明堂（图4-36）。按照李济的说法，发掘迹象表明这小屯乙址“是为祭祀目的而设计的，向天和神灵举行祭祀，向各个祖先供奉牺牲品”。[63] 由是可见，这个由诸多台基构成的亚字形部分，在功能上，与明堂建筑相对应。毫无疑问，安阳小屯乙区南部的亚字形部分就是大地湾F901的“后裔”。或者说，它就是明堂。

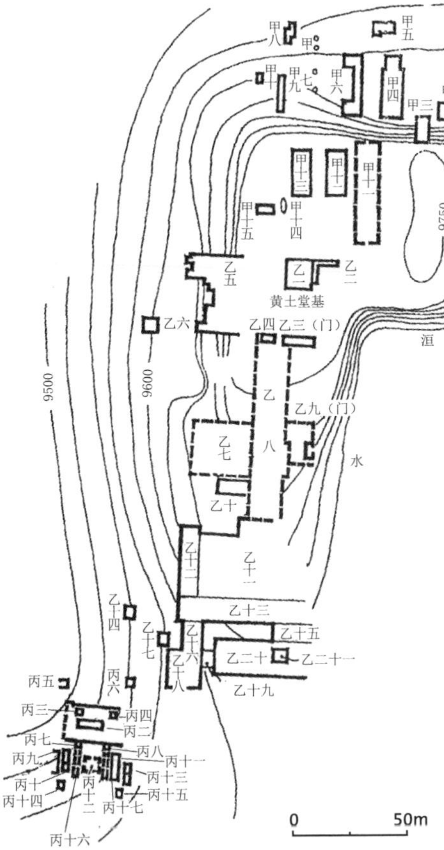

图 4-34 河南省安阳市小屯殷墟宫殿遗址平面图

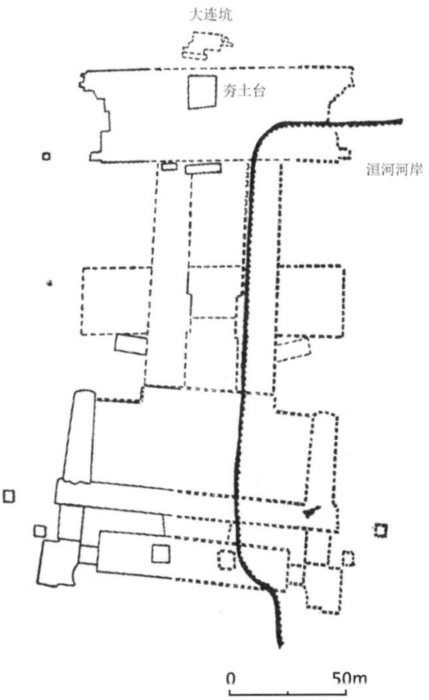

图 4-35 李济《安阳》一书中对乙组基址的复原设想

在这个建筑的北面，有廊子乙八向北延伸并与乙五等相接，形成“工”字形平面的建筑复合体。以偃师商城一期宫城第七、九、十号宫殿的组织方式为据，北面的建筑组合即为商王的寝居之处。商王寝居之处与明堂部分有了实质性的连接，与偃师商城的做法相比，这里是形态更为扎实的“重屋”。丁山在殷墟出土之甲骨文中发现殷人在“南室”“盟室”“东寐”“寇寐”等处于不同时间进行祭祀的记录。“寐”即“寝”。从祭祀活动看，“十月至十二月祭于寇寐，寐寝自可以拟于月令的‘玄堂大庙’，二月，宅东寝，东寝自可以拟于月令的‘青阳大庙’；七月、九月祭于盟室，盟室自可拟于月令‘总章大庙’；而南室，顾名思义自可拟于月令的‘明堂大庙’了。明堂月令言，天子春居青阳，夏居明堂，秋居总章，冬居玄堂。随着时令推迁而异其居室方位，近世学者多疑出晚周阴阳家言，今以甲骨文证之，知周王

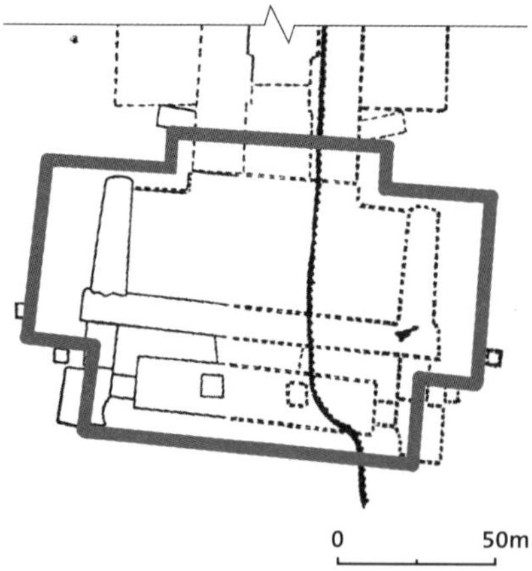

图 4-36 在小屯乙址南段加了亚形的乙组建筑基址平面图

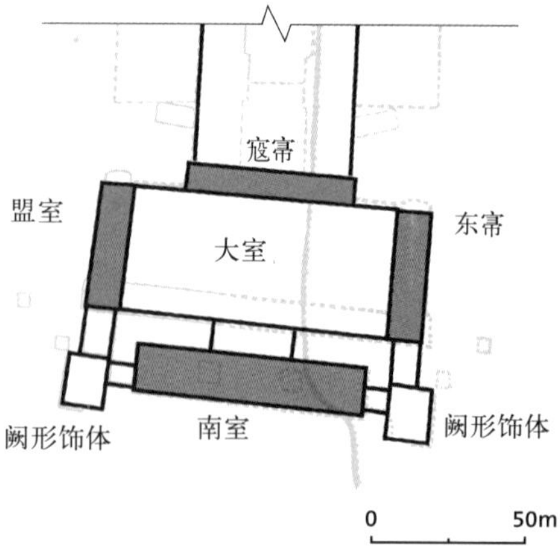

图 4-37 河南省安阳市小屯乙址南段各部名称图

随时异室的制度，正自商王春宅于东寝，夏巳于南室，秋告于盟室，冬出于寇寝的祭仪演变而成，这就是‘周因于殷礼’的一端。”[64] 李济等所为之小屯宫殿区乙组基址的复原，确切地表明了在殷墟确实有月令明堂那样的建筑存在，在这里，“南室”指的就是由乙二十、乙二十一等组成的部分，盟室则为乙十二，寝则为乙十一后部凸出部分，东寝则为已冲毁的位于建筑东侧与乙十二对应的部分（图 4-37）。

近年一系列探查表明，小屯宫殿区乙址部分并非一开始就建造为含有庞大的亚字形明堂的组合。在乙组基址中，最早建造的是乙五基址、乙七基址、乙十一基址前期[65]，近年在乙十一南部又发现早期建造的“凹”字形夯土基址[66]（图 4-38）。如果忽略其后建设的其他基址，把这些早期建造的基址单独勾画出来，应该能够十分顺利地看出，这里一开始所建的就是人们已经在偃师商城一期宫城西侧看到的由七号、九号和十号宫殿所成的那样的建筑组合。在对应于偃师商城九号宫殿的乙七基址的西南方位，人们发现了大量的祭祀坑，偃师商城九号宫殿本为明堂，所以乙七初建时本为“明堂”。在位置上与偃师商城十号宫殿对应的乙五应该是更加崇隆的寝室。近年才发现的“凹”字形夯土基址与其北边的乙十一组织在一起则对应的是前朝部分，其格局与偃师商城七号宫殿完全一致。由是，小屯宫殿区主体部分的最初形式，采用的是相当于偃师商城宫殿区西路那样的“前朝后寝”组合，这种设置不仅显示了殷人宫庙制度具有强烈的连续性，也进一步说明了在当时的殷人那里，洹北商城并未放弃，洹北商城宫城区内的一、二号宫殿，只是原初规划宫城的东半部。西半部尚未得建，洹北商城就遭受了火灾。既然洹北商

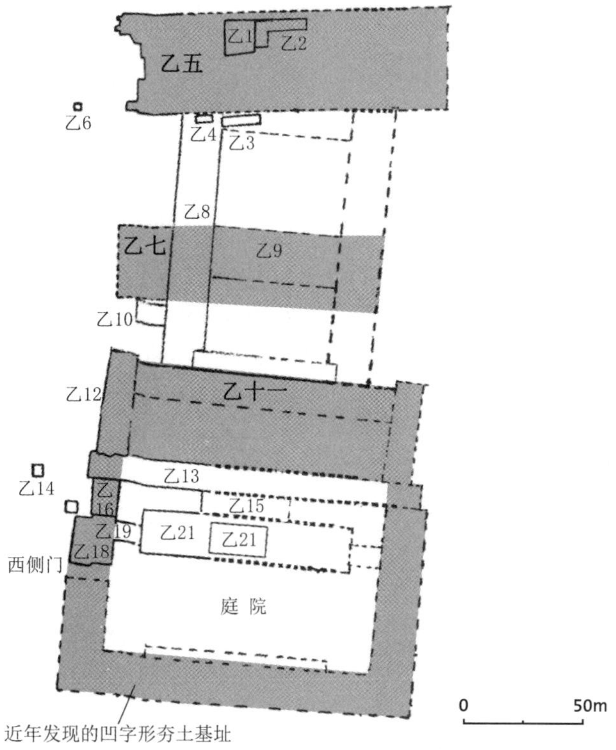

图 4-38 小屯殷墟宫殿区早期建筑组合平面图

城并未放弃，那在小屯宫殿区建造的只是一个完整宫城的西半部。

考古发掘表明，在这个与偃师商城宫城西路格局相同的前朝后寝部分使用一段时间后，人们对其进行了大规模的改建，改建取消了乙址南部早期建造的“凹”字形部分，把本来处于二线的乙十一等解放出来，并大加挥洒，在相应的位置建乙十二、乙十三、乙十五、乙十六、乙十八、乙二十等，最终在此形成了一个亚字形的主体。这种改变，显然是对偃师商城以来殷人长期坚持的宫殿组织和礼仪规则的一次颠覆。

时至商代，祖宗的祭祀益发重要。在洹北商城的宗庙未得恢复的情况下，所有祖宗的祭祀当然只能在小屯乙七那样的明堂举行。那些本该占据独立空间单独受祭的祖灵们在这个位置偏在西南、规模有限又夹在朝寝之间的地方和其他神祇混在一起接受拜祭，在古人那里，这已经使他们受了委屈，如果时间有限也就算了，可又长久得不到恢复洹北商城的机遇。在不放弃洹北商城即不另设宗庙的前提下，高规格的祖宗祭祀只能依托既有建筑建造一个景观凸显、前所未有的巨大的明堂来解决。新的布局应使位于朝会之所后面的明堂解放出来成为这一地区的主导。而庞大的明堂本身则作为国家祭祀中心，使祖宗与烈士、神灵能够相对舒适地共聚一堂，以适应广域的国家建构的需求，不过，这一组合，在空间分化水平上仅与盘龙城宫殿区相当，终归令人遗憾。

小屯宫殿区的建筑众多，主体建筑规制隆重，如果再在其外围以高墙，将会极大地提升这一区的视觉分量，有可能在区域景观层面挑战处于损毁状态的洹北商城，造成喧宾夺主的状况，这应该是当时许多人难以接受的。于是，终商一代，在小屯宫殿区外围始终未能加上城墙形成围护，在其周边起到区隔与防御作用的只有洹水和人工壕沟。

《大戴礼记·明堂》说："明堂者，所以明诸侯尊卑，外水曰辟雍。"[67] 从文字本身看，上述表达是说，如果在明堂周边设置环绕的水体，那么这个水体的名字叫做"辟雍"。

"辟"通"避"，"雍"则为"泽"。毛苌说："辟雍，水旋邱如璧，以节观者。"[68]《尚书·虞书·虞传》说："乃作大庙之歌，其乐曰：'舟张辟雍。'"[69] 船能够在辟雍中行驶，辟雍最初指的是具有一定阻隔作用的、面积阔大的河渠或沼池甚明，"水旋丘如璧"应该是后起的将起阻隔作用的河渠、沼池图案化的做法。近年，人们"在（小屯宫殿区）甲组、乙组基址的西侧，丙组与妇好墓一线的北面，发现了一处池苑遗迹，此池苑水系的水源，是北面的洹河，向南引水的水渠为一条宽沟，称为马家沟，大约到了乙组基址西侧的范围，水渠向西转为宽阔的池苑"。[70] 从池苑的具体位置看，它应该能够和本来围绕小屯宫殿区的壕沟和洹水共同形成一个具有一定阻隔作用的池沼系统，因为小屯宫殿区后期的主导建筑是明堂，所以，这个池沼系统总体上可以被称作"辟雍"。仰韶时期的大房子和早期的明堂，本与水体关系不大，可在这里，特殊的机缘使起阻隔作用的水体"辟雍"和明堂结合在了一起，共同形成一个颇有特点的前所未有的功能环境整体，特殊的建设环境会很自然地导引出全新的建筑使用方法，有特征的环境和相对稳定的使用方法相互支撑会大大地增加相应环境的文化说服力使其转而成为一种制度，于是，在中国古代建筑史上占有特殊地位的"辟雍"就此进入了历史。

考古发掘表明，当时殷人的首都并非人口高度聚集、建设地段紧密联属的统一建设地段，而是由一系列独立的族邑和手工作坊区松散地拼合而成京畿地带。族邑之间往往有足够大的农田、林地间隔。族邑周边可能有某种界限进行空间区别和一定水平的防御。前文已经说到瓶窑古城内并未被建设用地占满，郑州商城城圈内建筑或其他人工设施也未必充盈，造成这种状况的原因并不是这个地区的人口过于稀疏，在城内还有大量农田林地的情况下，在城外不远甚至是紧贴着城墙就有相对独立的族邑存在就是这个结论的证明。从空间上看，与城墙形成确切对应关系的，只有统治者所据有的宗庙、府库、宫殿。至于普通的居住地段、甚至是贵族们的居住地段，与城墙和都城主导元素在空间上都缺乏应有的呼应，城墙与都城主导元素对于它们似乎只是一个自说自话的独立存在，城墙在普通百姓日常生活空间组织上的作用有限，生活在城外的人只有在战争时才会到城内寻求庇护。族邑关系相对松散加上城内空地颇多，所以也就没必要形成有较高密度的全面覆盖的城区道路网格。

商代，受生产能力和运输能力制约，国家能够集中供养的常备军数量十分有限。征战与防御都主要靠民兵实行。所谓民兵，就是平日有另外的营生，必要时才拿起武器参与战斗的人员。这样，某一地区聚集的普通民众人口的多少在很大程度上决定了该地区的防御能力的强弱。

由于作为防守力量的人员多数要参与耕种，在单一地点聚集人口越多，需要的耕地就越多，于是，在这个集中点上的居民下地所要走的路就越远。为了减少相应地区农户们下地的平均出行距离，就有必要将这里的居地相对分散地布置。我们说相对分散，是说这些聚落必须得满足一定的集聚要求，要实现聚落在特定中心区的最大可能的集中，这种集中可以增加京畿地区人口对中心区的认同，也便于以最快的速度集聚基本兵力，并更方便统治者对相应居邑和居民的监控，由此最终形成一个相对稳定的、紧密联系的防御共同体。从殷墟地区聚落分布的情况看，越是靠近王朝的宫庙区，族邑的密度越高，以这样的密度，这里聚落所拥有的农田不见得都存在于其周边，有的农户下地，可能要走很远的距离，甚至要到族邑集中区以外进行耕作。这也许是殷墟的聚落密集区以外，存在着一个聚落稀疏区的道理（图 4-39）。

从理论上推，这个直接服务于王都的族邑稀疏区的尺寸不能太大，因为它的尺寸越大，就意味着住在都城聚落相对密集地区的农人平均下地出行距离就越远，当这里的下地平均出行距离远到一定程度，即在离中心区最远之土地上耕种的农人很难在指定时间内返回聚落相对密集区参加防御的情况出现时，这个族邑稀疏区的尺寸也就到头了。进一步说，在以民兵为主要防御力量的条件下，都城的人口聚集水平是受到农田产量和具体的农耕组织方式限制的，它不可能随意地扩张。

每个聚落都希望自己是安全的，都要有一定的防守能力，不过，不同聚落防

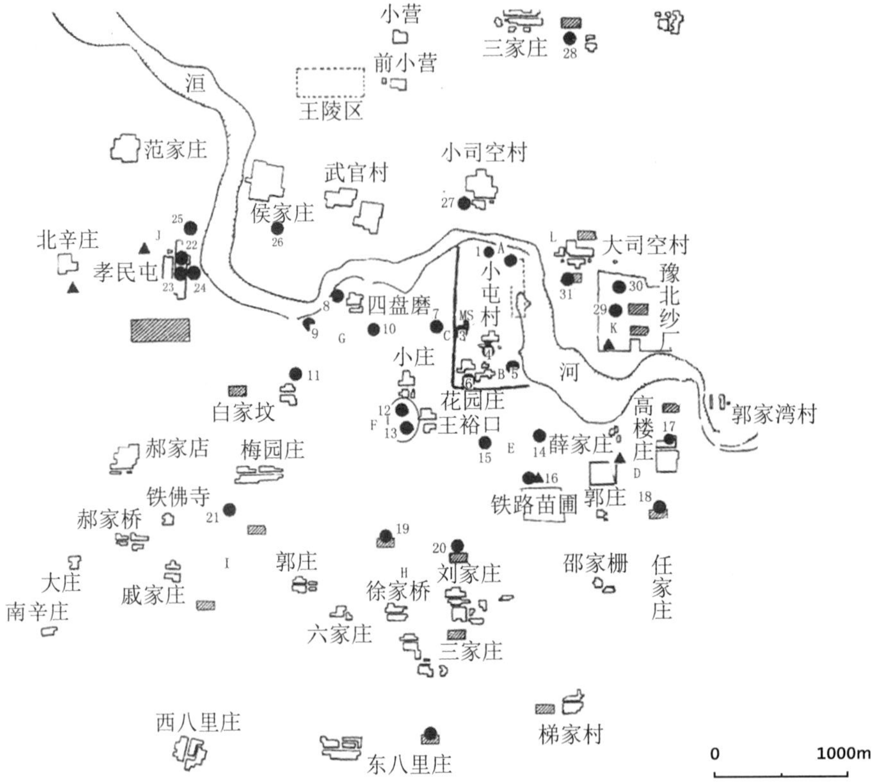

图 4-39 河南省安阳市殷墟居住遗址与墓葬分布图

守能力提升的迫切程度有所不同，一般说，那些在聚落体系中地位越重要的居邑，提升自身防守能力的迫切程度越高。由于一个聚落不可能无限制地提高自身的防御能力，所以，为了降低整个社会在防御准备上的投入，形成一定的社会秩序，有权势的聚落拥有者通过限制其他聚落的防御能力来保证其军事能力一枝独大是有效的办法。商代早期王朝都城和方国都城城址规模上断崖式的差异，应该能大大缓解王朝统治者的军事压力，也是王朝统治有效的表现。

情况到商代晚期发生了变化，在王朝中心区的外围出现了一些在规模上可以和王朝都城竞争的聚落，特别值得一提的是在关中地区崛起的周人的丰京和镐京。丰、镐二京的遗址面积分别达到 600 万平方米以上和 400 万平方米以上，两者面积合计大于 1000 万平方米，虽然在周人克商之前，丰镐二京的规模未必如此，可从帝纣曾囚文王于羑里的故事看[71]，周人的作为，已经让商王不安。若以遗址面积计，郑州商城遗址总面积为2500万平方米[72]，安阳殷墟遗址主体部分的规模当在3000万平方米左右[73]，二者面积分别是丰、镐遗址面积的2.5倍和3倍，方国都城与王朝都城规模的差异已经不能用“断崖”来形容。王朝已经不能通过命令和制度来限制方国都城的规模时，扩大王都人口规模，形成更强的防御能力，保持对方国都城的某种优势成为摆在王朝统治者面前的问题。

也正是在商朝末年的帝乙、帝辛时期，甲骨文中出现了“大邑商”的称谓[74]。帝乙、帝辛为商代最后两个帝王，周人的丰京、镐京正是在这一时段兴起。周人都城规模与政治势力的扩张和“大邑商”称谓同时出现，暗示殷人应对外部挑战的策略中，确实包含着扩大都城规模、增加京畿防守能力的选项。

那么，“大邑商”是怎样制作的呢？《史记·殷本纪》正义引《竹书纪年》说：“纣时稍大其邑，南距朝歌，北距邯郸及沙丘，皆为离宫别馆。”[75]朝歌在今淇县县城附近[76]，邯郸在今安阳以北，两者距殷墟均在50千米以上。也许，在今人看来，《竹书纪年》的上述说法似乎有些言不及意。“稍大其邑”讲的不是在京畿核心地区扩大城池，增加人口，而是说跑到百里以外去建造“离宫别馆”，远远地造几个“离宫别馆”怎么算得是“稍大其邑”？

在殷墟核心区，已知各类居住地段都缺乏坚固的防御设施。单个聚落的规模也相当有限，现在发掘到的族邑面积最大者不过3.5万平方米，如果80～160平方米的遗址面积对应一个家庭的话，较大的族邑可以有220～440户[77]。如果每户产生1.5个参战人员，每个族邑可以产生的战斗人员为330～660人。这样的战斗人口规模，在稍大一点的战斗中，很难作为一个有力的军事力量。也就是说，在一定规模的战争中，每个族邑都很难成为独立的防御单位。解决问题的办法只能是，战时一些族邑的参战人员统一向某一指定地点集中，形成适当的军事单元，在统一指挥下介入战斗。战斗人员集中点中最重要者，当是商王的宫庙区。可是如果兵力全部集中到宫庙区，也不见得效益最高，合适的办法应该是按照环境条件，在相距不远的几个点上集中兵力形成有一定防御纵深的地段。

按照裴安平估算，在晚商时，在殷墟中心区约30千米的范围内，存有50个左右的族邑[78]。宋镇豪估计，大致在这个范围内，安阳在殷墟四期帝乙时的人口大概达到14.6万人[79]。如果这14.6万人中有2.6万或稍多不事耕种，由他人供养，剩下约12万人就要以家庭为单位从事农业生产。依每户5人计，则在殷墟有2.4万个农户。若以裴安平的族邑数量与此户数相除，所得平均族邑规模大约为400～500户，大于考古发掘所得的大族邑的规模，造成这种情况的原因既可能是考古资料不全，也有可能是宋镇豪对户均占地的设定偏大。因为二者的差异不是不可接受，所以不妨碍用该数据作一些推算。

《汉书·食货志》："民受田，上田夫百亩，中田夫二百亩，下田夫三百亩。"[80] 若每个农户有一个农夫，且都城周边的耕地均为上地，那这 2.4 万个农户，至少需要耕地 240 万亩。《汉书·食货志》说："以为地方百里，提封九万顷，除山泽邑居参分去一，为田六百万亩。"[81] 若亦设三分之一为山泽邑居，那么这 2.4 万个农户至少需要的实际空间范围为 360 万亩，即其面积约相当于地方百里的三分之一强，为地大约是当时的 60 里见方。若取当时一里长 350 米，这 60 里见方相当于边长 21 千米的方形，其面积为 440 平方千米，远远大于 50 个族邑区本身覆盖的空间范围 30 平方千米。这一计算更进一步表明，在殷墟，许多农夫要到远离其居宅的土地上耕种。

在《史记·平原君虞卿列传》中毛遂说："汤以七十里之地王天下。"[82] 一般将此理解为汤是以方七十里的土地为基础，发展壮大而成天下共主，如果注意到方七十里与方六十里差距有限，或者可以认为，毛遂所谓的汤之七十里之地并不是指商汤实际控制的土地范围，而是指商汤所据之都邑的附邑田亩所涉及的空间范围，或者是说汤通过某种办法，形成了与方七十里之范围内的农田所对应的人口的都邑，并以此为基础征服了天下。与毛遂的理解不同，在商汤之时，聚落中聚集与方七十里之地所涵盖农田对应的人口，并不表示商汤的卑弱，而应是十分强势的做法，这样的军队规模不仅可以有效地抵御敌方的侵扰，其一旦出击也是其他聚落难以阻挡的。以此作为征服天下的资本，确实有着充分的说服力。至于方七十里之地实际能够支撑的都邑人口数量，还要看其所涵有的农田数量、质量和当时农夫的耕作能力。

王都农人的实际耕作应涉及的空间范围为方七十里，这个尺寸的设定，决定了在离中心区最远的土地上耕作的农夫撤退到王都中心区所需的时间。一个七十里边长的方块，其四边到达中心点的最近处为 35 里，最远即方块顶角处至中心的距离为，$35\times\sqrt{2}\approx 49$ 里，同样按当时每里 350 米计，49 里约合 17 千米，按快行的速度为每小时 6 千米左右计，这样，一个在最远的耕地上耕作的农夫到达中心区要花 3 个小时左右的时间。依此，在紧急情况下，都城可以接受的是在半天的时间里完成必要参战人员的聚集。反过来看，这也就是殷人设定"七十里"为京畿核心地区基本尺寸的根据。

在殷墟，族邑密集区的范围约为 30 平方千米，约相当于 6 千米见方，如果最远的耕地距中心点 17 千米，那么，即使住在族邑密集区边上的农夫下地的出行距离也有可能远至 10 千米以上，对于日常的耕作来说这已经是一个很难接受的尺寸。

所以，从裴安平的统计和宋镇豪的估算可以看出，晚商时，殷墟中心区的人口容纳已经相当饱满,没有可能在这里再注入人口,要想再增加王都的防御能力或者“稍大其邑”，只能另寻他法。

这个“他法”，首先是强化紧邻地区的开发。人们在沿洹水地区发现了较为密集的聚落带，表明这里农耕条件好，可以较为密集地安排人口和聚落，通过这样的安排，形成王都近距离的翼辅（图 4-40）。其次，应该是在王畿的周边即方七十里之外再形成中心点，通过新的中心点与王畿协同，保障家国的安全。所谓的防御中心点，在《竹书纪年》那里，就是“离宫别馆”。在这些“离宫别馆”中较为突出的就是《竹书纪年》中提到的朝歌、邯郸及沙丘。其中朝歌又是一个十分特殊的点。从具体的设置看，朝歌拥有一系列高规格的建筑[83]，以至于在许多人眼里，它就是当时的都城[84]。可能是为了应对来自西方的周人的压迫，商王长时间居住在这里。

朝歌应该不是都城[85]，但它也不是一般的离宫别馆。刘起釪说：“甲骨文中没有‘殷’字，显见商人不曾自称‘殷’。”[86]郭沫若认为“殷”是周初铜器上才出现的对商人的称呼[87]。“殷”的含义为“中”“正”“盛”“大”。“按礼书记载，四方诸侯合集京师朝见天子，叫做‘殷见’或‘殷同’。”[88]把安阳西北部的商代王都区称作“殷”，显示出后世某些人群视这一空间为商王朝核心的事实。至于朝歌，当然应该是这一核心以外的设置。颇疑“朝歌”为“朝格”之讹，“朝”为早晨，“格”为“至”“来”，若如是，“朝歌”就是每天早上天子要到的地方，也就是说，对于殷墟，它只是一定时期的日常理政之所。从相关记述看，在这里并没有宗庙和其他的高水平的祭祀设施，所以，朝歌只是一处相对正式的离宫别馆，它的设置是要形成与殷墟的某种军事呼应，是特定条件下形成“大邑”的具体手段[89]。

近年在新郑望京楼二里头文化城址的位置，发现了二里岗时期即商代中早期的古城址。城址东西 602 ~ 630 米，南北 560 ~ 590 米，面积为 37 万平方米，规模远大于同期方国城址。在城址外围，利用黄河水与壕沟，形成一个把城址围括于其中的 168 万平方米的封闭空间。该城址东北角完整，西垣由北向南外斜，南垣由东向西外斜，形成了西南隅的扩张，处理略似垣曲商城。城址东一门平面呈凹字形，且门前有附属设施，具有瓮城性质。城中有井字形路网，在城址中央部分的西南方，发现大型夯土建筑遗址，暗示其东北方另有通神设置存在，这一城址的中心区结构应该与偃师商城中心区相似，为朝会、明堂与宗庙东西两路分离布置的格局。该遗址出土有一系列高规格礼器，其中具有权杖意义的青铜钺是现知青铜钺中最大的[90]。远大于同期方国城址的规模、高规格的城址平面、宫庙较

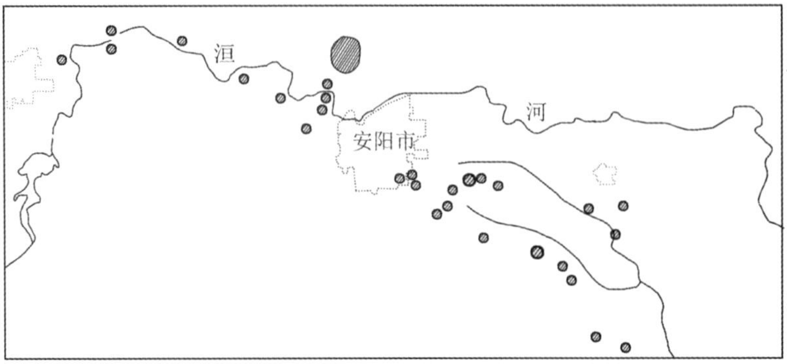

a 洹水流域邑聚分布示意图（上七垣文化时期至殷墟大司空村一期以前）

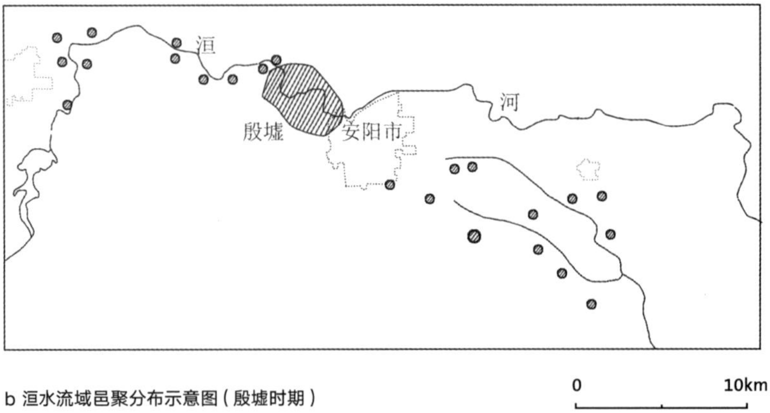

b 洹水流域邑聚分布示意图（殷墟时期）

图 4-40 不同时期的洹水流域邑聚分布示意图

高水平分化，宫庙区居于城址中央以及非同一般的出土器物，都表明这里不是一般的城址。发掘者推测望京楼二里岗文化城址为郑州商城南部的一座军事重镇，应该是不错的。在本书看来，除此之外，这里还是商王的离宫别馆甚至是别都所在，它的性质应该与商朝末年的朝歌大体相似（图 4-41）。

从历史上看，在都城附近一定距离的关键地点布置聚落或者城址，与都城协同实行区域防御并不是到了商代末年才出现的办法。瓶窑古城与玉架山、王城岗与瓦店、郑州商城与望京楼、石家河与其周边聚落的关系都表明区域协同地处理防御问题是来之已久的古法。商代末期大邑商的制作的不同，应该在于其规模的扩张和系统性的加强。朝歌与邯郸一南一北，控制住古已有之的、沟通南北的太行山山前大道，二者与都城中心区的距离大致相同，作为区域防御的起点，构成京畿地区的主干。在朝歌与邯郸之间“皆为离宫别馆”，形成基层的防御网络，在京畿地区外围，还有望京楼古城那样的辅翼。几相结合，制造出一个层级清晰、部署有序的以殷墟为中心的防御空间。

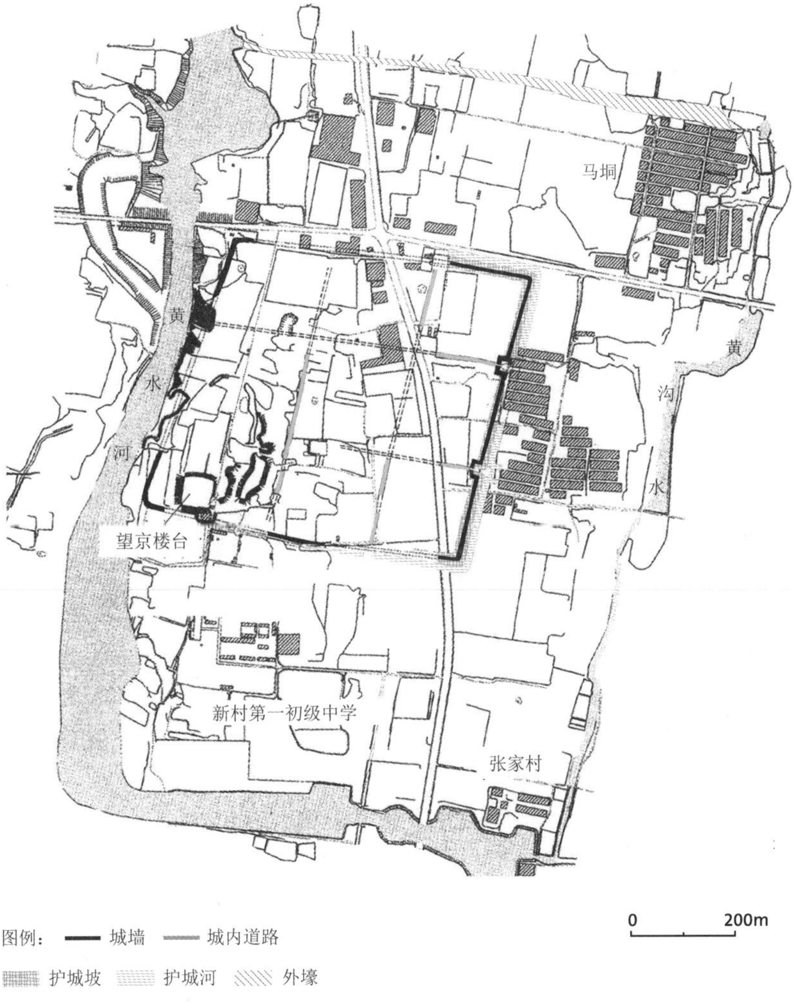

图 4-41 河南省新郑市新村镇望京楼城址平面图

注释

1 刘庆柱主编：《中国古代都城考古发现与研究》，社会科学文献出版社，2016年，第63-64页；许宏：《何以中国》，生活・读 书・新知三联书店，2014，第113页。

2 《中国古代都城考古发现与研究》，第63-64页。

3 同上。

4 中国社会科学院考古研究所二里头队：《河南偃师二里头二号宫殿遗址》，《考古》1983年第3期。

5 《中国古代都城考古发现与研究》，第64页。

6 杜金鹏、许宏主编：《偃师二里头遗址研究》，科学出版社，2005年，第573页。

7 [唐] 欧阳询主编，王绍楹校：《艺文类聚》，上海古籍出版社，1982年，第1095页。

8 黄淬伯：《诗经覈诂》，中华书局，2012年，第505页。

9 [南朝梁] 萧统撰，[唐] 李善注：《文选》，中华书局，第129页。

10 《偃师二里头遗址研究》，第573页。

11 刘晓东等校：《世本》，齐鲁书社，2000年，第70页。

12 现知可能的将建筑与宇宙模型建立关系的建筑局部处理，有“反坫”和“重隅”两种，“反坫”是在建筑的矩形台基四角设方台，勾勒出一个亚形轮廓。“重隅”则是在矩形建筑的角度制作出一个凹槽，是建筑平面隐含亚字。具体讨论参见张光直：《中国青铜时代》，生活・读书・新知三联书店，2013年，第322页；王鲁民：《中国古典建筑文化探源》，同济大学出版社，1997年，第71页。

13 《中国古典建筑文化探源》，第43页。

14 “同堂异室”是指在一幢建筑上设置多个分间，每个分间按规则供奉相关祖灵的做法。“各庙分立”则是用多幢（组）房屋形成宗庙建筑群，每幢（组）建筑按照规则供奉相关的祖灵。

15 王鲁民：《中国传统轴对称院落的布局要旨与主要类型——一个研究草案》，《建筑师》2012年第2期。

16 [东汉] 应劭《风俗通义》：“宅不西益。俗说西者为上，上益宅者，妨家长也。”（载《全后汉文》卷二十六》）

17 王鲁民：《影壁的发明与中国传统建筑轴线特征》，《建筑学报》2011年S1期。

18 杜金鹏：《偃师二里头遗址4号宫殿基址研究》，《文物》2005年第6期。

19 杨天宇：《礼记译注（上下）》，上海古籍出版社，2006年，第39页。

20 参见郑州市文物考古研究所：《郑州大师姑（2002-2003）》，科学出版社，2004年；吴倩、魏青利、柏天然：《望京楼二里岗文化城址初步勘探和发掘简报》，《中国国家博物馆馆刊》2011年第10期。

21 以下关于偃师商城的考古信息，参考王震中：《商代都邑》，中国社会科学出版社，2010年。

22 王学荣：《偃师商城布局的探索和思考》，《考古》1999年第2期。

23 王学荣：《偃师商城第一期文化研究》，载《三代考古（二）》，科学出版社，2006年。

24 杜金鹏：《洹北商城一号宫殿基址初步研究》，《文物》2004年第5期。

25 《商代都邑》，第66页。

26 同上第109页。

27 [清] 戴震：《考工记图》，商务印书馆，1956年，第105页。

28 [南朝梁] 萧统撰，[唐] 李善注：《文选》，中华书局，第56页。

29 [东汉] 郑玄注，[唐] 贾公彦疏：《周礼注疏》，北京大学出版社，1999年，第1349页。

30 [宋] 王应麟：《新语》，载《玉海（合璧本）》四，中文出版社（日本京都），1977年，第1789页。

31 在轴线进行建筑群或地域空间的控制，是各种文化都采用的手段，一般说，西方建筑的轴线的起点和终点间是可以通视的，可中国，在许多时候特别是轴线较长或设计的建筑较多时，传统建筑群组织时所用轴线的起点与终点之间往往不可通视，不仅其上设有视线的隔离物，并且人们沿着轴线行进时，要在隔离物段离开轴线绕行。这样中国古代建筑群组上的长程轴线，实际上是由一系列较短的轴线构成，每段轴线因周边的设置不同，所形成的环境空间感受也不同，因此，我们把长程轴线上的这些不同的段落称作轴域。参见王鲁民：《影壁的发明与中国传统建筑轴线特征》，《建筑学报》2011年S1期。

32 王鲁民：《中国古代都城宗庙设置及其与朝寝关系的变迁简说》，《城市规划学刊》2014年第1期。

33 杨鸿勋：《宫殿考古通论》，紫禁城出版社，2001年，第38页。

34 杜金鹏：《洹北商城一号宫殿基址初步研究》，《文物》2004 年第 5 期。

35 同上。

36 [东汉] 郑玄注，[唐] 孔颖达疏：《礼记正义》，北京大学出版社，2000 年，第 1732 页。

37 杜金鹏：《洹北商城一号宫殿基址初步研究》，《文物》2004 年第 5 期。

38 《商代都邑》，第 96 页。

39 罗振玉：《增订殷墟书契考释（卷下）》，载《罗振玉学术论著集》第一册，上海古籍出版社，2010 年，第 419 页；张肇麟：《姓氏与宗社考证》，社会科学文献出版社，2015 年，第 342 页。

40 [清] 皮锡瑞：《尚书大传疏证》，载《师伏堂丛书》，清光绪中善化皮氏刊本，卷三。

41《商代都邑》，第 128 页。

42 同上，第 460 页。

43 河南省文物考古研究所：《郑州商城（1953-1985 年考古发掘报告）》，文物出版社，1989 年，第 307 页。

44 刘庆柱主编：《中国古代都城考古发现与研究》，社会科学文献出版社，2016 年，第 142-144 页。

45 顾颉刚、刘起釪：《尚书校释译论》，中华书局，2005 年，第 900-949 页。

46 许宏:《先秦城市考古学研究》，北京燕山出版社，2000 年，第 67 页。

47 中国历史博物馆考古部等编著：《垣曲商城（1985—1986 年度勘察报告）》，科学出版社，1996；王睿、佟伟华：《1988—1989 年陕西垣曲古城南关商代城址发掘简报》，《文物》1997 年第 10 期；许宏：《先秦城市考古学研究》，北京燕山出版社，2000 年，第 66 页。

48 湖北省博物馆盘龙城发掘队、北京大学考古专业盘龙城发掘队:《盘龙城一九七四年度田野考察考古纪要》,《文物》1976 年第 2 期；杨鸿勋：《从盘龙城商代宫殿遗址谈中国宫廷建筑发展发展的几个问题》,《文物》1976年第2期。

49 参见周原考古队：《陕西岐山凤雏村西周建筑基址发掘简报》，《文物》1979 年第 10 期；王思田：《岐山凤雏村西周建筑群基址的有关问题》,《文物》1981 年第 1 期；杨鸿勋：《宫殿考古通论》，紫禁城出版社，2001 年，第 63 页。

50 《商代都邑》，第 161 页。

51 袁广阔、秦小丽：《河南焦作府城遗址发掘简报》，《考古学报》2000 年第 4 期。

52 三星堆商城的基础资料参见: 屈小强、李殿元、段渝主编:《三星堆文化》，四川人民出版社，1993 年。

53 江西省文物考古研究所、樟树市博物馆：《江西樟树吴城商代遗址西城墙解剖的主要收获》，《南方文物》2003 年第 3 期。

54 [春秋] 左丘明著，[晋] 杜预注，[唐] 孔颖达疏：《春秋左传正义》，北京大学出版社，2000 年，第 332 页。

55 [东汉] 郑玄注，[唐] 贾公彦疏：《礼记正义》，北京大学出版社，2000 年，第 448 页。

56 藁城台西遗址的发掘情况参见: 河北省文物研究所编:《藁城台西商代遗址》，文物出版社，1986 年。

57 杨宽:《西周史》，上海人民出版社，1999 年，第 202 页。

58 《礼记正义》，第 448 页。

59 《商代都邑》，第 342 页。

60 张国硕：《论殷都的变迁》，载《2004 年安阳殷商文明国际学术研讨会论文集》，社会科学文献出版社，2004 年。

61 《商代都邑》，第 292 页。

62 勘察表明，洹北商城四周城墙基槽大部分地段宽 7-11 米，深约 4 米。其中，东墙基槽夯筑填实，甚至筑起了部分墙体。北墙基槽、西墙基槽也夯实至当时地面，不过均未见夯起的墙体。南城墙可能尚未夯填，基槽内主要是淤土。参见刘庆柱主编：《中国古代都城考古发现与研究》，社会科学文献出版社，2016 年，第 142 页。

63 李济：《安阳》，商务印书馆，2011 年，第 194 页。

64 丁山：《中国古代宗教与神话考》，上海世纪出版集团，2011 年，第 167 页。

65 唐际根：《殷墟一期文化及其相关问题》，《考古》1993 年第 10 期；中国社会科学院考古研究所编著：《中国考古学·夏商卷》，中国社会科学出版社，2003 年，第 295 页。

66 《商代都邑》，第 369 页。杜金鹏：《殷墟宫殿区建筑布局和性质简论》，《中国文物报》2005 年第 6 期。

67 [清] 王聘珍撰，王文锦点校:《大戴礼记解诂》，中华书局，1983 年，第 149 页。

68 [清] 马瑞辰：《毛诗传笺通释》，中华书局，1989 年，第 861 页。

69 张一兵:《明堂制度研究》, 中华书局, 2005 年, 第 81 页。

70 《商代都邑》, 第 332 页。

71 [西汉] 司马迁:《史记》, 中华书局, 1959 年, 第 116 页。

72 许宏:《先秦城市考古学研究》, 北京燕山出版社, 2000 年, 第 56 页。

73 裴安平:《中国史前聚落群聚形态研究》, 中华书局, 2014 年, 第 389 页。

74 曲英杰:《史记都城考》, 商务印书馆, 2007 年, 第 71 页; 韦心滢:《殷墟卜辞中的"商"与"大邑商"》,《殷都学刊》2009 年第 1 期。

75 《史记》, 第 106 页。

76 今鹤壁新区淇水岸边有鹿台遗址, 与《大清一统志・河南卫辉府》"朝歌故城在淇县东北"的说法相符。

77 《史记都城考》, 第 73-74 页。

78 裴安平:《中国史前聚落群聚形态研究》, 中华书局, 2014 年, 第 392 页。

79 宋镇豪:《夏商社会生活史》, 中国社会科学出版社, 1994 年, 第 115 页。

80 [东汉] 班固撰, [隋] 颜师古注:《汉书》, 中华书局, 1962 年, 第 1119 页。

81 同上, 第 1124 页。

82 《史记》, 第 2367 页。

83 《史记都城考》, 第 73-74 页。

84 《汉书・地理志》记河内郡属县"朝歌, 纣所都"。参见 [东汉] 班固撰, [隋] 颜师古注:《汉书》, 中华书局, 1962 年, 第 1554 页。

85 杨宽:《中国古代都城制度史研究》, 上海古籍出版社, 1993 年, 第 33 页。

86 刘起釪:《古史续辨》, 中国社会科学出版社, 1991 年, 第 461 页。

87 郭沫若:《奴隶制时代》, 中国人民大学出版社, 2005 年, 第 14 页。

88 杨宽:《西周史》, 上海人民出版社, 1999 年, 第 32 页。

89 王鲁民:《"大邑"的营造——先秦、秦及西汉都城规模与组织初论》,《城市规划学刊》2015 年第 1 期。

90 新郑望京楼二里岗文化城址的考古资料, 参见吴倩、魏青利、柏天然:《望京楼二里岗文化城址初步勘探和发掘简报》,《中国国家博物馆馆刊》2011 年第 10 期; 顾万发 等:《河南新郑望京楼二里岗文化城址东一城门发掘简报》,《文物》2012 年第 9 期。

第五章　周法的构造

Chapter 5　The Rules of Settlement Design in the Zhou Dynasty

一　豳、岐与丰、镐

在入主中原以前，周人也有多次迁都的历史。与文献对殷人迁都的过程言之过略有所不同，《诗经·大雅·公刘》和《诗经·大雅·绵》对周人两次重要迁都有比较详细的记述。

公刘是周人历史上一位大有作为的首领。按照《史记·周本记》的说法，周之先人为稷，善于为农，陶唐、虞、夏时，曾在中原腹地活动，其首领还参与王朝的农业管理。夏朝末年不窋为首领时，"夏后氏政衰，去稷不务，不窋以失其官而奔戎狄之间。不窋卒，子鞠立。鞠卒，子公刘立，公刘虽在戎狄之间，复修后稷之业，务耕种，行地宜"。[1]《公刘》一诗就记述了他为求族群繁荣，迁徙至豳并进行建设的情形。

《公刘》一诗共分六章：

"笃公刘，匪居匪康，乃埸乃疆。乃积乃仓。乃裹糇粮，于橐于囊。思辑用光。弓矢斯张，干戈戚扬，爰方启行。

笃公刘，于胥斯原。既庶既繁，既顺乃宣，而无永叹。陟则在巘，复降在原。何以舟之？维玉及瑶，鞞琫容刀。

笃公刘，逝彼百泉，瞻彼溥原。乃陟南冈，乃觏于京。京师之野，于时处处，于时庐旅，于时言言，于时语语。

笃公刘，于京斯依。跄跄济济，俾筵俾几。既登乃依，乃造其曹。执豕于牢，酌之用匏。食之饮之，君之宗之。

笃公刘，既溥既长，既景乃冈，相其阴阳，观其流泉。其军三单，度其隰原，彻田为粮。度其夕阳，豳居允荒。

笃公刘，于豳斯馆。涉渭为乱，取厉取锻，止基乃理，爰众爰有。夹其皇涧，溯其过涧。止旅乃密，芮鞫之即。"[2]

诗的第一章说公刘为了迁居不敢晏息，储蓄粮草，准备干粮，整顿武装，戒备森严地向目的地进发。第二章说队伍到了豳地，公刘带领大家上下左右察看，豳地里植被繁茂，地域开阔，形态合用，大家满意，于是公刘就确定场域，驱逐原住民，举行隆重的启动建设的仪式。第三章说公刘根据水源及地形条件确认用于建设聚落核心区的高地"京"，并以此为据安排聚落的一般居地，众人满意，心情舒畅。第四章则说依托"京"建立了"依"，建筑落成，杀猪宰羊，在"依"这个建筑中举行酒宴，尊享君王，拜祀祖宗。第五章写公刘根据地形和水源条件，依照军队的组织原则来分派耕地，以开展耕作。第六章则说建立哨卡碉楼，安排渡口，收拾兵器，划定边界，治水设壕，以确保聚落及人众的安全[3]。

由《公刘》一诗的叙述顺序和涉及内容，可以体会当时部族新到一个地方进行开拓建设的核心关切和过程。这里最让我们感兴趣的是，诗章用了相当的篇幅涉及到“依”的建设。从诗的叙述看，“依”是建于高地（京）上的聚落最为重要的设施。杨宽先生认为，“‘依’当读作‘殷’，古时‘殷’‘依’声同通用。例如《尚书·康诰》：‘殪戎殷’，《中庸》作‘壹戎衣’。郑注：‘齐人言殷声如衣。’按礼书记载，四方诸侯会集京师朝见天子，叫作‘殷见’或‘殷同’”[4]，所以“依”用作礼仪形式，乃是指各部首领大合会，用作设施指称，则是指用于这种大合会的建筑。从诗提供的大合会场景看，人们在这个建筑中进行聚餐、会饮，同时，祭拜祖先，朝觐首领。公刘生活的时代大致为商王朝的中期，其活动的地区与仰韶文化覆盖区重叠，根据该建筑的地位和功能，所谓“依”其实就是发展到某一水平的大房子或者干脆就是明堂。《公刘》诗中花了相当的篇幅谈防御系统的设置，却没有提到城墙，由防御设施水平不高和聚落核心建筑为大房子看，与同时期中原地区的都邑相比，周人的都邑构造还是相对原始，很可能和大地湾遗址的情况相似。

在公刘以后 9 个世代，相当于商代晚期，古公亶父当政，为了躲避他族的袭扰，周人又一次迁徙，将都城由豳迁到周原，即后世文献中所说的岐。关于这次迁徙，《诗经·大雅·绵》做了记述。《绵》共有九章，从叙述看，诗的作者应该是归化了周人的岐地原居民，他们本来生活状态似乎相当原始。《绵》的第 章提到周原原住民生活的基本面貌。第二章讲古公亶父相宅。第三章讲周原农耕条件优异，占卜得吉。第四章讲因势利导地进行规划。第五章到第七章涉及聚落的要素安排与建设情况，现引录如下：

“乃召司空，乃召司徒，俾立室家。其绳则直，缩版以载，作庙翼翼。

捄之陾陾，度之薨薨，筑之登登，削屡冯冯。百堵皆兴，鼛鼓弗胜。

乃立皋门，皋门有伉。乃立应门，应门将将。乃立冢土，戎丑攸行。”[5]

《绵》在这里涉及到的建筑有“庙”“皋门”“应门”和“冢土”等。在这个建筑罗列中，《公刘》中十分显眼的“依”不见了，用于供奉祖先的宗庙则特别突显出来。在各种设施中，诗首先叙及宗庙，显示出宗庙的重要性和建设顺序上的优先位置，与《礼记·曲礼》“君子将营宫室，宗庙为先”[6]的说法相呼应。“翼翼”为繁盛众多的样子。中国古代建筑组合中的主体建筑一般三间、五间，多则十一二间，不必用“翼翼”这样的词来形容，从当时的建筑设置看，只有廊子有机会随院落的范围随宜确定间数，间数可达十数间甚至数十间，所以“翼翼”二字表明了廊子的存在。

使用廊子，即可形成平面为“口”字形的廊院，而“口”字型平面的廊院是宗庙格局的常态。《绵》中“百堵皆兴”一句还在《斯干》中出现过，过去都将这一句认作是众多建筑兴建的描述，其实从《绵》的叙述过程看，在描述宗庙和城门之间插进一般房屋建设的描述，似乎并不合理。廊子间数众多，其墙可有百堵，所以“百堵皆兴”是当时对于廊子建设的惯常性描述。这样，前文所及之在周原发现的凤雏西周甲组建筑遗址的状况就颇可作为诗中的宗庙格局想象的参考了。

在说完了“庙”之后，诗文提到了“皋门”与“应门”，所以此两门应为庙区的设置。按照后世的说法，应门当在皋门之内，所以这里的皋门或为宫庙区门，应门为庙堂院落门，这样，偃师商城核心区和洹北商城宫城颇可作为相关想象的出发点。注意当时岐地所建，只是边地诸侯之都，很可能其核心建筑功能与空间分化水平不高，祖宗祭祀、明堂朝会放在一个建筑组合中是可以设想的。这个建筑组合的功能，首在祖宗祭祀，故可将其称作宗庙。

在聚落的门防之后，诗文提到了“冢土”的建设。《诗·传》曰：“冢，大也。……冢土，大社也。”在这里，“冢土”可以将前来窥探的“戎丑”吓退，一方面表示其规模巨大足以为军事力量雄厚的显示，另一方面也表明了“大社”及社祭活动在通常可以为“戎丑”所见，由是，周人此时的“大社”不在聚落当中是明确的。于是《绵》中涉及的周人所设之聚落是以宗庙为中心，外部有“社”呼应的格局。

古公亶父迁居周原后，周人的社会经济获得了一定的发展，为其孙子周文王“翦商”奠定了基础。

商朝末年，为了逐鹿中原，周文王又一次东迁，在今陕西西安附近的沣水以西修造了丰京。齐思和说：“文王之迁丰，不徒便于向东发展，与商争霸，抑丰镐之间川渠纵横，土地肥饶，自古号称膏腴之地。”[7]更好的自然环境，当然也是周人进行力量积蓄的基础。

在丰京的主导构成元素中，灵台是十分重要的一项，《诗经·大雅·灵台》传云：“民始附也。文王受命，而民乐其有灵德，以及鸟兽昆虫焉。”《灵台》诗云：

“经始灵台，经之营之。庶民攻之，不日成之。经始勿亟，庶民子来。

王在灵囿，麀鹿攸伏。麀鹿濯濯，白鸟翯翯。王在灵沼，于牣鱼跃。

虡业维枞，贲鼓维镛。于论鼓钟，于乐辟雍。

于论鼓钟，于乐辟雍。鼍鼓逢逢，矇瞍奏公。”[8]

台是其上不设屋顶的砌筑体量。《初学记》卷二四引许慎《五经异义》说：“天子有三台，灵台以观天文，时台以观四时施化，囿台以观鸟兽鱼鳖。”[9]观象授历，古来是最高统治者的专利，是显示其据有通神优势的构成。这种灵台的定义与《诗》

传所说的灵台建设的原因相对应，颇可见出灵台之设是文王获得天命支撑的标志。

晋唐时还能看到周灵台的遗址。灵台遗址高二丈，周回百二十步，尺寸相当有限[10]。从诗的描述看，灵台位于水草丰茂的地区，这对观察植物四时的变化，观察鸟兽鱼鳖的活动，了解气候变化以便更好地组织农业生产，使自己成为“天”的代言人是十分有利的。从灵台营造“不日成之”看，这个在当时的统治中起重大作用的设施建造花费却相当有限。对于一个正在兴起、羽翼尚未丰满的新势力，采用一个形式简单、用力不多却又与人民日常生活组织相关的设施作为权力正当的标志既减缓了商王的猜忌又贴近民心，确是一箭双雕的选择。

《灵台》表明，在灵台左近，设有辟雍。灵台与明堂都有观象施化的功能，带有池沼或辟雍的明堂，应该是商王在安阳小屯殷墟首创，这里可以把带有辟雍的灵台视作小屯殷人明堂的某种替代。不过要特别注意，《灵台》诗明确显示，此时灵台边上的辟雍已经不是环绕在其外的水沟或池沼，而是可以在其中敲钟击鼓的房子。戴震《毛郑诗考正》：“周鼎铭：王在辟宫，献工锡幸。”[11]《史记》：“丰、镐有天子辟池。”[12]明方以智撰《通雅》卷三十八《宫室》说：“谯周曰：‘成王作辟上宫’。周器之铭多有曰：‘王在雍上宫。’”[13]前文说过，“辟雍”本指小屯明堂周边用以分划空间的水体。那么“辟宫”则是用以分划空间的宫室。“雍上宫”与“辟上宫”意同，均应指与用以分割空间的水体“辟雍”相伴随的宫室，或者说，“辟上宫”是在“辟雍”边上起围护、区隔作用的房子或者廊庑。这种房子的建设，在灵台或明堂周边增加了一个视觉辨识性远比原来的水体要高的起空间分划作用的对象，以至于逐渐地人们把“辟雍”二字放在它的身上，最终“辟雍”成了这种起围护、区隔作用的建筑的指称。由于灵台的功能与明堂相似，所以在其边上起围护作用的房子或廊庑也就称作辟雍。结合明堂周边的水体设置围廊，不仅能使得空间更加隆重，并且提供了新的室内空间，借此可以将原本聚集在一个空间内、随着社会变迁而复杂化且开始相互干扰的各种功能加以分割，把一部分原本要在明堂或灵台主体建筑上进行的活动放到这个围廊当中，使得明堂的各种功能执行起来更加各得其所，秩序井然。从史籍的表述看，在一定时期，人们就把曾经在大房子中进行的养老诲稚的功能放到了这起空间分割作用的设置中。《白虎通》云：“天子立辟雍何？所以行礼乐宣德化也。……于雍水侧，象教化流行也，……”[14]《五经通义》则说：“天子立辟雍者何？所以行礼乐，宣教化，教导天下之人，使为士君子，养三老，事五更，与诸侯行礼之处也。”[15]因为明堂、灵台的特殊，以至于在其边上起分划阻隔作用的水体，也获得了特别的象征意义。作乐，是教化与祭祀活动的重要组成部分，所以辟雍又是作乐之处。周王在灵台辟雍中作乐并非后世所谓之娱乐，灵台辟雍的矇瞍、鼍鼓都是通神与教化的工具。

麦尊铭文云："王客（格）葊京酚祀，雩(粤)若翊(翌)日，才（在）璧（辟）雝（雍），王乘于舟，为大丰，王射大龚（鸿），禽（擒）。侯乘于赤旂舟从。"静簋铭文说："惟六月初吉，王才（在)葊京，丁卯，王令（命）静司射学宫，小子眔（暨）服眔小臣眔尸(夷)仆学射。雩(于)八月初吉寅庚，王以(与)吴（虞)𢑚、吕犅(犅)卿（合)𢿢盏自、邦周射于大池。静学(教)无罥（斁）,王易(锡)静鞞剢。"[16] 伯唐父鼎铭文则有："乙卯王饔葊京，王桒，辟舟临舟龙，咸桒，伯唐父告备，王各乘辟舟，临桒白旗，用射绦、𤛓虎、貂、白鹿、白狼于辟池，咸桒，王蔑曆。"杨树达比较前两段铭文，认为麦尊的辟雍，即是静簋的学宫。结合后一条铭文，可以明确，由于"辟雍"已经改指建筑，所以原来用作空间区隔的水体就改称"辟池"，"辟池"并不是一条简单的水沟，而是与小屯殷墟宫殿建筑周边水体相类的可以行船的池沼。

从核心功能设置和空间的基本构成看，周人在丰京建设的灵台与小屯殷墟的乙组台基构成的巨大明堂之间，有高度的相似性。但称作"台"，就意味着其主体只有一个凸出于地面的实体，其上不设屋顶。中国古代常规的祖宗祭祀是在"庙"中进行，所以灵台的环境条件未必能满足常规的祭祖要求，丰京之灵台不能像小屯殷墟乙组台基所成的建筑那样用于祭祖，因而从一开始，周人就必须要另择他地建设宗庙。

最初，在丰京似有一定的祖宗祭祀设施。文王晚期，周人又在沣水东岸，丰京的东北方相当的距离修造了镐京。镐京又称宗周。"宗周"这一命名表明，这里正是周人新的祖宗祭祀中心。文献表明，在这里建有供奉周人始祖后稷、文王、成王以及康王、夷王的祠庙[17]。这些庙有些可能是由丰京迁来[18]。周人克殷后，在镐京的宗庙里举行隆重的献俘礼。如果周礼因于殷礼，那么很可能在西周时期，镐京一直是举行最重要祭祀和礼仪活动的场所[19]。镐京处在建有灵台的丰京的东北，并且拥有宗庙，这和殷墟西南有明堂而东北有洹北商城的结构方式相同（图 5-1）。

在丰、镐二京之间，有一道沣河，而在小屯殷墟与洹北商城之间，则有一道洹水。灵台处在池沼丰沛之处，小屯宫殿区周边也池沼丰沛，镐京为宗庙所在，洹北商城亦为宗庙所在，环境细节的对应，也促使我们倾向于认为，丰、镐二京的安排，其实就是模仿殷商晚期都城的结果。在前朝原本是因为意外才产生的城市格局，转而成为后世王朝的都城追慕的对象，确实是中国传统文化延续上的一个奇特现象。对于我们，更重要的是，这从另一个侧面表明了，在当时人那里，洹北商城是殷人都城的核心内容，终其一朝，洹北商城一直被当作不可或缺的存在。

参照殷墟的总体安排，丰京或者不设城墙而镐京则有城墙回护。一开始就把

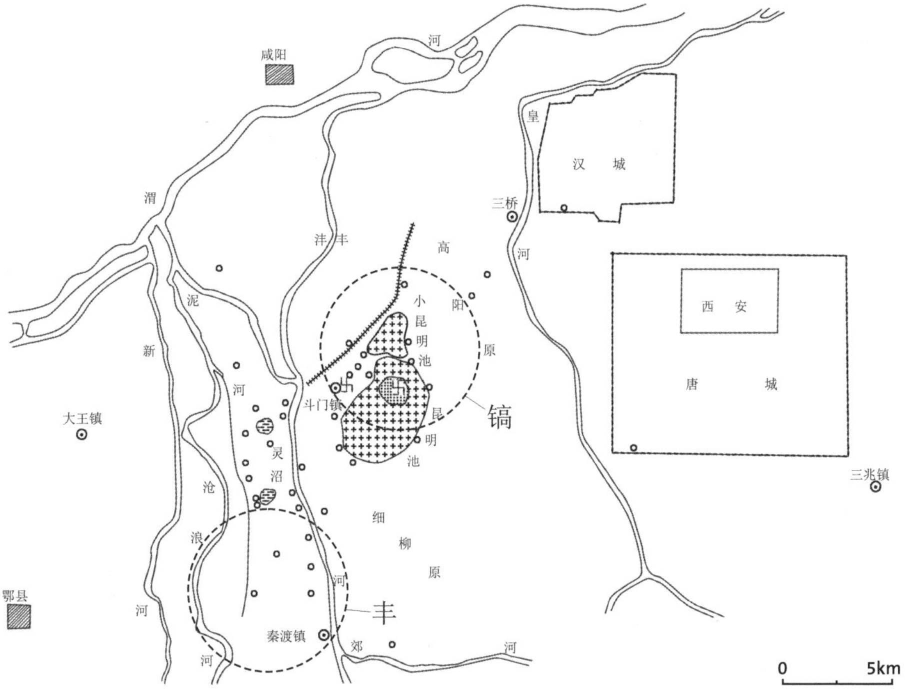

图 5-1 西周故都丰、镐地区遗址位置图

某种程度上等于明堂的灵台安排在丰京，所以镐京中心区就不必像二里头遗址和偃师商城那样安排明堂，也就是说，正是在镐京，天子的宗庙第一次独自地、制度性地占据都城主体部分的核心。宗庙对于都城主体部分核心区的占据，使王朝都城的主导部分无论在内容上还是在形式上都成为了特定宗族控制的空间，而这很可能就是周人所希望的，其景观格局的意义主旨正和周人的主要以血缘为依据的分封制度相应和。正是在丰、镐二京，明堂之属被正式地放在城外，被进一步边缘化了。

《吕氏春秋·慎势》说："古之王者，择天下之中而立国，择国之中立宫，择宫之中立庙。"[20] 现在看来，如果"庙"指仅仅供奉祖宗的设施，所谓"古之王者"，最多也就上溯到周文王，除非把明堂或者大房子也算作"庙"。由《墨子》将宗庙置于正坛的说法，到《吕氏春秋》的将宗庙置于中心的主张，显示出人们设想的都城空间构成逻辑与模式的改变。《吕氏春秋》如此强烈地主张将庙置于天下之中，不仅强调了都城作为祭祀中心的特性，并且要求形成单一极点的宫城甚至是单一极点的都城。这其实不仅意味着要放弃偃师商城那样的宫城，甚至意味着要放弃丰、镐二京两区并置的都城。以时君地位不断上升为背景，宗庙独自占据宫城中心，在特定的文化脉络中，有着某种必然性。从这个角度看，丰、镐二京对于小屯殷墟和洹北商城的模仿，也不是全然被动。至于镐京的具体布局，由于汉武帝开凿昆明池操练水军，致使镐京遗存的主体部分几乎全部被毁，今天我们已经没有机会作特别深入的了解了。

商朝晚期，小屯殷墟是商王活动的主要场所。商王日常起居的宫殿在明堂一区。依此，用于周王起居的主要宫殿，恐怕也要与丰京的灵台同在一区。从考古发掘的情况看，丰、镐二京之间有相当的距离。如果周王的正式寝居之所在丰京，同时又要到宗庙主持各种礼仪活动，路途颠簸，相当不便，这种情况应该会促成在镐京布置一定水平的用于日常起居的宫殿，从而事实上强化了镐京的主导地位。

丰、镐二京既然模仿商朝王都，为何这里不像小屯殷墟和洹北商城那样，两个部分在空间上基本接续地、甚至连为一体地发展？朱熹《诗集传》引张载曰："周家自后稷居邰，公刘居豳，大王邑岐，而文王则迁于丰。至武王又居于镐，当是时、民之归者日众。其地有不能容，不得不迁也。"[21] 常规上，新的居住空间的实现，单从设施利用的经济性和都邑的中心性制作的要求看，在原来已有且要持续使用的丰京基础上实施扩建最为合适，不需要另起一集中建设地段。参考晚期商朝朝歌的缘由，可以认为，这里的"其地有不能容"应指丰京一区人口聚集水平过高，所要配置的田亩量已经过大，使得在离丰京核心区最远之耕地上耕作的农人在战争爆发时撤回所需的时间已经难以接受。正是在这样的条件下，有了镐京的建设。镐京的建设一开始就肩负着形成新的城邑覆盖的耕地、增加京畿地区的人口总量、以形成更为强大的都城防御体系的任务。

晋人徐广说："镐在上林昆明北，有镐池，去丰二十五里。"[22] 晋朝一里约为432米，而周代一里约为350米，即依周制，丰、镐之间的距离约为30里。周代30里为一舍，一舍为当时大部队常规条件下一日的行程。这就是说，丰镐之间的距离使得可能处在丰、镐之间的敌军与两者间的距离都在军队的半日行程之内，这种距离，当然有利于丰、镐的守军快速地对敌军实施夹击。并且，沣水的存在，也使得处在丰、镐之间的敌军，无论其攻击对象为何，都不得不在某种程度上背水为阵。在日常，沣水确实是丰、镐之间的阻隔，但在战时，正是沣水使得两者密切地联系在一起，形成了丰、镐间敌军不可容留的空间。三十里地夹一河的安排，使得丰、镐二京间有了更有效的军事协同。

《史记·平原君虞卿列传》在"汤以七十里之地王天下"之后说"文王以百里

之壤而臣诸侯”[23]。照此，周文王为了在其京畿地区集聚更多的人口，以形成防御能力更为强大的都邑，成倍地扩大了直接支撑其京畿防御人口存在的田亩空间覆盖范围。在京畿的中心区设置相距30里互为犄角之势的丰、镐二京，就是实现都城覆盖农田扩张的两个核心。齐思和已经表明，丰、镐二京之所在土地肥美，即所谓的“上地”，只有“上地”才能以最小的范围支撑足够的人口，保证在其上耕作的人按照指定的时间集中到京畿中心区。可见丰、镐二京的地点选择，从一开始就考虑了尽可能多地集聚人口，增强京畿防御的问题。假设周人设定的在最远农田上耕作的农民返还核心区的时间与殷人相同，那么丰、镐二京各自承担方七十里的农田覆盖范围，二者相加，略为方百里的土地面积。可是，因为丰、镐二京的间距为30里，所以其土地覆盖范围中有相当一部分交叠，也就是说，这样距离的两个方七十里的面积，凑不够一个方百里的面积。实际上，在方七十里这一尺寸确定上起关键作用的是撤回的时间，按照这一标准划定城址附邑农田时，以京城中点为圆心，半径为49周里的圆圈内的各个地点都可以满足要求。把满足与中心间距不过49周里的土地都算作都城附属农田。间距只有30里的丰镐二京所对应的农田配置空间范围大体上正是一万平方里，即方百里的规模（图5-2）。

像丰、镐二京那样的附城田亩涉及空间略等于方百里的京畿地区，按照李悝的“尽地力之教”，可以“为田六百万亩”。这六百万亩耕地若均为“上地”，则可按“一夫挟五口，治田百亩”计[24]，其所可能集聚的人口约为6万户，30万人，再考虑都城的其他人口，当时这个京畿地区可能容纳的总人口大致为35万。这时，相当一部分居邑农人下地的出行距离当在10千米以上，这样他们在耕作期每天花

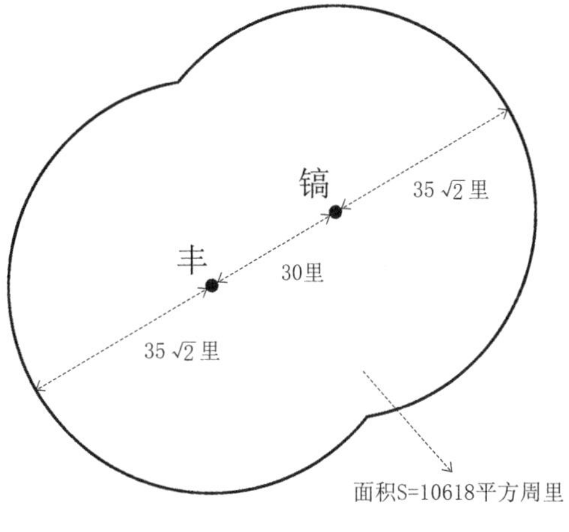

图5-2 周文王“百里之壤”解析图

在路上的时间甚至要超过半天，走到地头，已经精疲力竭，耕作效率当然很低。为了解决这个问题，古人采用了所谓的“春出冬入”的耕作制度。

《汉书·食货志》说：“春令民毕出在野，冬则毕入于邑。其《诗》曰：‘四之日举趾，同我妇子，馌彼南亩，田畯至喜。’又曰：‘十月蟋蟀，入我床下，嗟我妇子，聿为改岁，入此室处。’”《汉书》所引之《诗》句来自《豳风·七月》，传统的说法以为《诗经·豳风·七月》写成于周公时期[25]。由此可推断，在商周之交，周人们就实行了让农户春“毕出”于野而冬“毕入”于邑的“春出冬入”的耕作制度。

“春出冬入”的耕作制度，是让居民由春天起就住到地头侍弄庄稼，到冬天时才回到城邑内居住。这种做法最直接的效用，是可以让方七十里的范围内的族邑在更小的范围内集聚，甚至让居民都集中于单一城池之内。因为采用“春出冬入”的办法，就不必考虑居民下地当日往返的问题，这当然不仅可以让那些独立的族邑的空间关系更为紧密，并且在必要时，可以将其全都连为一体。

将人口密集地集中于京畿核心区带来的好处前文已经提到，采用“春出冬入”的耕作方式除了强化了相应的好处之外，又带来了另外的好处：首先，由于非耕作期农户都住在核心区，使得都邑一年里将近一半的时间都处在随时可以应敌的状态；其次，居邑农夫在田间居住的时段气温较高，不需建造特别坚固的建筑，所居住的是窝棚，当时称作“庐”[26]，这样，战时农户退守后，在京都核心周边相当范围内不留可为敌人利用的坚固的人工设施。

当时的农户是聚族而居的，把方七十里内田亩上耕作的农户都集中于一个面积有限的城址内，就是使本来相对松散分布的族邑紧密地靠在一起。这种集聚，当会要求更为严格的管控，以保证内部的安定。管控手段很自然地要包括更加严格的族邑外部界限的确定和族邑门防的管理，甚至会引导方格状路网的产生。因为方格网道路能在建设密集的情况下提供有序的交通路径，所以这种集聚也会引导方格状路网的产生。《管子·八观》说：“大城不可以不完，郭周不可以外通，里域不可以横通，闾闬不可以毋阖，宫垣关闭不可以不修。故大城不完，则乱贼之人谋；郭周外通，则奸遁逾越者作；里域横通，则攘夺窃盗者不止；闾闬无阖，外内交通，则男女无别。”可见里坊界限及门防的管控，主要着眼于族邑间人际关系的控制[27]。

丰、镐虽实为一体，可二者之间毕竟隔着沣河，且有一定距离，许多设施难以共用。镐京建成后，一些时候周王要住在镐京[28]，这时要使用灵台、辟雍，就相当麻烦。在自身实力足够或者是在克商以后，周武王又在沣河以东，镐京南边的近水之处，修造了明堂，在某种程度上作为灵台的替代。镐京明堂的建设使得在明堂和灵台之间作某种功能的区别成为必要，从后世的文献看，灵台更加关注观祥氛，而明堂则强调朝诸侯，序尊卑。这样，原本的大房子的功能又一次分化，明堂在整个建筑系统中的地位进一步降低。从《诗经 · 斯干》看，镐京的明堂周边也有辟雍存在[29]。

《逸周书 · 明堂解》佚文说，宗周的明堂“方百一十二尺，高四尺，阶广六尺三寸。室居中方百尺，室中方六十尺，户高八尺，广四尺。东应门，南库门，西皋门，北雉门。东方曰青阳，南方曰明堂，西方曰总章，北方曰玄堂，中央曰太庙。左为左个，右为右个”。[30]依此，这个明堂的规模相当有限。若当时一尺为20厘米，这个明堂主体部分的台基方为22.4米，高为0.8米，中央太庙为12米见方，明堂、青阳、总章、玄堂的深度为4米。主体建筑到台基边缘为1.2米。建筑上所设之门的高度为1.6米，宽0.8米。这些尺寸所表明的建筑主体，覆盖范围与大地湾F901相仿，明堂的门高仅为1.6米，暗示与原始社会半穴居门洞的关联。其实，《明堂解》佚文所列之明堂尺寸较《考工记》提及的明堂还要大些。《考工记》说：“周人明堂，设九尺之筵；东西九筵，南北七筵；堂崇一筵。”[31]按一筵九尺，那么这个明堂的东西宽只有16.2米，南北深只有12.6米。这种差异，或为文化传承的系统不同所致，但都显示出周人明堂的建造受到久远传流的规则制约。比起殷墟小屯的明堂，周人的明堂在尺寸设置上似乎缺乏扩展的冲动，这既是周人的营造文化传统所致，也与明堂在其高等级建筑系统中的地位不高有关。

《礼记 · 明堂位》记述了周公在明堂人朝诸侯时的人员位置安排：“昔者周公朝诸侯于明堂之位，天子负斧依，南乡而立。三公中阶之前，北面，东上；诸侯之位，阼阶之东，西面，北上；诸伯之国，西阶之西，东面，北上；诸子之国，门东，北面，东上；诸男之国，门西，北面，东上；九夷之国，东门之外，西面，北上；八蛮之国，南门之外，北面，东上；六戎之国，西门之外，东面，南上；五狄之国，北门之外，南面，东上；九采之国，应门之外，北面，东上。四塞，世告至。”[32]这种安排的南面较其他方向空间层级较多，东、西、北三面的所设层级则相同，表明其以南面为正。从仪式组织的角度看，为显一视同仁，位于东、西、北三个方向的九夷之国、六戎之国、五狄之国都应与明堂主体有直接的视线关系，所以镐京的明堂不应像小屯宫殿区的明堂那样，在其北部存在一个与其相连的体量巨大的寝宫。为照顾参与仪式的人依各向轴线顺序定位，在明堂四个方向的相当范围内也不应设其他建筑，这样的明堂和相应的礼仪，造成了一个图案自足性超强、难以与其他设施空间兼容的建筑。它的功能落实，需要足够大且较少受到干扰的空间，在其附近若要安排其他主体性设施，在二者之间设置某种强势的间隔物以分别成区是较为合理的。

在丰、镐二京的组合中，镐京应为主导，可丰京也有灵台、寝宫等重要设施，其功能与景观分量都不容小觑，加上二者间距离较大，且中有一河间隔，这无论在形式上还是在观念上都难以造成金字塔式的单一极点的空间层级秩序。双城并立的局面，与日渐增长的天子独尊概念的表达需求并不对应。新的社会组织构架，要求形成单一极点、秩序严整的都城，新的都城建设要在丰、镐二京格局的基础上进行某种改造，是可以期待的事情。

二　大邑成周及其他

夏商两代都曾在洛阳一带设立都城。周人克商以后，步夏、商后尘，打算在洛阳一带“定天保，依天室”[33]，修造都城以“居九鼎”[34]，作为控制中原显示自身统治正当性的标志。在《逸周书·度邑解》里，周武王阐述了他要定都洛阳盆地的理由：“我图夷兹殷，其惟依天。其有宪命，求兹无远。虑天有求绎，相我不难。自洛汭延于伊汭，居阳无固，其有夏之居。我南望过于三涂，我北望过于有岳，丕顾瞻过于河，宛瞻于伊洛，无远天室。”[35]这段话的大意为：我想克服殷人，只有依靠上天。要了解上天的意思，就得离上天不远。这样，一旦有求于天，他来帮忙也就不麻烦。从洛水以北到伊水，背山面南，地势平坦，是夏人的都城所在。我在那里南望过于三涂，北望过于太岳，向后看过黄河，向前看过伊洛，(种种情况表明)这就是离上天不远的地方。《诗经·天保》也说：“天保定尔，亦孔之固。俾尔单厚，何福不除？俾尔多益，以莫不庶。／天保定尔，俾尔戬穀。罄无不宜，受天百禄。降尔遐福，维日不足。／天保定尔，以莫不兴。如山如阜，如冈如陵，如川之方至，以莫不增。／吉蠲为饎，是用孝享。禴祠烝尝，于公先王。君曰：卜尔，万寿无疆。／神之吊矣，诒尔多福。民之质矣，日用饮食。群黎百姓，遍为尔德。／如月之恒，如日之升。如南山之寿，不骞不崩。如松柏之茂，无不尔或承。”[36]可见新都城的位置选择，在很大程度上考虑了与上帝沟通的便利性。

在古人那里，上帝居于天之中央，所以居于与其对应的大地中央是保证与上帝便利沟通的有效条件，前引《吕氏春秋》之“择天下之中而立国”的说法[37]就十分明确地表明了这一点。洛阳盆地毗邻中岳嵩山，将这一带视作天地之中的看法源远流长，这应该是周武王要在洛阳盆地“定天保，依天室”的文化背景。

都城要居于天下之中的要求，实际上给都城设置出了一个难题。因为随着地理知识的增长，人们逐渐知道所谓的天下之中并不存在。更何况，在许多情况下，都城位置的选择也不能单一地决定于祭祀，军事的、政治的因素有时更为重要。可是，由于有了居中即为神圣的概念，即使是都城并不居中，但也要尽量地让其看上去居中，都城中心性的建构或者说都城居中的感受的打造对于中国传统都城的建设来说是十分重要的内容。

种种情况表明，周人新的都城在中心性营造上下了功夫。希望这个都城在形式上能够很好地表达统治者占据天下之中，掌握特殊的通神途径的情形。由于刚开国时条件的限制，这个新的都邑在武王时只是进行了大体位置的确认和部分的营造[38]。周武王死后，随着各项事务逐渐安排就绪，周公有条件秉承武王遗志，在河洛地区修造新的都城。

《逸周书·作雒解》是一篇重要的西周文献，它对西周设于中原的都城雒邑的记述是可靠的[39]。《作雒解》说："（周公）将致政，乃作大邑成周于土中，城方千六百二十丈，郭方七十里。"[40]"土中"就是大地中心的意思。《尚书·召诰》云："王来绍上帝，自服于土中。"《孔传》："言王今来居洛邑，继天为治，躬自服行教化于地势正中。"[41]从作雒的叙述看，"雒"当或由不同部分构成，大邑成周应是其主导。大邑成周城方一千六百二十丈，以一里为180丈计，则城池边长为九里，从规模上看，这是一个远远大于此前所有都城的尺寸，以此为基础，再考虑九为极阳之数所具有的象征性，对于周人，大邑成周应该是一个前所未有的圣城。大邑成周的郭方七十里，这个尺寸当然让人联想到"汤以七十里之地王天下"的说法。其实郭在这里的作用就是确定城市所需基本农田的范围。郭的本意为"郭落在外"，《管子·度地》说，"城外之为郭"[42]。一旦用"郭"作为附城田亩所涉范围的物质性界限，这种界限就为居城农民提供了相应农田管理的凭据和维权的保证。《吴越春秋》佚文所说"筑城以卫君，造郭以守民"[43]，何为"守民"一直未得确释，现在看来，"守民"二字的意思应该是为城居农民赖以为生的农田提供特别的保护，使得这些农民能够更坚定地依附于城邑，保证都城可用兵丁数量的稳定。

《史记·龟策列传》博士卫平答宋元王问云："牧人民，为之城郭，内经闾术，外为阡陌。"[44]这里说得很清楚，城对应的是闾里，郭圈出的是阡陌。《吴越春秋》："太伯起城，周三里二百步，外郭三百余里，在西北隅，名曰故吴。人民皆耕田其中。"[45]"三百余里"当指郭的周长，其略合大邑成周"郭方七十里"之数，"人民皆耕田其中"，则又一次说明郭的作用是框定附城田亩。

郭首先是附城耕地覆盖范围的界限，且与城池的核心区距离较远，其建造并不强调防御功能，也许这是西周初年乃至更早对“郭”的理解。到了春秋战国，征战频仍，人们开始考虑郭的防卫价值，提升“郭”的坚固水平。《吴越春秋》说范蠡“外郭筑城”[46]，应该表明了建造其上可以驻兵的墙体作为郭并不是十分常见的事情。为了节省劳力，造成“城”一样的郭的尺寸也必然大幅度缩小，孟子说“三里之城，七里之郭”[47]，《国策·齐策》说“五里之城，七里之郭”[48]。与“郭方七十里”比较，可见郭的尺寸与功能变迁倾向。尺寸大大缩小了的郭当然不可能是附邑耕地的界限，设置目的是为了增强防御，其坚固程度当有大幅提高。从考古资料看，孟子“三里之城，七里之郭”的说法似乎只是一种适应当时形势的设想，因为与上述尺寸接近、相对坚固的城、郭近距离相套且城在郭中占有相应空间比例的遗址似乎并未发现。总的看来，在相当长的时间里，郭的牢固程度应仍不能与城相提并论。春秋之时一些地方的郭的首要作用恐怕仍然是用来框定农田，在构造上并不坚固。《左传·襄公十八年》（公元前555年）记晋国等攻打齐临淄，“乙亥焚雍门及西郭、南郭”，文中涉及的郭很可能只是一道木栅栏，只有这样，它才可以被焚毁。《吴越春秋》对于城、郭制作的不同用词也可以作为这种说法的佐证，“城”用“筑”，“筑”是用工具将土夯实，“郭”用“造”，造是用木或其他材料进行拼合。人们在齐临淄、鲁曲阜、赵邯郸等遗址上发掘到的厚度可观的夯筑而成的大墙，恐怕是不能视作为郭的。

《作雒解》在述及大邑成周的格局时，连续使用了两个“方”字，不仅强调了城、郭都大致为方形，更给人形成两方相套共有中心的想象，表明了大邑成周在塑造单一极点的空间架构上作出了努力。新的都城试图营造的是一个具有通神价值的金字塔级构的空间格局。

《逸周书·作雒解》所述大邑成周的大致地望可由相关文献来判定，《尚书·洛诰》记载周公向成王报告雒邑城池选址情况说：“予惟乙卯，朝至于洛师。我卜河朔黎水，我乃卜涧水东，瀍水西，惟洛食；我又卜瀍水东，亦惟洛食。伻来以图及献卜。”可见当时对三个地点进行选址占卜，在两个地点取得了吉兆，这两个地点都靠近洛水。

上个世纪人们先后在洛水以北的涧水与瀍水之间和瀍水以东发现了两座先秦城址，其中，位于涧水东、瀍水西的那座更为迫近洛水。这座迫近洛水的先秦城址城圈留存不全，凭残余部分，仍可看出其平面略为一个西南隅凸出的矩形。在这里，可以看到在先秦的大型城址上难得见到的挺直的北墙，并且它与东墙锐角相交，形成完整的城址东北角。这种情况已经显示了该城为一特别的高规格的设置（图5-3）。这里已发现的先秦时期建造的城墙框出的范围东西约2900米，南

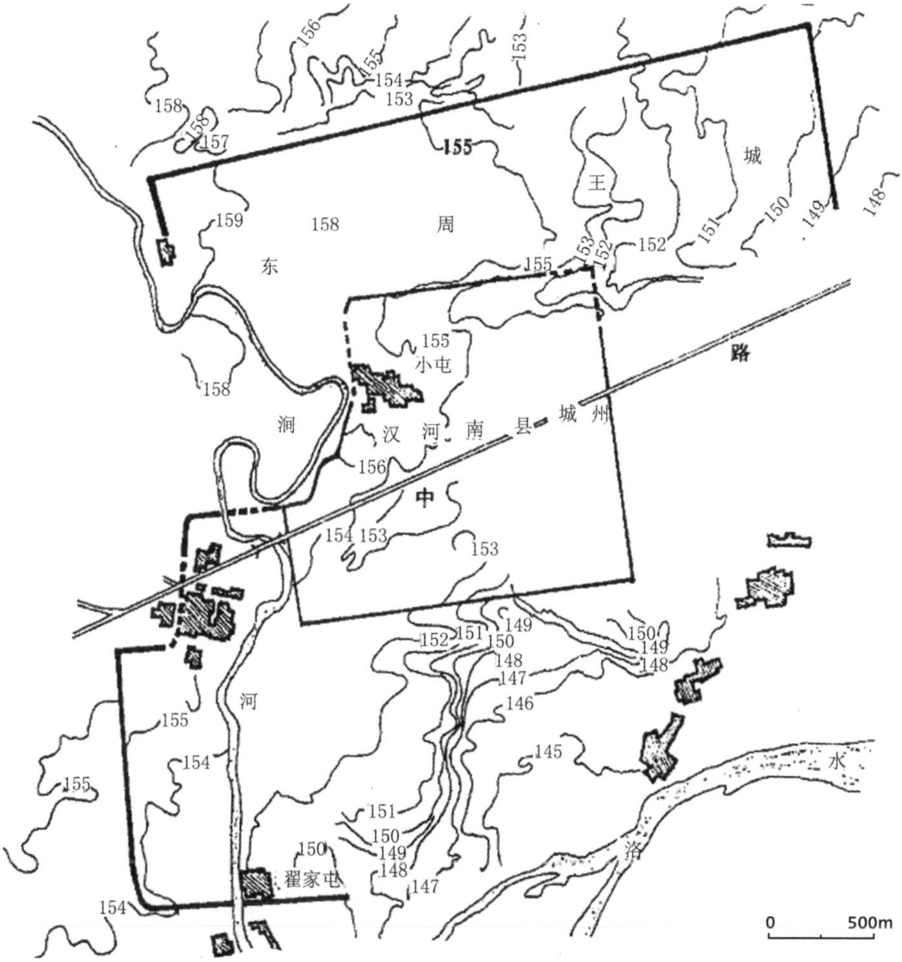

图 5-3 河南省洛阳市周代雒邑遗址实测图

北约 3200 米，按照周代一里约 350 米计，这样的尺寸大约就是“方九里”，和《作雒解》所说的“千六百二十丈”相合[49]。位置、规格与尺寸相合，使人们有条件将其与大邑成周挂钩。发掘报告将所见之城墙遗迹分为城墙原筑部分（老城墙）和后世增筑部分，“压在城墙原筑部分（老城墙）夯土下边有殷代及殷代晚期灰坑和文化层（如北墙西段的 T101 下的④和 H1；西墙北段 T201 的 H2、H1；西段金矿公路南的城Ⅰ下；南墙翟家屯村东北 T7 下），除掉城Ⅰ附近的 55T9 的一段城基下压有西周初期的一座墓葬外，再没有遇到确属西周的灰坑和墓葬；在南墙西段 58LGCT9 夯土中曾发现有类似西周的陶片（类似 T502 的鬲、豆）”。[50] 从上述文字看，城墙的原筑部分建造年代是可以“早到西周初年”的，但是，可能主要因为城墙的西南凸出部分可以明确为春秋甚至战国时所筑，以至于报告的撰写者“推测它的上限年代不能早于西周，甚至也不能早到西周”，并将之定为东周雒邑[51]。在我们看来，雒邑营造之初，为了确立大邑成周的空间主导地位，周人设立了城方九里的新规制，这一尺寸远大于商代的所有都城，在城垣建设上需要前所未有的人力投入。当时，周人立国未久，经济实力有限，又有爱惜民力的传统，于是，大邑成周的城墙在初建时很可能整体质量不高，这样，后世就有可能将其许多部分铲平重筑，特别是经历了秦代“堕名城”，在这里看到早期城墙与晚期城墙并置和早期城垣不连续的情况并不奇怪。

洛阳盆地一直是考古工作者重点关注的对象，长期以来，人们在这里进行了相当细微的耙梳，最终并未能在《洛诰》提到的另一个可能建城位置，即洛水以北、瀍水以东，找到另一个在尺寸上与“方千六百二十丈”相关的城址，所以可以认为，人们在涧、瀍之间的洛水北岸找到的“方九里”的“东周雒邑”，应该与西周的大邑成周有着直接的承继关系。

考古发掘所谓的“东周雒邑”是在西周初年所建之“大邑成周”的基础上形成的。从这个强调通神的城址的具体坐落看，它并没有像二里头那样，占据盆地中央，而是采取了与殷人相同的办法，强调与自己根据地的关联，关注防守的便利，最终将城址放到了洛阳盆地的西口处，背山面水地安排（图 5-4）。

殷人的“永都”洹北商城采取了规则矩形的城址，与其时隔未远又在丰镐二京的设置上追摹殷都的周人所要建造的大邑成周城址形状应与其相差不远。其实，基本方整的矩形，也应是特别强调中心性塑造的大邑成周的需求，考古发掘所见城址上凸出的西南隅城垣在大邑成周初建时应不存在。注意到涧水和洛水正在城址的西南方交汇，形成了一片池沼丰富的地区，在洹北商城西南的小屯宫殿区周边，也有一个池沼丰富区。所以成周大城和外部环境的关系，恰与洹北商城相类，在洹北商城的西南城外，最终建成了以明堂为主体的宫殿群。在镐京的西南也有池沼区，在那里也安置了明堂、灵台等。所以，在周礼因于殷礼的框架中，将大邑成周城址安排在一个池沼区的东北，表明将有明堂、灵台要在这个池沼区安排。这样，整个雒邑应当主要由两个部分构成：一个为成周大城，一个是位于其西南的明堂、灵台区。为了形成明晰的单极化的金字塔式的景观秩序，这个明堂、灵台区，也应与安阳小屯宫殿区一样，不设厚重的城墙包裹，避免形成过于强势的景观印象。

《尚书 · 召诰》所提供的两个可用的城址位置，一个是在洛水以北、涧水以东，一个是在洛水以北、瀍水以东，也就是说，城址从一开始就定在了便于形成池沼区的两河交汇处的东北方。在航运还未发展的时候，要求城址如此安排，首先考

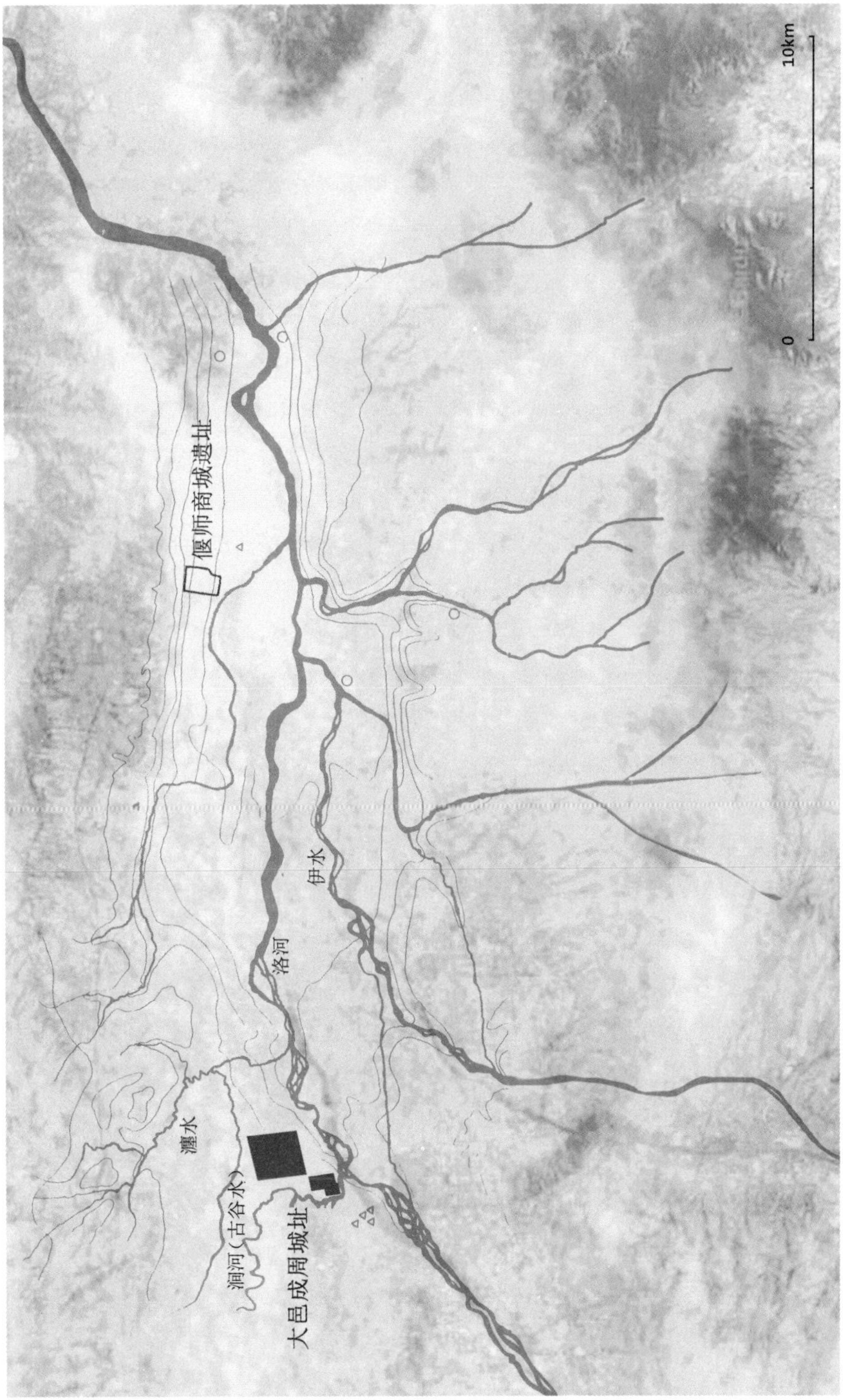

图 5-4 大邑成周城址位置图

虑的应该是建构一个符合规制要求的都城。

《公羊传·昭公二十六年》说“成周者何？东周也”，（宣公十六年）又说“王城者何？西周也”，是说雒邑包括两个部分：“成周”与“王城”。并认为成周为宗庙所在，王城为天子所居[52]。以上分析表明，在周人的新都城规划中，就是大邑成周位于东边，明堂、灵台区位于西边。按照殷墟的布局，天子的路寝应与明堂、灵台同处一区，因而明堂、灵台区可以称作王城，所以，《公羊传》的说法是没有问题的。《汉书·地理志》同样说西周雒邑含王城和成周两个部分，并且成周在东，王城在西，然而也指出“王城”（西周）位于当时的河南县所在，而成周（东周）则位于汉代的洛阳[53]，使得“成周”和“王城”相距数十里。由于《汉书》的说法地点指认明确，又与《公羊传》的说法不相矛盾，长久以来成为人们了解西周雒邑形态的重要根据。汉代的河南县，就在涧洛交汇之处的前引考古报告所说的东周雒邑的基址之上，汉代的洛阳，则在瀍河以东。1984 年，人们在解剖位于瀍河以东、洛河以北的汉魏洛阳故城城垣时，发现了建造年代不早于西周中晚期的城墙，其形状略为 2000 米 ×2500 米的矩形[54]（图 5-5）。虽然从年代和尺寸两方面看，其都不应与大邑成周相关，但由于《汉书》的说法在，许多人乐于将之判定为西周初年所建的大邑成周，而将在涧洛交汇处发现的先秦城址认作西周王城。

但这种说法是有问题的。首先，它的具体位置远离洛水和瀍河，与《洛诰》所认可的瀍河以东的吉位不同，同时，这样的位置难以在其西南方形成池沼，故其座落也不符合当时的圣都营造的具体环境要求。其次，如果汉魏洛阳故城下的周代城垣就是成周，那么它的西墙与所谓王城东墙之间的距离约为 13 千米。这样，《令彝》铭文所述就变得难以解释。该铭文说：“惟十月月吉癸未。明公朝至于成周。徃令，舍三事令，……舍四方令。既咸令。甲申明公用牲于京宫，乙酉用牲于康宫，咸既，用牲于王，明公归自王。”唐兰认为《令彝》所提到的“王”即王城，京宫、康宫均为宗庙，而成周当为宗庙之所在。按照唐兰，这段铭文大意是：癸未日，明公到达成周，甲申日，到文王庙进行用牲大典，乙酉日，到康王庙进行用牲大典，接着又到王城进行用牲大典。杨宽指出，如果王城在涧洛之汇合处，成周与汉魏洛阳同址，在当时的交通条件下，明公不可能一天内在两地举行用牲大典。如果像陈梦家那样，认为“王”为宫城、“京宫”“康宫”均为王城的王宫，明公用牲是主持奠基典礼，似乎可以避开上述问题。不过，按照《作雒解》，雒邑的宫城在周公时已经建立，多少年后再由人去给多个主要宫殿奠基是不合理的。所以“用牲”应是进行祖宗祭祀，“京宫”“康宫”为宗庙且与“王”不在一区的设想是合理的。[55]

可是，如果我们将在汉河南县地所见之先秦城址的大城指为“成周”，为宗

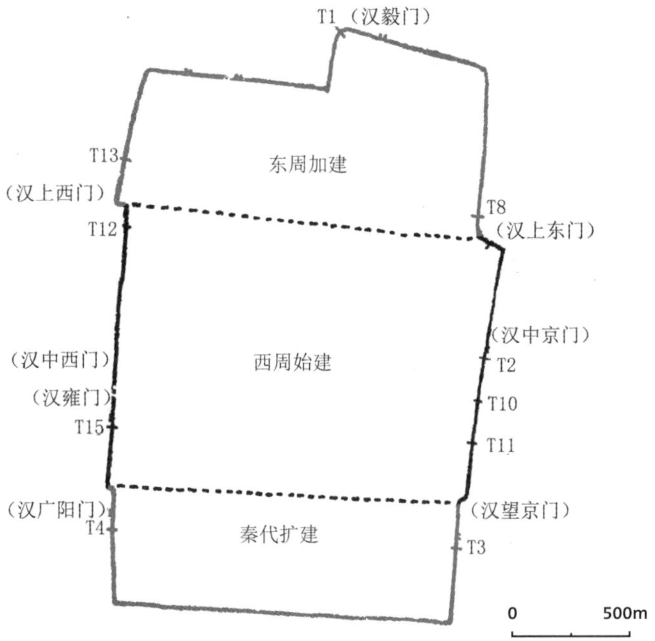

图 5-5 汉魏洛阳城池建设顺序示意图

庙之所在，而设想“王”位于成周城外西南的池沼区，这里不仅有天子的居所，并且有灵台、明堂等祭祀设施，那么，《逸周书·作雒解》《公羊传》及《令彝》铭文所说就都能够得到恰当的解释。“成周”离“王”足够近，明公在康王庙“用牲”后完全来得及当日到“王”再次“用牲”，由于“王”中有明堂等设施，所以在“王”进行用牲祭祀大典也是合理的。当然，十分重要的是，这里的成周确实在王城的东边（东周），而王城则在成周的西边（西周）。

丰、镐二京分别设置的重要目的之一，是为了建造一个两者间有一定距离、互为犄角之势的防御构成[56]，但是雒邑建造的核心目的是用来“居九鼎”——形成一个特殊的礼仪中心[57]——以昭示政权的正当性，情况相当不同。周公时，天下大定，中原地区难有有分量的挑战者，所以对雒邑的军事防卫要求不高，这样就有条件将在相当程度上对应于丰、镐二京的成周和王城近距离安排，恢复成洹北商城与小屯宫殿区那样的格局。这种做法所成之都城虽然形式上离明确的单极点空间架构还有相当距离，可毕竟王城一区没有安排居民区，其功能与景观分量大大减弱，较之丰、镐二京，西周雒邑离单极点的金字塔层级秩序还是近了一些。雒邑将成周与王城总体为一体的安排，其所对应的附城农田也较丰、镐二京大为缩小，较之丰、镐二京，新都城的人口聚集能力自然下降了。

大邑成周的中心部分后来为汉河南县所用，痕迹可能已不复可寻了。文献记载，周灵王时，谷水与洛水合流相激，曾给王城一区造成了较大损失[58]。王城所处地势较低，又为两水交汇处，水患应该是一个反复遇到的问题，由于基地被水患反复打扰，早期建设的痕迹恐也难以寻觅。这些当然给西周雒邑的确认带来了困难。可是，一旦我们把西周雒邑置于早期中国城市发展的大框架中，多方位地建立其与相关城市的关系，就能够廓清混沌，得出恰当的结论。

《汉书·地理志》既指认汉魏洛阳故城之地为成周所在，又说成周曾为周公迁移安置殷遗民的地方[59]，这本身就是矛盾。成周设有周人的宗庙，许多重要的祭祀典礼活动都在此举行，周王朝怎么可能把国家的重器和重要的礼仪活动放在一个文化、政治均为异质的环境之中？那么，那个在汉魏洛阳城下挖到的年代不早于西周中晚期的城址究竟是用来干什么的？西周初年为了建造雒邑，要往雒邑附近迁置殷民，为雒邑的建设提供劳动力，应是可以想象的。《尚书·召诰》就说新的都城建设动用了大量殷人："越三日戊申，太保朝至于洛，卜宅。厥既得卜，则经营。越三日庚戌，太保乃以庶殷攻位于洛汭。"这里"庶"是众多，"攻"是兴造[60]。结合《汉书》此处为周公安排殷民之地的说法，设想营造雒邑时在汉魏洛阳的位置曾经设置过一个安排殷人的营地，为雒邑的修造提供劳动力应该是合理的。

从空间构造的逻辑看，由政治异质人口构成的、服务于雒邑建造的营地应该不能成为作为礼仪中心的雒邑的必然组成。位于汉魏洛阳城的西周城址之西墙与大邑成周东墙之间的距离以当时的尺寸计应在 36 周里以上，按照大邑成周城方九里，郭方七十里的说法，在强调中心性建构的情况下，设雒邑的城与郭取同一几何中心，城墙和郭界之间的距离应为 30 周里左右，也就是说，在汉魏洛阳城下发现的西周城址当在雒邑之大郭以外，其西墙距雒邑之大郭之东界在 2000 米以上。这样的距离安排是符合对这个营地上的人既要利用又须防范情势的。郭的存在和该城池具体的位置选择，使得这个西周城址与大邑成周的关系缺少刻意的空间照应，汉魏洛阳城下所压之西周城只能是雒邑的低级附庸。

最初，这个殷人营地应无城池。西周中晚期，政治和文化形势都发生了较大改变，在汉魏洛阳故城所在地上生活的殷人更多地融入新朝，为了加强京畿地区的防御，周人需要利用这个旧有的殷人营地建造城池，以形成与大邑成周相互支援的军事要点（图 5-6）。

战国时，周王室发生内讧，参与王位之争的王子朝率军攻打周敬王。周敬王逃至位于汉魏洛阳城的曾为庶殷所据的辅城，王子朝则占据成周大城。周王室两

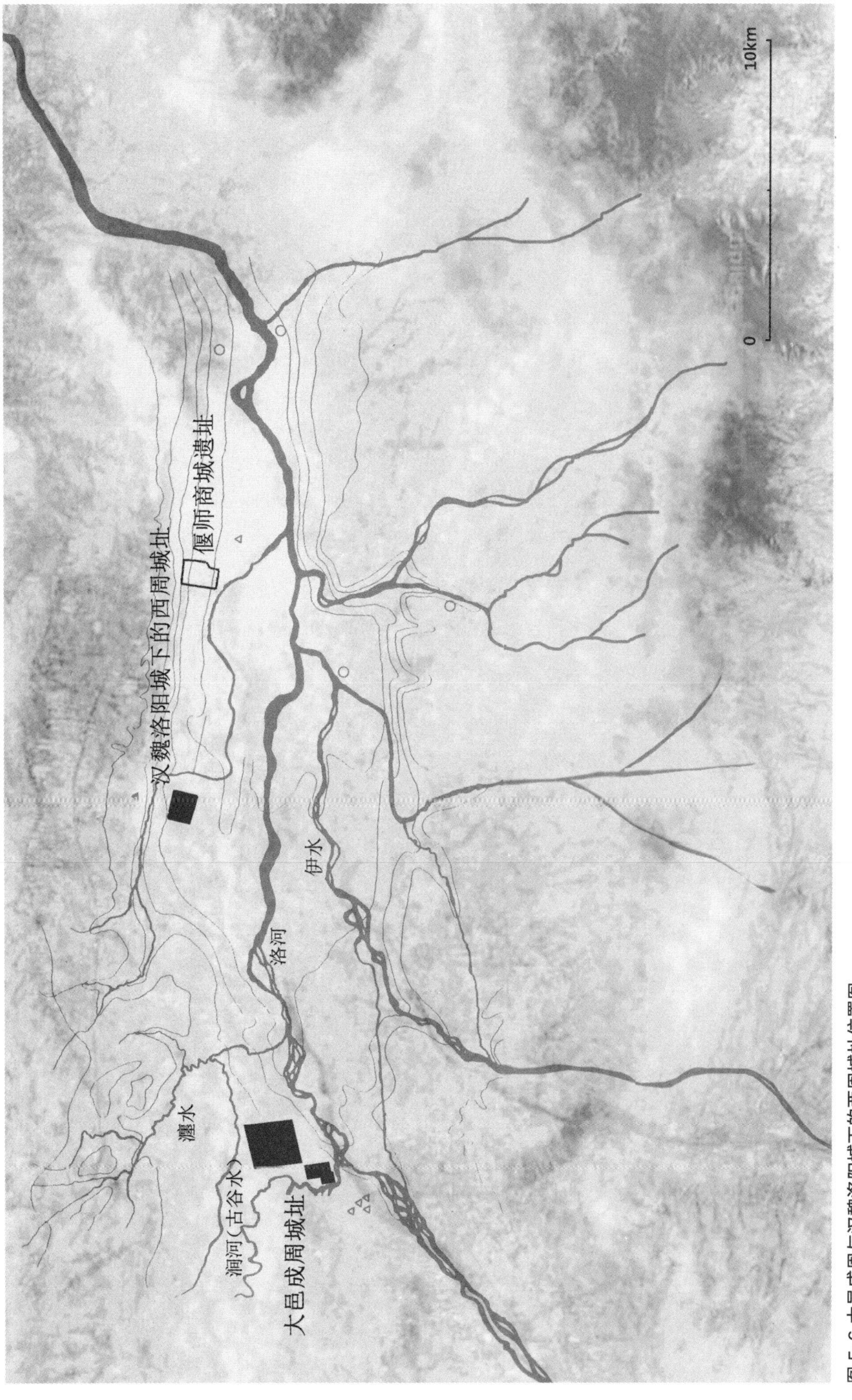

图 5-6 大邑成周与汉魏洛阳城下的西周城址位置图

王并立，人称王子朝为西王，周敬王为东王[61]，相应的城址就被称为“西周”和“东周”。由于本来雒邑亦分为东西两部分，后世以讹传讹，以周敬王为主导的意识为基础，将汉魏洛阳位置上的辅城当成了雒邑的主体部分成周大城，而将原来的成周大城及王城统一认作王城，以至于出现了《汉书》那样的说法。童书业指出：“战国以前之书，未有单称洛邑之一部（洛阳）为成周者，以洛阳为成周，与王城分而为二，乃秦汉之际人习见战国时事而发之误说耳。”“分王城与成周为二地，乃战国时周分东西后所逐渐形成之讹说，以前原无此分别观念也。”[62]说法虽不尽准确，但也相当接近实际了。

西周雒邑的选址，本就含有占居天下之中的意图，具体的城郭设置，也表现出塑造都城中心性的努力。可是大邑成周的具体位置，却并没有像二里头遗址那样，大致地坐落在洛阳盆地的中央，而是偏在盆地西南隅，依托邙山和涧洛之汇设城。反过来，用于安置殷遗民的营地却放在了盆地大致中央的位置。这一营地的安放，在没有城墙和大型设施的情况下，对盆地的整体景观秩序影响不大。后来阴差阳错，在此形成了城池，虽然城池规模有限，但却使此地成为整个盆地的景观要点，这既可能是后来以讹传讹将其认为成周的重要原因，也应该是后来东汉都城选址于此的重要理由。

东周以后，周王室卑弱，外部挑战不断，那种把明堂、灵台和路寝等置于大城之外仅有沟壕、宫墙隔离的办法就有了问题。为了安全，将成周大城的城墙在西南部向外拓出，形成一个特殊的地段，用以安排本来放在城外的那些设施是十分必要的。从新石器时代开始，城址的西南隅凸出就是相对高级的做法。在大邑成周，由于新的凸出部分要容纳明堂、灵台、路寝等在表明城址特殊性上有决定性作用的元素，所以在城垣形态上更加努力地展现这一凸出是必要的。较之已经看到的瓶窑古城西南隅向外弧出、偃师商城南垣向外折出和垣曲商城西垣与南垣双向斜出，在形态上更为突出的做法应该是西垣和南垣均向外折出。从成周大城的遗址情况看，东垣与西垣大致平行，城西垣的最大可能长度应从其与北垣交角点起到东周所建围括西南隅的南垣止，总长约 3400 米，如果东垣亦为 3400 米左右，即城南垣与北垣大致平行，这样，我们得到的是一个大约菱形的城廓，该城廓东北角完整，西南隅有所扩展，可以视作在矩形基础上，照顾特定处理要求的结果。考虑当时的都城形态变迁的大脉络，这应该是成周大城城廓的本来样子（图 5-7）。而“东周雒邑”正是在这样的基础上改造而成的。如果注意到用以围括东周雒邑城址西南隅部分的南垣与大城北垣不相平行，基本为正东西走势，这种做法，自然会导致与大城北垣平行的大城南垣与后增加的西南隅围括部分的东垣垂直相交，

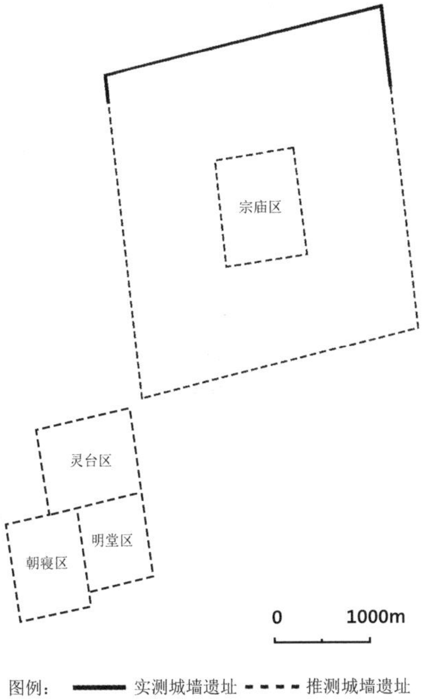

图 5-7 西周之大邑成周城池格局推测图

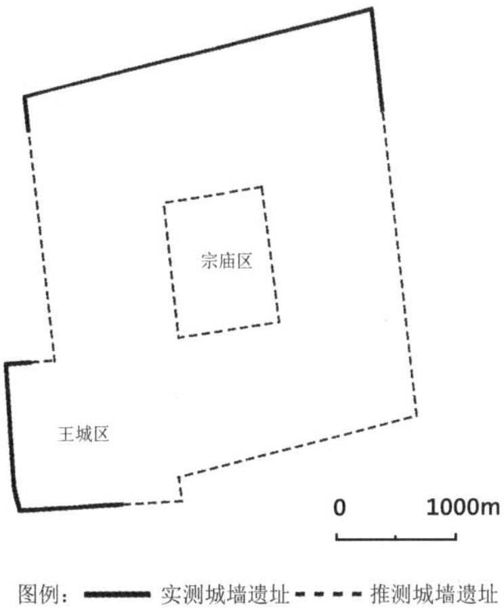

图 5-8 东周雒邑城址复原推测图

从而形成一个双向折出的西南隅，依照以上分析，这样的形态应是设计者所希望的。在成周人城上采用的这种西南隅扩张的方式，应是新的天子之制。从后世的情况看，这种形态在相当长的时间里，是具有竞争实力者的都城愿意使用的东西（图 5-8）。

周公，姓姬名旦，是周文王姬昌第四子，武王姬发的弟弟，其早年协助武王翦商立有大功。武王死后，辅佐成王，在克服了周初的诸侯叛乱，安定政局后，周公把最高统治权还给成王。周公是西周初年杰出的政治家、思想家，他的人格和制礼作乐的历史功绩为后世的儒者乐于称道，大邑成周的营造就是他制礼作乐的重要成绩。

《逸周书·作雒解》在罗列大邑成周的主要设施时说："乃设丘兆于南郊，以祀上帝，配享后稷，日月星辰，先王皆与食。封人社壝，诸侯受命于周，乃建大社于国中。其壝东青土、南赤土、西白土、北骊土，中央叠以黄土。将建诸侯，凿取其方一面之土，苞以黄土，苴以白茅，以为土封，故曰受则土于周室。乃位五宫：大庙、宗宫、考宫、路寝、明堂。"[63] 由前述可知，这里有一系列设施并不处在成周城内，所以在西周初年，"大邑成周"是一个指涉范围包括成周大城、王城和丘兆在内的名称。

大邑成周主要设施的安排，较之古往，确有诸多创制和发明。

依《诗经·大雅·绵》的叙述顺序，古公亶父时代周人都城用于人祖的祭祀设施最为重要，与人祖祭祀对应的则是能平九土的土地神的祭祀。把这样的土地神作为自然神灵中最为关键的祭祀对象，显示出武力在当时周人生存上的特殊地位。但在雒邑，充满杀伐之气的“冢土”不见了，取而代之用于供奉最主要自然神的设施，则是用于供奉“上帝”的祭祀丘兆。而以祀求丰饶为主的后稷、日月星辰以及先王等则成了上帝的陪祀。这样的变动，暗示着统治合法性认证重点的迁移。在商代开始认同的“天命”，在广域王国的政治生活建设上的首要地位第一次获得了明确的景观与空间表达。大邑成周的主导景观构成显示的是政治合法性，是对天命的服从与理解。

“丘”指台、坛，“兆”则是用墙垣在“丘”之外围括出来的一个场域。按照后世的办法，人们要根据所祀日月星辰和先王的特质把他们的牌位安排到丘兆的不同方位，形成一个上帝与后稷相对，各路神灵环伺，由十字型轴线作为控制依据的秩序。这样的格局，或者取法于古老的明堂。在中原地区更为古早的祭法中，明堂是祭祀天神之所在，在相当长的时间里，明堂放在宗庙以西或西南。当“帝”还指一般天神时，这种安排还差强人意，一旦“上帝”的观念出现，也就是至上神的观念出现，将祭祀包括上帝在内的天神的设施与宗庙并置，甚至占用的是次一级的位置就有了问题。商代末年，正是至上神的概念逐渐形成和确定的时代，以其至尊的地位，祭祀天神的场所应该占据十分特别的地位。因为用宗庙独占了都城主体部分的核心，这种设施就只能在城外占据最为关键的地位，并与宗庙遥相呼应，互相生发。天在上，属阳，南方为一天里主要的太阳所在方，以这种对天的属性的理解为据，将丘兆安排到都城外南方是合理的。

在新的设计中，原来在郊的大社转移到了“国中”，并且大社的使用与诸侯的分封联在一起。在《作雒解》中，虽然没有明确大社的位置，但是考虑到已有王社置于宫殿区以北，从设计逻辑性着眼，这个处在国中的大社放在宗庙以南并与之保持一定的距离较为合适，这样它和宗庙遥相呼应共同满足诸侯分封仪式的要求。人们在凤雏甲组基址以南约 40 米处发现凤雏三号基址，该基址“主体形状呈‘回’字形，建筑由北面的主体台基、东西两侧台基、南面门塾台基组成，中间为长方形的庭院，南北残长 46 ~ 48 米，东西宽 56 ~ 58.5 米，总面积 2810 平方米。这是迄今所知西周时期规模最大的单体建筑。该基址的建造时间在西周早期，废弃于西周晚期。最令人瞩目的是庭院中有立石和铺石的遗迹，立石通高 1.89 米，地面以上现存的部分高 0.41 米，原本应更高。发掘者推测，立石和铺石遗迹应分别为文献记载中的的社主和社坛，而凤雏三号基址应属社宫，是目前所见商周时期国家形态社祀最明确的实物证据”[64]。我们知道，凤雏甲组基址是宗庙，所以凤雏的社宫与宗庙的关系及社宫的形态均可作为成周大城中社坛定位及其形态的参考。新的大社一方面是要弱化大社的杀伐属性，另一方面也要与宗庙的体量协调，自然也就放弃了原本以体量取胜的做法，为了明确其神性并与空间占有的本意相关，采取了“东青土，南赤土，西白土，北骊土，中央叠以黄土”的形式。通过“将建诸侯，凿取其方一面之土，苞以黄土，苴以白茅”的办法，建构大社与空间占有的确切关系，明确天子的中心地位和诸侯的从属身份，更好地把礼仪活动与政治秩序的建设联系起来。

大庙、宗宫、考宫是周人用来祭祀其始祖后稷以及文王、武王的庙堂，设置三个在都城大格局上均独立占有一席之地的庙堂，显示出祖宗祭祀的特殊地位。大邑成周建设的重要目的，就是要“居九鼎”。《墨子·耕注》说及九鼎云：“夏后氏失之，殷人受之；殷人失之，周人受之。夏后、殷、周之相受也。”[65]可见在当时，九鼎的据有，是天命转移的标志，已经成为政权正当性证明的必要。如此重要的用于祭祀的礼器，本身就要占据中心以方便与上帝沟通。按照《吕氏春秋》，大庙应该占据天下的中心，九鼎应该放在大庙里。九鼎的加入，当然强化了宗庙在都城功能与景观组织上的主导性。

西周时贵族或者官员的册封主要在宗庙进行，与册封有关的青铜器上的铭文多有涉及位于成周之天子宗庙名称者。这些设在成周的天子宗庙名称有“京室（何尊）”“京宫”“康宫（令彝）”“周康寝（师遽方彝）”“周师彔宫（四年兴盨）”“成周司土淲宫（十三年兴壶）”“成周大室（静方鼎）”“周宫（庚嬴鼎）”“大室（免尊）”“大庙（免簋）”“周庙（盠方彝）”“康宫（卫簋）”“师戏大室（豆闭簋）”“周康宫（辅师嫠簋）”“周师彔宫（宰兽簋）”“师司马宫大室（救簋盖）”“周穆王大室（曶鼎）”“周司马宫（师员簋盖）”“周康昭宫（颂鼎）”“犀（同夷）宫（害簋）”“周昭宫（鄚簋）”“师汓父宫（牧簋）”“周康穆宫（寰盘）”“穆庙（大克鼎）”“周康剌宫（克钟）”“周康夷宫（此鼎）”等。[66]

以上青铜器铭文提供的宗庙名称有的只有一级地名，有的则有两级地名，从命名的习惯看，涉及两级地名时，一般上一级地名为区域名，下一级地名为地点名，下一级地名所设空间范围应是上一级地名的一部分。这里同时有两级地名的有“周师彔宫”“师戏大室”“师司马宫”“周康昭宫”“师汓父宫”“周康穆宫”“周康剌宫”“周康夷宫”。注意到这里的一级地名即区域名只有两个，即“周师（宫）”与“周康（宫）”，由此应可推认，当时在成周大城里有两个不同的宗庙区，每个宗庙区内包括一系列的宗庙。案:“师”,《释诂》云,“众也”。“京”的意思为“大”。“众”“大”意义相通,“京”即为“师”。所以前及之《令彝》提到的“京宫”和“康宫”,应分别指涉两个庙区。《作雒解》中提到的宗庙名称有三个,“大庙”“宗宫”“考宫”。既然“京”“师”均有“大”的意思,所以大庙亦即“师”或“京宫”。“大庙”既可以指周人始祖之庙,也可以指包括始祖庙在内的还有其他宗庙的宗庙区。在都城设置两个宗庙区的做法在偃师商城宫城三期和洹北商城中已经见到,按照一个宗庙区安排迁都之前去世的王、公,另一个宗庙安排迁都后去世的王、公的办法,京宫或大庙庙区有明确的明堂色彩,其应是祭祀成周设置之前去世之先公先王及同族烈士的地方,把“宗宫”“考宫”及与“师”有关的宫视为“大庙”的一个部分是合理的。周康王应是在此设都后首位在雒邑设庙的君主,所以用其名号作为安置此后去世之周王的庙区的名称。在偃师商城和洹北商城中两个宗庙区一大一小,前后序列安排。考虑到殷人都城规制对周人的强烈影响,很可能在成周大城中的两个庙区仍是一前一后的顺序安排。

周代文献中常提到“天室”“大室”。如《逸周书·世俘解》说武王克殷后凯旋镐京,在“天室”举行献俘礼:“武王降自车,乃俾史佚繇书于天室。”[67]《谏簋》:“惟五年三月初吉庚寅,王在周师录宫。旦,王各大室。”《逨鼎》:“唯卌又二年五月既生霸乙卯,王在周康穆宫。旦,王各大室。”《剌鼎》:“唯五月王在□,辰在丁卯,王禘。用牡于大室,禘卲王。”《颂鼎》:“唯三年五月既死霸甲戌,王在周康邵宫,旦,王各大室即立。”有的学者将这里的大室解释成明堂[68]。从历史看,某个时期的明堂确实可以称作大室,并且明堂中也包含称作大室的部分,但从上面的引文看,这些大室都是宗庙的一部分,因为不可能每个宗庙中都有明堂,所以这里的“大室”应该是指一组建筑中最大的房间。建筑的格局不同,所谓的大室的位置也不同:建筑为亚字形平面时,中央一间为大室;如果为排房,一般当心间最大,大室就指宗庙主体建筑上的当心间。除了上引文中“周师录宫”中有大室,“周康穆宫”中有大室,“周康昭宫”中有大室,还有“司土淲宫”大室,“周康新宫”大室,“师戏”大室,“周康宫”大室,“师司马宫大室”,“周般宫”大室,“周康昭宫”大室,“师汓父宫”大室,“周师量宫”大室,“周康夷宫”大室。如果每个宗庙都有大室,那么,周人的宗庙就不像殷人宗庙那样,许多祖宗共占一幢房子,实行同堂异室供奉的格局,而是每个设庙供奉的祖宗都单独拥有一幢建筑甚至一个建筑群。又,《邾敦》“王才周邵(昭)宫,丁亥王格于宣榭”,《虢季子白盘》“王格周庙宣榭”,《师汤父鼎》“王才周新宫才射(榭)”,可见宗庙中不仅有大室,还有“榭”,《尔雅》“榭亦谓之序”,《唐韵》“古者,序榭同”。前文已经指出,“序”可单指学校,而周人的大

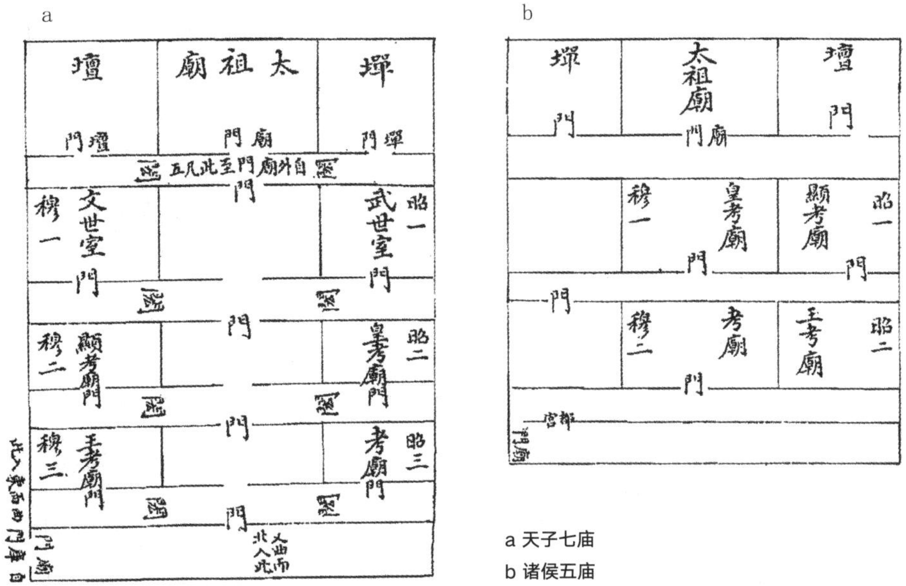

a 天子七庙

b 诸侯五庙

图 5-9 宗庙的两种布局

学设在明堂周边的廊屋中，故“序”应即为廊庑。由此看，大邑成周的单个宗庙当由正殿和周边廊庑组成，亦即采用的是廊院格局。

根据文献，清代学者任启运画出了周代天子及诸侯宗庙布局的平面示意图（图 5-9）。图中显示，诸侯的宗庙和天子的宗庙采取了十分不同的总平面格局。天子与诸侯宗庙的大门均设在宗庙区的西南角。这是常规的接近神圣目标的办法，与在二里头和偃师商城见到的从宫城外接近宗庙的方式一致。进入宗庙区后，路径就不同了。在天子宗庙区，进入者要在到达庙区中轴的地方转向，然后正北面对太祖庙，这时，位于中轴的一系列门洞与太祖庙共同形成强有力的中轴，塑造着接近太祖庙的路径，形成特别隆重的行进过程。诸侯庙则在进入庙门后，随即向北转，虽然路径上也有一系列门洞形成某种空间约束，但前方没有主体建筑作为底景，路径两侧的建筑又不对称，环境的隆重性不能和天子的宗庙相比。天子宗庙中的主导行进线路虽然隆重，但一部分庙宇放到了进入路线的左侧，进入这些庙宇，就不再用“由西南入”的办法。在殷人的同堂异室的宗庙中，确也存在位于中轴西侧的房间，只是在各为庙区的构成中，将这一点特别地凸显出来，由于这种做法发生在天子之庙上，诸侯之庙反而将所有庙室放在进入路线的东侧，进入每个庙堂都要采用由西南入的做法。这种设置当然暗示隆重的庙区中轴的做法地位更高，这就会形成对以从西南入为神圣规则的某种消解，使得历史上长期存在的由西南方接近通神节点的规则被搁置，相应做法所包含的意义和价值就会被逐渐地遗忘。这种搁置或遗忘，则是新型宗庙布置规则成立的基础。

在秦都雍城发掘到的秦人宗庙遗址，就是宗庙主体部分放弃由西南接近神灵的办法的例子（图 5-10）。巫鸿曾对任启运所为之宗庙平面图进行分析，以为宗庙的轴线暗涵时间追索的意思[69]。这种含有时间追索意思的空间组织，可能引出对“深密”型空间的偏好。对“深密”型宗庙的偏好，在洹北商城宗庙区的安排上已可以看到，周人单一宗庙区当由多组建筑构成，使其获得深密感当要求更大的空间范围。从后世的建筑看，深密型空间偏好在世俗建筑上也有表现，之所以如此，当与在中国传统居住建筑的核心部分总是有通神的需求相关。

周人自称其宗庙为“清庙”。《周颂 · 清庙》序云：“祀文王也。周公既成雒邑，朝诸侯，率以祀文王也。”《汉书 · 韦云成传》云：“议者又以为《清庙》之诗，言交神之事，无不清静。”贾逵《左传注》说：“肃然清静，谓之清庙。”古释清庙皆以清静得名。想要清净，当然要远离一般居住地段。所以可以设想，与洹北商城的情

图例：夯土墙 散水 复原线 柱础石 台阶石 灶坑 灰坑
祭祀坑 排水管 柱洞 断崖 道路面

图 5-10 陕西省凤翔县秦雍城秦人宗庙建筑基址平面图

况相似，位于成周大城中心宗庙主体建筑部分与围括它们的围墙之间，也有足够的距离，在围墙和建筑之间应该充满树木以隔绝尘嚣。

根据《礼记·王制》，周代天子、诸侯的宗庙一年四季都要举行祭祀活动，“春曰礿，夏曰禘，秋曰尝，冬曰烝”。加上群臣要共同参与的“衣祭”等，构成“常祭”的基本内容，“常祭”即按规定到时候一定要举行的祭祀。至于非常之祭，次数没有限制，所谓有事则祭，如行事告庙、献俘馘、诛罪人、灾变祈禳等都需要进行宗庙祭祀[70]。这么多的宗庙加上这么多的祭祀，当然是一份巨大的花费。并且，当时是两京制，这种花费还不止一份。此外，对此时技术还不够成熟的木构建筑进行维修，也是一笔不小的开支。西周晚期国库空虚，民生凋敝，在宗庙上的花费给王朝带来的压力会更加明显。为了振兴朝纲，周宣王进行了一定祭祀制度的改造。皇甫谧《帝王世纪》说：“自厉王失政，猃狁荆蛮交侵中国，官政坠废，百姓离散，(宣) 王乃修复宫室，兴收人才，容纳规谏，安集兆民，命南仲、召虎、方叔、吉父并征定，复先王境。”[71] 如何“修复宫室”？《汉书·楚元王传》记刘向说：“周德既衰而奢侈，宣王贤而中兴，更为俭宫室，小寝朝。”[72] 把这两段话联系起来，或可认为，由于厉王失政，国家的礼仪活动坠废，宗庙宫殿败坏，周宣王在进行宗庙宫殿修复时，采取了缩减宫庙规模的办法。后世以为的周制单一庙区、中含七庙的做法，应该始自这个时期。在“天子七庙”的供奉格局中，将供奉对象分成两段，以呼应过去的两区：前一段为始祖庙及文、武二庙，这三庙永不迁毁；后四庙为时君以上四代周王，随时君的更替迁毁。新的庙制，仍然包括两个庙区的意涵，但却不再分开布局，单一的庙区有助于造成更单纯有力的都城中心形态。

在宗庙设置之后，《作雒解》接着说到路寝，但这并不意味着路寝在空间位置上处于宗庙之后与之构成前庙后寝的格局。由殷墟的情况推论，这时的路寝应该在成周大城以外西南方安置，因为《作雒解》在述及路寝后单说明堂，所以，周人路寝的内容只包括朝宫与寝殿。

《作雒解》将明堂放在路寝之后单列，叙述格局已经表明这时的明堂已经不再是路寝中的一部分了。将路寝安排在明堂之前，也暗示雒邑的明堂地位又不如前。时君的地位上升，更多政务活动集于一身，针对时君的活动，需要安排更多的设施和仆从，路寝规模的扩大可以预期。相反，当明堂本来的祭祀功能被析出几尽，特别是将祭祀上帝、日月星辰、先朝圣贤的功能移至南郊后，把明堂放在丘兆、大社、宗庙甚至路寝之后也是理所当然。

西周以后，明堂的地位比宗庙低，先秦文献屡有显示。如《礼记·明堂位》说“鲁之大庙，天子明堂。库门、天子皋门。雉门、天子应门”，就是说鲁国最高等级的建筑大庙的规格，只与天子的明堂一致。因为明堂规格低于大庙，为了避嫌，所以周公在将政权交还成王之前，把他自己大朝诸侯的活动放在明堂进行[73]。这样的明堂首先被定义为“明政教之堂”，从而与国之大事的祭祀关系疏离。《明堂位》说：“明堂者也，明诸侯之尊卑也。”[74]这话说起来响亮，内容却相当空洞，因为册命仪式是在宗庙中进行，日常的政务活动在路寝展开，这些活动都是最好的明辨尊卑的场合。

《考工记》说，“夏后氏世室”，“殷人重屋”，“周人明堂”。对于这段话历来人们关注的是明堂建筑形态的变化。其实，由世室而重屋而明堂不仅是相应建筑形态的变迁，更是相应建筑功能内涵、礼仪制度、聚落主导元素和聚落关键空间组织格局的变化。由仰韶文化大房子到周人明堂的种种转变，构成了中国早期聚落空间及营造制度变迁史的十分特殊的篇章。

西周雒邑的明堂、路寝等共同构成了王城，在成周城外西南方水草丰茂之地安排，具体格局如何，因为水毁，遗迹已不复可寻。幸运的是，春秋战国的晋新田和赵邯郸的考古发掘，为此问题的解决提供了难得的参考资料，依据这些资料，我们大致可以揣测西周雒邑王城的格局。

晋新田是春秋晚期晋国都城。晋新田未发现大城，遗址由一系列小城和遗迹点构成。在整个遗址的中部，发现有呈王路 13 号地点建筑基址。该基址东面有北西庄和二水厂祭祀遗址，东南有省建一公司加工厂祭祀遗址，南面有侯马盟誓遗址，西南有煤灰厂祭祀遗址，祭祀遗址的分布方式，有助于认定呈王路 13 号地点建筑基址为这一地区的中心性设施。考古发掘表明，该遗址主体建筑两侧有“厢房”。《尔雅 · 释宫》曰：“室有东西厢曰庙”，加上在其南边发现大量祭祀坑，研究者普遍认为，呈王路 13 号地点建筑基址的性质不同于一般宫寝，应为晋国的宗庙[75]（图 5-11）。在呈王路 13 号地点建筑基址以西 3000 米，有“品”字形排布的平望、牛村、台神三座小城。这三座小城位于汾河与浍河的交汇处，具体环境与西周雒邑王城所处十分相似，地面水丰富，有利于安排明堂、灵台等要求有池沼配合的设施。晋新田的宗庙在东，宗庙以西相当距离为水草丰茂区的情况，与西周雒邑的宗庙居中的大城在东，王城在其西南的基本格局基本对应，有利于我们设想三座小城的内涵与雒邑的王城相类（图 5-12）。

在三座小城中，平望古城在北，略为南北长 1300 米，东西宽 860 米左右的矩形。南垣中部、西垣北段各发现一座城门。城内正中稍偏西北有一大型夯土基址，自底至顶分为三级：第一级平面为边长 75 米的方形，南部正中有宽 30 米、长 20 米的凸出部分，正南有宽 6 米的路面向南延伸；第二级较第一级收缩 4 ～ 12 米不等，

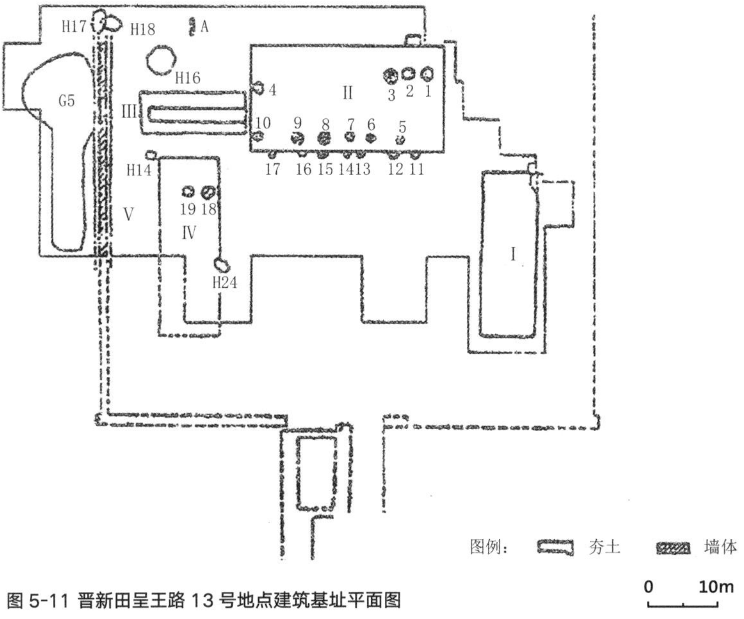

图 5-11 晋新田呈王路 13 号地点建筑基址平面图

高出地面 4 米，南部边沿的正中间呈坡状，西部边沿发现一块石灰岩残石；第三级位于第二级北半部，东西长 45 米，南北宽 35 米，距地表高 8.5 米，顶部覆盖有 1 米厚的堆积，包含有板瓦、筒瓦残片。基址东部发现有较大面积的夯土建筑群，东南发现长约 90 米的类似围墙的条状夯土，西南发现密集而规模较小的夯土建筑群，南部有水坑及大沟。台神城址占据着三座小城的西南部，平面为东西 1660 米，南北 1250 米的矩形。西垣上有两座城门，南垣发现一座城门。城内主要夯土遗迹有 7 处，其中 5 处居中，呈南北一线分布。在古城外北临汾河处，有三座夯土台基，相互间距 40 米，中间大者平面为南北 100 米，东西 80 米左右的矩形，基址高出地面 7 米左右。牛村古城占据“品”字形的东南一方，平面为南北 1400 米，东西 1100 米左右的矩形。在城内中部偏北发现有内城，约 500 米 ×600 米，未发现内城的西南城角。在牛村古城西垣南端与台神古城东墙间有一“缺口”，与内城西南角缺失有某种呼应。内城西北部有一大型夯土台基，正方形，边长 52.5 米，顶部北高南低，现高于地表 6.5 米，上部有近 1 米厚的建筑物坍塌堆积[76]。位于东南方位的牛村古城里的设施特别令人关注。首先，这个设施的台基平面为正方形，表明其上的建筑也大致为四方面阔均等的形状，而这种形状，正是西周明堂的特征之一。第二，外城西南角设有“缺口”，内城城墙缺少西南角，两相对照，显示人们接近上述方形平面建筑要从西南入，这也是明堂建筑的要求。所以，牛村

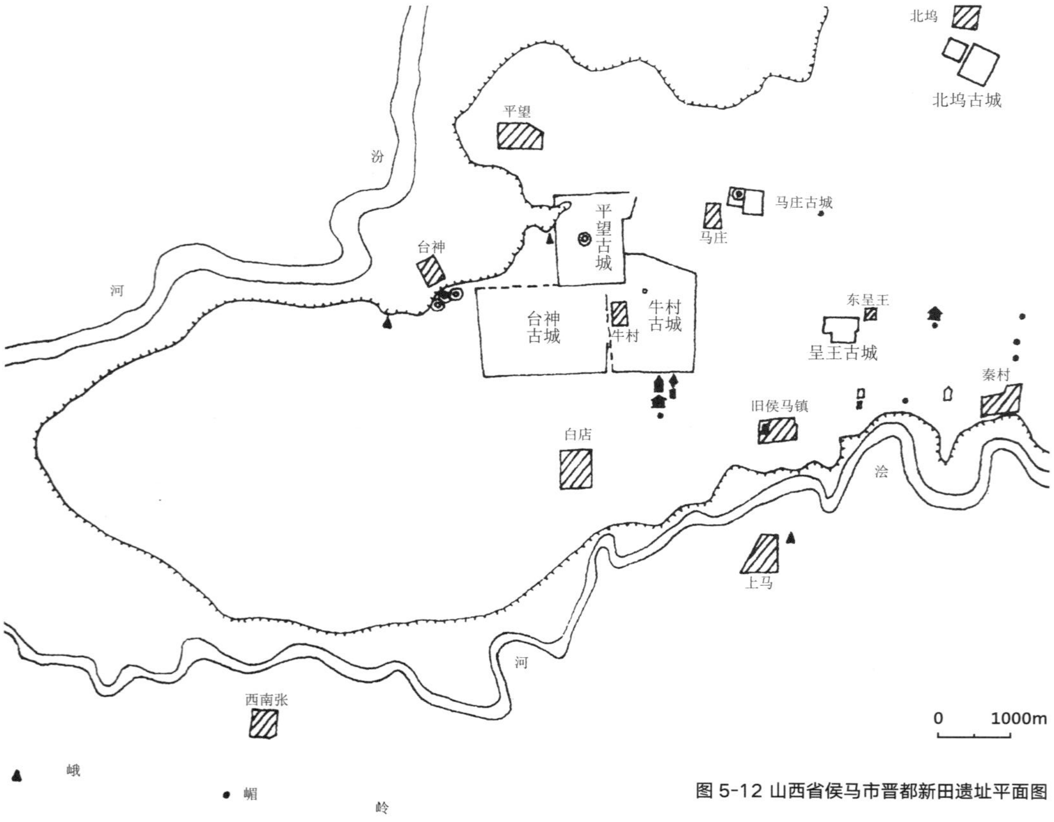

图 5-12 山西省侯马市晋都新田遗址平面图

古城中的设施为明堂一类。位于北面的平望古城中的土台分为三级，显示出强调设施高度的意图。三层的分划，或者可以分别对应观天文、观四时施化、观鸟兽鱼鳖的需求。结合周人在丰京的建设，这里对应的设施当为灵台。台神古城位于以上两个小城的西边或西南边，以上两个小城中的设施均含祭祀功能，台神古城的位置暗示其内部的设施当为尊长之处，该古城中的主要设施为五座串在一条轴线上的宫殿建筑，其格局与偃师商城的前朝后寝的宫殿部分一致，由于明堂已经单设，所以这里应是日常朝会寝居之所。将明堂、灵台和路寝分别安排，并分别在其外用城墙围括，当然有助于表示相应建筑的隆重，从建筑空间组织的角度看，这也是明堂、灵台建筑本身及相应的礼仪难以与其他建筑兼容的结果。

单从晋新田遗址的三个小城看，内有明堂的牛村古城位于该单元的东南角，但若将三座小城与宗庙区联系起来看，它则位于日常朝寝之所的台神古城与宗庙区之间，含有某种居中的意味，似乎位置更为重要。台神古城虽然处在相对边缘的位置，但其使用更为频繁、实际构成更为复杂、建设规模最为庞大，在时君地位不断提升、明堂和灵台的地位渐次下降的背景下，将其作为这三个小城的代表而将之统一称为“王城”是可以设想的。具体位置、所处环境和所具有的功能与西周雒邑王城相似，使我们有条件据此推测西周雒邑王城的格局。

战国晚期的赵都邯郸由大北城和位于大北城西南的赵王城组成。赵王城也由三座“品”字形排布的规模差不多的小城构成，其总体平面与晋新田的三座小城极为相似，并且也处在池沼丰富的地区。在这三座小城中，北城的西垣内外有两大夯土台对峙，中部近南墙处另有一较小台基。西南城大体为方形，中部偏南有一大型夯土台，南北 296 米，东西 265 米，基本为正方形，残高 19 米。东南城为纵长方形，城内近西垣处有大型夯土台基两处，南侧另有大、小台基五处。从城内的设置情况看，东南城内所存台基的分布状态与晋新田的台神古城相似，西南城中台基的分布状态与牛村相似，而北城的台基分布格局与平望古城相似。似可推断邯郸赵王城之东南小城内安排的是时君朝寝，西南小城内安排的是明堂，北小城内安排的是灵台。赵王城的三座小城与晋新田的三座小城在要素设置上虽然相同，但相应要素的位置安排却有差异，具体地说，就是二者的“明堂”与“朝寝”在位置上实行了对调。在晋新田遗址上位于整个单元外缘的朝寝在赵王城中占据了原来“明堂”的位置，而明堂则移到了整个城区的外缘。从大格局上看，这也可以说是朝寝取代明堂占据了相对中间的位置。《史记·赵世家》说在赵武灵王元年“韩宣王与太子仓来朝信宫”，又，“（赵武灵王）十九年春正月，大朝信宫”[77]。古人称土星为信星，《史记·孝武本纪》：“信星昭见，皇帝敬拜泰祝之飨。”司马贞索隐：

“信星，镇星也。信属土，土曰镇星。”[78]在五行中，土居中，故“信宫”的意思为“中央宫殿”。从相对位置看，赵邯郸王城东南方小城中众多台基的组合可以认作信宫。这时信宫并未占据大城中轴，可是已经替代明堂占据了更为重要的位置，特别是“信宫”这一名称的使用，显示出对时君宫殿重要性的强调（图 5-13）。

按照晋新田和赵邯郸的情况，可以认为，当时大邑成周的王城部分，或由三个尺寸大体相当、空间相对独立的部分构成，这三个部分分别为灵台区、明堂区和朝寝区。在西周初年，明堂应该还占据着相对重要的东南位置。在其西侧，则应安排为路寝，西周初年因为具体条件限制而产生的灵台，此时已经成为有专门功能指向的建筑类型，被安排在上述两个设施的北部。

《逸周书·作雒解》在罗列了大邑成周的最重要的聚落元素后，花了相当的篇幅对所涉及的建筑进行描述，说这些建筑“咸有四阿、反玷。重亢，重郎，常累，

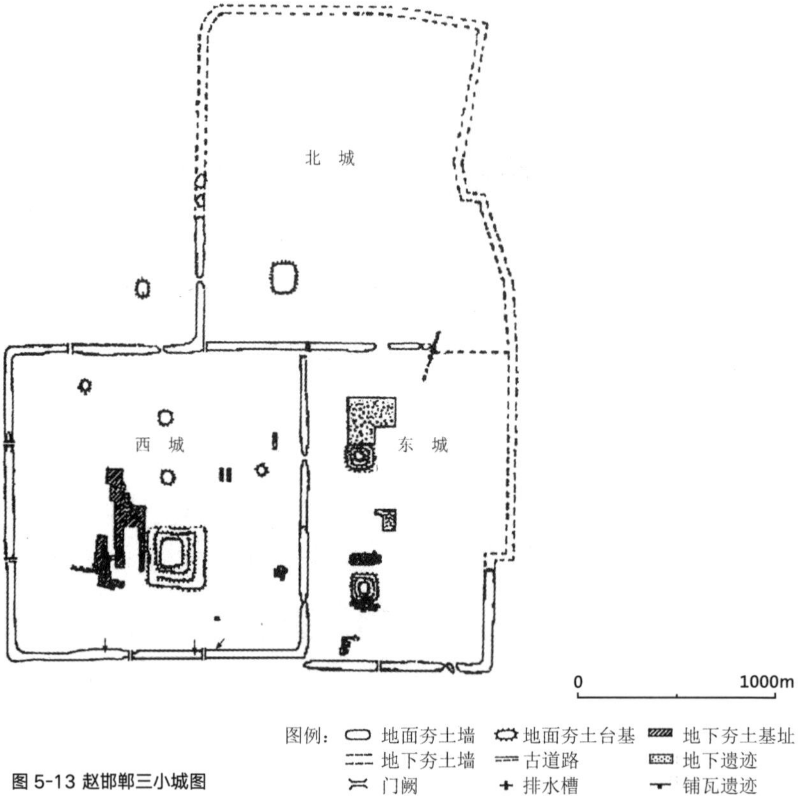

图 5-13 赵邯郸三小城图

复格，藻棁。设移，旅楹，惷常，画。内阶，玄阶，堤唐，山廧。应门、库台，玄阃”。综合各家注释，大致可以说："四阿"是指其屋顶为四面坡；"反坫"是指建筑台基四个角部成方台凸起，它使台基主体轮廓为亚形；"亢"即"梁"，"重亢"指建筑为抬梁构架；"郎"即"廊"，重廊为中间隔断、两边设为房间或通道的廊子；"常累"或指重叠的斗拱；"复格"是指屋面瓦下设双重木板；"藻棁"指画有藻饰的梁上短柱；"移"或为"簃"，应指廊庑局部加宽，成为相对独立的小屋，或如二里头一、二号宫殿的东厨；"旅楹"指在当心间两侧露明的柱子上进行某种加工；"内阶"当为台阶收在台基内或施于屋内的做法；"玄阶"是指黑色的台阶；"堤唐"为高出地面其状如"堤"的庭中道路；"山廧"是指在建筑两端墙上画上山纹；一般认为"应门"指宫城正门，此处或者是说入口均设为门塾；"玄阃"是指使用黑色的门坎；"惷常""画"和"库台"不能确解，但应指施加于建筑某些部分的特殊做法[79]。整个看下来，这里没有文字提及建筑间数和具体尺寸，所涉及的都是可能具有象征意义或巫术价值的建筑处理。这并不是说，建筑的尺寸、层数等对于环境规格的确定不重要，而是说，《作雒解》提到这些做法在当时是保证"大庙""宗宫""考宫""路寝""明堂"价值和神圣性的基础性手段。《礼记 · 明堂位》述及鲁国都城主要设置，也不涉及建筑的具体尺寸，而是着力于记述"山节""藻棁""复庙""重檐""刮楹""达乡""反坫出尊""崇坫康圭""疏屏"这些"天子之庙饰"。[80]这里所谓的"饰"，是指建筑主体局部的形态或处理，从建筑投入看，建筑主体一般占大头，而"饰"，如果不是特别过分的话，投入就相对有限。如果把《作雒解》和《明堂位》同样强调用"饰"来确定环境规格的做法和儒家希望统治者"卑宫室而尽力乎沟洫"联系起来，可以认为它们表达了一种建筑制作导向，并希望通过这种导向来降低整个社会的建设成本。

在建筑规格的认定上强调"饰"的作用，应该能在一定程度上遏制因为凸显身份高贵而造成的建筑投入竞赛。不过引导是引导，在实际的操作中，用更大的体量、更大的规模应当仍是最有效的显示等级高贵的方法。从历史上看，一旦既有的制度约束和政治秩序遭到破坏，当那些本来投入较少的局部建筑处理方式可以不受约束地使用时，提升建筑规格的主要出路只能是强化建筑本身的投入，制作更大的建筑。

三　变迁的规则

西周末年，王室内乱，外族侵扰，丰、镐二京受到极大的破坏。宫室残破，内外交困，导致公元前 770 年周平王最终放弃了两京制，雒邑成为唯一都城，由此进入了历史上的春秋战国时期。

春秋战国时期，由于生产工具及技术的改进和文化的融汇，造成了社会的大规模重构，旧的制度遭到破坏，新的文化不断产生。对于传统的坚持者来说，这就是所谓的“礼崩乐坏”。“礼崩乐坏”在营造领域的表现，从以往的研究看，最为突出的似乎有两项内容：一是高台建筑的涌现；二是城池数量增加与规模扩大。

经过数千年的积累与创制，到了西周后期，中国传统建筑形成了相对稳定的意义表达和技术支撑体系。这个体系最突出的特征至少包括：1. 以矩形为基础的主体建筑平面；2. 以四阿顶为最高等级的屋顶形态体系；3. 以抬梁构架为主导的主体建筑结构系统。

四阿顶在周人的建筑系统中，是高等级建筑最为明确的显示手段，《作雒解》中把它列在天子建筑标识性元素的第一项。从几何学的角度，四阿顶不过是个四面坡顶，这种东西在许多文化中都可以见到。其之所以能在中国传统建筑屋顶系统中独占鳌头，应该是因为仰韶文化室内对称四柱大房子的最合理的屋顶形式就应该是一个四面坡。也就是说，四坡顶和具有宇宙图式价值的平面及屋架的必然性关系使这种屋顶最终成了统治者的禁脔。《作雒解》把制作出“亚”字形平面的“反坫”做法紧跟在四阿之后，就暗示了这种关系的存在。抬梁构架是中国传统建筑官式结构体系的核心内容。在早期文献中这种构架形式的表述为“重亢”。最早的重亢应该就是用井字形堆叠的横木形成基本的屋顶支撑的做法，改进后的“重亢”是在一榀屋架上重叠地安置大梁，上一层梁由置于下一层梁上的木件支撑，大梁层层退缩与屋顶坡降呼应并支撑屋顶。这种梁架曾经满足了在不打破四柱四极空间格局的基础上实现建筑规模扩张的要求，因而成为高等级建筑结构形式的首选（图 5-14）[81]。规则的矩形平面在方位辨识上具有优势，对于讲求礼法的使用者它是最为自然的选择。

从后世官式建筑营造实践看，普通建筑平面格局及屋顶形式的确定还有一定自由度，可以做某些变动。但最高规格建筑的形式却没有多少选择，除了极少数具有特殊象征要求的建筑外，其主体部分一定要采用矩形平面、四阿顶和抬梁式构架。在这种条件约束下，建筑体量的大幅度增加就十分困难。因为，在保持上

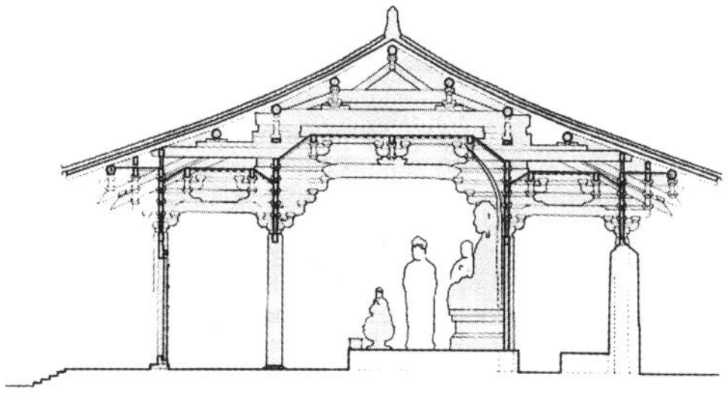

a 山西省五台县佛光寺大殿剖面图

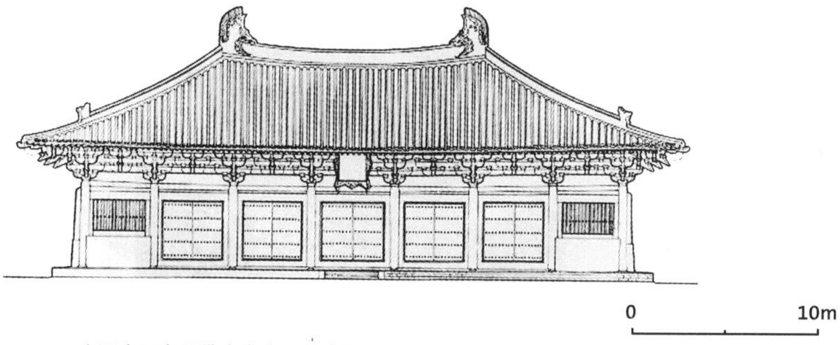

b 山西省五台县佛光寺大殿正立面图

图 5-14 四阿顶与抬梁结构

述建筑外形与结构格局的前提下，扩大平面尺寸，就意味着屋顶的尺寸要同时扩大，屋顶因为采用重亢的做法，要使用大量的木材，这不仅大幅度增加了屋顶的重量，并且也不能提供多少可用空间。特别是大尺寸的坡顶会造成大面积的屋顶迎水面，造成防水上的困扰，直到今天，屋顶防水都是一个难题，何况在技术手段相当有限的先秦。简单地扩大高等级建筑的主体体量，并不是野心勃勃的诸侯们提升建筑规格的方便手段。

历史似乎显示，当时的权势者通过建筑体量的扩张来证明自身隆重的要求是难以抑制的。于是，使用高大的台基，以提高建筑整体的显示水平就成了当时建筑的一项十分自然的选择。一时间，各路诸侯纷纷“高台榭，美宫室，以鸣得意”，[82] 形成了“高台建筑”的建设风潮。高台建筑可以在不一定大幅扩展主体建筑尺寸的前提下，把一定的建筑组合放在多层级的台基之上，结合空间序列的要求，形成层层叠加、高低错落的建筑总体，达到显示力量和尊贵的目的（图 5-15）。

高台建筑的出现，大幅度地提升了高等级聚落的主导元素的景观显示水平和

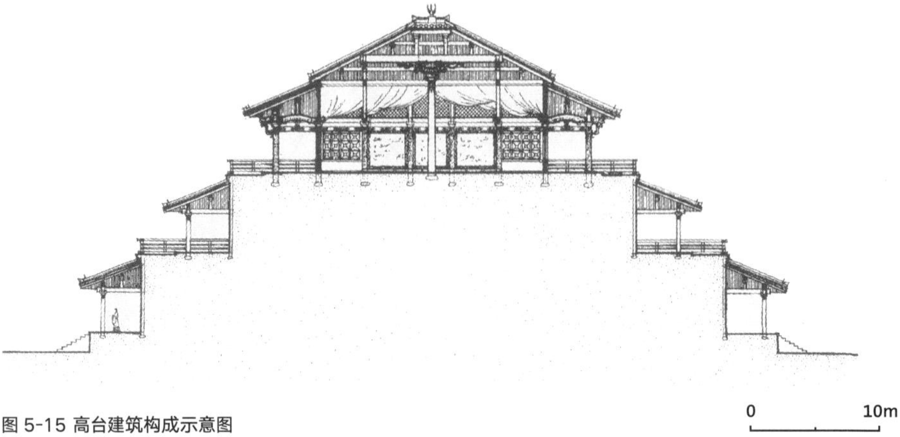

图 5-15 高台建筑构成示意图

空间轮廓的变化幅度，加大了都城与一般聚落之间的景观差距。在晋都新田、齐都临淄、楚都纪南城、燕下都等都发现了高大的建筑台基。燕下都现存高台达数十处，并且相互间有某种呼应关系。可能为楚灵王所筑的章华台是一个由十四座台榭遗址构成的庞大高台建筑群体。从现在的资料看，高台建筑主要是用于统治者起居的宫殿，甚至是游观建筑。当时居于城址关键位置的宗庙，反而因为要制作清静的环境意象，又受到特定的礼仪规则的限制，较少与高台建筑发生联系。

城池的存在对于保证某一地域的安全是十分重要的，城池的规模，是地域征服难度的尺度。建造城池，建造更大的城池，在春秋战国时期是野心家们更为实际的权力争胜手段。从夏朝建立的公元前 2000 年到西周末年，时间在 1000 年以上，在河南、山东、陕西、山西、湖北等地发现的属于这一时段的城址不过 20 多个。可从春秋起到秦朝建立，时间不过 500 余年，在相应地区发现的同时段城址则在 200 个以上。其中河南 140 个左右，山东 40 个左右，陕西 20 个左右，山西 30 个左右[83]。文献提到的春秋时的城池总数则达到 351 座。战国时各路诸侯争斗更烈，想来城池总数会更多。大量的城池建设是春秋战国时期聚落建设及地域景观变迁的重要内容。春秋战国时期的都城规模也有大幅扩张。洹北商城规模约为 4.5 平方千米，西周雒邑的成周大城面积约在 9 平方千米，而春秋初年的郑国故城面积接近 20 平方千米，战国时期的赵邯郸大小城共计 24 平方千米，燕下都东西两城的面积更是达到了 36 平方千米上下。

不仅如此，这一时期城池内部的人口容量和一般居地的安排也和夏、商、西周时有了较大的不同。

从商代晚期就已开始实施的“春出冬入”的居邑管制，引导着附邑田亩上的人口向都邑中心区集聚，并最终导致人们在小屯殷墟和丰京看到的一定量的族邑近距聚合形成聚落中心区的做法逐渐退出历史舞台。很可能在镐京和成周城垣内一定水平的格网状道路和具有相当覆盖面的连续的普通居住片区已经出现。春秋以后因为有了相对可靠的文献资料，我们有条件结合遗址情况对某些城池内居地安排的情况作稍微细致的探讨。

《战国策·齐策》苏秦说齐宣王云：“临淄之中七万户，臣窃度之，下户三男子，三七二十一万，不待发于远县，而临淄之卒固以二十一万矣。”[84]说齐临淄城内可以有卒二十一万，当然属于夸张，但说齐临淄有户七万，则应该差不太多。[85]按照考古资料，战时国齐临淄可以容纳一般居民的大城面积约 17 平方千米，按平均每户占地 160 平方米，这 7 万户，则要占地 11 平方千米左右。若再考虑宫殿、宗庙、衙署、市场、坑塘、道路以及坟墓等对于土地的需求，应该说当时临淄城内的土地并不宽裕。这样，城内至少是城内的主导地带的建设用地就会形成相互连属的状态，为了保证族邑间的相对隔离和城内基本交通要求，在强调秩序形成的前提下，以方格网为基础的里坊制就有可能产生。遗址显示，战国临淄大城共有城门 6 座，东西门各 1 座，南北门各 2 座。大城内共探到道路 7 条，南北向 3 条，东西向 4 条[86]。这些道路均与城门相通，已经形成了一个大致覆盖全城的方格网道路框架。这样的框架当然为城内整体实行棋盘状网格划分奠定了基础（图 5-16）。虽然这也许只是齐临淄独有的状况，但齐临淄可以是某种趋势的代表，当城邑内人口密度增加到一定水平，用格网控制的连续的居住片区在城区内覆盖面的增加是可以预期的。

对城池尺寸的控制，在军事竞争激烈的时代，是秩序格局控制的要务。《大戴礼记》说“公之城盖方九里，宫方九百步。侯伯之城盖方七里，宫方七百步。子男之城盖方五里，宫方五百步”，[87]是说城池等级越高，其规模越大。把这个序列与前面介绍的商代中早期都城情况相比，可以确切看到的是，不同等级的城池的面积差别已经不像商代早期王国都城和方国都城间的差异那么大。《大戴礼记》正文未及天子之城的规格，许多学者认为当时天子之城应该是方十二里[88]。这样，天子之城比公之城大不过 40%，公之城比侯伯之城大不过 40%，侯伯之城比子男之城大不过 50%。此外，还可注意到，方七里的城址规格对应的是侯、伯两个层级，方五里的城址规格对应的是子、男两个层级。这种对应方式暗示，如果同一层级的城址尺寸可以有所选择的话，那么侯爵、子爵可以取其上限，伯爵、男爵则应

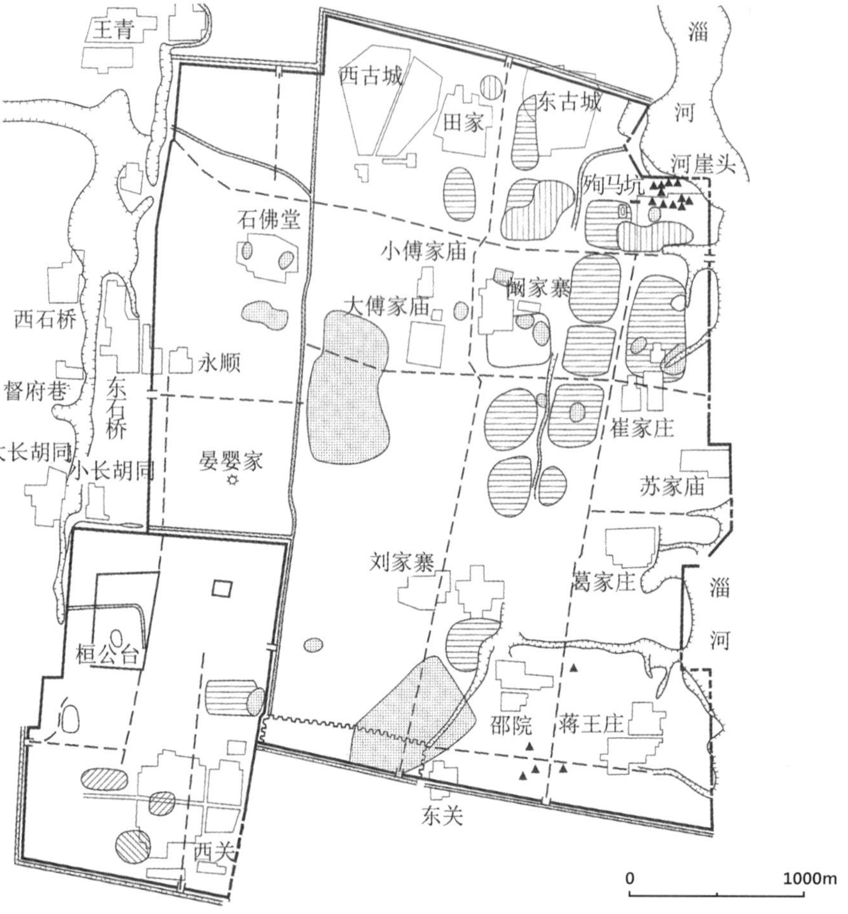

图 5-16 齐临淄故城平面图

取其下限。由商代中早期王朝都城面积与方国都城面积之间的断崖式差别，到战国时天子之城、公之城、侯伯之城到子男之城面积间的阶梯式渐变，反映出诸侯地位的提升和国家组织与政治秩序的改变。

《左传·庄公元年》（公元前 693 年）记郑国祭仲说郑庄公云："都城过百雉，国之害也。先王之制，大都不过参国之一，中五之一，小九之一。"[89] 郑庄公为诸侯，这一说法似乎表明诸侯国的卿大夫城池制度设置，沿用的仍是商代的办法。

《逸周书》说大邑成周的城池规模方九里，《周礼·考工记》也说“匠人营国，方九里”，在涧、洛交汇处的应当与大邑成周高度相关的城址尺寸又恰合方九里之数，应该说历史上确实在某些时候实行了天子之城方九里的规则。春秋战国社会经历了一个“礼崩乐坏”的过程，在这一时期里，建造时间越晚，巨大城址出现的机会则越多，由此应可推断，“公之城盖方九里”和天子之城方十二里之制如果确有实行的话，那也是较晚出现的规则[90]。

在天子之城方九里的框架里，各级诸侯的城池尺寸或应如孔颖达所述：“公城方七里，长四百二十雉；……侯伯方五里，长三百雉。”[91]孔颖达未及子男城的规格，按照《大戴礼记》及上文的办法，诸侯城降等以二里为度，则子男之城的尺寸应为方三里。

以周代一里约350米计，通过对相对完整的可以判定为都城的春秋战国城垣遗迹的尺寸统计，可以看到当时都城城垣尺寸大致可以分成七个等级：第一个等级是规模超大的，如燕下都，其东西两城的外廓尺寸达到了76里以上；第二个等级城垣总长度为46里左右，属于这个级别的都城有赵邯郸大北城、魏安邑、郑国故城、齐临淄中期大城、楚纪南城[92]；第三个等级城垣长度为35里左右的，如鲁曲阜、春秋卫都濮阳高城、早期齐临淄大城和春秋秦雍城；第四个等级城垣长度为27里左右的，如蔡国故城、滕县薛城；第五级为城垣总长20里左右的，如湖北宜城楚皇城、山东邹城纪王城等；第六级为城垣长度12里左右的，如山西的闻喜大马古城、洪洞县杨国古城、河南的鄢陵前步古城、，第七级为城垣长度远小于12里的。46里的城垣若除以4，为11.5，略小于方十二里。同理，35里略小于方九里，27里略小于方七里，20里相当于方五里，12里相当于方三里。这样的尺度分布，表明了当时人们确实是按照方三里、方五里、方七里、方九里和方十二里的规则来控制城垣尺寸的，也就是说《大戴礼记》所说的城池制度并非毫无根据。另外，这些尺寸与《大戴礼记》所说的城池制度的耦合，也表明了赵邯郸大北城、田齐临淄大城等遗址上所见到的厚重墙垣，在古人那里是称作城的。

注意到以上所列城垣长度在46里左右或以上的都城，均为东周以后的产物，除了郑国故城建于春秋之外，赵邯郸大北城、魏安邑、齐临淄中期大城、楚纪南城均建于战国甚至是战国中晚期。至于城垣更长的燕下都，则是战国晚期的产物。超大城址集中出现在战国的情况，应表明东周以后，礼仪制度对于城垣尺寸的控制确曾有过改动。同时，注意到第二个等级城垣总长均在方十一里之上，但又不够方十二里，这些城池的据有者都是当时的强势诸侯，把这种做法理解为其气焰嚣张但不愿触碰方十二里这条红线是合理的，据此可以认为天子之城方十二里的规制确实存在，只是当时天子能力有限而未能依此规则建造。由于“天子之城方十二里”并未切实实行，《大戴礼记》只说公之城方九里而不说天子之城的尺寸，是因为“以其无正文，不敢斥言也”[93]。

由诸多城址的尺寸接近城池等级界线的方十二里、方九里、方七里……的情况推测，所谓“公之城盖方九里”“侯伯之城盖方七里”“子男之城盖方五里”的规定，并不是说公、侯伯、子男只能建方九里、七里、五里之城，而是说他们不可以建设达到或突破上一级标准的城池，即公之城不能达到方十二里。侯伯之城不能达到方九里，子男之城不能达到方七里。考虑到较晚时城址尺度限制放宽，和西周初年实行的是天子之城方九里的制度，我们可以根据城池建造时间来推断该城在当时聚落等级中的地位。如鲁曲阜故城建于西周，尺寸接近方九里，其所采取的是公的城池规格。魏安邑建在战国时期，虽然其尺寸大于鲁曲阜故城，但却不是方十二里，故也是属于公之规格，然而魏并不存在公位，使用此等规格的城池当然有僭越之嫌。

将这一时期的城池形态与前朝的城市相比，首先可以看到，此时形态处理的关注点还是集中在城址的西南隅。与此前不同之处有三：第一是出现了西南隅双向折出的做法；第二是横长矩形平面的城址成为了大国都城的选择；第三是出现了东西两城拼合的做法。

从实例看，这一时期城址西南隅的处理大致有以下七种：一是西南隅双向折出的，如东周成周城、魏安邑、赵邯郸大北城、田齐临淄城等；二是西南隅单向折出的，如燕下都东城；三是西南隅双向斜出的，如商丘老南关宋城；四是西南隅单向斜出的，如上蔡蔡城、房山窦店古城；五是西南隅单向斜收的，如姜齐临淄大城；六是西南隅双向斜收的，如潢川黄城；七是西南隅为直角的，如闻喜大马古城（图5-17）。这些不同的西南隅处理方式，构成了一个更为绵密的等级序列，实行着针对聚落实际情况的更细致的控制。

与商代不同的是，从大邑成周开始，周人似乎就放弃了以规则矩形为最高级形态的做法，此后西南隅为直角的做法主要出现在等级较低的城址上。

从城池形状与建筑往往有同构关系这一点着眼，横长矩形城池的使用应该与排房的兴起有关，但因为其出现较晚，从一开始就不是天子之都的形态选择。横长矩形城池的最早实例或为山东丹土龙山城址。传统建筑由单间半穴居转为地面多间排房，在排房中如何确定尊长之处和通神节点便是一个问题，夏代末年人们已经将尊长之处定位于排房的西端，从整体建筑组织的角度推测，相应建筑的通神节点应在建筑的东部，与院落大门正对或处于院门中轴以东。在采用了横长矩

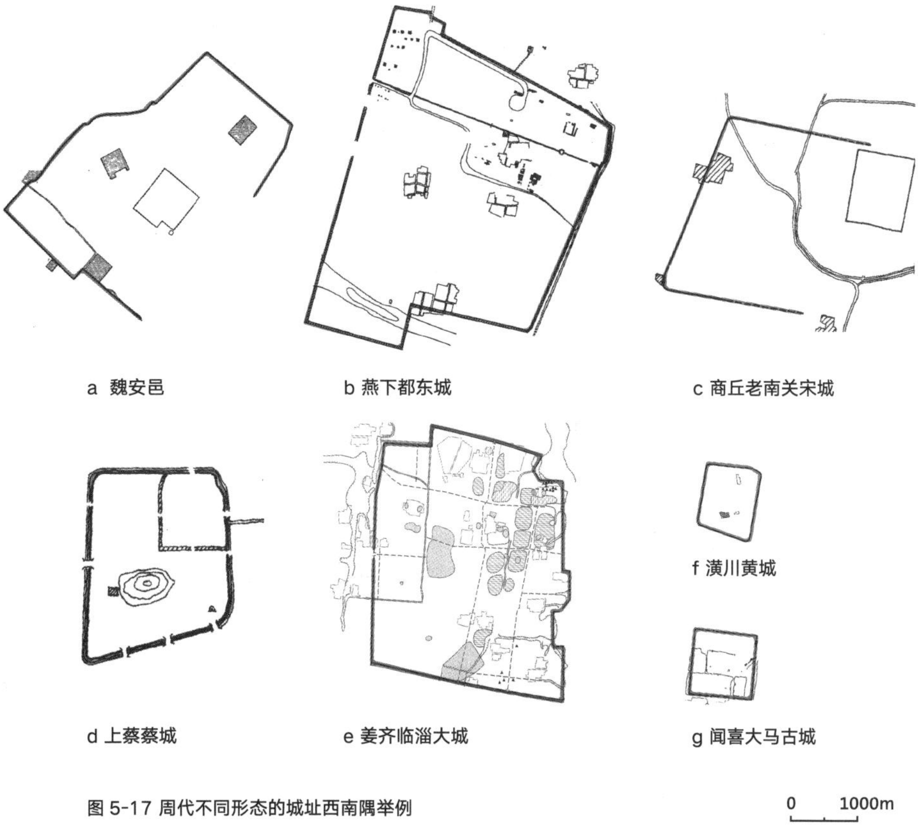

图 5-17 周代不同形态的城址西南隅举例

形的城址上，中央偏东应该是宗庙选址的常规。

双城拼合的做法最早见于王城岗古城之小城。在王城岗，两城拼合应是为了进行不同性质功能的空间区隔，以保证仪式过程的顺利，此时大尺度的城址拼合，除了进行必要的空间区隔之外，应该还有其他的目的（详后）。

城池的东北角形态也是先秦城垣处理的关节点。这一时期的城池或者可以分东北角缺失的和东北角硬挺的两种。从实例看，东北角完整硬挺的做法主要出现在中小城址上，并且有城址规模越小东北角完整硬挺的例子占比越高的倾向，如大冶大箕铺古城、汨罗古罗城、开封启封城、闻喜大马古城、淅川龙城、襄汾永固城、鄢陵前步古城、宜阳韩城、芮城古魏城、襄汾赵康古城、磁县讲武城，等等（图5-18）。在中大型城池上，似乎只有周雒邑的东北角是完整的。周雒邑为天子之城，东北角完整是容易理解的。至于小城的东北角完整则另有解释。我们知道东北角的缺失旨在削弱城池的祭祀效能，如果相应城池中缺乏关键性的祭祀设施，那么

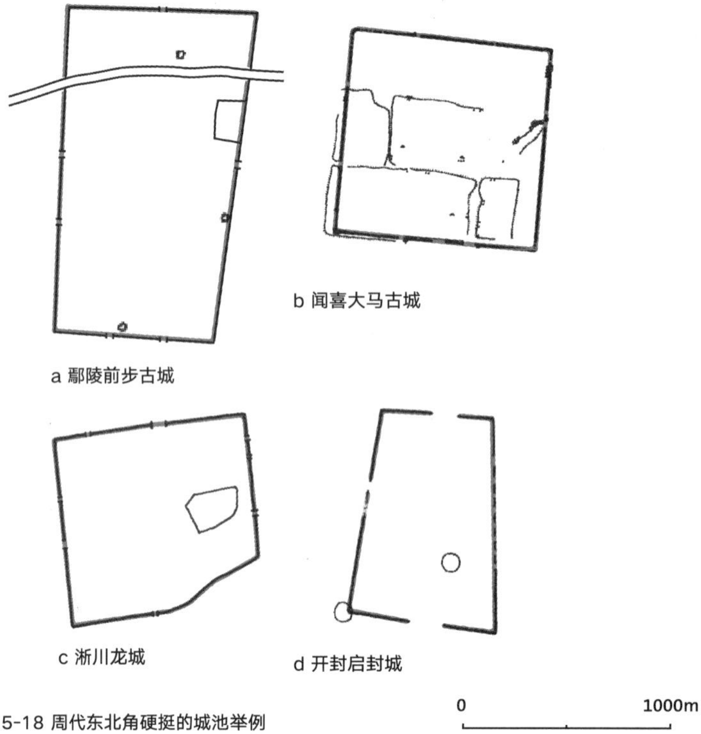

图 5-18 周代东北角硬挺的城池举例

东北角完不完整就无关紧要。从现有的资料看，似乎以下情况使城池对于东北角的处理不敏感：一是军事堡垒和郡县治所，这种城址中不设重要祭祀设施；二是等级在诸侯以下的都城，这种城址上按规定某些重要祭祀设施不能建设；三是较低规格的临时都城，因为不是正式居所，所以不必建设关键性的祭祀设施。

西周乃至战国，许多聚落中最重要的构成元素为祭祀建筑，它们是构成宫城的主要内容，将宫城置于城址的中央，或者中央偏南，与仰韶时期半穴居火塘的位置照应，是保证祭祀效能的重要手段，由西周至战国宫城位置相对清晰的城址看，方七里及以上的城池宫城位于城址中央或中轴上的不多。这种情况，应该反映了这类城址在宫城位置确定上的谨慎。与此不同，在某些规模十分有限的城址上却出现了核心元素集中置于城址中轴之上的情况，例如商水扶苏故城，有学者通过对城内所出陶文的释读，判定该城为战国晚期的楚国县邑之一[94]。县邑并非祭祀中心，其核心部分主要为行政建筑，所以将其置于中心并不导致祭祀能力的提升，因而问题不大，更何况这里的核心设施是放在中轴北端，并且应该是出于

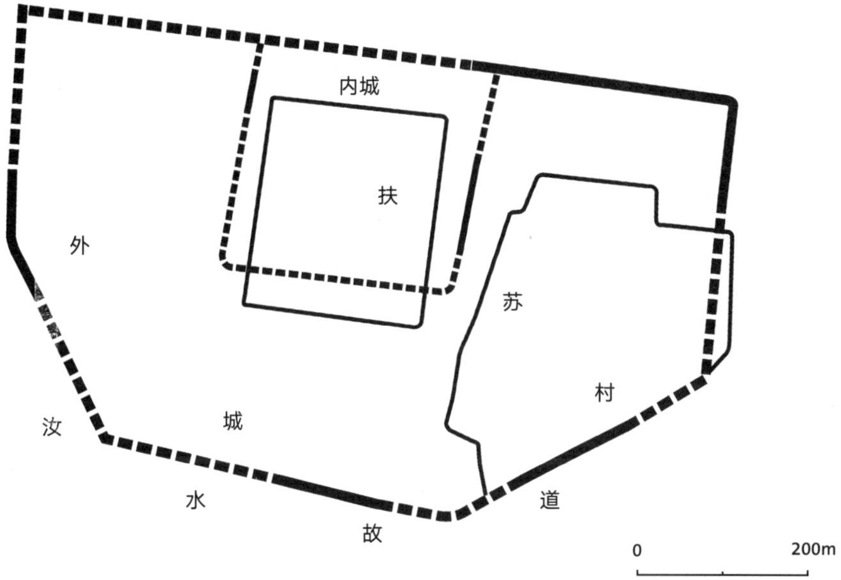

图 5-19 河南省商水县扶苏村北阳城故城遗址平面图

谨慎，或为避免误会，该城又在城址上干净利落地抹去了西南隅（图 5-19）。

在大城西南另设王城，是因历史偶然而导致的都城主导设施空间的分化。就因为相应的做法是首先在天子之城上实现的，不仅另设王城的做法成了天子之制，并且在同一城址内将都城的主要宫殿分作西南、东北两区以较大间隔相互策应也成了大型城址乐于采用的做法。我们在鲁曲阜、楚郢都、郑韩故城上都能看到相应的表达。比较周代与商代的城址，似乎商代的天子之都更强调形态的完整，也就是说高水平的祭祀效用与形态完整边角硬挺的矩形相关，周代的王城似乎更强调祭祀空间的分化，城址形态应该能够更明确地显示主要祭祀建筑的空间分化水平，规则的矩形在周代似乎不用于高等级的都城。

春秋战国时的“礼崩乐坏”主要表现为僭越行为的频发，这种情况促成了聚落营造管控尺度的放松，可并未造成规则本身或者规则逻辑系统的瓦解。上述城池尺寸分布、城址西南隅和东北角的处理、关键设施定位以及聚落主导元素分化方式都表明，由上古延续下来的聚落规格控制规则持续地存在着，无论如何，人们还是要根据自身的地位来决定城池的尺寸和形态，城池的尺寸和形态深刻地影响着城池的祭祀水平和防御能力。

社会是变动不居的，社会中人的身份地位也在不断地变化。随着自身地位的变化，有条件建城者往往要求其所有城址有相应的改变。从现知的实例看，即使是在僭越行为频繁发生的春秋战国，诸侯们在都城营造上也不能随心所欲，还是要根据自己的条件来确定其所据有的城址的尺寸、形态、建筑的设置规格，还是要争取获得社会对此的认可。春秋以后，因为有了相对系统的编年史，使我们对诸侯们的地位变化和相应的社会条件能有一个大致的了解。同时，现代考古学也通过积累给出了一些重要城址尺寸、形态及相关设置变化的框架，将此二者结合，应该能够帮助我们进一步了解这一时期城池的设置规则。

在山西省襄汾县西南的赵康古城，应是晋国春秋中期的都城绛，该城址东墙长 2600 米、西墙长 2700 米、南墙长 1650 米、北墙长 1530 米，总面积近 5 平方千米，合方六里略强。城址有相当隐蔽的东北缺角，西垣和南垣在西南稍向外斜，形成相当含糊的西南隅扩张。在大城北部中轴略东设一小城，倚大城北垣而建，约为 700 米见方，小城偏西发现一条古道，表明小城正门位于小城南垣西端，接近小城内主要建筑为西南入的格局（图 5-20）[95]。据说晋为侯爵，始封君为武帝之子成王之弟唐叔虞，一般认为绛都建设于公元前 669 年。此时正是新旧制度交替之际（详后），在新的制度框架中，晋国应有权利建更大的城池，其最终将自己的都城设为方五里，显示出其在城址规格确定上相对保守，也是其当时军政影响力有限的表达。

20 世纪 50 年代，在今山西省侯马市发现了东周夯土城墙及建筑台基，并确认这里是赵康古城以后的晋都新田所在。晋国迁都新田在晋景公十五年（公元前 585 年），此时距晋文公称霸未远，晋国国力强盛，在诸侯中位于首长地位，所以有条件采用宗庙与王城区长距离分置的格局，在宫庙空间分化水平上直逼西周雒邑。但毕竟制度俱在，且具体形势已经不如晋文公之时，很有可能为此大城的规格难以确定，所以只建王城，大城的做法留待以后定夺。情况似乎可以和二里头遗址的建设相比。不巧的是，此后晋国国势日渐衰落，修造大城并与周雒邑更进一步对应已经不合时宜，但又不愿自行委曲，以至于最终晋国都城由王城和没有大城围护的宗庙区组成。

宗庙区缺乏城垣的围护毕竟是一个问题，从实际的情况看，晋新田是通过在宗庙区一带设立一系列小城来满足防御要求的。在牛村、平望、台神古城以东，人们发现了呈王古城、北坞古城和马庄古城，这些城池的周长在 1500 ~ 2500 米，每边长度在 400 ~ 600 米，按照前引祭仲所说的先王之制，这些城池应该为卿大夫所居。呈王古城、北坞古城和马庄古城均为东西两部分拼合而成，外轮廓西南

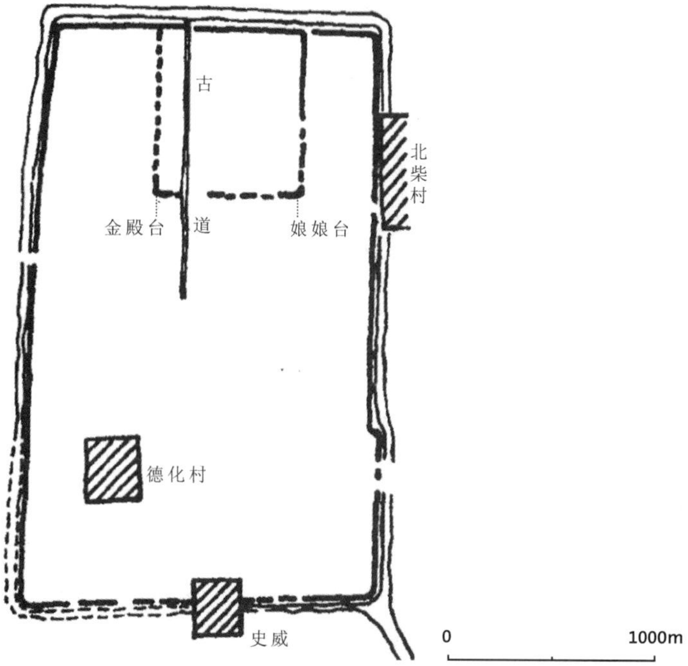

图 5-20 山西省襄汾县赵康古城遗址平面图

隅缺失，东北角完整，按照规模，其中的设置应主要为宫殿和祭祀建筑。

细看一下王城区的构形，或者有助于理解当时晋国统治者在都城规格设置上的踌躇状态。即使是春秋晚期，对于一个诸侯，在其都城设置独立王城区，应该还是一种相当张扬的行为。也许正是因为如此，台神、平望、牛村三座古城才共同构成了一个西南隅单向折出、东北角缺失的图案，并未采用可能的较高规制。可如果把平望古城单拿出来，就会发现这个容有灵台的具有重要祭祀功能的小城的东北角不仅没有缺失，而且还有明确的突出，造成了一个局部硬挺的城址东北角，这种处理或者可以理解为对整体的东北角缺失的某种补偿。琐细的局部处理，反映了晋国统治者在城池规格确定上面临的复杂情势。

春秋晚期，晋国异姓大臣势力甚至超过公室。公元前 457 年，经过长期斗争，最终韩、赵、魏瓜分晋地，分别建立韩、赵、魏三个政权。公元前 403 年，周威烈王承认韩、赵、魏三家为诸侯，由此开启了战国时代。

三家分晋以前，魏国先祖曾设都于霍，在山西芮城西北发现之古魏城应为此时所建的都城，该城平面略为方形，东北角完整，南垣西部稍向内斜，西垣南端

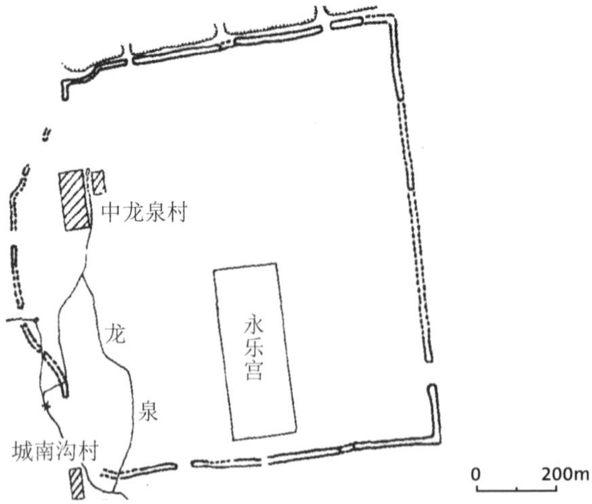

图 5-21 山西省芮城县古魏城遗址平面图

明确收进，形成了一个压缩明确的城西南隅（图 5-21）。城垣周长 4500 米[96]。城址规模略强于方三里。古魏城在尺寸上略小于赵康古城且明确大于晋新田遗址上的呈王古城等，显示出其在晋国的大夫中地位特殊。在形态上古魏城与呈王古城等类同，但却明确区别于赵康古城的东北角缺失和西南凸出，由于其祭祀等级必然要低于赵康古城，或可就此推断在祭祀上西南隅扩张是比东北角完整更为强势的做法。

晋悼公十一年（公元前 562 年），魏绛由霍迁都至安邑，至魏惠王九年（公元前 361 年）迁都大梁，魏以安邑为都 200 年。魏安邑俗称“禹王城”，先秦时的城池由大城和小城两部分构成。小城在大城中部偏东，当为宫庙所在。大城城圈为西南隅双向折出的状态，城东北有明确抹角。大城北墙、西墙及南墙的位置已经基本探明，只是东墙南段至今未能探出[97]。如果大城东垣按照现有遗迹的走势向南顺延，该城城垣总长约 15 500 米，约合方十一里（图 5-22），远大过方九里的周雒邑。迁都安邑时魏仍为晋国从属，晋国公室势力仍强，从其在古魏城规格设置上的表现看，魏初迁时，未必敢建如此规格的城池。发掘显示，“大城南部、中城及小城附近都有战国文化层，郭里村东耕土层下为生土，不见文化层，因此大城应主要属战国时期”[98]。据此，应可认为此城是周威烈王封魏为诸侯之后所为。该城在尺寸上大于东周雒邑，但却未及方十二里，仍算是遵循了周法。魏安邑在城址西南隅处理上采用了与东周雒邑相同的做法，虽然在城址东北角进行了抹角处理，但其整体规格应高出尺寸略同、西南隅压缩、东北角同样缺失的同期齐临淄。

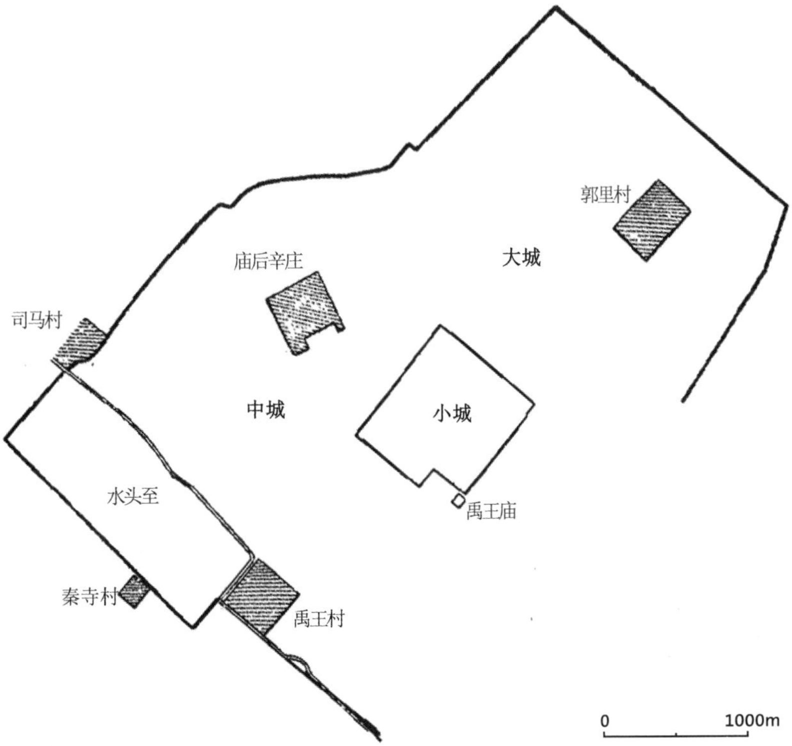

图 5-22 山西省夏县魏安邑遗址平面图

春秋战国之际，齐国一直是北方霸主，考虑到其与齐临淄和周雒邑的关系，魏安邑应该在城池建设的其他方面有所让步。在我们看来，考古发掘未能探出的魏安邑的东墙南段本来就没有建造，也就是说魏安邑是一个轩城，只有这样这个城池的建设才能避免过多的外部压力。

韩、魏、赵三家分晋后不久，赵敬侯元年（公元前 386 年）赵国迁都邯郸。至公元前 228 年赵为秦所灭。赵国以邯郸为都共 158 年。

赵邯郸由赵王城和大北城两部分构成，总体上形成了与西周雒邑相同的格局。但从修建顺序看，赵邯郸一开始并无此野心，其所期望的只是一个能和魏安邑大致对等的都城。因为考古研究表明，赵邯郸先修大北城，再建赵王城，其间当有数十年的间隔。在赵国迁都于此之前，大北城的位置上应已有居民存在，大北城是在原有聚落的基础上改造并加建城垣的结果。大北城西南隅与魏安邑相同，为双向折出的格局。其南垣、西垣及东垣南段已经找到地面城墙残迹或地下墙基，只是北墙由灵山北端起，向东尚未找到地下墙基[99]，从赵邯郸的营造时间和其拥有者当时的地位看，此城应该与魏安邑相同，是一个东墙北段和北墙东段未建的轩城。如果在灵山一带建造城北垣至东垣延长线处，则大北城城垣总长为15 314米，合方十一里稍弱。赵邯郸大北城的东北部，有著名的丛台遗址[100]。《汉书·高后纪》颜师古注："连聚非一，故名丛台，盖本六国时，赵王故台也。"[101]汉魏之际的邯郸人赵劭《赵都赋》云："尔乃都城万雉，百里周回，九衢交错，三门旁开，层楼疏阁，连栋结阶。峙华爵以表甍，若翔凤之将飞。正殿俨其造天，朱棂赫以舒光。盘虬螭之蜿蜒，承雄虹之飞梁。结云阁于南宇，立丛台于少阳。"[102]表明当时的宫庙设施与丛台结为一区，其位置约在大北城东或东北。与魏安邑相比，二者在规格上大致相当，不至于给别人留下过多的口实。

但情况很快有了变化。赵肃侯时赵国开始崛起，并在对魏国的战争中取得胜利。赵武灵王登基（公元前325年）以后，推行"胡服骑射"，进行多方面的改革，使得赵国一时间成了中国北方的新霸主。这样，原来所采用的与魏安邑相类的都城规格就难以满足其自身确认的要求了。正是这种条件下，赵人在大北城之西南方另设王城，使其都城的宫庙空间分化水平类同于西周雒邑（图5-23）。在形态上，赵王城的外廓与晋新田三座小城形成的外廓十分相似，只是北城东北角凸出减弱，北城城圈的东推，使整体上的东北缺角较为含糊，这种处理应在规格上与晋新田的王城类同。

与赵、魏两国同出一门的韩国都城是在郑国故城的基础上改造而成的。受制于具体条件，韩国故城的格局与赵邯郸和魏安邑有较大的不同。

周宣王时，郑初封于陕西凤翔，后迁于华县，西周末年，郑武公随平王东迁，将都城搬至新郑。武公之子郑庄公即位(公元前743年)后，在内征外战中连获胜利，一时间"天下诸侯，莫非郑党"，郑国甚至有了号令诸侯的地位。应该是郑庄公，营造了规模宏大的郑国故城，时间约在公元前720年前后。

郑国故城坐落在双洎河与黄水河交汇处。参照考古资料和马俊才先生的研究，郑国故城应该最初建有北垣、东垣以及位于城址大致中央的南北隔墙。中央隔墙将城址分为大城和王城两个部分。郑国故城西面和南面均依靠双洎河作为防御屏障，双洎河河道与城墙共同构成四面围合的防御体系[103]（图5-24）。双洎河在此由西北流向东南，与城垣结合形成了与陶寺古城相类的西南隅压缩了的城池平面。郑国故城处于四战之地，防御压力很大，因而城垣修得十分厚重高耸，考古所见的墙体一般高10～19米，宽40～60米。在这种情况下，制作一个防御上存在明确薄弱环节的轩城就显得相当突兀。查郑国故城的城墙及双洎河所形成的城池围合长度计在16 600米略多，合城方十二里稍弱，远远大于西周的成周大城。这

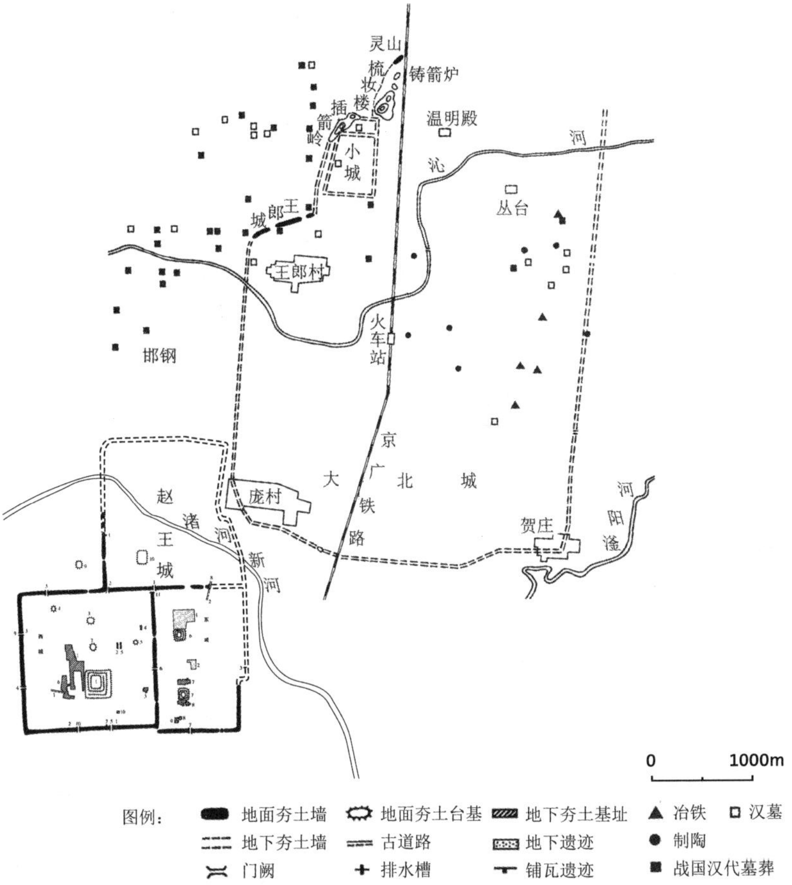

图 5-23 河北省邯郸市赵国故城平面图

在当时，当然是严重的僭越，由于郑国故城可以视为东西两城拼合而成，如单就一城而论，其尺寸对制度的冲击或有所缓解。巨大的城垣设置，当然具有强调其地位隆重的作用，是与郑国当时的军政地位呼应的。在历史上，这可能是第一个总体规模超过方九里的城池。其实，郑国只是伯爵，地位尚低于侯爵，这个前所未有的超规格的设置当然给其带来很大的压力，正是如此，也就特别需要凭借制度使该城能够为当时社会所接受，具体的做法除了西南两面不设城垣、压缩城址西南隅以外，再就是在城址的东北造出一个尺寸相当可观的缺角。

郑国故城南边的双洎河古称洧水，东边的黄水河古称溱水。《诗经·郑风·溱洧》云："溱与洧，方涣涣兮。士与女，方秉蕑兮。女曰：'观乎？'士曰：'既且。''且往观乎！'洧之外，洵訏且乐。维士与女，伊其相谑，赠之以勺药。溱与洧，浏

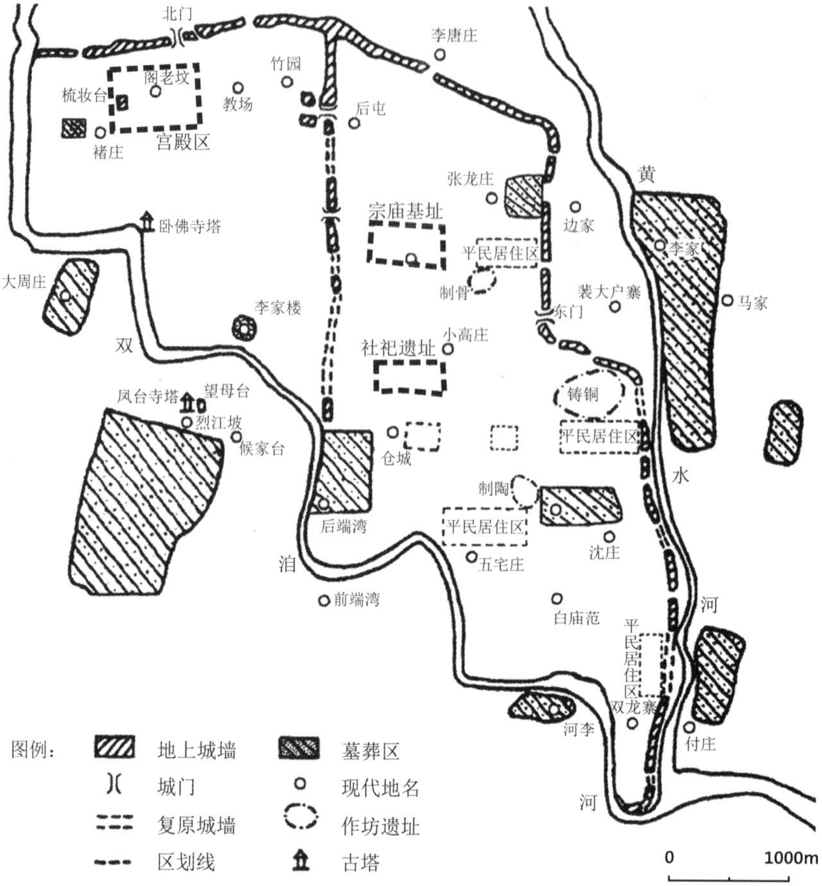

图 5-24 河南省新郑市郑国故城平面图

其清矣。士与女，殷其盈兮。女曰：‘观乎？’士曰：‘既且。’‘且往观乎！’洧之外，洵讦且乐。维士与女，伊其将谑，赠之以勺药。”该诗是说上巳春游，郑人在水边游观。诗的名称为溱洧，可诗中实际只提到洧水。这与溱水的城区段的大部分靠城一侧设有城垣，空间窄狭，不利于游观有关。洧水北岸未设城垣，人们主要在洧水北岸活动。这里特别值得注意的是“洧之外，洵訏且乐”一句，其意为“洧水对岸，广阔深远，值得一玩”。如果当时洧水南岸有城垣，城垣为更为明确的标识物，相应表达应改为“城之外，广阔深远，值得一玩”才为适当。既有的诗句实际上表明了在洧水北岸南望，没有视线阻碍的情况。由于西城为王城，东城为大城，士女游观应在大城。所以此时在郑国故城东城的洧水南岸应无城垣安排。也就是说早期的郑国故城沿洧水均无城垣设置，它至少初建时为一个轩城。

从历史变迁的大势看，在《溱洧》成诗之后，郑国故城面临着更大的防御压力，为了加强防御，同时兼顾具体规制的要求，在郑国故城东城的洧水南岸加建一道城垣是可以设想的。东城洧水南岸的城垣建设，使得郑国故城转成为一个周城和一个轩城的拼合，周城城垣总长约 14 400 米，合方十里略强。新的东城城池轮廓长度较前有所减缩，但实际面积却大了一些，且由轩城转为周城，总体规格大致与原来相当，却收获了许多实利。

郑国故城将城址的规模设为前所未有的方十二稍弱的尺寸，采用了《大戴礼记》所说的公爵的城制。这当然是僭越，这种僭越在某种程度上表明当时诸侯都城遇到的军事压力大幅提升。为了自身安全，有必要提升都城人口聚集和物资囤积水平已经成为许多人的共识，从此后大于方九里的诸侯城不断出现的实际情况看，应该是郑国故城的大尺度的僭越，最终导致了天子之城方十二里，公之城方九里的新规制出现。

在封侯之前，作为晋国大夫的韩武子在现今的河南省宜阳建立了韩邑并以之为都城[104]。在宜阳的韩城遗址，至今仍可看到数米高之城垣遗迹。该城址南北长 1510 ~ 2150 米，东西长 1630 ~ 1843 米，总面积约 310 万平方米。城垣尺寸正好为方五里[105]。时间晚了许多，同是为晋大夫之时所为之都城，宜阳韩城的尺寸比芮城古魏城提升了一个等次。该址平面东北角完整，西垣和南垣双向折出造成十分明确的西南隅扩张，形态规格较其前的赵康古城还要高。这一方面与规制尺度放松有关，另一方面也与此时韩武子较为强势有关（图 5-25）。

韩国灭郑后，于公元前 375 年迁都新郑，其所接收的是一个为了平衡各种要

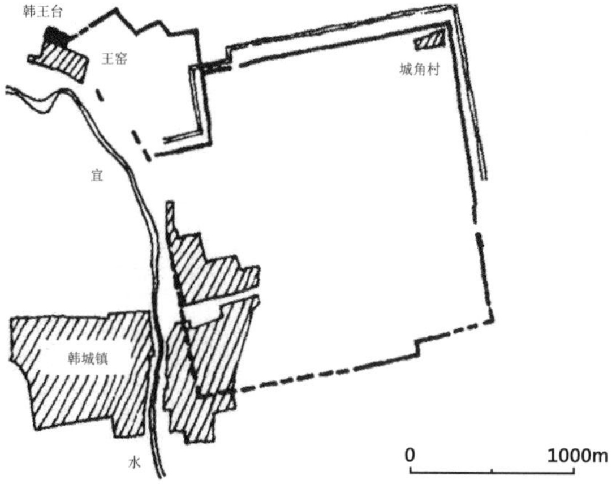

图 5-25 河南省洛阳市宜阳县韩城遗址平面图

求而成的庞然大物。为了强化防御，韩国放弃了郑国设在东部大城之洧水南岸的城墙，在东大城的洧水北岸加设新垣，城垣尺寸上有一定收缩，可在防御上却更为实惠有效。虽然东城城圈在规模上不及魏安邑和赵邯郸大北城，可实在一点看，经过这番改造，韩国故城仍然保持了双城拼合的结构。东边是一个超过了方九里的周城，西边部分城垣与相关河道总长 9400 米左右，是一个规模略小于方七里的轩城，两城相加，总体规格绝不输于同时的魏安邑与赵邯郸。为了缓解“超标”带来的政治压力，韩国故城不仅保留了郑国故城已有的巨大的东北缺角，其东城的南垣沿双洎河安排，保留了西南隅压缩的格局（图 5-26）。

1993—1998 年，考古工作者在郑国故城东部发现了一系列的郑国祭祀遗址。其中中国银行新郑支行工地上所见的祭祀遗址没有房屋存在过的痕迹，发掘者认为它是社祀所在是合理的。在这些遗址正北约 800 米处，“有一处规模宏大，分布密集的春秋时期夯土建筑基址群，此处遗址范围内，清理了 7 座祭祀坑，坑内有

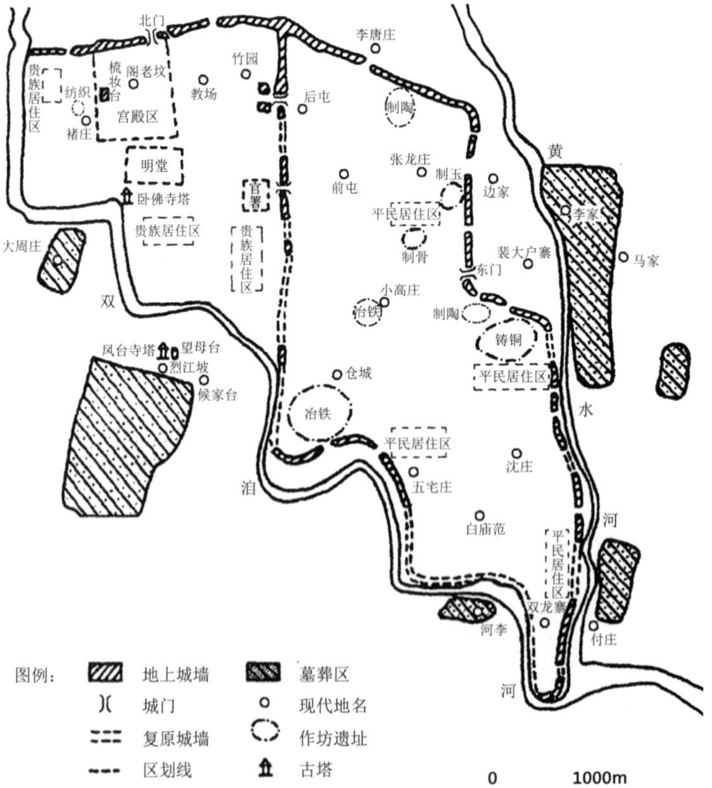

图 5-26 河南省新郑市韩国故城平面图

马骨、牛骨和大量的猪骨”，发掘者推测其为郑国宗庙建筑群遗迹，亦持之有据。从上述考古发掘表明的情况看，郑国的都城为宗庙区东置的实例，这与一般横长展开的都城做法一致。从位置上看，郑国故城中在宗庙区以南的社应为国社，在宗庙区以北还应有侯社的存在。郑国故城将国社置于城内宗庙正南应与大邑成周的做法相同。但按照《墨子·明鬼》，燕、齐、宋、楚诸国均将国社置于城外。由此看来，在周代大社之祀既可以是外祀也可以是内祀。在郑国故城西部的梳妆台一带，存在一个宫殿区，这里应该是郑国的朝堂等之所在。

韩灭郑后，韩国在西部轩城区进行了更多的修造。在今阁老坟村周围，发现了一座韩国时的大型建筑台基，台基南北长 114 米，东西宽 97 米，夯基上发现多处础石，并有米格纹凹槽砖和大量筒瓦、板瓦堆集。1997 年曾在此发现一巨形石圭，长 2.25 米，宽 0.45 米，厚 0.25 米。在这个建筑基础外圈有宫垣存在，建筑坐落在宫垣限定范围的中部偏北，在宫垣北墙及西墙中部，各发现一处缺口，应是门址[106]。这种门址提供了由西南方接近主体建筑的可能，结合主体建筑台基接近方形且有祭祀填埋石圭的存在，可以认定这座建筑为一巨大明堂类设施，如果在东城内不存在韩国宗庙的话，似乎韩国故城轩城内主要设施的分化与安排应与安阳殷墟小屯一区类似，都是明堂主导，且为明堂在前、宫殿在后的布局。

齐为姜尚的封地，姜姓为侯爵。作为周王朝最重要的异姓诸侯国之一，齐国应对“周礼”有更多的尊重，齐临淄初建时的城池规制不应超过同级诸侯都城。

齐临淄由大城和嵌在大城西南隅的小城两部分构成，按照曲英杰的研究，大城形成时间较早，小城应该建于田齐代姜之后[107]。其实，仔细考察城内的遗存情况，即可发现，“大城也不是一次建成，经过西周晚期、春秋和战国三个发展阶段。1965 年对小城北墙和西墙的解剖表明，北墙基宽 30 ～ 40 米，有多次修筑的痕迹，而西墙基宽仅是十余米，年代单一，属战国时期。北墙早于西墙，可能是春秋时大城南垣的西段”[108]。同时，还要注意，“早至春秋早中期的夯土城垣，也仅见于大城北墙东段一处。而春秋时期大部分时段文化遗存的分布范围，似乎也仅限于西周时期开始兴盛的东北部。临淄大城内文化堆积最为丰厚、遗迹最为复杂的地带是东北部，尤其是河崖头村西南和阚家寨村东北一带的‘韩信岭高地’”[109]，按照上述提示，我们可认定在现在的大城建造之前，还存在过一个更老的城圈，这个城圈的南墙处于小城北墙一线，西墙、东墙、北墙在现知大城西墙、东墙、北墙的位置。如果以此为据，量得当时城墙总长约为 12 250 米，合周制方九里稍弱，在天子之城方十二里的框架中，其当为侯伯之城的规格。齐临淄初建时不仅在规模上有限，其平面规格的使用也相当克制，这时的城池平面为西南隅压缩、东北明确缺角的格局，宫庙区则在城区东北部。综合各种情况似可判定，即使这个城圈完成，也应在郑国故城建设之后。

春秋中期，齐桓公（公元前 685 年至公元前 643 年在位）联合中原诸侯，讨伐戎、狄、徐、楚，安定周室，并大会诸侯，成就了齐国之霸业。为了与其身份相称并提升城池的防御能力，齐临淄在城址规模上进行扩张，应该在此时形成了现在所见的大城平面。这个平面的城垣总长 15 300 米，合周制方十一里。与郑国故城相比，都是宫庙区偏东、西南压缩、东北缺角的格局，虽然尺寸略小，但却是一个“周城”。

战国时，齐国的田氏取代姜姓吕氏为齐侯。到齐威王、齐宣王之时（公元前 356 年至公元前 301 年），齐国再次兴起，这时礼崩乐坏已甚，并且有赵邯郸与韩国故城作为先例，齐人有条件在方十一里的都城上再次加码，在城址的西南角加建小城，小城的出现，不仅扩大城池的总体规模，更是改变了城西南隅压缩的格局，形成了城址西南隅双向折出的形态。齐临淄小城东北角硬挺，其南垣虽然延续大城南垣的走势，由东而西内收，但西垣则在南段向外推出，平衡了西南隅的压缩。小城的轮廓与晋新田三小城及赵邯郸王城之三小城所成外廓相类，从位置和形态两方面着眼，其应当为王城之属（图 5-27）。“齐临淄小城南部、中部及‘桓公台’周围地势较高，北部较低、东北部的大片地区地势低洼。”[110] 位于小城东北部的 10 号建筑遗址夯土地面上普遍存在较厚淤泥，证明台基周围长期积水，水域直达夯土台基外壁，发掘报告认为应为大型宫殿或宗庙类建筑[111]。台基周边长期积水，似可将该建筑与明堂之类相联系，就其身份为诸侯，该建筑可以称作頖宫。《礼记·王制》：“天子曰辟雍，诸侯曰頖宫。”蔡邕《独断》曰：“天子曰辟雍，谓流水四面如璧，以节观者，诸侯曰頖宫，頖言半也，义亦如之。”一般认为頖宫外围的水体平面为半圆形，通过圜水形态的差异，进行等级的区别。从齐临淄 10 号建筑遗址台基的情况看，似乎用圜水的形状作为等级差异标志的做法只是进行等级辨认办法的一方面。因为，齐临淄小城内东北部的 10 号建筑台基的平面正是半个亚形，即其平面为通常采用亚形的辟雍主体的一半。这个頖宫位于可以认定为齐王宫殿主体部分的桓公台的东北，二者构成长者之处与通神节点的呼应关系（图 5-28）。

参照晋新田遗址与赵邯郸所显示的王城与宗庙的关系，应可认为田齐的宗庙仍在临淄大城的东北部。这样的田齐临淄无论在西南隅的处理上还是在宫庙分化水平上都与东周雒邑相似，小城的建设大大提升了齐临淄的设置规格，虽然大城南墙仍然保留了本来的由东向西逐渐斜收的做法，但齐临淄大城毕竟为周城，综合地看，这个城池的总体规格应该略高于魏安邑而与后期赵邯郸相当，这种规格，是与齐国当时的政治及军事地位相符的。

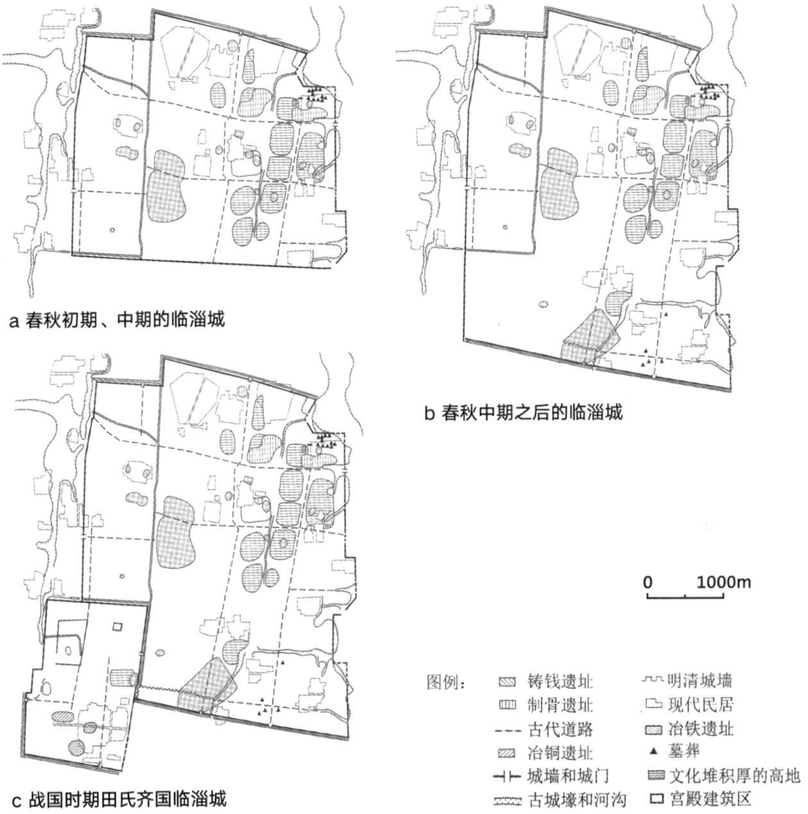

图 5-27 山东省淄博市临淄齐国故城城池变迁图

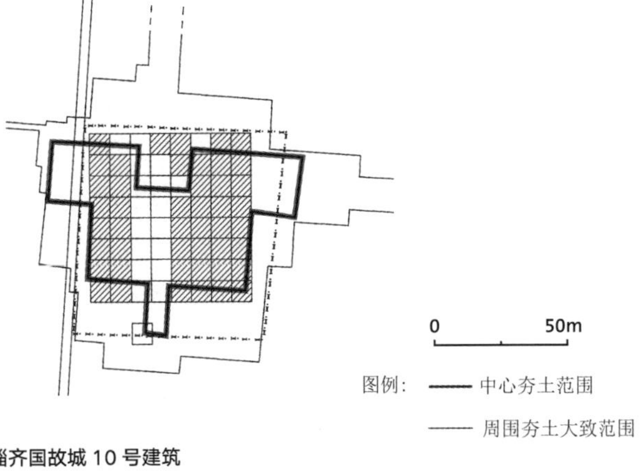

图 5-28 山东省淄博市临淄齐国故城 10 号建筑遗址中心建筑基址实测图

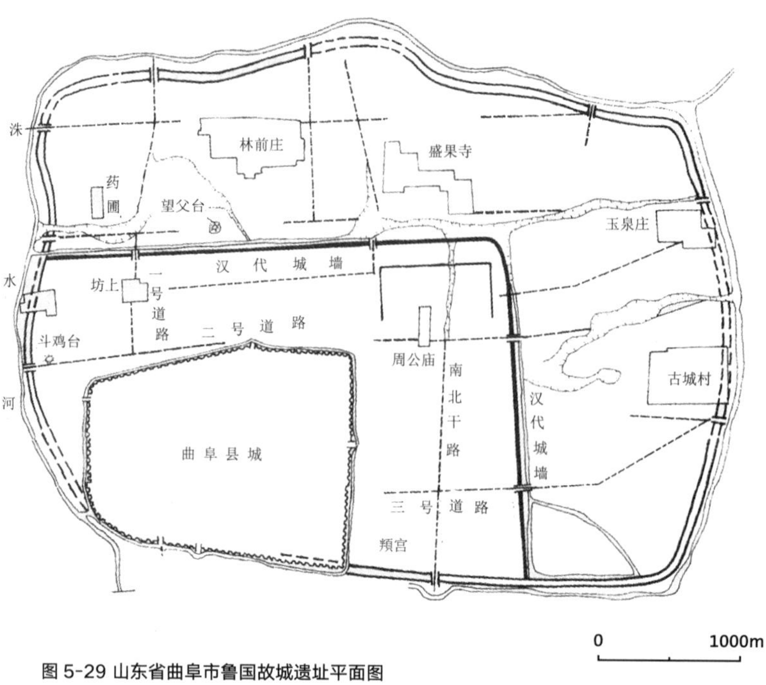

图 5-29 山东省曲阜市鲁国故城遗址平面图

鲁曲阜故城建于西周，为西周至战国时期的鲁国都城遗址（图 5-29）。鲁曲阜城廓形态基本为一东西长的圆角矩形，其北墙东段向南偏斜，形成东北抹角，南墙西端和西墙南端均向内收入，虽然有点儿模糊，但西南隅压缩的格局还是看得出来。总体看，鲁曲阜城池的平面形态规格规格不高，城廓东西最长处约 3700 米，南北最宽处约为 2700 米[112]。城垣总长 11 771 米，约合周制方八点四里，这种做法应相当于老制度时“公”的规格。鲁国始封君为周公之子伯禽，但是《礼记》表明，鉴于周公在周王朝建设上的卓越功绩使得鲁国有可能在礼仪的某些方面采用天子之制：比如鲁国可以行用郊祀上帝配以后稷的祭典；可以在城中设置文王之庙[113]，鲁曲阜城池平面规格较低很可能有平衡这些超规格设置的意图。近年在城址的中央偏东周公庙高地上发现了建于春秋晚期的宫城遗址，从位置上看，这里应是鲁国的宗庙所在[114]。按照当时的制度，很难设想大城设立时城内没有宗庙和宫殿，或可认定西周时宗庙亦应在此一区，只是范围有所不同。在周公庙西南有頖宫的存在，曲英杰考之甚详[115]。参照晋新田和燕下都王城的情况，时君的宫殿当在頖宫以西，并在概念上与頖宫共为一区，頖宫一区与宗庙西南东北呼应。该城共辟城门十一处，只有南墙东侧正对周公庙的城门外两侧各筑向前伸出之墩台，城壕在此为之弯曲。城门处的墩台，应该有防御价值，从形态上，伸出的墩台所成之门道可以与仰韶文化半穴居的门道对应，这种做法现知最早的例子可以在偃师商城南垣的处理上看到，只是偃师商城上的具体做法与城门防御能力的提升关系还不够密切。

在河南省濮阳县高城村南发掘到的濮阳高城，应该是春秋时卫国的都城。濮阳高城城垣总长 12 557 米[116]，十分接近方九里之数，与其原来设于淇水之畔的都城城垣长略近七里的情况相较，尺寸规格有所提升，这是春秋以后新制度行用的结果。该城城池形态接近规整矩形，西南隅压缩含糊，东北角缺失明确，且东北角、东南角和西南角均作圆化处理。这些处理，均反映了当时卫国军政实力平平、争拗心不重的状况（图 5-30）。

蔡国始封君蔡叔为康公的兄弟。在河南省上蔡县的蔡国故城，历代文献均指此为蔡国国都，春秋晚期楚灭蔡后属楚。蔡国故城城址东墙长 2490 米，西墙长 3189 米，南墙长 2700 米，北墙长 2113 米。城角均为圆角，东北角有凹进处，明

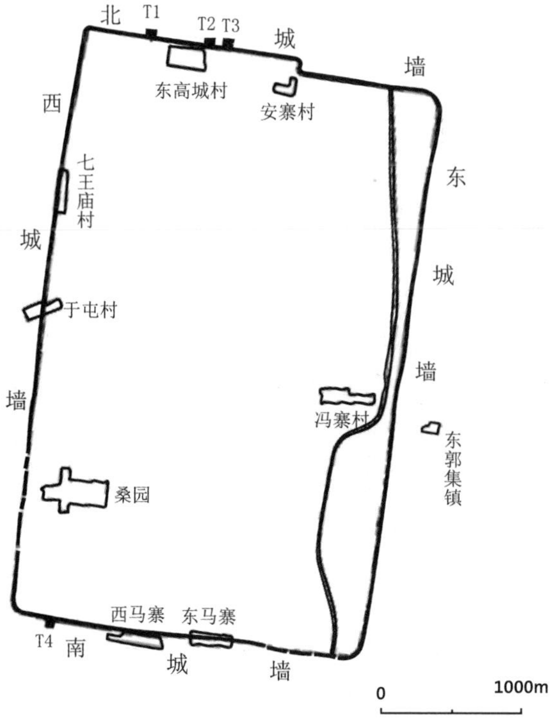

图 5-30 河南省濮阳县高城遗址平面图

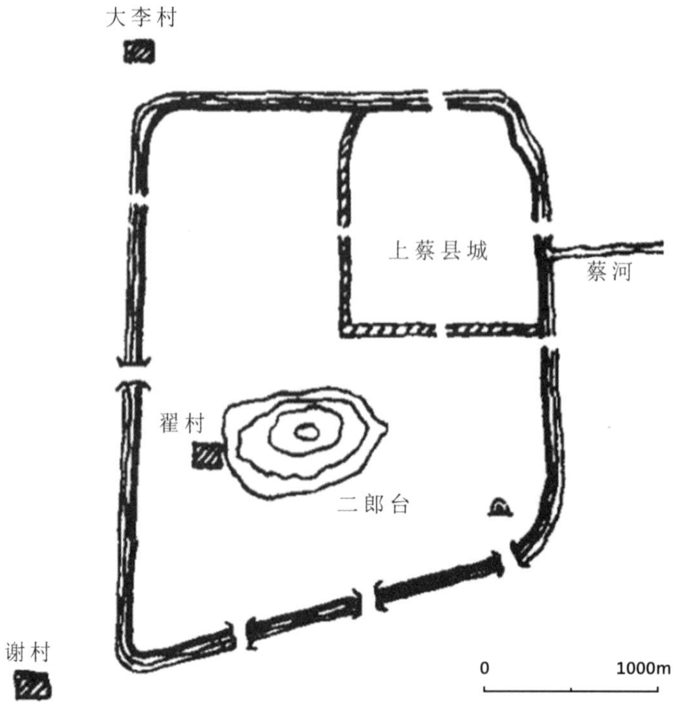

图 5-31 河南省上蔡县蔡国故城遗址平面图

确为东北缺角。南垣由东向西明确斜出，西垣由北向南也有斜出的表达，二者造成明确的西南隅扩张。城址中央偏向西南的二郎台为一大型夯土台基，东西长约1200米，南北宽约1000米，应为宫庙区所在[117]（图5-31）。从尺寸上看，该城城垣合方七里略强。若该城建于东周，这个尺寸理论上与濮阳高城同一规格，但所取为尺寸等级所许的下限。之所以如此，可能是蔡国长期处在楚国的压力下，不得不在军事上小心翼翼的结果。作为在防御能力上退让的平衡，蔡国故城西南隅明确凸出，相较于濮阳高城更加凸显祭祀中心的地位。

纪南城位于湖北荆州市境内，是楚之郢都。《史记 · 楚世家》说："文王熊赀立，始都郢。"[118] 据此，楚人都郢的时间当在公元前689年。不过，楚人初都郢时，并未建造城池。《左传 · 襄公十四年》注云："楚始都郢，未有城郭。"《左传 · 昭公二十三年》则说："国而无城不可以治，楚自文王都郢，城郭未固。"[119] 发掘表明，楚郢都城址为东西长约4500米，南北宽约3500米的横长矩形。城垣总长15 900米，约合周制方十一点四里，与魏安邑、赵邯郸大北城以及齐临淄大城规模相若。

根据出土陶器、层位关系以及碳 -14 测年数据，位于南城墙上之水门应修建于春秋晚期，战国时期使用，两相参照，纪南城之城垣是在楚人迁都于此约 200 多年后才修建的[120]。此时诸侯或根据自身条件按新的城址尺寸规则行事。楚纪南城的平面形态与鲁曲阜基本相同，只是改鲁曲阜故城的弧线抹角为直线抹角。城垣主体部分也少了些弯曲，规模的扩大与形态的硬挺，表明城垣设置的规格明确高于鲁曲阜，这正是战国时公之城的作派。城南墙偏东亦有一凸出的门防部分，也与鲁曲阜的做法呼应，显示出其对鲁曲阜亦步亦趋的模仿。城内已发现东周夯土建筑基址 84 座，以城东部偏南部最为集中。在这一夯土基址密集区东部和北部发现夯土围墙遗迹，可以认为此处为宗庙所在。在宗庙区之西南，相对位置如鲁曲阜頖宫之所在，也有一系列夯土台基存在[121]，参考鲁曲阜，可以设想这里的宫殿部分亦分为两区设置，东北为宗庙区，西南为頖宫、朝寝区（图 5-32）。

灵寿故城为战国时期中山国都城遗址，约建于公元前 380 年以后，该城位于河北省平山县三汲乡的丘陵台地上。城址呈不规则椭圆形，东西宽约 4000 米，南

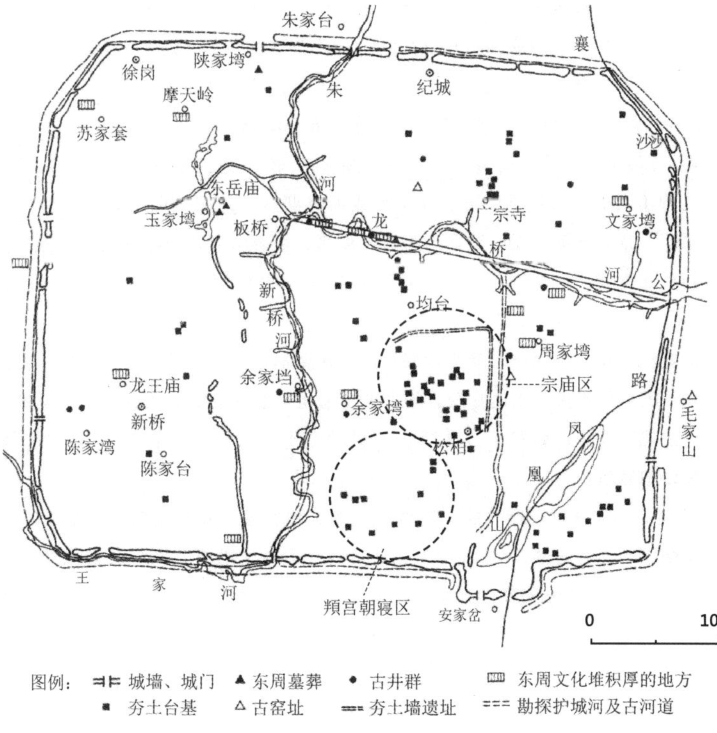

图 5-32 湖北省荆州市江陵楚国纪南城平面图

北最长处约 4500 米。推测城垣总长度为 12 000 米左右，合城方九里略强。在城址中间有一南北隔墙将城址分为东、西两城。大型夯土建筑基址主要集中在东城，已发现三处基址南北排列。城北部高地上的 3 号基址有较厚的夯土墙基和成排的大型夯筑柱基和柱础石[122]，其应为宫庙所在。由于整个城轴向东南，如果将其摆正，宫庙遗址应在东城东北。单从东城看，这里属于宫庙置于东北的做法。在东城的西南部，由壕沟形成了一块向外的凸出，这个凸出的存在，使城址形态可与偃师商城大城或东下冯商城相比。在西城中没有发现大型建筑基址，可两城并置的做法毕竟提供了东边安置宗庙、西边安置明堂等设施的机会。灵寿故城城垣外廓总尺寸合方九里强，可其东城城垣尺寸只有 10 500 米，约合城方七点五里。参考郑国故城设置东、西两城以减缓对制度冲击的做法，或可认为，按照当时的条件，中山国本来应该只能用方七里之城（图 5-33）。

燕下都遗址位于河北省易县境内，是战国中晚期燕国都城遗址。城址总平面可以视作一个矩形化的中山灵寿故城。该城东西长 8000 米，南北宽约

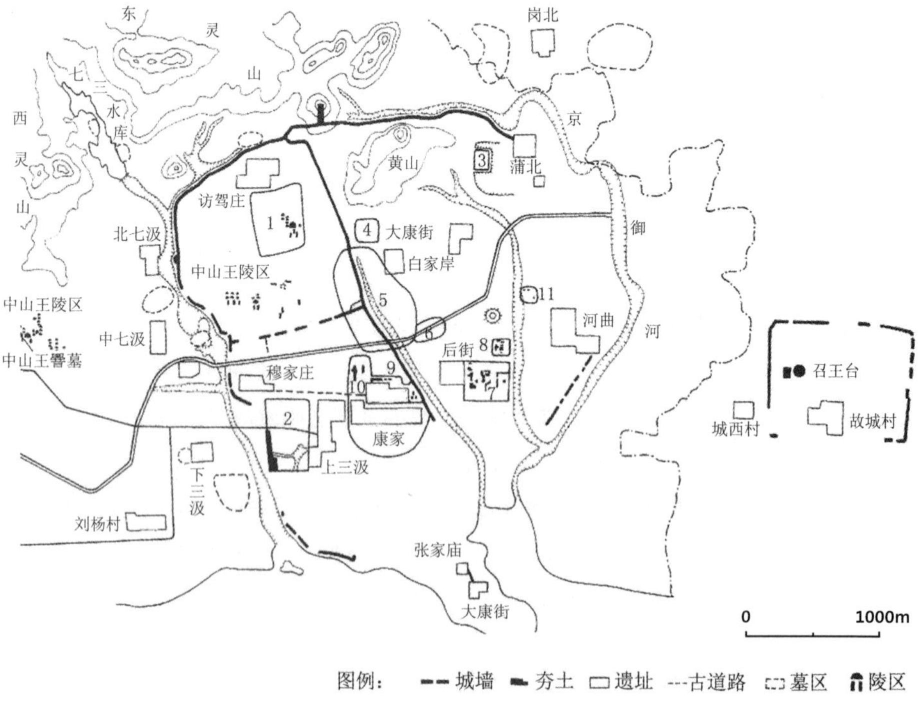

图 5-33 河北省平山县中山国灵寿故城平面图

4000～6000米，城址巨大，城垣总尺寸已经不在既有制度控制的范围以内。不过，燕下都与中山灵寿故城一样，在整个城址中部有一道南北城垣将城址分为东西两城，研究认为，东城建设稍早于西城。单看东城，其平面约为一西南隅单向外拓的矩形，东北角有明确的缺失。在其城址东北部，存在众多大型夯土建筑基址，应是宫庙区所在，故其可视为宫庙东北安置的案例。西城内文化遗存较少，研究者多认为是为屯兵而设[123]。燕下都西城为一东南角外凸的矩形，西城与东城并列造成了城南墙中部向外拓出的城廓格局，这种格局，又使得整个城池在形态上与楚纪南城有了对应。

观察都城构造，最引人瞩目的是在燕下都东城靠近北部有一道东西向横贯整个城区的隔墙，把东城分为南北两个部分。隔墙全长4400米，基宽20米，墙厚约相当于外围城墙的一半。从解剖情况看，隔墙压在东墙基之上，建设晚于东墙。从城内空间分划的角度看，这道隔墙的位置相当尴尬，其既无明确的防御针对性，又在东城北部造出了一个畸零空间，破坏了城址东北部宫殿组织的连续性。为什么在东城造好后，又要画蛇添足地加此一道城墙？

我们知道，燕下都是至今所见春秋战国时都城之最大者，它的总面积大致是齐临淄大城的两倍，从当时燕国的军事政治地位看，这么大的都城与燕国统治者的身份并不相符。即使以东城作为城址等级的核算基础，实测得知，这一部分城垣总长约为17 500米，合方十二点六里，已经大大超过了齐临淄大城的规模。齐国当时为北方诸侯首领，所以这个尺寸很难让整个社会接受。应该是这个原因，随后人们在东城北部加设了一道内垣，这个内垣和其南部的城垣合计，总长度为16 200米，约合方十一点六里，取得了大致与齐临淄大城相等的尺寸。燕下都东城内这道城垣的加建，十分清晰地表明了即使建于战国晚期，又处在中原边缘，城址超规格设置，还是会承受巨大的压力的。可实际上燕下都的东城整体已比齐临淄大城大，再加上西城，在面积上，二者几乎不可同日而语。可在解释上，该城应该可以理解为几个单独的部分的拼合，因为有郑国故城和中山灵寿故城的做法在先，所以当每个单一部分可以接受时，别人也只好睁眼闭眼，得过且过了（图5-34）。

楚纪南城城址平面可以视为鲁曲阜故城方整化的结果，燕下都则可以视为中山灵寿故城方整化的结果。楚纪南城与燕下都在规格上要远高于鲁曲阜和中山灵寿故城。这种情况应该表明，在仰韶文化建筑上显示的方整平面规格高于圆形平面的规则，到此时仍然有用。

1984年，考古人员在解剖汉魏洛阳故城城垣时，在城池中部发现了不晚于西

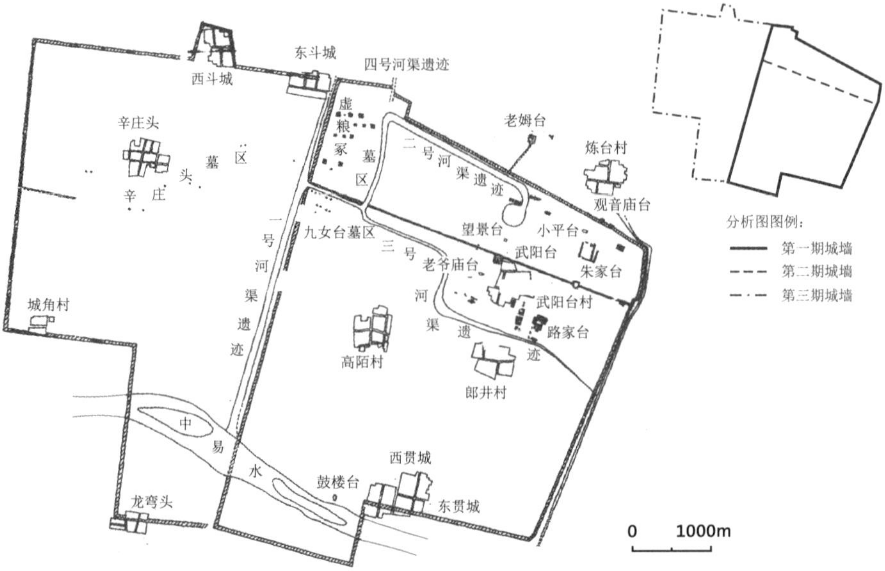

图 5-34 河北省易县燕下都城址组织图

周中晚期的城垣遗址。由勘探得知，汉魏故城总体上是由这个西周城址、北部春秋晚期增建部分以及南部战国末年增建部分构成[124]。西周城址城垣总长 8750 米，合周制方六点二五里。城南墙由东向西略向外斜，形成了一个略有扩张的城池西南隅，北墙在城东北角处内斜形成一个明确的抹角。按照西周旧制，这个城址采用的是普通侯伯之城的规格。这个不到方七里的西周城址在王子朝之乱时，迎来了第一次扩建。此时周敬王在此驻跸，为了适合某些功能需求并提高防守能力，公元前 516 年，“晋侯合诸侯于狄泉，始大其城”[125]，说的就是这次扩建。这次扩建在原城址的北部增加了一块，将城垣周长扩展到 11 000 米，合周制方七点八六里，城池的防御能力提升了，但在新的制度下，这个尺寸在规格上仍属侯伯之城。所增部分之东墙有意内收，留下了原城东北抹角的痕迹，所增北墙则有意曲折，北墙东段斜向内收和东墙北段的整体内收，造成了双重的角部缺失，甚至是整体城址规格的略有下降，这样做具有昭示周敬王不可能久居于此，力图恢复旧都的决心的作用。第二次扩建是在战国末年，秦灭东周后，此地改称洛阳，以十万户为吕不韦之封地[126]。这次增建将城垣总长扩大到 12 620 米左右，略略大于方九里。这个尺寸按照《大戴礼记》，应为公之城的规格。比照同样按公之城的规格建成的齐临淄大城、赵邯郸大北城，吕不韦的洛阳城在尺寸设定上是十分收敛的。应

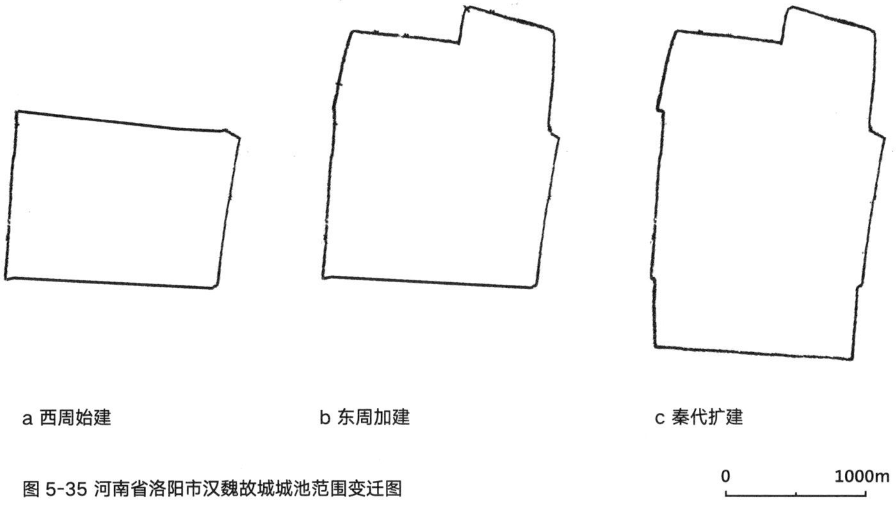

图 5-35 河南省洛阳市汉魏故城城池范围变迁图

该为了在面积扩大时抑制城池形态规格，所增西墙由北向南略作内收，新增南垣较旧南垣也减弱了由东向西外拓的力度。这些处理大致符合吕不韦当时位高权重，但在处事上又战战兢兢的状态（图 5-35）。

以上叙述应该确切表明，从新石器时代晚期开始，在一个相当长的时间和相当大的范围里，受华夏文化浸染的城址形态、宫庙设置、城池尺寸的确定一直遵循着某种规则，其前后相继，内容保持着相当的稳定性。这种规则所导致的城市形态和具体布局，与《考工记》所暗示的以十字轴线作为基准，以方格网作为辅衬、左右对称、外廓方整的都城形态根本不同。《考工记》“营国制度”所暗示的那种时君宫殿处于城廓的几何中心，宗庙、社祀作为主要城内配饰的做法在先秦并不存在，独立的时君宫殿作为城市秩序出发点的做法应该出现得相当晚，甚至要晚到秦汉之后。

注释

1 [西汉] 司马迁:《史记》，中华书局，1959年，第112页。
2 黄淬伯:《诗经覈诂》，中华书局，2012年，第434页。
3 按此诗一、三、四、五章的现有注释基本可通读，难理解的是第二章及第六章。参照各家注释，认为第二章的“舟”意为“周”，即确立大致范围。“玉及瑶”是用于祭祀的物品，故理解为开展祭祀。“鞞琫容刀”则用于战斗的物品，故理解为驱逐原住民。第六章“馆”即“观”，即后世之碉楼，“取厉取锻”指打磨兵器。“乱”《传》云“正绝流曰乱”，应为设置渡口。“止基乃理”应为理划田野，确立界限，让大家明确所有以安众心（爰众爰有）。
4 杨宽:《西周史》，上海人民出版社，1999年，第32页。
5 黄淬伯:《诗经覈诂》，中华书局，2012年，第385页。
6 [东汉] 郑玄注，[唐] 贾公彦疏:《礼记正义》，北京大学出版社，2000年，第133页。
7 齐思和:《西周地理考》，转自张光直:《中国青铜时代》，生活·读书·新知三联书店，2013年，第35页。
8 黄淬伯:《诗经覈诂》，中华书局，2012年，第407页。
9 [唐] 徐坚:《初学记》，中华书局，1962年，第574页。
10 何清谷:《三辅黄图校释》，中华书局，2005年，第277页。
11 [清] 戴震:《毛郑诗考正》，引自[清] 戴震:《戴震全书》，黄山书社，1994年，第461页。
12 同上。
13 [明] 方以智:《通雅》，中国书店，1990年，第457页。
14 [东汉] 班固:《白虎通》，中华书局，1985年，第131页。
15 王谟辑:《五经通义》，引自《汉魏遗书钞(嘉庆三年刻本)》，第7页。
16 《西周史》，第666页。
17 曲英杰:《史记都城考》，商务印书馆，2007年，第93页。
18 从文献看，丰京原来也有相应的祠庙，在距离十分相近的地方重复地设置相同的东西，不仅不够经济，并且也会造成秩序的混乱，所以，在镐京建设后，将原本在丰京的某些祭祀设施迁移到镐京，是合理的。
19 《西周史》，第110页。
20 张双棣 等:《吕氏春秋译注》，北京大学出版社，2000年，第568页。
21 [宋] 朱熹:《诗集传》，中华书局，1958年，第251页。
22 徐广:《集解》，引自《史记》，第118页。
23 《史记》，第2367页。
24 [东汉] 班固撰，[隋] 颜师古注:《汉书》，中华书局，1962年，第1125页。
25 《诗序》云:“《七月》陈王业也。周公遭变故，陈后稷先公风化之所由，致王业之艰难也。”《陈疏》:“此周公遭管蔡之变而作。”见黄淬伯:《诗经覈诂》，中华书局，2012年，第203页。
26 [东汉] 班固撰，[隋] 颜师古注:《汉书》，中华书局，1962年，第1121页。
27 《管子·八观》这里的“里”是指城内族邑的居地，“闾闬”则指里门。[清] 黎翔凤撰，梁运华整理:《管子校注》，中华书局，2004年，第256页。
28 传世文献和周代铭文对此均有显示。如《尚书·武成》:“癸己，王朝步自周。”参见李民、王健:《尚书译注》，上海古籍出版社，2004年，第209页;《尚书·毕命》:“王朝步自宗周。”参见李民、王健:《尚书译注》，上海古籍出版社，2004年，第384页;晋侯苏钟铭文:“正月既生霸，戊午，王步自宗周。”
29 参见王鲁民:《〈斯干〉中的建筑及新解》，《文史知识》2014年第10期。
30 黄怀信、张懋镕、田旭东:《逸周书汇校集注》，上海古籍出版社，1995年，第716页。
31 [东汉] 郑玄注，[唐] 贾公彦疏:《周礼注疏》，北京大学出版社，1999年，第1349页。
32 [东汉] 郑玄注，[唐] 孔颖达疏:《礼记正义》，北京大学出版社，2000年，第1085-1086页。
33 《逸周书汇校集注》，第465页。
34 《史记》，第113页。
35 《逸周书汇校集注》，第465页。
36 黄淬伯:《诗经覈诂》，中华书局，2012年，第225-227页。
37 张一兵:《明堂制度研究》，中华书局，2005年，第74页。
38 《西周史》，第160页。
39 同上，第857页。
40 参见《逸周书汇校集注》，第525页。
41 顾颉刚、刘起釪:《尚书校释译论》，中华书局，2005年，第1438页。
42 [清] 黎翔凤撰，梁运华整理:《管子校注》，中华书局，2004年，第1051页。
43 张觉:《吴越春秋校注》，岳麓书社，2006年，第295页。
44 《史记》，第3232页。
45 张觉:《吴越春秋校注》，岳麓书社，2006年，第4页。
46 同上第126页。
47 [战国] 孟子撰，方丽华、蓝旭译注:《孟子》，中华书局，2006年，第76页。
48 [西汉] 刘向:《战国策》，上海古籍出版社，1985年，第467页。
49 《史记都城考》，第100页。
50 考古研究所洛阳发掘队:《洛阳涧滨东周城址发掘报告》，《考古学报》1959年第2期。
51 《史记都城考》，第100页。
52 [东汉] 何休注，[唐] 徐彦疏:《春秋公羊传注疏》，北京大学出版社，2000 年，第 688 页。
53 [南朝宋] 范晔撰，[唐] 李贤 等注：《后汉书》，中华书局，1965，第 1555 页。
54 梁云：《战国时代的东西差别——考古学的视野》，文物出版社，2008 年，第 148 页。
55 杨宽：《中国古代都城制度史研究》，上海古籍出版社，1993 年，第 43 页。
56 王鲁民：《中国古代“聚合型”都城的演变与退隐》，《城市规划学刊》2015 年第 4 期。
57 《史记》，第 118 页。
58 《国语·周语下》：“灵王二十二年，谷洛斗，将毁王宫。”韦昭注：“谷、洛，二水名也.洛在王城之南，谷在王城之北，东入于瀍。斗者，两水激，有似于斗也。至灵王时，谷水盛，出于王城之西，而南流合于洛水，毁王城西南，将及王宫。”
59 《汉书·地理志》：“周公迁殷民，是为成周。”参见 [东汉] 班固撰，[隋] 颜师古注：《汉书》，中华书局，1962 年，第 1555 页。
60 顾颉刚、刘起釪：《尚书校释译论》，中华书局，2005 年，第 1432 页。
61 [春秋] 左丘明著，[晋] 杜预注，[唐] 孔颖达疏：《春秋左传正义》，北京大学出版社，2000 年，第 1637-1645 页。
62 童书业：《春秋左传研究》，上海人民出版社，1980 年，第 223-225 页。
63 《逸周书汇校集注》，第 533 页。
64 许宏：《大都无城》，生活 · 读书 · 新知三联书店，2016 年，第 145 页。
65 [清] 孙诒让：《墨子间诂》，中华书局，2001 年，第 426 页。
66 这里“京”同“师”；“薪”同“新”；“戽”同“戏”。
67 《逸周书汇校集注》，第 218 页。
68 《西周史》，第 111 页。
69 巫鸿：《中国古代艺术与建筑中的“纪念碑性”》，上海人民出版社，2009 年，第 106 页。
70 詹鄞鑫：《神灵与祭祀》，江苏古籍出版社，1992 年，第 330 页；杨志刚：《中国礼仪制度研究》，华北师范大学出版社，2001 年，第 336 页。
71 徐宗元：《帝王世纪辑存》，中华书局，1964 年，第 94 页。
72 [东汉] 班固撰，[隋] 颜师古注：《汉书》，中华书局，1962 年，第 1955 页。
73 [东汉] 郑玄注，[唐] 贾公彦疏：《礼记正义》，北京大学出版社，2000 年，第 1097 页。
74 同上，第 1088 页。
75 山西省考古研究所侯马工作站：《侯马呈王路建筑群遗址发掘简报》，《考古》1987 年第 12 期；梁云：《战国时代的东西差别——考古学的视野》，文物出版社，2008 年，第 159 页。
76 山西省考古研究所侯马工作站：《晋都新田》，山西人民出版社，1996 年，第 14-16 页。
77 《史记》，第 1083、1085 页。
78 同上，第 477 页。
79 《逸周书汇校集注》，第 538 页。
80 《礼记·明堂位》“山节”指巨大的斗拱，“复庙”则指“重屋”，“重檐”，指双重屋檐，“刮楹”指对柱子进行细致的打磨，“达乡”是指殿屋正门与院落大门对照，“反坫出尊”是将台基弄成“亚”形，“崇坫康圭”或指设土台上置玉圭为饰，“疏屏”指使用上有花纹装饰的影壁。[东汉] 郑玄注，[唐] 贾公彦疏：《礼记正义》，北京大学出版社，2000 年，第 1098 页。
81 王鲁民：《中国古典建筑文化探源》，同济大学出版社，1997 年，第 81 页。
82 杨鸿勋：《秦始皇陵享堂及地宫建筑猜想》，《中国文化遗产》2007 年第 3 期。
83 许宏：《先秦城市考古学研究》，北京燕山出版社，2000 年，附表。
84 [西汉] 刘向：《战国策》，上海古籍出版社，1985 年，第 337 页。
85 王鲁民：《中国古代“聚合型”都城的演变与退隐》，《城市规划学刊》2015 年第 4 期; 王鲁民:《“大邑”的营造——先秦、秦及西汉都城规模与组织初论》，《城市规划学刊》2015 年第 1 期。
86 刘庆柱主编：《中国古代都城考古发现与研究》，社会科学文献出版社，2016 年，第 196-197 页。
87 [东汉] 郑玄注，[唐] 贾公彦疏：《周礼注疏》，北京大学出版社，1999 年，第 785 页。
88 同上，第 786 页。
89 《春秋左传正义》，第 59-60 页。
90 [东汉] 郑玄注，[唐] 贾公彦疏：《周礼注疏》，北京大学出版社，1999 年，第 786 页。注云“若周天子十二里，则《匠人》云九里，或据异代法”是正确的，是说匠人依据的是“夏殷三法”则与考古事实不符。
91 《春秋左传正义》，第 60 页。
92 按照文献，春秋末年吴国的都城尺寸也在这个范围内，《越绝书》云：“吴大城，周四十七里二百一十步二尺……吴廓周六十八里六十步”。案“廓周六十八里六十步”应为“廓方六十八里六十步”与大邑成周郭的尺寸相类为是。
93 [东汉] 郑玄注，[唐] 贾公彦疏：《周礼注疏》，北京大学出版社，1999 年，第 786 页。
94 黄盛璋：《商水扶苏城出土陶文及其关问题》，《中原文物》

1988 年第 1 期。

95 山西省文物管理委员会侯马工作站：《山西襄汾赵康附近古城址调查》，《考古》1963 年第 10 期。

96 陶正刚、叶学明：《古魏城和禹王城调查简报》，《文物》1962 年 Z1 期。

97 徐龙国：《秦汉城邑考古学研究》，中国社会科学出版社，2013 年，第 65 页。

98 《中国古代都城考古发现与研究》，第 183 页。

99 河北省文物管理处、邯郸市文物保管所：《赵都邯郸故城调查报告》，载《考古学刊》（4），中国社会科学出版社，1984 年。

100 《中国古代都城考古发现与研究》，第 178 页。

101 [东汉] 班固撰，[隋] 颜师古注：《汉书》，中华书局，1962 年，第 96 页。

102 《史记都城考》，第 386 页。

103 梁云：《战国时代的东西差别——考古学的视野》，文物出版社，2008 年，第 167 页。

104 《战国策・秦策二》高诱注："宜阳，韩邑，韩武子所都也。"参见 [西汉] 刘向：《战国策》，上海古籍出版社，1985 年，第 156 页。

105 陈小伟 等：《洛阳西南，千年韩城的前世今生》，《洛阳晚报》2015 年 12 月 15 日；《战国策》"宜阳城方八里，材士十万"似乎说后来又在此城外加有防御设施，参见 [西汉] 刘向：《战国策》，上海古籍出版社，1985 年。

106 《中国古代都城考古发现与研究》，第 171 页。

107 《史记都城考》，第 184 页。

108 《中国古代都城考古发现与研究》，第 197 页。

109 许宏：《大都无城》，生活・读书・新知三联书店，2016 年，第 79 页。

110 《史记都城考》，第 200 页。

111 山东省文物考古研究所、淄博市临淄区文物管理局：《山东临淄齐国故城 10 号建筑遗址发掘简报》，《文物》2016 年第 8 期。

112 《中国古代都城考古发现与研究》，第 200 页。

113 [东汉] 郑玄注，[唐] 贾公彦疏：《礼记正义》，北京大学出版社，2000 年，第 1088-1090 页。

114 山东省文物考古研究所：《曲阜鲁国故城考古工作取得重要成果》，《中国文物报》2017 年 3 月 10 日。

115 《史记都城考》，第 219 页。

116 河南省文物考古研究所：《河南濮阳县商城遗址发掘简报》，《考古》2008 年第 3 期。

117 考古资料参见尚景熙：《蔡国故城调查记》，《中原文物》1980 年第 2 期；河南省文物研究所：《1988 年

118 蔡国城发掘纪略》，《华夏考古》1990 年第 2 期。

119 《史记》，第 1695 页。

120 《春秋左传正义》，第 1695 页。

湖北省博物馆：《楚都纪南城的勘查与发掘（上）、（下）》，
121 《考古学报》1982 年第 3、4 期。

122 同上。

参见河北省文物研究所：《河北平山三汲古城调查与墓
葬发掘》，载《考古学集刊・第 5 集》，中国社会科学
123 出版社，1987 年。

参见中国历史博物馆考古组：《燕下都城址调查报告》，
124 《考古》1962 年第 1 期。

中国社会科学院考古研究所洛阳汉魏城队：《汉魏洛阳
125 故城城垣试掘》，《考古学报》1998 年第 3 期。

[清] 徐松：《元河南志》卷二，载《宋元方志丛刊本（影
126 印本）》，中华书局，1990 年，第 8352 页。

王国维：《王国维全集》第 13 卷《水经注校》，浙江
教育出版社，2009 年，第 546 页。

第六章　秦制与汉法

Chapter 6　Rules of Settlement Design in the Qin and Han Dynasties

一　初探秦制

东汉张衡《西京赋》说西汉长安营造云："于是量径轮，考广袤，经城洫，营郭郛，取殊裁于八都，岂启度于往旧。乃览秦制，跨周法，狭百堵之侧陋，增九筵之迫胁。正紫宫于未央，表峣阙于阊阖。疏龙首以抗殿，状巍峨以岌嶪。"[1] 用今天的话说，《西京赋》说西汉长安的营造，首先结合山川河流所成空间轮廓的宽窄大小来确定城池、郭郛的尺寸和城郭的具体坐落；然后广泛地研究过往的制度，参考众多前朝都城，以确定城池的基本形态。再以秦制为参考，超越周法的局限，扩大核心建筑组合的规模，增加主要单体建筑的体量以形成雄伟的气势，并以此为基础确立以未央宫为主导、以高耸的阙观为标志的雄伟壮丽的宫殿建筑群体。过去有学者以为，"览秦制，跨周法"是为了确定城市格局[2]，但由其后续句为"狭百堵之侧陋，增九筵之迫胁"看，"览秦制，跨周法"只与建筑规模尺寸的确定有关。这里的"百堵"当与《诗经》中说到的"百堵"相同，都指廊庑。在当时，廊庑往往是一定建筑特别是宗庙建筑组合的边界，以"百堵"为"狭"，当然是要扩大建筑组群所涉及的范围；《考工记》云，"周人明堂……东西九筵"，张衡以为明堂在周人是高等级的建筑，所以九筵所意味的尺寸不小，以"九筵"为"迫胁"，当然是要扩大单体建筑的体量。

虽然《西京赋》提到"秦制""周法"时，并不首指城市规制，但却与城市建设有关。"秦制""周法"这样的词汇存在，可见当时人认为周、秦在营造上都有相对稳定且有一定区别的规则。长久以来，人们对周法给予了较多的关注，可对秦制则涉及较少。秦朝作为华夏文明第一个中央集权的大帝国，所作所为对后世有不可忽视的影响，系统的城市建设史研究，对秦制的探讨是难以回避的一课。

中国古代的"法"与"制"未必体现为系统的白纸墨字的文本。在许多情况下，传统的"法""制"表现为实际生活中需要遵守的习俗。习俗作为长期历史积淀的产物，是要经过对历史事项进行梳理才能看清楚的东西，与不断变动的技术系统和功能目标相关的营造制度更是如此。近年来新的考古资料不断涌现，相关领域研究快速推进，使我们有条件主要通过对秦人相关作为的梳理，去尝试触探张衡所谓的"秦制"。

现代人偏向于把聚落建构理解为通过营造形成自己认同的物质环境的过程。可在古人那里，对自己认同的物质环境的建构，并不局限于"物质"行为，那是一个可以包括宇宙秩序认定、可操控空间价值确认以及具体场所制作等在内的涉及诸多方面的工作。对于国家空间秩序与合理都城的制作，这一点尤其明显。所以，这里对于“秦制”的探究，就不局限于常规的物质性的建设活动。

从《西京赋》的说辞看，周法与秦制最明显的区别，恐怕是周法所指向的建设规模有限而秦人的营造尺度可观，之所以如此，一方面因为周法形成之时，建筑营造技术还相当不成熟，特别是高等级建筑的屋架体系还在逐步的演绎与选择当中，建造大规模的单体建筑不仅相对困难，而且难以经久。另一方面，并且也应该是相对重要的一方面，是从周文王开始就明显显露的“卑宫室”“恤民力”的政治态度，并且期望通过文化的引导与制度的控制，减少大体量、超规模的建造，以达到系统地降低社会总体营造投入水平的目的[3]。周公的雒邑建设强调“饰”在等级确定上的重要性，以及相对系统的建筑等级制度的出现，就很好地表明了这一点[4]。

春秋战国，诸侯纷起，为了具体的军事、政治目的，各路诸侯们在营造上有诸多的探索，但这些探索毕竟是诸侯所为，不能构成让人们可以心悦诚服地接受的正典。秦人最终据有了天下，虽然历二世而亡，毕竟是前所未有的广域帝国，于是，经过他们选择、整合而最终采用的建造规则和实际实行的营造成果，最能成为后继王朝在进行相应活动时的正式参考甚至依据。

按照《史记》，秦人本是颛顼的后代。在舜之时，辅佐帝舜“调驯鸟兽”，“舜赐姓嬴氏”[5]。在西周的多数时间里，秦人游牧于现在的陕西、甘肃交界一带，这一带曾经是仰韶文化活动的重要地区，所以，秦人应该对中原文化的许多内容并不陌生。当然游牧到底和农耕不同，秦人从一开始就在环境营造上有着诸多区别于山东诸国的做法也是必然的。

秦襄公时，“周避犬戎难，东徙雒邑，襄公以兵送周平王。平王封襄公为诸侯，赐之岐以西之地。曰：‘戎无道，侵夺我岐、丰之地，秦能攻逐戎，即有其地。’与誓，封爵之。襄公于是始国，与诸侯通使聘享之礼，乃用骝驹、黄牛、羝羊各三，祠上帝西畤。”[6]上述说法表明，在中原诸国看来，直到秦襄公时，秦人才正式定居下来，在西地建造符合一定文化标准的都邑或区域环境秩序。这些建设，是秦人实行文化更张的标志性事件。

在当时的中原诸国眼中，“国”的设置，首在宗庙。宗庙的有无和宗庙的规格，是确定都邑等级乃至地域价值的核心标准。但是《史记》对于秦人“始国”时营造的记述，却看不到宗庙建设的影子，而是特别突出地显示了其对“白帝”的敬奉和祭祀。这已经在一定程度上显示了秦人与周人的差异。在周人那里注重族属与血统的延续；在秦人那里，首重的是空间的确认与占有。《汉书·郊祀志》云“秦襄公攻戎救周，列为诸侯，而居西，自以为主少昊之神，作西畤，祠白帝”，[7]更明确地说出了这一点。不仅如此，二者在主张自己的空间权力上的祭祀方向也有差别，秦人通过“作西畤”，明确自己是对西部空间具有支配权的白帝的人间代理，主张了对“岐以西”之地的权力。与之对比，夏、商、周都是以祭祀“大社”来进行空间据有的确认的，一个关注天，一个强调地，以“西畤”取代“大社”，表明了秦与夏、商、周的不同。

秦襄公“始国”之地称作“西”。《汉书》在述及秦人祠庙建设时说：“西亦有数十祠。”[8] 由于秦人“始国”后不久即迁都他地，似可认为西地的“数十祠”并非都是秦襄公“始国”以后所建。从文献所述秦人颇重祠庙的情况看，或者这些祠庙中的多数应该建于秦人“始国”之前，即其未营造符合某种标准的都邑之前已经存在。这些既有的祠庙，应是当时秦人的始国之地确定在“西”的部分原因。

西地的这些祠庙如何分布？史无明载。参考其后秦人畤庙往往因灵异的发生或环境特异而立的情况，西地的祠庙恐怕很难与聚落有明确的形式关系。从秦襄公在西立国八年后，秦文公由西地出发东征仅有“兵七百人”[9] 看，当时西地人口规模十分有限，因而当时西地的建设也应有限。这有限的建设量中就包括有“数十”祠庙，可见祭祀设施在秦人聚落中所占的分量。

《史记·秦本纪》索引曰：“畤，止也，言神灵之所依止也。亦音市，谓为坛以祭天也。”[10] 按照周制，诸侯是不可以设坛祭天的，不过按照《汉书》，秦人在西畤祭祀的并不是与“天”对应的统领诸神的昊天上帝，而是管制一方的白帝，当时周王室卑弱，秦又处在边陲，加上秦人最终成就了大统，所以对这种疑似的僭越，大家也就难以特别计较了。

为了确切地拥有周平王“赐予”的岐以西之土地，公元前763年，即秦文公三年，“文公以兵七百人东猎。四年，至汧渭之会。曰：‘昔周邑我先秦嬴于此，后卒获为诸侯。’乃卜居之，占曰吉，即营邑之。”[11] 作为一个合适的居地，只有一般的房舍是不够的，在汧渭之会基本安顿下来之后，“文公梦黄蛇自天下属地，其口止于鄜衍。文公问史敦，敦曰：‘此上帝之征，君其祠之。’于是作鄜畤，用三牲郊祭白帝焉。”[12] 鄜畤的建设不仅确认了秦公“主少昊之神”的地位，并且也确认了“汧渭之会”就是秦人所应居。祭祀和祭祀空间的建设，对于秦人众心的安定和凝聚有关键性的影响。与西地有数十祠的情况比较，在汧渭之会仅有鄜畤显然不行，人们需要更多的神力来保证居地的可靠，《史记·正义》引《括地志》云：“宝鸡神祠，在汉陈仓县故城中。《晋太康地志》云：秦文公时，陈仓人猎得兽，若彘，不知名，牵以献之。逢二童子，童子曰：‘此名为媦，常在地中，食死人脑。’即欲杀之，拍捶其首。媦亦语曰：‘二童子名陈宝，得雄者王，得雌者霸。’陈仓人乃逐二童子，化为雉，雌上陈仓北阪，为石，秦祠之。”[13] 陈宝祠作为鄜畤的补充，为秦人在汧渭之会的定居提供了进一步的支撑条件。

经过在平阳的短暂停留[14]，到了秦德公元年即公元前 677 年，“初居雍城大郑宫。以牺三百牢祠鄜畤。卜居雍。”[15]《汉书·郊祀志》云：“自未作鄜畤也，而雍旁故有吴阳武畤，雍东有好畤，皆废无祠。或曰：‘自古以雍州积高，神明之隩，故立畤郊上帝，诸神祠皆聚云。盖黄帝时尝用事，虽晚周亦郊焉。’”[16] 可见将都城安排在雍，与其靠近“神明之隩”有关。秦人在“神明之隩”附近设置都城的做法，其实在西地的建设上已有表达，周人决定设都洛阳盆地亦有类似考虑，可以认为这是当时一些文化共有的传统。与神明做邻居，当然祭起神来方便一些，有机会获得额外的好处。但在周人那里，天下之中是与至高的神明沟通的关键场所，在秦人那里，灵异事件和特殊的环境样式是表明神明存在的根据。前者的考虑多了一些形式和逻辑的成分。将都城设在雍地后，雍地附近旧有的祭祀设施都得以兴盛[17]。经过持续的建设，秦人在雍地及周边形成了包括用于祭祀“日、月、参、辰、南北斗、荧惑、岁星、填星、辰星、二十八宿、风伯、雨师、四海、九臣、十四臣、诸布、诸严、诸逑之属”[18] 的庞大的祭祀建筑系统。“日”“月”“星”“辰”等不同的祭祀对象各设一庙的做法与周人在南郊设置单一的丘兆，作为祭祀上帝及众神的万神殿的办法明确不同，或者可以设想周人的都城空间结构相对单纯，意涵逻辑相对明晰，而秦人的雍城，则空间结构相对含糊，意涵逻辑相对错综。两者的景观格局有相当的差异。

雍地距汧渭之会未远，已有的鄜畤和陈宝祠不仅继续兴盛，并且是雍地周边的祭祀设施中最为重要的元素，长时期地作为都城成立的保证（图 6-1）。

在德公居雍期间，秦人的东扩取得了重大进展，使得其子孙有机会“饮马于河”。[19] 正是这样，其后任者秦宣公有条件在雍地“作密畤于渭南，祭青帝”[20]。“青”象征着东方，依照前引《汉书·郊祀志》的逻辑，“密畤”的建设应是秦公兼为白、青二帝代理人的表达，设置青帝的祭祀场所，意味着对岐以东一定范围土地的主张。

《史记》叙及秦悼公事迹时，才说“城雍”[21]，即在雍地建造了城墙。秦悼公于公元前 490 至公元前 477 年在位，也就是说，从德公居雍到悼公的 180 多年里，雍地并无城墙建设。一代雄主德公之子秦缪公时，戎使由余至雍打探，文献只是说秦缪公“示以宫室、积聚”[22]，而不提城池，表示当时还不存在有足够分量的城防系统。《史记·秦本纪·集解》记载德公二年（公元前 676 年）“初作伏，祠社，磔狗邑四门也”。[23] 有人以此为据，认为德公时已有城墙之设，恐怕缺乏足够的说服力。因为邑有四门只能说明其有某种内外界限，可这界限未必就是夯筑而

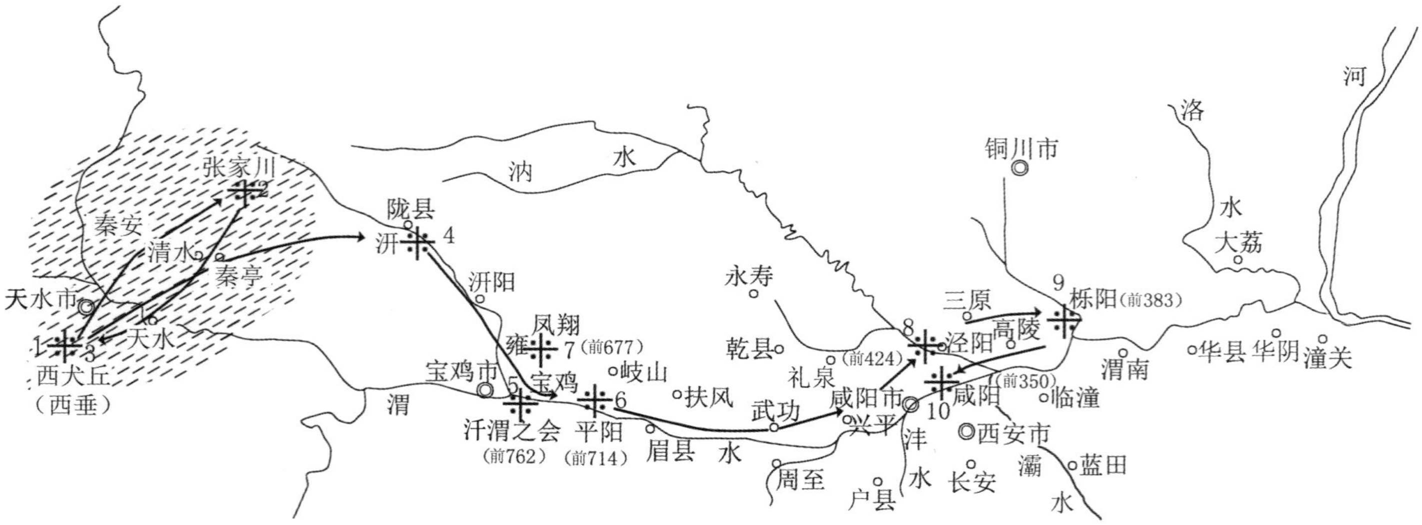

河
洛
水
大荔
铜川市
纳
水
张家川
2
秦安
清水
秦亭
天水市
天水
1
3
西犬丘
（西垂）
陇县
汧
4
汧阳
凤翔
雍
7
（前677）
宝鸡市
5
宝鸡
岐山
6
汧渭之会
（前762）
平阳
（前714）
眉县
扶风
渭
水
永寿
乾县
礼泉
（前424）
武功
咸阳市
兴平
8
泾阳
三原
高陵
9
栎阳（前383）
咸阳
（前350）
10
沣
水
户县
周至
长安
西安市
灞
水
蓝田
临潼
渭南
华县
华阴
潼关
图例：
秦都名及迁移序号
早秦活动区域
今市县名
（前677）
迁都时间

图 6-1 秦人迁徙路线图

成、厚度足够的墙体。特别要注意的是，《秦本纪》说到聚落本身用的是“邑”字，如其措辞严谨，已经表明了这个聚落是不设城的。考古资料显示，齐临淄城墙厚 20 ～ 33 米，鲁曲阜的城墙厚 30 ～ 40 米，赵邯郸大北城的城墙厚 20 ～ 50 米[24]，而雍城的城墙厚仅 4.3 ～ 15 米，最厚处还抵不上上列城墙的最薄处。后来的秦都栎阳的城墙厚度仅为 6 ～ 16 米，且“平地起夯，不挖基槽，建筑也较疏松”。这样的情况足以表明秦人本来就对城墙建设热情有限。秦人“始国”后长期在人口稀疏且无强大对手的地域活动，一时不建城墙也属自然。

“作伏”，即为避免邪魔侵扰而白日关闭门防蛰于室内的做法，相应的“祠社”与“磔狗邑四门”均有抵御邪魔的价值，与前文提到的《春秋》昭十八年《传》所载“郑子产大为社祓禳与四方”的做法同义。这里的社当然与关注丰饶的社不同，是具有杀伐之意的社。祠社与“磔狗邑四门”的做法结合在一起表明该社应是所谓的“国社”。在关闭居邑门防的情况下祭社表明这个社是在聚落当中的，这与周雒邑把大社设在国中的做法相一致。德公元年迁都于雍，二年即有“祠社”之举，这种安排，当然是其在都城建设上学习山东诸国办法的表现。

发掘所见秦雍城城址“东西长 3300 米（以南垣计算），南北长 3200 米（以西垣计算），面积约 1056 万平方米”。[25] 按照测量，雍城城垣长度总计约 11 900 米，约合方八点四八里，不及方九里，以当时的制度，这个尺寸规格仅相当于侯伯之城的规格，似乎表示其时秦人的野心有限。该城东垣颇为曲折，在与北垣交接时，制作出了明确的东北缺角，南垣西段略有内收，形成了西南隅一定程度的压缩，总体形态规格也不算高。对于春秋晚期又处在边地的秦公来说，这也许已经是相当谦虚克制的表达。可对于山东的诸侯来说，因为这个城址以外有鄜畤、密畤、陈宝祠等，其规格却非一个边地诸侯所应有（图 6-2）。

《秦纪》显示，康公以前各代秦君都单立宫殿居住。后任秦公即位后，不住在前任秦公所用的宫殿中，而是在另外地点新造宫殿居住，如文公居西垂宫，武公居平阳封宫，德公居雍大郑宫，宣公居阳宫，成公居雍之宫[26]，这或者也是游牧文化传统所致。曲英杰主张，这些前王的宫殿在相应的秦王死后改为宗庙[27]。如果是这样，由德公到成公这一时期，雍城的宗庙与时君宫殿的关系并不确定。

情况到康公时发生了变化。《秦纪》说：“康公享国十二年，居雍高寝，葬竘社，生共公。共公享国五年，居雍高寝，葬康公南，生桓公。桓公享国二十七年，居雍太寝，葬义里丘北，生景公。景公享国四十年，居雍高寝，葬丘里南，生毕公。”毕公以后，除暂时迁都外，再提到秦公所居的宫殿名称的，仅有躁公[28]。这种叙述方式表明，秦在迁都至雍 50 余年后，逐渐取消了时君日常行政场所因世代不同而改变的状态。

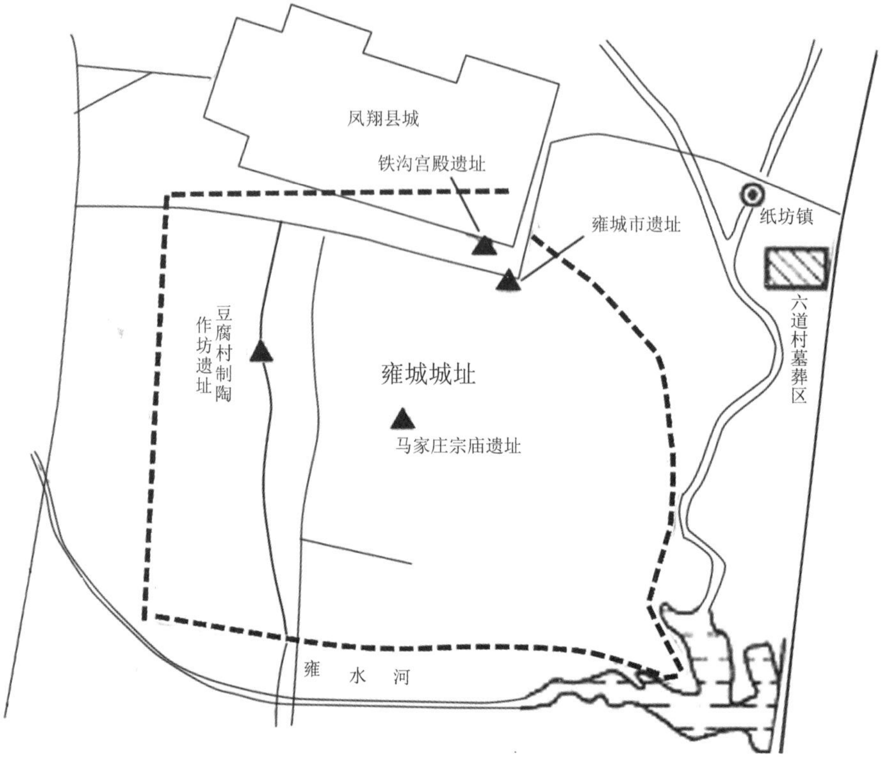

图 6-2 陕西省宝鸡市凤翔县秦雍城平面示意图

宫殿不因秦公的更迭而变换、定居于高寝，这或者也意味着，秦人的宗庙也相对固定下来了，雍城的聚落主导元素的设置格局也就相对地稳定下来了。

人们在位于雍城城址大致中心的马家庄发掘到了秦雍城一号宫殿基址。这是一个由多座建筑构成的院落组合，占地东西宽 87.6 米，南北长 82 米。位于院落南边中间的建筑略小，当为门屋，门内三座大殿“品”字形分布，塑造出轴线对称的院落空间。正面大殿后面，还有一座小型夯土台基。在整个建筑基址上共发现各类祭祀坑 181 个[29]。大量祭祀遗迹和大殿居中、左右分置偏殿的格局，促使人们认定马家庄一号宫殿基址为宗庙。三座大殿居中的为太祖庙，东部为昭庙，西部为穆庙[30]。结合文献，这个宗庙的成立年代当在康公之后，也就是说，此时秦雍城才确定了宗庙占据中心的格局。

宗庙正殿后面的小型台基，东西宽 5.4 米，南北长 3.8 米，四周无檐墙，四个角部均设两个角柱[31]。角柱的柱径相当有限，很难用它们来支撑屋顶，这些柱子应是台基周边栏杆的支撑物。由此可见，这个小型台基上面是没有屋顶的。结合建筑的位置和形态，可以推断这个土台就是社坛。这个社坛位置隐蔽，体量有限，不具有杀伐的气质或刻意的空间象征性处理，其应为主要服务于丰饶之祀的设施，即所谓的“侯社”。前面提到的秦人之“国社”应另有其地，参照郑国故城的做法，其应在这个宗庙以南。将侯社设在宗庙建筑之北，是中原地区用之长久的传统，该社祀的存在也可以反过来证明其南边的那些建筑就是宗庙。

在一号宫殿基址西边，距其仅 15 米，人们发现了同期建设的二号宫殿遗址，现存有南门塾及西围墙等遗迹。在二号宫殿遗址西围墙西侧发现两口水井，分别有输水管道通向二号宫殿院内。水井和输水管的安排似乎显示了二号宫殿和日常居住多有关系。如果把二号宫殿与一号宫殿视作一个整体[32]，参考偃师商城在宗庙以西设置朝寝的处理，有理由认为二号宫殿为康公、共公和景公居住的“高寝”。

“马家庄四号建筑遗址位于一号建筑遗址东，相距约 500 米。遗址高于周围地面，破坏严重，现残存面积约 2 万平方米，夯土墙基已残破不全。发现一些祭祀坑，内有动物肢骨、朱砂等。从建筑材料看，时代与一号建筑遗址基本相同。”[33]四号建筑遗址上祭祀遗迹，有助于认为这里曾有祭祀建筑群存在。

在一号宫殿以西，距其约 500 米的地方发现了三号建筑遗址。在春秋战国的宫室遗存中，秦雍城的三号建筑遗址十分引人瞩目。这是一个由一条轴线贯穿五重院落的连续整体。该建筑基址南北全长 326.5 米，北端宽 86 米，南端宽 59.5 米，占地合计 21 849 平方米[34]（图 6-3）。五重院落，每院一门，共有五门。有人将其与“天子五门”的说法相联系。其实文献表明，在主体建筑为施政、寝居内容的宫殿区上连续叠置五门的做法在西周并不存在。前引《逸周书 · 明堂解》应门、库门、皋门、雉门是明堂院落东、南、西、北四个方向上的门。前引《诗经 · 大雅 · 绵》提到的皋门和应门，按照应有的设置规则，也难在一条轴线上。《礼记 · 明堂位》郑玄注似乎才把这些门串成一串。《明堂位》正文本为“大庙，天子明堂。库门，天子皋门。雉门，天子应门”，[35]因为门制是在讲述大庙时涉及的，所以其所述当与《绵》所提到的皋门和应门相同，同为庙门。原文只是说鲁国宗庙之库门，与天子的皋门对应，为外门；雉门与天子的应门对应，为内门，且其所涉及的只此二门。在我们看来，最初的所谓五门，或是指天子宫城上不同部分的门，它们未必要串在一起，形成某种轴线。从设置的必要性看，在一条轴线上串置五门的做法，最有可能首先出现在西周的天子宗庙上，任启运所作之“天子七庙”之图中轴线上叠置五门，颇可作为参考。秦人在雍城三号建筑基址上的做法，或是将周人在宗庙

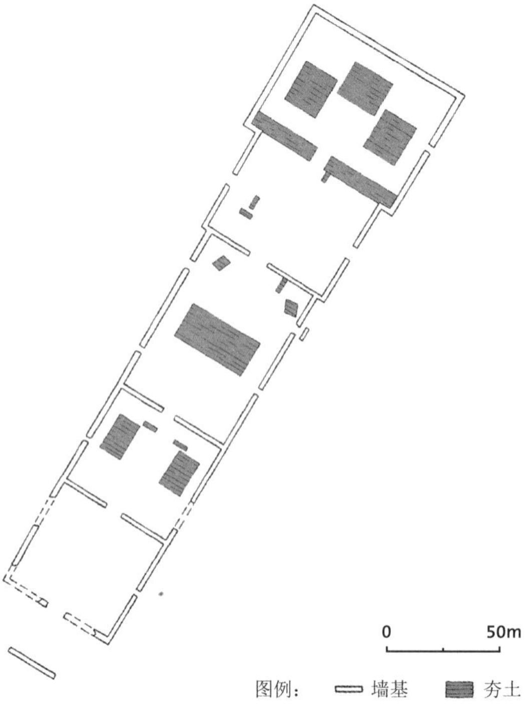

图 6-3 陕西省宝鸡市凤翔县秦雍城马家庄三号建筑遗址平面图

上的处理移植于宫殿上的结果。在宫殿区连续施用五门，中间有建筑的渗入和修饰，与宗庙上一通到底的轴线相当不同，更加具有深密之感，其为后世所继承、仿效实属自然。发掘报告根据三号宫殿的位置和构成认为它是朝寝建筑，应该是正确的。考虑到其总体尺寸巨大，而“太”与“大”的意思相通，或可认为三号建筑遗址就是秦桓公开始使用的“雍太寝”。

三号建筑遗址沿用时间大致为春秋到战国时期，与一、二、四号建筑遗址存续时间相同。注意到三号、四号宫殿与中心单元的距离相同，并且都规模可观，似乎表明当时秦雍城试图确立一个一、二号宫殿并立居中，三、四号宫殿两端平衡的横向聚落轴线。在这个横向轴线西半是以日常朝政为主要功能的宫殿，东半则是祭祀建筑，一东一西的安排，可以视为夏、商以来宫殿组织上东宗庙、西路寝的常规做法在城区层面的展开。三号宫殿远离中心设为另一极点，为当世君主提供了隆重的独立空间，在某种程度上，应是基于秦国文化传统的时君自主性寻求的表达。

从考古资料看，夏、商及周人最高规格的宫殿往往引用大规模廊庑围合主体建筑。而雍城之秦人宫殿只采用厚重围墙，做法十分不同，但这并不能认作是秦人所设宫殿规格较低，因为仅就三号宫殿本身，其庞大的规模和连续五院的做法也许已经不是周天子所能想象。据说“天子外屏，诸侯内屏”[36]是周代的礼仪规制。所谓“屏”即后世所说的影壁。这个规定是说天子可以在其宫殿的大门外设置影壁，诸侯则应在其宫殿的大门以内设置影壁。考古发掘在三号宫殿门外发现了影壁，也不见得就意味着秦人刻意的僭越，因为在其之后形成的雍都城垣规制相当克制。在建设处理上与周人做法的种种差异，在很大程度上正表达了秦人有自己的营造文化传统。

秦人居雍时版图和野心都获得了一定的扩张。秦灵公时（公元前 424 年至公元前 415 年在位），秦人又在吴阳建立上畤，祭祀黄帝；作下畤，祭祀炎帝[37]。炎帝主南方火，黄帝主中央土，南方意味着荆楚，中央意味着河洛。上、下畤的建设与密畤的建设相似，显示出秦人进一步空间扩张的欲望。

《史记·封禅书》记“栎阳雨金，秦献公自以得金瑞，故作畦畤栎阳而祀白帝”，这件事再一次显示秦人祭祀建筑的设置往往缘起于特定的灵异事件。从周人的情况看，祭祀建筑系统及其设置方式的变迁和大房子或明堂的功能分化与衍生密切相关，大房子本是聚落的核心建筑，所以由明堂分化而来的建筑从一开始就需要考虑与聚落中心区的关系，祭祀建筑系统的变化往往意味着聚落空间组织的变化。而秦人的祭祀建筑的确立和位置选择，多依托于灵异事件的发生和特殊环境条件的启发，聚落构形、空间分配与祭祀建筑设置在形式上的关系就不那么直接。在雍地，秦人逐渐建成了祠祀白帝的鄜畤、祠祀青帝的密畤、祠祀黄帝的上畤和祠祀炎帝的下畤。按照后世的与周法有更多关系的方位与色相配合的概念，让人很容易就认为这四畤应该处在雍之四方，并与聚落本身有一定的形式对位关系，但从秦人终其一朝，未能建立祭祀黑帝的畤坛的情况看，情况应该不是那样。

在中国祭祀史上，一个十分惹人的悬案是何以秦人在雍地经营了三百余年，最后只设置了“雍四畤”，始终没有祭祀黑帝的畤坛建立。在我们看来，这和当时秦人的主攻方向缺乏北方有关，正是因此，在有神异事件发生时，相关人员提供的联想和解释都不指向黑帝。同时，秦人在雍地经营多年而一直未能出现指向黑帝的灵异事件发生本身，也说明了秦人打造一个四称四至都城的意识薄弱，以至于汉朝接手时，雍地仍然只有白、青、赤、黄四畤。

因为秦人最为重要的祭祀设施多是因事而建的，所以它们的迁移就是不可能的，这种情况使得西及雍地都成为了相当固定的祭祀中心，一有机会，人们就要回到这里举行典礼。在周人那里重要的祭祀场所随统治者的迁移而迁移的做法未被秦人采用。都城可以迁移，可经长期经营而成的雍城祭祀中心的地位却不曾动摇。

秦孝公任用商鞅变法，迁都咸阳，是商鞅第二次变法的重大措施。《史记·秦本纪》载："十二年，作为咸阳，筑冀阙，秦徙都之。"[38]《史记·秦始皇本纪》则说："其十三年，始都咸阳。"[39]从"作为咸阳"到"始都咸阳"之间仅有一年，可想迁都时咸阳的建设相当有限。急匆匆的迁徙，显示出情势紧迫。迁都对于当时的秦孝公，既与脱离旧有人脉以图政治更新有关，也是在新的条件下宣示新的权力目标的机会。

古人以山南水北为阳，"咸阳"就是说该地处于山南水北的位置，"咸"的意思是"全""都"。按照这个名称，最初的咸阳只指在渭水以北的塬下地域进行的建设。《史记·商君列传》记商鞅自夸其功，说新都城的建设"大筑冀阙，营如鲁卫"。[40]鲁、卫是山东旧国，其城池宫室建设，应是所谓周法的集中体现。"营如鲁卫"，可能涉及两方面的内容：一是形态上相类，一是布局上相似。鲁曲阜城址是一个东西横长的矩形，而卫国都城则是一个南北纵长的矩形，差异明显，这里将其视为一类，应不是因为其城池形态相近，而是因为它们的元素布局方式相同。在鲁、卫都城的主导元素中，宗庙当然是最重要的城市元素，按照周法，宗庙往往要先于其他元素建设，而这正是在秦雍城的建设中未能充分体现的。查相关文献与考古资料，在渭水北岸，也就是确实的"咸阳"之地并无秦人宗庙的安排。所以，"营如鲁卫"应不是仅指渭水以北塬下部分的建设，而应与更大范围的规划与营造有关。

1973年，考古工作者在渭水以北的土塬之下发现了一座古城。该古城东墙长426米，西墙长576米，北墙长843米，南墙长902米，墙宽5.5～7.6米，为一不足0.6平方千米的西南隅斜出的狭长梯形[41]（图6-4）。与雍、栎阳等先前的秦人都城相比，这个规模有限、内中几被宫殿填满的构成，显然不是都城的全部，更像是一个宫城。可因其采用的是只有大城才用的平面，所以这个宫城又有其独特性，具有大城的意义。按照相关文献，咸阳的秦人宗庙设在渭南，这里没有宗庙安排，故其与鲁、卫等国的宫城并不一样，它是一个相对单纯的日常性的行政场所。结合其水北山南的位置，应可以将其认作咸阳或咸阳宫。在咸阳宫的西北隅，十分靠近城北垣的地方，出土了咸阳宫1号址和3号址。这两个基址横跨在牛羊沟上，杨鸿勋按照遗址情况将其复原为一个巨大的与阙观有关的建筑，并指认其为"冀阙"。阙为设于出入口两侧的墩台式建筑（图6-5）。"大筑冀阙"的说法表明冀阙的景观地位凸显，而1、3号址位于咸阳宫城的西北，背后为土塬，应非宫城主要出入口所在，且前有遮挡，景观显示受阻，所以，设想其为冀阙有很大的障碍。仔细观察咸阳宫遗址出土的各建筑台基，根本找不到可能是冀阙的遗迹，

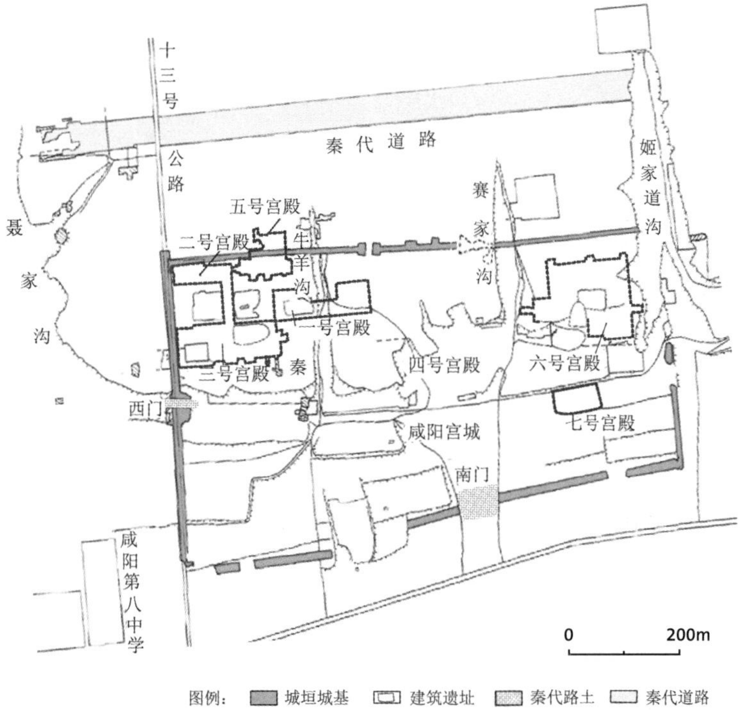

图 6-4 陕西省咸阳市秦咸阳宫遗址平面图

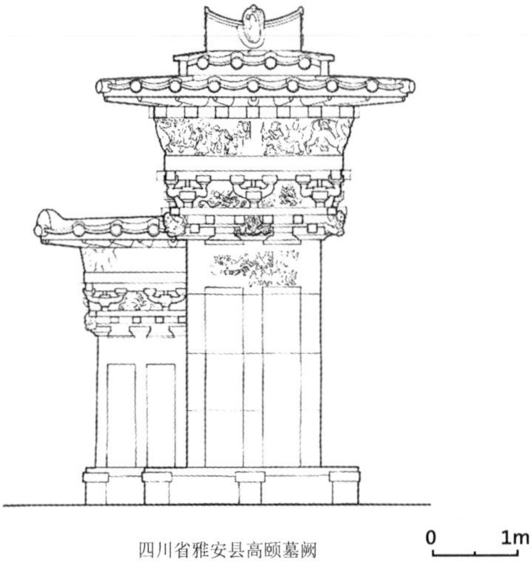

图 6-5 汉代的“阙”

因而，冀阙应该到咸阳宫以南去找。

咸阳宫的南边，跨过渭水正对着秦人的章台宫。章台宫是秦都在渭南地区的最重要的宫殿，其建设时间不晚于楚威王在位时期（公元前339年至公元前329年），其时距迁都咸阳的秦孝公十三年（公元前349年）仅相差十几年，因而可以推断章台宫的建设应为迁都之时就已经确定了的。章台宫曾被关东诸国认作秦国政治的象征。《史记·楚世家》说当时东方各国“朝章台，如蕃臣”。[42]《史记·苏秦列传》则说：“诸侯莫不西面而朝于章台之下。”[43]可见章台宫实为新都城举行盛大朝会活动的地方，在章台宫周边，安排巨大的阙体以示隆重是顺理成章的。文献与考古均表明，章台宫的遗址就在汉长安未央宫前殿之下[44]，其与咸阳宫隔河南北轴线相值，这样，《商君列传》的“大筑冀阙”似乎是说在大朝之所与宗庙未建时，已经在渭水南岸设置巨大的冀阙以表示此地为关键设施之所在，以显示都城未来将成的空间结构。如果章台宫是预定的朝会之所，那么咸阳宫就首先是一个寝宫，在章台宫未建时，其应暂时承担着朝会功能。考虑到古人历来有“前朝后寝”的说法，南为前，北为后，由此可以说，章台宫和咸阳宫二者在事实上构成了跨渭水而置的前朝后寝的格局。

若把咸阳宫与章台宫所成之地域轴线向南继续延伸，则有秦社稷遗址大致位于轴线上[45]。这个与城市轴线相关的独立存在的社，性质当然与在雍地宗庙正殿后面的社有所不同，其所对应的祭祀应该更关注空间的确认。稷指五谷之神，或者五谷之神中的原隰之祇，即能生长五谷的土地之神。稷祠的设置自然会导致原本用于祈求丰饶的社祀的取消。实行社、稷并置的做法，与专门针对丰饶祭祀的稷庙的建设，应该导致传统的大社与王社两社分置的传统的结束。稷以人神的面目出现，因而适于采用庙祀的办法，庙与景观彰显水平较低的社坛结合，形成较为明晰的景观构成，有利于形成由咸阳宫、章台宫与社稷三个支点控制的具有区域控制价值的轴线。在郑国故城和周雒邑那里，与空间占有相关的社祀与宗庙南北对应，共成一条轴线，显示了血缘关系在权力和空间分配上的重要性。而在这里，社稷与用于朝会的章台宫共成一轴在某种程度上显示出秦人的权力组织方式与郑、周的不同。如果把由社稷、章台宫和咸阳宫所成之轴线向北延伸到塬上，又会看到，后来才有的汉高祖的长陵和汉惠帝的安陵大致在轴线两侧对称安置。从古代帝陵通常选址于高亢之地看，或者在二陵未设时，这里曾有两个明确的地形隆起，咸阳宫、章台宫和秦社稷所成轴线恰在两个地形隆起之间，表明新都城主要设施的定位不是随意为之，而是有着具体的环境依据的。

咸阳的秦人宗庙皆在渭南。其具体位置可以参考《史记·樗里子甘茂列传》确定："樗里子卒，葬于渭南章台之东。曰：'百岁后，是当有天子之宫夹我墓。'樗里子疾室在于昭王庙西，渭南阴乡樗里，故俗谓之樗里子。至汉兴，长乐宫在其东，未央宫在其西，武库正直其墓。"[46] 考古发掘表明，汉长安的武库在未央宫前殿之东北，也就是说渭南秦人宗庙当在汉长安的武库以东，大约是汉长安祭祀刘邦的高庙的正北，这个位置与章台宫前殿成东西呼应关系。考古发掘表明，高庙与长陵正好南北相值，也就是说，秦人宗庙区与北边塬上的一个地形隆起正好相对，形成了另一条地域轴线。这样，秦咸阳曾经构造了两条互相平行的轴线：一条由咸阳宫—章台宫—秦社稷构成；一条由宗庙建筑群主导。这样的两条轴线并行的做法，我们在偃师商城的宫城中已经看到。只是当时两条轴线在宫城以内，而现今，这两条轴线则成了与山川形势呼应的地域性结构。这一结构反过来表明朝寝轴与祭祀轴并行的做法应是山东高级别诸侯都城构造的常规。由大的历史脉络看，商鞅"营如鲁卫"的说法并非虚言。秦咸阳主导元素的安排，让我们看到了一条在夏、商之礼、周人之制乃至秦人法度之间的连续性极强的脉络（图 6-6）。

符合鲁、卫等国文化想象的都城要优先设置宗庙。可从《史记》所提及秦人宗庙时谓"昭王庙"的做法看，似乎在咸阳设置秦人宗庙自昭王始。也就是说，在大致 100 年的时间里咸阳的宗庙空缺。如果这样，祭祀昭王以前，诸王的宗庙应该仍然放在雍地，这当然是与雍地本为秦人的祭祀中心相关。

秦人新都城的渭南片区不仅有章台和诸庙，在诸庙东北，还有兴乐宫的建设。《史记·叔孙通列传·集解》引《关中记》云："长乐宫，本秦之兴乐宫也。"[47] 兴乐宫中有鸿台，"鸿台，秦始皇二十七年筑，高四十丈，上起观宇，帝尝射飞鸿于台上，故号'鸿台'。"[48] 此外，兴乐宫中还有鱼池、酒池，池上有肉炙树[49]，可见这是一个主要用于游观的处所。兴乐宫成形应晚于章台与诸庙[50]，它的出现，使得秦人诸庙处在东有兴乐宫，西有章台宫的格局中，在一定程度上具有了中心的意义。

在秦咸阳，至今未发现统括全局的城墙，从秦人并不重视城墙建筑的情况看，秦咸阳可能并无城墙建设。由于没有统括各区的城墙框定，裸露在原野上的建筑组群相互照应形成了开放性的景观格局，自然元素也就更加自然地介入其中，在中国城市建设史上，这是前所未有的创制。咸阳宫与章台宫中间有一条渭河，两宫距离大致为30周里，这又大致形成了与西周丰、镐二京相同的三十里地夹一河的空间结构。

《三辅黄图》称："阿房宫，亦曰阿城，惠文王造，宫未成而亡，始皇广其宫。"[51] 宋敏求《长安志》载："秦阿房宫一名阿城，在（长安）县西二十里。"[52] 宋敏求是宋朝人，宋代的长安县在汉长安东南，据此可知阿房宫的位置应在章台宫西南不远处。二者的位置关系与洹北商城和小屯殷墟间的位置关系相近，也与赵邯郸的

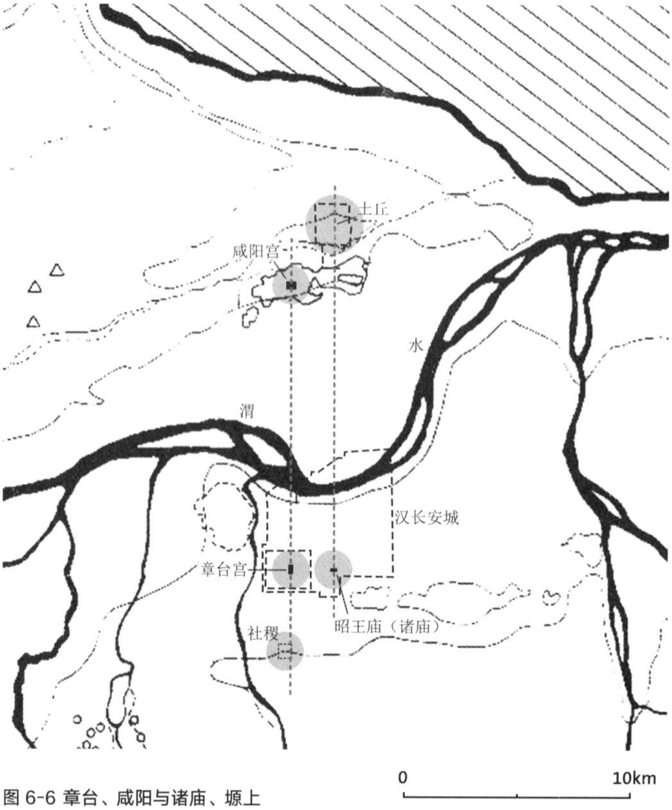

图 6-6 章台、咸阳与诸庙、塬上土丘双轴并立位置关系图

赵王城和大北城之间的关系相近。阿房宫所处为地面水丰富地区，甚至阿房与章台间亦有河道相隔，环境格局与小屯殷墟亦复相类。根据这些情况，推测阿城原来的功能设置与小屯殷墟或赵王城相类并不唐突。小屯殷墟的主要设施为朝堂、明堂及路寝的组合，这里在宗庙以西已经有作为朝堂的章台宫存在，所以阿城本来应该是用来安排明堂与灵台之属的场所。从位置看，章台宫在某种程度上是赵邯郸信宫建设的延续，它与阿城拉开距离、更加靠近诸庙的位置选择，表明时君占据了更为中心的地位（图 6-7）。

阿城的建设当然是商鞅所谓“营如鲁卫”工程的一部分。种种迹象表明，秦孝公迁都之初，应该已有一个通盘考虑的缜密的新都城规划。这个规划，本身就是其政治更张诉求的集中表现。

秦人虽然迁都咸阳，但雍城一直是国家的祭祀中心。高规格的祭祀仍然放在雍城，并不随行政集团的迁徙而迁徙。所以在秦人那里，迁都一开始就只有最基

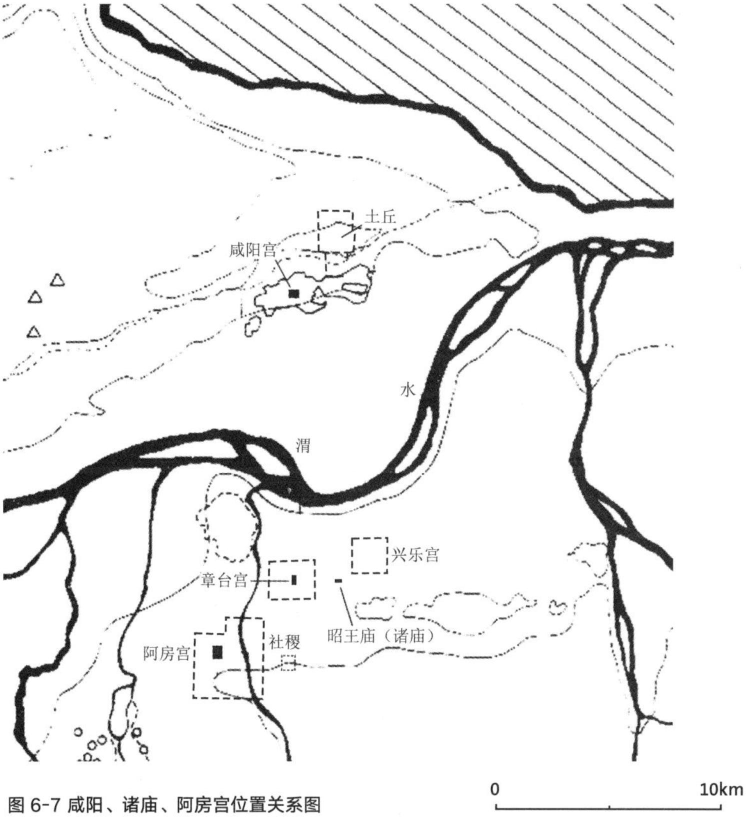

图 6-7 咸阳、诸庙、阿房宫位置关系图

本的行政场所的建设。渭北地区后依高岗，前有渭河，易于防守，从军事的角度看，将建设的起点放在那里最为合适。于是，这个新都城最初的建造首先集中在渭北，兼具宫城与大城双重属性的咸阳形成后，为了形成三十里夹一河的区域防御构成，才进行章台宫的建设。在渭南的建设成形之前，渭北的咸阳当然要承担起路寝的全部功能，朝会在此，寝居在此，甚至是日常性的祭祀也在此。章台宫的建设，会使人们把渭北宫殿的朝会功能转移过来，形成渭南朝会、渭北寝居的格局。在这个时期，秦人对外征战不断，整体人口增长有限，很难大幅提升京畿地区的人口聚集水平。为了防御的目的，在人口安置上，首先着眼于防御较有优势的咸阳一区。应该是因为在相当长的时间里，都城的人口主要集中在渭北，所以才有可能最终用“咸阳”来指称整个都城。

在秦始皇统一六合之前，咸阳一直进行着持续的建设，所谓，“每破诸侯，写放其宫室，作之咸阳北阪上。南临渭，自雍门以东至泾、渭，殿屋复道周阁相属。

所得诸侯美人钟鼓，以充入之。”[53]“北阪”应即咸阳宫周边渭水以北之地，将曾经在六国都城中占有关键位置的各国宫殿，安置在相当于寝宫的咸阳宫周边，成为它的从属，并将显示等级与奢华的礼乐之器充入之，当然大灭了六国的志气，大长了秦人的威风。

秦始皇二十六年（公元前221年），秦一统天下，巨大的胜利使得既有的山河秩序和相关的建设难以满足统治者自身价值确认的需求。大规模的景观秩序更张和穷奢极欲的制作，作为显示无以复加崇隆地位的必要手段被不断地行用。

《汉书·郊祀志》云：“昔三代之居皆在河洛之间，故嵩高为中岳，而四岳各如其方，四渎咸在山东。至秦称帝，都咸阳，则五岳、四渎皆并在东方。”这种状况，当然使知道“天子必居土中”且自视功超前王的秦始皇感到不够愉快。使自己居于天下之中，在以自己为绝对中心的秦始皇那里，当然不必通过迁移都城来实现，而是通过重新对名山大川进行排序来达成。“于是自崤以东，名山五，大川祠二。曰太室。太室，嵩高也。恒山，泰山，会稽，湘山。水曰泲，曰淮。春以脯酒为岁祷，因泮冻；秋涸冻；冬塞祷祠。其牲用牛犊各一，牢具圭币各异。自华以西，名山七，名川四。曰华山，薄山。薄山者，襄山也。岳山，岐山，吴山，鸿冢，渎山。渎山，蜀之岷山也。水曰河，祠临晋；沔，祠汉中；湫渊，祠朝那；江水，祠蜀。亦春秋泮涸祷塞如东方山川；而牲亦牛犊牢具圭币各异。而四大冢鸿、岐、吴、岳，皆有尝禾。陈宝节来祠，其河加有尝醪。此皆雍州之域，近天子都，故加车一乘，駵驹四。霸、产、丰、涝、泾、渭、长水，皆不在大山川数，以近咸阳，尽得比山川祠，而无诸加。汧、洛二渊，鸣泽、蒲山、岳壻山之属，为小山川，亦皆祷塞泮涸祠，礼不必同。”经过此番梳理，大致在概念上造成了京畿地区名山大川前簇后拥的格局，并且通过提高雍州附近大冢、渊薮的祭祀等级，强调了京畿地区的主导性。

秦帝国建立时，秦人的祭祀主要在地方进行：一是咸阳，这里有迁都以后诸王的宗庙和社、稷等；二是雍，那里有雍四畤及其他服务于各种祭祀的设施上百处；三是西地，也有一系列传之久远的祠庙，其中，雍是真正的核心。在祭祀是为国之大事的时代，庙畤偏在咸阳以西分布，当然不利于天子所居的主导性表达。但受秦人的庙畤设置习俗的限制，雍地祭祀中心的地位是短期改变不了的。为了强调咸阳的主导性，秦始皇在咸阳设置了祭天之所，《史记·封禅书》说：“三年一郊。秦以十月为岁首，故常以十月上宿郊见，通权火，拜于咸阳之旁。”[54]“天”在概念上可以统领诸方帝，所以其设立甚至暗含着取雍四畤而代之的意思，但在实际操作上，似乎上天之祀在秦人的祭祀系统中地位不高。为了突显自身的重要性，秦始皇在咸阳中心性的建设上采用了一系列手段。首先，是具体而形象的“象天设都”手法的使用。传统把天子之都设于大地中央的做法，已经就是拟则紫宫的表示，秦始皇的不同在于将渭水比拟于天河，然后“横桥南渡，以法牵牛”[55]，从而将渭水两岸蔓延分布的宫殿区纳入新的一个概念体系，这种既有明确象征性，又有具体景观效果的“象天设都”的做法当然会使咸阳更具神圣性，从而强化人们对其主导地位的认同。第二，秦始皇这样的盖世雄主，在前所未有的版图条件下，当然不会放过上古就有的利用巡狩来确认疆域和都城主导的办法。在秦始皇二十六年以后，嬴政就不断出巡，到处祭奠山川，刻石纪功[56]，这些活动显然在打造天子之所居的中心性上大有贡献。注意到当时巡狩的方向主要是东方，这不断的巡狩，事实上就制造出了一个与既有的、位于咸阳以西的祭祀空间对应的平衡场域，这个场域的存在，当然有助于将咸阳理解为中心。第三，在京畿地区聚集更多的资源既是保障京畿安全的必要，又是京畿主导性建构的手段。秦始皇初并天下，就“收天下兵，聚之咸阳，销以为钟鐻，金人十二，重各千石，置廷宫中”，[57]后来又“徙天下豪富于咸阳十二万户”，[58]实现了关键性资源在京畿的集聚。他还“徙三万家丽邑，五万家云阳”[59]。丽邑，即秦始皇之陵邑，在咸阳东60千米；云阳，是咸阳以北的祭祀与军事重镇，距咸阳80千米。在都城外围进一步设置可与其成犄角之势的据点，当然也就提升了都城的主导性（图6-8）。

战国至秦，农耕技术没有发生革命性的变化，李悝的“尽地力之教”中与方百里对应的六万户仍是一个约束。渭北咸阳宫与渭南由章台、阿城构成的建设地段两点互撑的结构，当然在人口的容纳上有较大的潜力，从考古发掘和文献表述的情况看，秦朝建立时渭北片区的人口聚集水平应该已经相当高，在已有人口的基础上，再向此一地区输入十二万户人家，似乎表明了此时渭南片区的人口相对稀疏。十二万户人家的输入当然会给这里带来巨大的供应压力。这么多人口，依当时的生产水平，单凭本地供应难以满足其生活的基本要求，强化周边地区对都城区的物资输入不可避免，从具体条件看，利用渭水开展漕运应是最为重要的解决供应问题的办法。此外，《三辅黄图·序》说：“惠文王初都咸阳，取岐、雍巨材，新作宫室。南临渭，北逾泾，至于离宫三百。”[60]离宫别馆作为次一级的军事据点，它们在京畿及其周边地区的人口吸纳和组织上，起着不可忽视的作用。

秦朝建立后，为了实现对天下的充分占据，满足其穷奢极欲的需求，秦始皇到处修造离宫别馆，使其专控空间大幅度蔓延。这些离宫别馆的总量，“关中计宫三百，关外四百余”[61]。从防御体系形成上看，这种做法造成了以咸阳为核心，雍城、云阳、丽邑为辅翼，离宫别馆为填充的整体。在这些宫殿之间，秦始皇有区别地

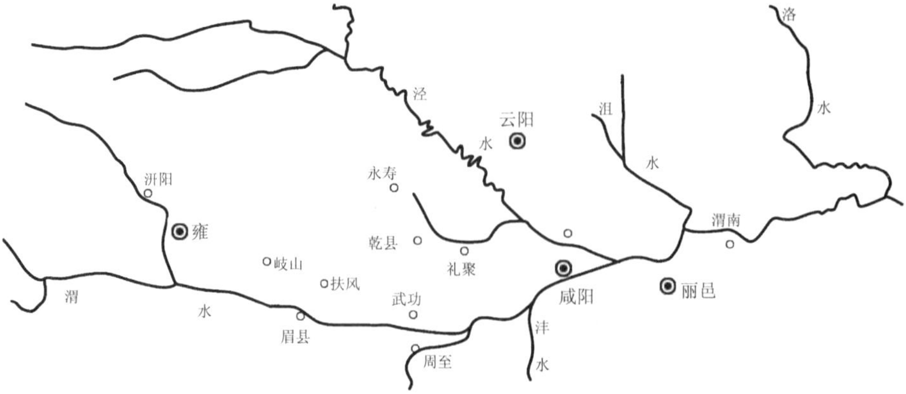

图 6-8 丽邑、咸阳、雍、云阳关系图

设置“甬道”“阁道”“驰道”，将各个宫殿连络为一个整体，“咸阳之旁二百里内，宫观二百七十，复道、甬道相连”。[62]宫殿本是普通人的禁地，而复道、甬道和驰道也是常人不能使用甚至不得靠近之物。这样，秦始皇所设之宫殿体系实际上形成了一个盘踞在大地上的禁地系统。城池、宫殿实施着对关键地点的占据，而复道、甬道和驰道实施着对大地的分割和空间的区别，这是一个前所未有的强硬地面对整个天下的大规模的空间宰制网络。

缺乏明确边界的以都城为中心、以离宫为节点、以通道为连接的漫延性的禁地系统，并不拒绝一个超尺度的外部围护结构，得力于秦始皇的万丈气焰。“秦统一中国后，对于七国诸侯间旧有长城，一律予以平毁。但对北境边城，则视其需要分别进行整修、联接与扩建”[63]，此番作为，最终形成了横亘于游牧文化与农耕文化之间的万里长城。万里长城的建设，形成了一个版图性的围护，使得上述漫延性的禁地系统取得了某种空间稳定性。长城当然有相应的防御价值，但它也在空间上为秦始皇的超级制作创造出了一个实体性的边界。这个边界的存在，有可能在某种程度上成为不设置咸阳城的理由。

秦始皇一统天下后的第二年就开始了信宫的建设[64]。前文已经说明，“信宫”即中央宫殿，它的建设与山河秩序的重整是配套的。信宫具体位置多有专家讨论。何清谷怀疑其在汉长安的北宫一带，徐卫民认为其在秦咸阳的兴乐宫以西、章台以北一带[65]。从大的空间结构形成着眼，两种说法差别不大。如果细微一些似可认为，对于既有的秦人都城来说，只有处于章台宫轴线与宗庙轴线之间，才能算是居中，从而与“信宫”的命名相称。所以信宫的位置应在章台与诸庙以北，正对

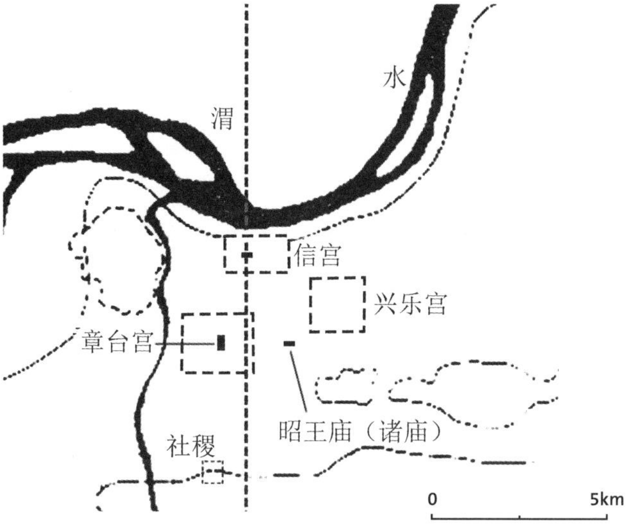

图 6-9 秦咸阳信宫位置图

着二者所成之空档。信宫的建设在诸庙与章台二轴之间另设一轴，在一定水平上将原本分立的东、西两轴归置在信宫轴线的统辖之下，形成当世君主的殿堂占据地域空间系统主轴的格局，充分展示了秦始皇的不可一世。从历史的延续看，这一布局可以视为赵邯郸的信宫在新的空间框架中的再置，是后世以帝王宫殿为中枢，宗庙在左，社稷在右作为配饰的正式的先声（图 6-9）。

信宫作为整个京畿地区的新中心，当然可以视为咸阳宫殿的代表，所以《三辅黄图》说“信宫亦曰咸阳宫”[66]是有道理的。秦始皇三十四年（公元前 213 年），秦始皇置酒于咸阳宫，“博士七十人前为寿”[67]，并最终引发了“焚书坑儒”事件。[68]

随着求仙活动的连续失利，也许同时是秦始皇本人身体一天不如一天，应该在“焚书坑儒”后不久，信宫被改为“极庙”，以“象天极”[69]，成为百年之后供奉秦始皇的庙堂[70]，满足其千秋万代占据中心的企望。《索引》曰：“为宫庙象天极，故曰极庙。”[71]《史记·天官书》曰：“中宫天极星。”[72]可见“极庙”就是“中央之庙”，这一都城核心设施性质的调整，使得咸阳的中心区转而成为完全由宗庙主导的空间。

焚书坑儒以后，秦始皇开始了阿房宫的建设，“三十五年……始皇以为咸阳人多，先王之宫廷小。吾闻：周文王都丰，武王都镐，丰、镐之间，帝王之都也。乃营作朝宫渭南上林苑中。先作前殿阿房，东西五百步，南北五十丈，上可以坐万人，下可以建五丈旗。周驰为阁道，自殿下直抵南山。表南山之颠以为阙。为复道，自阿房渡渭，属之咸阳，以象天极阁道绝汉抵营室也。”[73]秦始皇的阿房宫是在惠文王的阿城的范围内兴造的。阿房宫又称朝宫，它在极庙主导的中央祭祀空间的西南，取代原来章台宫与诸庙呼应的结构，形成新的尺度更大的王宫与宗庙的呼应。为了能与极庙的宏大制作在景观上匹配，阿房宫的建设极尽隆重。按照司马迁的说法，阿房宫不仅主体建筑巨大，并且本身就是天极的表征，它与南山一道，形成了新的地域性轴线，与以信宫为关键支点的中心轴线相平行。

这个新的都城主导构成，当然是秦始皇气焰万丈的表达，但也是自夏代以来就一直存在的都城核心区设置规则的区域性体现。这种区域性的体现使得在二里头宫城中看到的宗庙与路寝双轴并峙的某种紧张得以放大，由《史记》同时将阿房和极庙视作“天极”的表述可以体会当时存在的对于城市中心认同的无所适从。这种无所适从，在一定水平上是都城空间转型过程中的必然，既显示出秦始皇面对生隆与死荣时的两难，也表现出带有原始民主意味的中心要素布局传统与中央集权时君主导秩序塑造要求的错位（图 6-10）。

秦始皇的都城采用了没有统一城垣限制的咸阳宫片区、极庙片区和阿房宫片区三个支点主导的开放型景观，使其与吕不韦的洛阳那样的城池主导的都城景观格局彻底地拉开了距离，确立了其至高无上的地位。秦人大力推行的当时已经基本覆盖全国范围的郡县治所的建设，倾向于制造一个没有独立祭祀权的城邑景观基底。这些做法，有可能导致一个全新的国土景观秩序系统产生。

从秦人在先秦时期祭祀建筑的大量设置，到秦始皇东游时“行礼祠名山大川及八神，求仙人羡门之属”[74]，都显示秦人是一个重视祭祀并且在祭祀上兼收并蓄的民族。相当长的时间里，秦人主要活动在黄河中上游，这个地域与仰韶文化以及周人的早期活动范围高度重合，应该说他们和以大房子为主导营造聚落的观念以及明堂建筑是有接触机会的。可是，在秦人积极学习山东诸国的背景下，在秦人的国家祭祀建筑系统中，却始终没有“明堂”的影子。阿城的设置有可能形成以明堂、灵台为主体的宫殿区，但是阿房宫的出现最终导致这种可能性化为泡影。这种情形，可能与在秦人“始国”以后，“明堂”在祭祀建筑系统中的地位已经相当尴尬有关。在许多人那里，明堂是一个上古遗传下来的多余物。《孟子》就曾记载战国时，有人建议齐宣王拆除位于泰山的古明堂。按理说，古明堂在泰山，与通常人的生活牵连不多，但却有人要毁之而后快，这既可能是因为它与现有的祭祀系统间存在某种抵牾，也可能是因为其功能的精神指向与某些文化政治主张相冲突。《孟子》是将明堂作为“行王政”的表征并主张齐宣王“行王政”而建议保留的。按照《孟子》观点，所谓王政就是要轻徭薄赋，开放山林，让樵猎之利于平民，并关注宗族血统的维系，使鳏寡独孤都得到照顾[75]。而这些，正和秦人急于通过

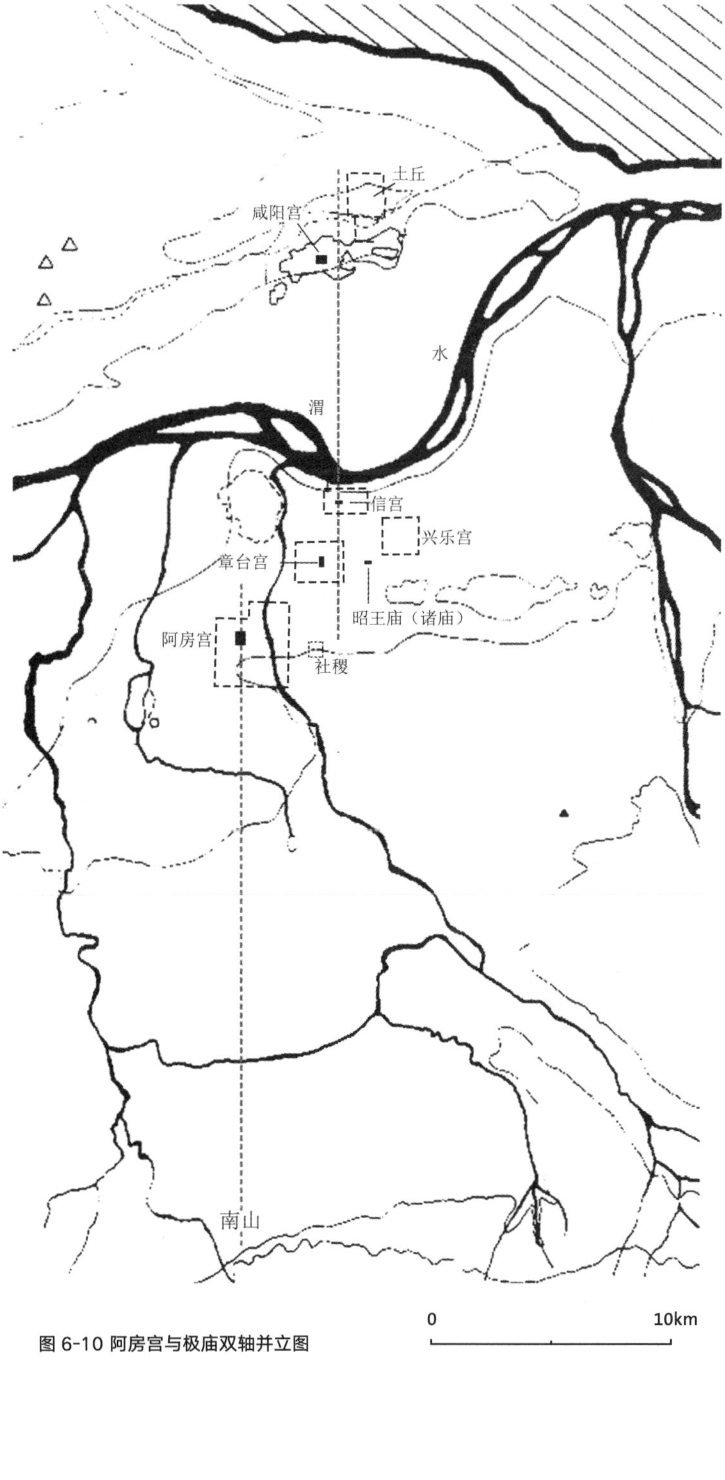

图 6-10 阿房宫与极庙双轴并立图

武力进行扩张而重力尚法的文化精神不能和合，由是，在秦人的高规格的祭祀和礼仪建筑中，最终找不到明堂的踪迹或者可以理解。

在聚落营造上，秦人本来有着自身的传统，在其获封诸侯以后，即开始不断地汲取学习中原文化，并在实际营造中有所体现。但终因自身条件差异，特别是统一大帝国建构的任务不同，秦人的都城营造表现出一些十分明确的不同于周制的做法，其最为突出的可能是：一，因事而定的核心祠庙设置方式；二，穷奢极欲的大尺度制作；三，建筑单元间开放的大尺度的区域协同。这些，都在汉长安的建设上有相应体现。

二　早期长安

西汉高祖五年（公元前 202 年），“天下已定，诏御史，令丰谨治枌榆社，常以四时春以羊彘祠之。令祝官立蚩尤之祠于长安。长安置祠祝官、女巫。其梁巫，祠天、地、天社、天水、房中、堂上之属。晋巫，祠五帝、东君、云中、司命、巫社、巫祠、族人、先炊之属。秦巫，祠社主、巫保、族累之属。荆巫，祠堂下、巫先、司命、施糜之属。九天巫，祠九天：皆以岁时祠宫中。其河巫祠河于临晋，而南山巫祠南山秦中。秦中者，二世皇帝。各有时。其后二岁，或曰周兴而邑邰，立后稷之祠，至今血食天下。于是高祖制诏御史：‘其令郡国县立灵星祠，常以岁时祠以牛。’高祖十年春，有司请令县常以春二月及腊祠社稷以羊豕，民里社各自财以祠。制曰：‘可。’”[76] 与秦人大致相同，汉朝高祖采取了十分开放的有灵则祀的祭祀设置办法。或许在汉高祖那里，这才是广域帝国应有的排场。

《史记·封禅书》云：“二年，（刘邦）东击项籍而还入关，问：‘故秦时上帝祠何帝也？’对曰：‘四帝，有白、青、黄、赤帝之祠。’高祖曰：‘吾闻天有五帝，而有四，何也？’莫知其说。于是高祖曰：‘吾知之矣，乃待我而具五也。’乃立黑帝祠，命曰北畤。有司进祠，上不亲往。”[77] 在雍地凑出五帝之祀，且暗中将时君置入，当然是很自然地造出了当朝政权正当的意象。

在黑帝祭祀上汉高祖看似任性的举动，却表现出他在神灵祭祀设置上与秦人的某种差别。秦人的高规格神祠如方帝畤祠的建立和位置的确定要依托灵异事件和对相应事件的解释，或者说多是在神灵实施了对秦人的针对性的显示后，才会有相应的祭祀设施设置。而在汉刘邦那里，神灵的祭祀与否直接决定于某种预设秩序建构的需求，至于神灵是否对他有专意的呈现并不重要，重要的是提供一个和“实际”神灵存在方式对应的完整的祭祀格局。这应该是山东诸国文化的特征。汉高祖自身所秉承的文化与秦人不同，使他有可能没有任何犹豫地在雍地加设北畤。

汉文帝即位十三年，“始名山大川在诸侯，诸侯祝各自奉祠。天子官不领”，并“增雍五畤路车各一乘，驾被具；西畤畦畤禺车各一乘，禺马四匹，驾被具；其河、湫、汉水加玉各二；及诸祠，各增广坛场，珪币俎豆以差加之。”[78]文帝改变了天子官四处奉祀的格局，并提高雍五畤等的祭祀规格，形成了不同于秦人的祭祀活动结构。这一动作，或是汉人当国有年，开始萌生文化自主意识的表现。

在祭祀上建构区别于前朝的体系，既是文化信心的表达，也是政治更新的需求。皇帝文化自主意识的萌发，对于很多臣下来说，当然是一次机会。果然，马上就有鲁人公孙臣上书曰：“始秦得水德，今汉受之，推终始传，则汉当土德，土德之应黄龙见。宜改正朔，易服色，色上黄。”可这一建议被当时的丞相驳斥未能落实。过了三年，“黄龙见成纪”，应了公孙臣的说法，文帝才“召公孙臣，拜为博士，与诸生草改历服色事”，正式推进祭祀礼仪制度的改革[79]。

“其明年，赵人新垣平以望气见上，言‘长安东北有神气，成五采，若人冠絻焉。或曰东北神明之舍，西方神明之墓也。天瑞下，宜立祠上帝，以合符应。’”[80]主张在长安祭祀上帝。新垣平的说法明指在长安西边雍地郊祀之不经，可以视为山东诸国的祭祀空间秩序设想对于秦人制度的排斥。文帝接受了新垣平的建议：“于是作渭阳五帝庙，同宇，帝一殿，面各五门，各如其帝色。祠所用及仪亦如雍五畤。”[81]依新垣平的说法，这个五帝庙当然应该是设在长安的东北，可这个前所未有的五帝祭祀场所究竟是什么样子，却很难判定。《史记集解》说：“韦昭曰：‘宇谓上同下异，《礼》所谓“复庙重屋”也。’瓒曰：‘一营宇之中立五庙’。《正义》引《括地志》云：渭阳五帝庙在雍州，咸阳县东三十里。《宫殿疏》云：‘五帝庙一宇五殿也。’”[82]可谓诸说纷纭。“一营宇之中立五庙”，似乎是说在用围墙围出的一方土地上设五幢建筑，“一宇五殿”则好像是一个屋顶下设五个房间单元，两种说法差距不小。虽然渭阳五帝庙的起因仍与灵异事件相关，可在这里如下几点应该引起注意：首先，庙是指有屋顶的建筑，在庙中祭祀上帝本是夏、商、周传之久远的古老传统，用庙祭祀上帝，就是改变了秦人坛祠五帝的办法；其次，无论是“一营宇之中立五庙”，还是“一宇五殿”，都是将五帝集中在一个有限尺寸的空间中统一进行祭祀，这就改变了秦人各方帝分散独立畤祀的做法；第三，在传统的图案中，“五庙”和“五殿”的形态意象不可避免地和亚字相关，从而也就使得五帝庙和本来就有祭祀上帝功能的明堂相关。无论如何，对于当时的祭祀体系来说，五帝庙的设立是一个由建筑形式到祭祀格局的对秦人制度的大尺度颠覆，这当然会遇到阻力。

渭阳五帝庙建成不久，“文帝出长门，若见五人于道北，遂因其直北立五帝坛，祠以五牢具。”[83]《集解》引徐广说文帝五帝坛“在霸陵”，《汉书·东方朔传》颜注引如淳说“长门在长安城东南”[84]。霸陵位于长安东南，所以，这个五帝坛在长安的东南是不错的。刚刚在长安东北设了一个五帝庙，马上又在长安东南设一个五帝坛，实在是让人难以理解。注意到，上帝之祀采用庙祀有依托于古久文化传统的影子，而使用坛祭则是秦人的传统，由是可知，文帝的朝三暮四，其实是不同文化和政治势力争拗的表现。在古代中国，上帝祭祀的安排，是一件国家大事，在什么地方、使用何种形式容不得出现差池。可反复确实发生了，并且时间间隔有限。虽然后起的五帝坛可以视为对先建的五帝庙的某种反拨，但新的东西毕竟出现了，五帝坛放在了周制设置丘兆的都城的东南，并且还使用了五帝同坛的方式。

两座祭祀五帝的设施在长安以东建了起来，这在打造长安的祭祀主导性并在一定程度上削弱雍地祭祀影响力上是有作用的。

“马上得天下，但不能马上治天下”，经过文景之治，汉王朝一时间政治平稳，国力强盛，环顾自雄，在某些层面，放下“霸道”而称“王道”是大势所趋。儒家所主张的周公所建构的礼仪系统就逐渐走上前台。在周公的礼仪建筑系统中，与明辨秩序、睦亲明仁有更多关系的“明堂”，更能体现“王道”的精神，于是成为儒生们推行自己政治目标的重要抓手。

一代雄主汉武帝是一个“尤敬鬼神之祀”的皇帝。[85]武帝即位时，国家经过了60多年安定日子，有了一定的经济基础。60多年虽然不长，但却已经超过了秦王朝的寿命，更不用说还社会经济安好了。一定程度上摆脱旧秦的拘束，确认自身的特性，已经是为必须。“汉兴已六十余岁矣。天下艾安，搢绅之属皆望天子封禅改正度也。”[86]怎样“改正度”？在朝廷中取得了较多机会的儒士那里，推行周礼应是重要的途径。于是赵绾、王臧等“欲议古立明堂城南，以朝诸侯”[87]。赵绾、王臧等要在城南建设古明堂的时候，汉武帝才十七岁，窦太后干政。“会窦太后治黄老言，不好儒术”，她“使人微伺得赵绾等奸利事，召案绾、臧，绾、臧自杀，诸所兴为皆废”[88]。对于现代的人来说，《史记》上这几十个字确实让人看得心惊肉跳，不就是造个古已有之的大房子吗？为何弄得大臣伏诛！其实，明堂一直都是一个申明统治正当性的关键场所，对于许多人来说，明堂的建设天然和天子朝诸侯、明秩序有关。武帝此时虽然还未成年，但毕竟已经不是传说中的周公摄政时成王那样的年龄，明堂朝诸侯自然要明确汉武帝是天下秩序的中枢。面对这样的挑战，难怪正在“垂帘听政”的窦太后要下此狠手。

由《汉书》应劭注说“汉武帝造明堂，王莽修饰令大”[89]看，赵绾、王臧所议之明堂应该已有部分建设，并且这个已建部分被整理定义为“辟雍”，用作文教作乐之所[90]。《三辅黄图》云：“汉辟雍，在长安西北七里。《汉书》河间献王来朝，献雅乐，武帝对之三雍宫，即此。”[91]因为偶然的事故，本来只是明堂、灵台辅助部分的辟雍，变成了独立的礼仪建筑。把这种处理和周人适应具体形势而分设灵台和明堂的做法相结合，最终引出了后儒主张明堂、灵台、辟雍本为独立礼仪建筑的说法。

窦太后的去世当然给武帝进行全面的“改正度”创造了条件，不过武帝的作为，显然和许多儒生期望的不一样。对于“口含天宪”的汉武帝，“改正度”不仅是合乎规制的政治秩序建构，更是帝王自己欲求的体现，并往往首先是帝王个人欲求的体现。这样的“改正度”，无论在时间顺序上还是在具体内容上，都不是儒生们可以在一开始就完整预期的。

从《史记》的叙述看，武帝之时，“改正度”已经是一项刻不容缓的任务。以至于窦太后去世的第二年，就有“亳人谬忌奏祠太一方，曰：‘天神贵者太一，太一佐曰五帝。古者天子以春秋祭太一东南郊，用太牢具，七日，为坛开八通之鬼道’”。[92]《史记·封禅书》里的太一，在《孝武本纪》中作“泰一”，与周人的皇天上帝大致相同，是所谓的“至上神”。秦人最为重视的白帝只是太一的五个辅佐之一。因而泰一坛的建设，摆明要对既有祭祀模式进行系统改造。太一坛安排在都城南郊，既可以视作文帝之五帝坛的接续，又呼应周公在雒邑将丘兆放在南郊的做法。泰一祭祀使天子明快地直接面对至上神，对于朝气蓬勃的年轻帝王来说，当是特别具有形式说服力的做法。于是汉武帝“令太祝立其祠长安东南郊，常奉祠如忌方”[93]。

长安泰一坛建成后的十余年，汉武帝得了重病，百般医治不愈。“游水发根乃言曰：‘上郡有巫，病而鬼神下之。’上召置祠之甘泉。及病，使人问神君，神君言曰：‘天子毋忧病。病少愈，强与我会甘泉。’于是病愈，遂幸甘泉，病良已。大赦天下，置寿宫神君。神君最贵者太一，其佐曰大禁、司命之属，皆从之。”[94]甘泉在云阳，传说是“黄帝以来祭天圜邱之处”[95]，又有“匈奴祭天处本在云阳甘泉之下”[96]的说法，祭泰一于甘泉，当与这些说法大有关系。

泰一祭祀的具体效用，使甘泉宫转成了十分特别的祭祀空间。武帝对泰一祭祀的热衷，使甘泉宫在很长时间里是汉朝至上神祭祀的主要场所。儒士们希望的以长安为基地建成祭祀中心的设想被搁置了。在甘泉宫设置神君祠，对于在雍地祭祀上帝仍然算得上是一个改动，可脱离开都城本体秩序塑造，依托鬼神显灵的场所设置国家高等级祭祀场所的做法，对于儒生们来说很难算是合理。可是当时说话可以算数的也许并不是儒生，而是方士。方士似乎关注的是如何在已成的构造上，因势利导，扩大自己的势力范围。

泰一是天神中的至上神，他的祭祀远离都城，导致了要在同等空间水平上安排对地祇的祭祀。于是在甘泉神君祭祀确立几年后，有人借武帝郊雍的机会，忽视在长安已经存在的社祀设施，指出“后土无祀”。于是，武帝在汾阴设立后土之祠[97]。汾阴后土之祠一经设立，马上就有人在后土祠旁发掘出了大鼎[98]，确认这一空间的神圣和武帝决策的正确。后土祠的建立使得天神与地祇的祭祀在区域层面成对地出现，二者与雍相呼应，至少在概念上形成了相对严整的区域性的形式感受。这种情况，有助于以甘泉为中心、以汾阴和雍为辅助的结构的稳定，可以长安为归依地设置国家祭祀设施的做法，也就更加无从提起（图 6-11）。

应该是认为原来在甘泉宫设置的神君祠的景观分量不够，在发掘到后土大鼎的同年，汉武帝幸甘泉，“令祠官宽舒等具泰一祠坛，坛放薄忌泰一坛，坛三垓。五帝坛环居其下，各如其方。黄帝西南，除八通鬼道。”[99]加大了祭祀以泰一为首诸神君的设施规模。虽然可能在体量与形态上有许多差异，可武帝在这里所建的泰一坛在祭祀的基本组织结构上，大致与周人的丘兆相同，是一个新型的万神殿。它提供的不同于秦人的天神祭祀方式，也许能够给儒生们某种安慰。

“封禅”是封泰山、禅梁父的简称。所谓封泰山，是在泰山上筑土为坛祭天；所谓禅梁父，是在泰山下的小山上辟场祭地。据说，封禅是古代帝王的祭祀大典，不是任何帝王都可以为之的。春秋时的“五霸之首”齐桓公曾经想要封禅，被管仲劝止了。管仲说：“古之封禅，鄗上之黍，北里之禾，所以为盛；江淮之间，一茅三脊，所以为藉也。东海致比目之鱼，西海致比翼之鸟，然后物有不召而自至者十有五焉。今凤凰麒麟不来，嘉谷不生，而蓬蒿藜莠茂，鸱枭数至，而欲封禅，毋乃不可乎？”[100]说古代帝王封禅之先，要有一批祥瑞的征兆出现，现在这些征兆没有，所以不应封禅。祥瑞的出现是封禅的起码条件。在古人那里，祥瑞的出现，是因为帝王取得了有目共睹的成功，所以封禅就成了特别有效地证明统治合理性的仪式。随着对外战争的胜利和宝鼎的获得，武帝开始考虑封禅，在议定封禅礼仪的过程中，儒生们“拘于《诗》《书》古文而不敢骋”，难以满足皇帝的要求，以至于“尽罢诸儒弗用”。元封元年（公元前 110 年）三月，汉武帝出巡，多处拜祀后，四月至泰山进行了封禅[101]。

武帝主政之后，在祭祀领域“改正度”的活动一直是由方士主导的，儒生们在祭祀活动及相应的空间建构上发言权有限。赵绾、王臧要建的明堂，一直未再列入议事日程。机缘凑巧，汉武帝在封泰山时，注意到“泰山东北趾古时有明堂处，

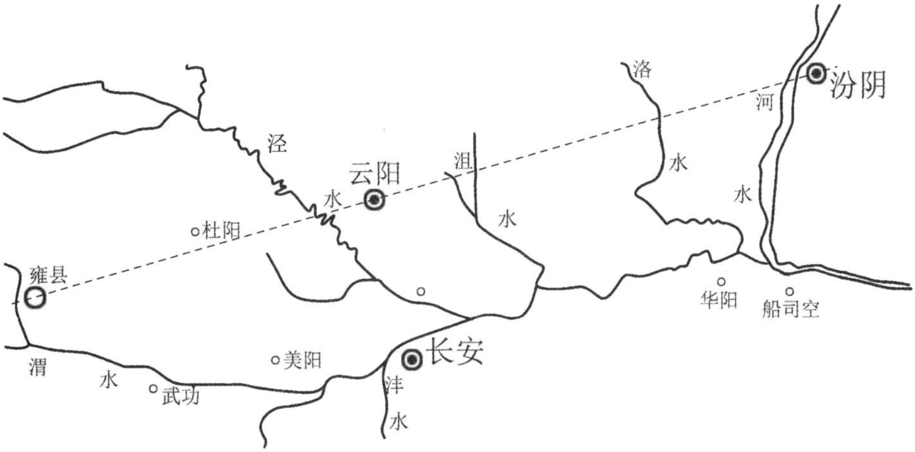

图 6-11 云阳、汾阴、长安关系图

处险不敞”。于是，“上欲治明堂奉高旁”[102]。武帝当时看到的应该只是一个遗址，古明堂究竟是什么样子，是需要认真考究的事情，这就引出了济南人公玊带所制造的“黄帝时明堂图”。

对于汉武帝，明堂也是祭祀至上神的场所，这样，将公玊带所具之“黄帝时明堂”与甘泉宫的泰一坛相比，其形式就太简陋了。也许不是公玊带不懂得迎合武帝进行夸饰，“黄帝时明堂图”上“中有一殿”的“殿”字似乎已经说明其形式并不局限于“古明堂”，可是有泰山古明堂遗址在那里摆着，公玊带必须结合旧址的基本格局来进行相应的设置，不能任意为之。这样，最终这个明堂在形式上就很难满足人们对大汉帝国最高等级祭祀的想象，这给明堂回归带来了阻碍。结果汉武帝只是在泰山边上依公玊带的图纸建了一个明堂，“天子从封禅还，坐明堂，群臣更上寿”。[103]“及五年修封，则祠泰一、五帝于明堂上坐，令高皇帝祠坐对之。”[104]这样的明堂祭祀和礼仪实际上成了封禅活动的某种补充。儒生们设想的用明堂“朝诸侯”“兴修王道”，在汉武帝那里，影都没有！

汉武帝看似任性，实际上在确认王朝中心的制作上并非毫不留意，因为这毕竟在许多时候关乎到他自己的地位感受。太初元年(公元前104)柏梁台不慎毁于火。武帝采纳越巫之言，大起宫室厌胜之[105]，在未央宫西面的城垣外起建章宫。史书记载，建章宫周回二十里，称千门万户。建章宫的修造，使得所谓汉长安的三座最重要的宫殿长乐宫、未央宫、建章宫一字排开，形成平面上以未央宫为中枢的格局。建章宫的前殿，甚为高峻，登之可以“下视未央”[106]。特殊的处理，显然有突破城墙隔离、在空间上建立与未央宫确切的联系的作用，有助明确未央宫的中枢位置。

与西汉前期祭祀建筑系统的设置并不定于一法的情况相似，西汉长安城的格局的确定似乎也在秦制、周法和自出机杼间游移（图 6-12）。

刘邦占据咸阳后，先把秦代在渭南所设立兴乐宫加以修整暂住，改名为长乐宫，并令萧何在长乐宫以西修造未央宫，《史记》云：“萧丞相营作未央宫，立东阙、北阙、前殿、武库、太仓。高祖还，见宫阙壮甚，怒，谓萧何曰：‘天下匈匈苦战数岁，成败未可知，是何治宫室过度也？’萧何曰：‘天下方未定，故可因遂就宫室。且夫天子以四海为家，非壮丽无以重威，且无令后世有以加也。’”[107]萧何非壮丽无以重威的说法是春秋以来争霸称雄的诸侯们都城营造实践的总结，与周公在雒邑的实践所指示的价值取向相距甚远，可以说是秦制精神内涵的表达。考古发掘和相关文献参校，应该可以认定，未央宫的主要殿堂前殿正坐在秦人的章台宫基址之上[108]。未央宫前殿和章台宫都属于国家朝堂。可从功能上看，未央宫似乎有所不同，其前殿正室，称“宣室殿”[109]，这里是“布政教之室也”[110]，而古人以明堂为“明政教之堂”，这样，汉长安的主要殿堂就与古明堂有了些隐约关系。在未央宫前殿西南设有沧池，虽然并不环绕前殿，但毕竟形成了建筑与池沼并置的格局，有助于人们把前殿与明堂挂钩。也就是说，未央宫前殿带有明堂与朝会场所合体的意味。未央宫位于长安城的西南隅，这一处理使未央宫与自古以来的传统有了某种关系。

之所以如此，不仅因为刘邦、萧何都出身于苏、鲁、皖、豫四省交界的沛县，受到中原正统的影响较多，并且也因为从一开始，就有儒生参与到相关事务的决策当中。当时儒生的代表，应推因策划制定汉代朝廷礼仪而著名的叔孙通。叔孙通不仅在刘邦在位时相当活跃，后来又担任“太子太傅”，成为汉惠帝的老师[111]，持续地对朝廷产生影响。宫室设置是朝庭礼仪的重要部分，设想在汉长安的制作上，礼仪专家叔孙通曾经发挥过持续的影响是合理的。

与章台宫有冀阙相似，未央宫宫城设有高耸的东阙、北阙，从相关文献看，东阙对应的是最为隆重的宫门，但这并不意味着未央宫甚至长安城是东西向的，由于未央宫前殿是南北向的，所以未央宫和长安城的朝向都是南北向的。

在儒家的聚落设施关切中，宗庙是十分重要的内容。考古发掘表明，未央宫前殿位于未央宫城的大致中心，从前殿以东的土地尺寸看，完全有条件按照夏商的做法在宫中安排宗庙（图 6-13），形成朝堂与宗庙西南、东北呼应的格局。但

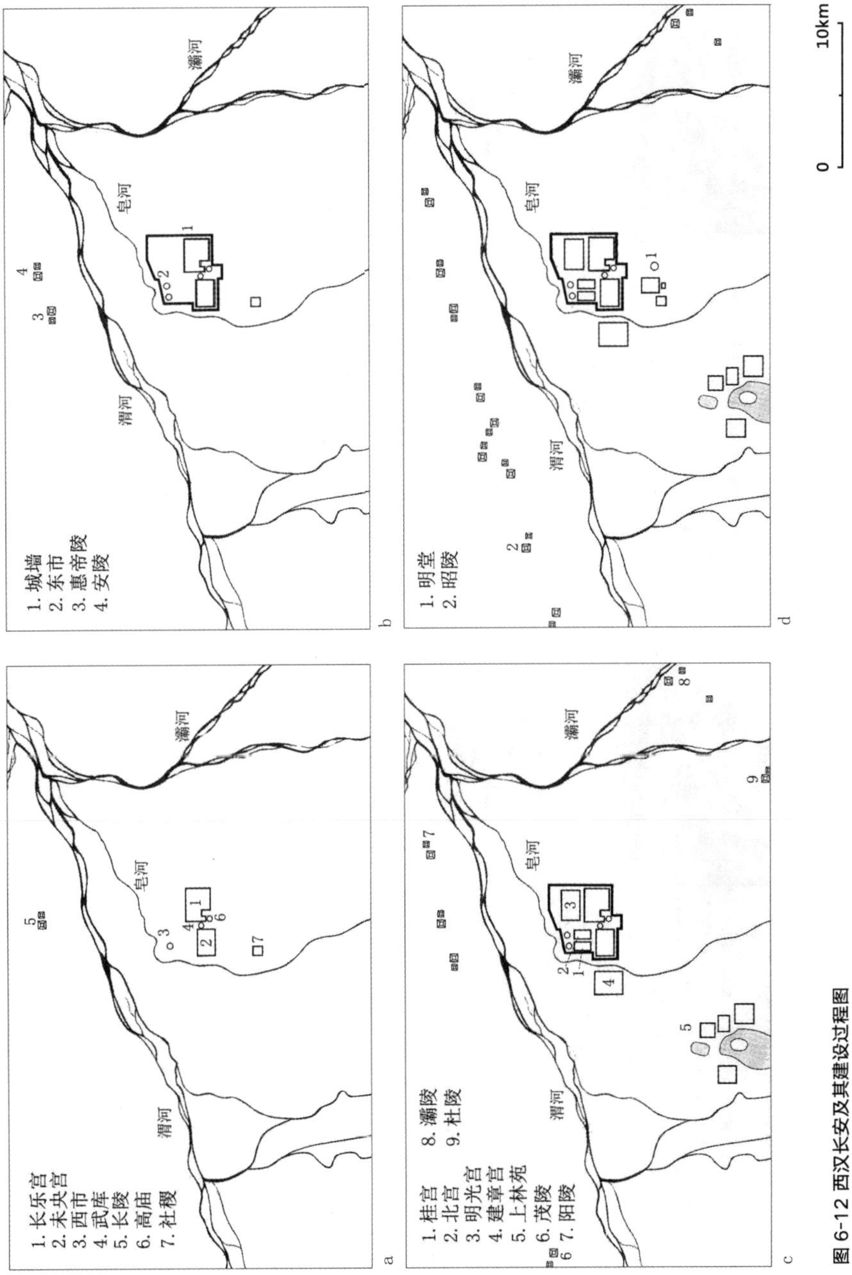

图 6-12 西汉长安及其建设过程图

刘邦死后，汉惠帝并未在未央宫城内安排供奉刘邦的庙宇，而是将供奉刘邦的高庙放在了未央宫东墙以外的秦人诸庙区的位置。这一安排，一方面呼应了长久以来的宗庙置东、宫殿置西的传统，另一方面，也十分具体地继承了早期秦咸阳双轴并峙的构成。汉代初年，刘邦就建立了汉社[112]。考古发掘表明，汉社正在秦社的位置[113]。这个位置正与未央宫前殿南北大致相值，即在西汉初年，就建立了一条未央宫前殿与汉社对应而成的轴线。这条轴线大致相当于秦人所建相应轴线的南半段，与秦人所设的轴线相比，由于缺少了渭水以北的咸阳宫的支撑，气势上要弱了很多。

汉高祖的葬地长陵选在渭水以北的塬上，其位置大致与高庙南北相值，形成了位置与秦诸庙轴线相同但分量却略胜一筹的宗庙轴。说这条轴线分量略胜一筹，是因为在秦人那里，与秦人宗庙区遥相呼应勾勒出地域轴线的只是一个自然的地形隆起，而在汉长安，与高庙呼应的是一个有陵邑支持的宏大的人工建造组合。两条轴线的分量和气势的升降表明，较之秦咸阳，西汉长安的宗庙地位有相当程度的提升（图 6-14）。

刘邦在世时，长安一直未建城墙，但长陵和高庙应在刘邦去世前已经在建，这一时期长安的主导景观元素是面向原野的，与秦咸阳有几分相似。可惠帝即位后，马上修建了一圈城墙，把未央宫、高庙等圈了进来[114]。比照秦咸阳不设大城的做法，这道城墙的修造，使汉长安与秦咸阳区别开来。这个城池的正南门称安门，安门口开在高庙的西侧，由此接近高庙，采取的是由西南入的方式，这是当时接近通神节点的一般方案。在高庙的西边，也就是长安城的整个西南隅，安排了未央宫。单从高庙和未央宫两点间的关系看，这与秦之诸庙与章台间的关系没什么不同，可城墙的存在，有可能在感知上使位于其城内设施的方位更加明确，或者说使位于未央宫和长乐宫之间的、又与安门约略相值的高庙有更多的中心性。

考古发掘表明，西汉长安城池的规模十分宏大，其东垣长 5917 米，南垣长 7453 米，西垣长 4766 米，北垣长 6878 米，城内面积当在 30 平方千米以上。现存城墙高约 12 米，墙基宽 12 ~ 16 米[115]。西汉长安城的城垣总长度总计为 25 014 米，约合方十八周里，为西周王城方九里的两倍，规模超过了此前的所有城池。

汉长安的城池轮廓曲折多变，为何如此，历来争论不断。实际上，只要把它与偃师商城、东周雒邑以及东周各诸侯都城稍加比较，就能看出，这个城池的主要曲折都有历史的依据。首先，它可以归纳为一个西南双向折出的矩形。这与东周雒邑或魏安邑的西南隅处理相同。其次，它的北城墙西段有一个由西南向东北斜出的态势，这也是在诸多东周诸侯城址上可以看到的情形，与多数诸侯都城不

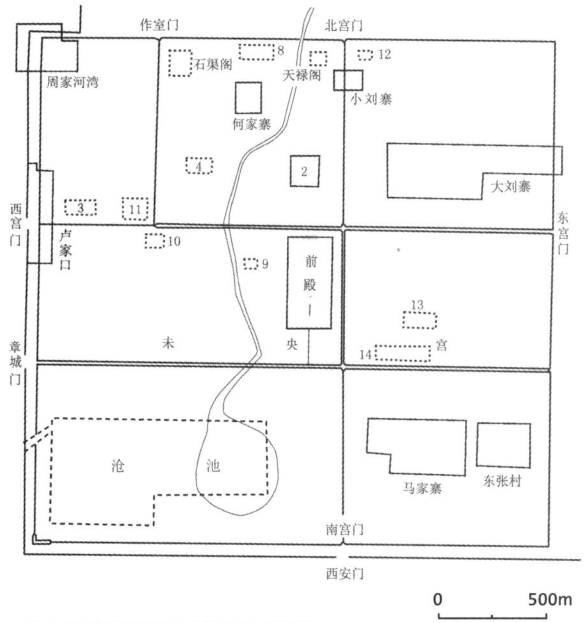

图 6-13 汉长安城未央宫遗址平面图

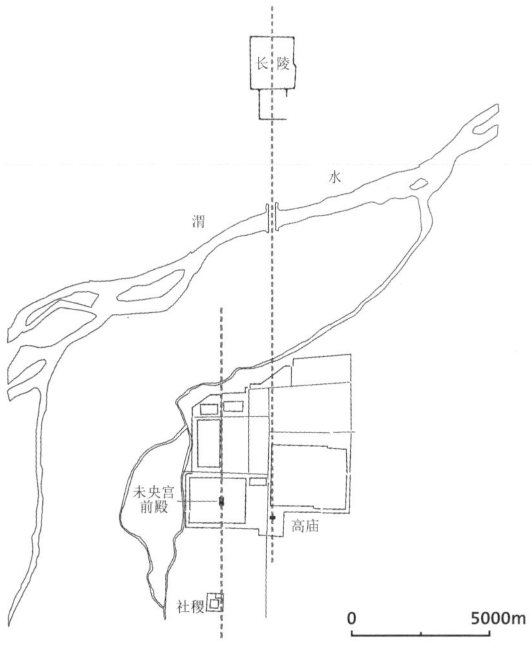

图 6-14 汉长安城社稷、未央宫和高庙、长陵双轴并立图

同的是，这里的北墙与东墙呈直角相交，形成了一个完整、硬挺的城池东北角，做法与洹北商城东北角相同。从城址的大轮廓着眼，或许我们可以说，它的西半部为东周雒邑西半部的等价物，而它的东半部则为洹北商城东半部的等价物。此外，长安城的正南门安门附近城墙整体向外凸出的做法，应该可以在偃师商城小城、鲁曲阜故城和楚纪南城上找到对应。其实安门并不开在这个凸出部分的正中，而是略向西偏，在细节上提示高庙的中心性。由以上的具体表现看，西汉长安的城池轮廓确是参考了不同的都城后确定的，张衡说它“取殊裁于八都，岂启度于往旧”是有足够依据的说法（图 6-15）。

汉长安是确切的天子之城，所以我们有条件据此来反观春秋战国时期都城的形态处理，从而进一步明确东北缺角、西南压缩、宗庙偏置和宫庙分化水平较低等确是等级较低的处理。

从丰镐二京对于殷墟的模仿，到汉长安“取殊裁于八都”的做法，从明堂因特殊的机缘与池沼成了固定搭配，到辟雍因偶然故事而成为独立的建筑，应该可以看出，当时所谓“先王之制”对于都城城池形态、格局乃至高等级建设安排的重要性。这些可以视为盲目模仿的结果，再明白不过地表明了为维护最高统治者的权威而强调“人主无过举”的影响力巨大。

汉代以后，文化转型，似乎对汉长安之城池形态何以如是的缘由就无人知晓了。《三辅黄图》说汉长安“城南为南斗形，北为北斗形，至今人呼汉京为斗城”[116]，显示出人们对这个复杂城池轮廓解释的欲望。结论虽然并不正确，但在古人那里，“斗”为“帝车”[117]，具体的说法有助于强调汉长安的神圣性，如果其说在汉代就有，那也应该是统治者所乐见的吧。

未央宫的正南门与长安南墙的西侧的西安门相对，这就制造出了有一定分量的入口轴线，可由未央宫南门引向未央宫前殿的路径并不与前殿中轴相应，而是处在前殿的东侧，这种做法我们在偃师商城宫城上早已见过，仅就建筑单体处理而言，这也有避免由入口而来的邪魔对长者冲撞的作用。未央宫占据着长安城的整个西南隅，其南墙迫近长安城的南墙。由城内取道未央宫宫南门进入未央宫要走过一条狭窄的弄道，空间感受局促。从南面进入未央宫感受较为舒展的路径要取道城外，这就很麻烦。通常进入未央宫的办法是取径未央宫的东门和北门。由前引文看，萧何在未央宫建设之初，在长安城垣不存在时就设立了东阙和北阙，强调了未央宫东门与北门的重要性，可见，长安城的格局以及未央宫的位置，那个时候就已经确定了。

埋葬汉高祖的长陵与长安之间的距离大致为 30 周里，中间隔着一条渭河。按

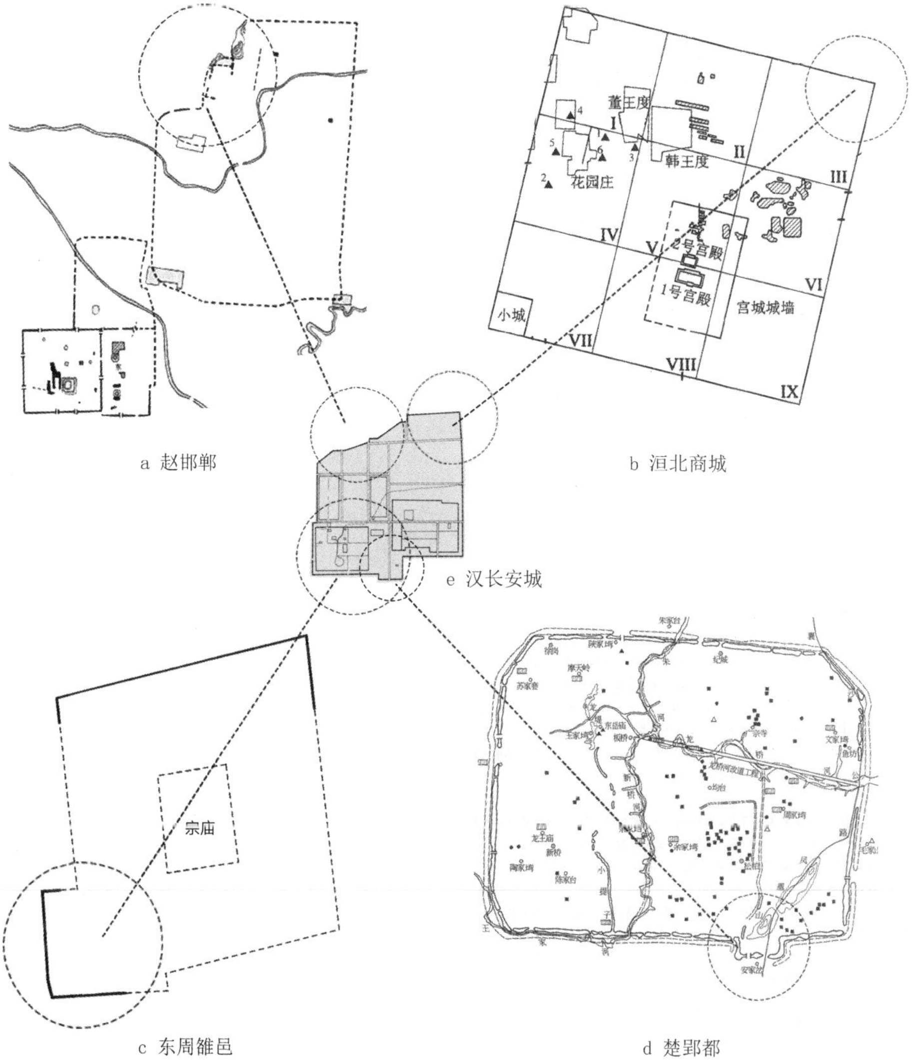

图 6-15 汉长安城与先秦诸城城池要点比照分析图

照秦咸阳和周丰、镐的提示，如果在长陵设置一个居民点，就可以与长安共同形成一个防御整体。按照巫鸿的研究，“根据汉朝礼法，每一位皇帝在登基时即开始建造自己的陵墓，……有可能高祖在公元前 200 年迁都到长安之后就开始建造他的陵墓”[118]，那么利用长陵形成陵邑，与长安协同，造就一个覆盖较多人口、互相支持的防御整体，也是在高祖迁居长安时就已经定下的事情。

陵邑之设，始于秦始皇，《史记·秦始皇本纪》载，始皇十六年（公元前 231 年）

为“侍奉陵园”而在秦始皇的骊山陵附近“置丽邑”[119]。骊邑距咸阳较远，与咸阳的军事协同能力有限。汉长安则把陵邑之设和秦人在渭河南北相距三十里设置宫殿区的做法结合起来，既提升了区域防御水平，又避免了宫殿长距离分置造成的麻烦。

刘邦的重要谋士娄敬在公元前198年未央宫完工时向刘邦提议：“今陛下虽都关中，实少人。北近胡寇，东有六国之族，宗强，一日有变，陛下亦未得高枕而卧也。臣愿陛下徙齐诸田，楚昭、屈、景，燕、赵、韩、魏后，及豪桀名家居关中。无事，可以备胡；诸侯有变，亦足率以东伐。此强本弱末之术也。”[120]娄敬所谓的“强本弱末之术”，是周、秦都曾用过的老办法，西汉的不同是利用陵邑来安置移民。帝陵本来就要有人看守，只要王朝存在，陵邑就可以持续增添，陵邑的位置大小可以根据需求调配，以便最终达致所期望的军事构成。

汉高祖的长陵位于长安中轴之上，汉惠帝的安陵正对着长安的西城墙，这种位置选择给人以某种想象空间。即将惠帝陵安排在高祖陵以西可以暗示帝陵将按照昭穆之制，以长陵为中枢在长安以北的塬上左右对称安排，如果是那样，在汉长安，祖宗的陵墓就更为系统且富有形式感地介入到城市空间秩序的建构中来了。

从古籍上看，昭穆之制主要用于宗庙的排序。汉代帝王均在陵寝附近安排有宗庙，所以诸陵按照昭穆之制排序是可能的。在这里，长陵附近用于祭祀刘邦的宗庙为太祖庙，安葬惠帝的安陵在长陵以西，似不符合所谓的左昭右穆的规则，但《后汉书·祭祀志》注中有“右昭左穆”的说法，或者可以理解为当时昭穆排序的制度尚未固定为左昭右穆，将安陵安排在长陵以西是符合另一种昭穆排序规则的。

按顺序，惠帝的后任者可以在长陵以东大致与安陵对称的位置与汉长安东垣相值设置陵庙，可不巧的是，汉惠帝的后任皇帝汉文帝与惠帝是兄弟，他的出现，使得上述猜想最终只是一个猜想。汉文帝的灞陵及陵邑不能用来与已有帝陵配合，形成特定的形式性成果，可将它制作成一个有效的军事据点来强化京畿地区的防御还是没有问题的。显然，灞陵及陵邑的设置更多地考虑了京城东部的防御问题。灞陵在长安城东南约合54周里处灞水的西侧，它与长安的距离，大致为30周里的两倍。这一间距不仅使二者间的附邑田亩的延伸都能达到一个相对饱满的水平，在军事上也可以达成某种协同。

灞水由今蓝田县秦岭北麓发源，西北流经白鹿原东部，在西北至汉长安正东约10千米（约合30周里）处接纳浐河，转向正北入渭河[121]。如果汉长安采用的是郭方七十里的制度，那么浐灞交汇处就大略在郭界上。在浐灞交汇处有灞桥，为关中通向中原之咽喉，灞桥与主城间一舍的距离不仅决定了这里是长安东郭上

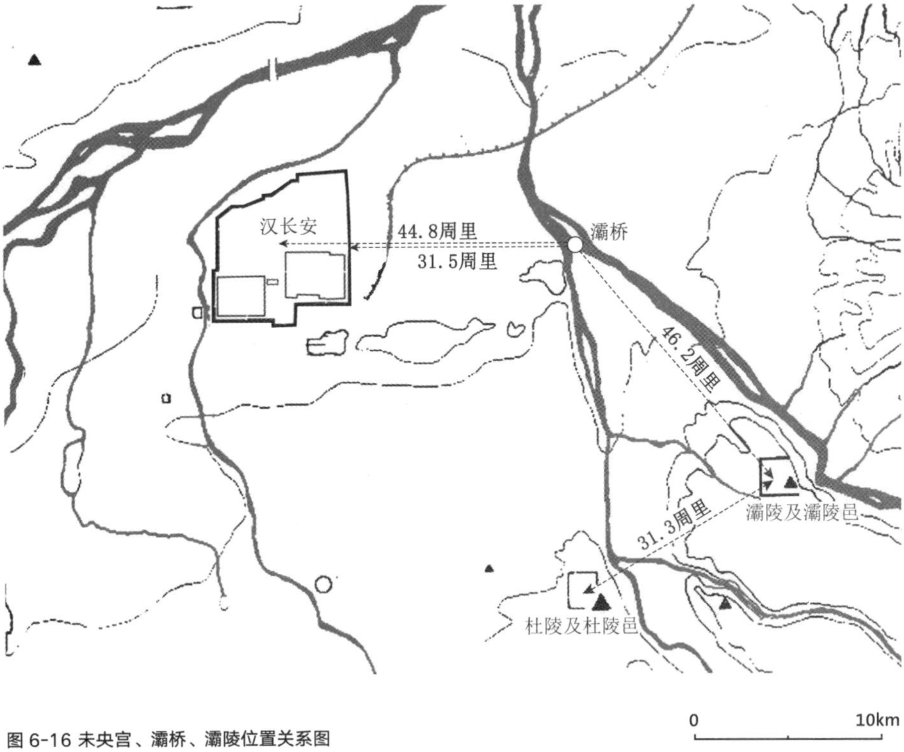

图 6-16 未央宫、灞桥、灞陵位置关系图

的一个特殊的防御节点，并且也暗示，郭方七十里做法的确定，也包含着主城便于驰援郭防的考虑。由测量可知，灞陵邑距浐灞交汇处的距离约为 16.7 千米，约合 47.6 周里，大约与 35 周里相等，即从灞陵邑支援灞桥一带的防御，快速行军时间有可能控制在半日以内。所以灞陵及陵邑的选址，既扼守着灞水上游又与长安和灞桥两者形成双重的犄角之势（图 6-16）。

西汉第四任皇帝汉景帝为文帝之子，景帝的阳陵设在长陵以东渭水以北的塬上，这个选址符合昭穆之制的要求，但阳陵距长陵的间距远大于安陵与长陵的间距，并不与长安东墙相值，这样做，在争取更多的附邑田亩上是有利的。五世汉武帝之茂陵，则放在了塬上陵区之极西，方位上也能符合序昭穆的要求，与长安大约 70 周里的距离安排，更多地考虑了扩大整体附邑田亩数量和更为广大的防御圈的形成问题。从此后陵邑的设置看，似乎放弃了以礼仪秩序为基础的选址办法，更多地从防御体系的形成角度考虑问题[122]。

西汉先后共设有七个主导性的陵邑，即高祖长陵邑、惠帝安陵邑、文帝灞陵邑、景帝阳陵邑、武帝茂陵邑、昭帝平陵邑、宣帝杜陵邑。从空间组织上看，这些陵邑可以分成三个组团，即以长陵邑为中心包括安陵邑、阳陵邑的长安北组团，以茂陵邑为主包括平陵邑的长安西组团，以及灞陵邑与杜陵邑结合而成的长安东南组团。北组团的重心长陵邑与长安的距离约 30 周里，其他两个组团中距离长安最近的陵邑，即平陵邑、杜陵邑，与长安城之间的距离均为 50 多周里，这样的安排形成了一个以长安为中心、以陵邑为翼辅的京畿中心地区，这样的京畿中心地区不仅有着强大的人口容纳能力，并且因为中央组团和外围组团间距均在两舍以内，可以有效地相互支援，形成军事协同度颇高的一心两翼的区域空间控制体系（图 6-17）。

从种种情况测度，在汉高祖时已经设计了宗庙居中、诸陵在外守护的大长安格局。可是，一个偶然的事件改变了结果。西汉的祖宗祭礼中包括“衣冠出游”的环节，按照礼仪要求，高庙在长安城中，是正式的拜祀刘邦的场所，陵墓被理解为神灵平时休止之处，在长陵上设有寝宫，将刘邦的卤簿衣冠安置其中，每个月的一定时候，要将置于寝宫中的高祖的卤簿衣冠请出，游行至高庙以配合在高庙进行的祭祀活动。为此，在长陵与高庙之间设有专门的通道。这条通道大致落在长安城中轴之上，处于未央宫和长乐宫之间，南北纵跨整个长安。惠帝在位时，皇帝住在未央宫，皇帝的母亲吕后住在长乐宫，惠帝每天要到长乐宫拜望吕后。因嫌由正门出入路远，惠帝在长乐宫和未央宫之间架设了一条封闭的天桥，指望能抄个近道。这座天桥当然只能跨在刘邦衣冠出游必经的道路上。这一做法，显然招来了批评，认为“子孙奈何乘宗庙道上行哉”。受到批评的惠帝马上要拆除天桥，可他的师傅叔孙通说：“人主无过举。今已作，百姓皆知之。今坏此，则示有过举。愿陛下原庙渭北，衣冠月出游之，益广多宗庙，大孝之本也。”[123] 惠帝当然接受了这个意见，在长陵为刘邦再修一座宗庙。按照传统的做法，宗庙应在聚落中安排，在长陵附近为刘邦另建宗庙的做法，开启了在聚落之外设置宗庙的先河。惠帝以后，当朝皇帝皆在长安城外自建生祠，死后由继位皇帝奉为宗庙。除汉文帝的顾成庙在长安城南，离开其所葬之灞陵较远，其他各庙似皆在陵墓附近安排，呈现陵庙一体的状态[124]。汉代的皇帝中，只有惠帝与高祖在城中另有一庙，这样，宗庙区在城市中心的景观主导性当然不够充分，在一定程度上改变了最初设定的都城景观结构。之所以惠帝仍在城中有庙，应该是当时这个庙已经开始建设。

据《通考》卷一二四引《汉旧仪》，安陵、灞陵、阳陵诸陵邑居家各万户；平陵、杜陵两陵邑居家在三万户以上[125]；《汉书·地理志》载汉末时长陵邑有五万零五十七户，人十七万九千四百六十九口；茂陵邑六万一千八十一户，人二十七万七千二百七十七口[126]。这些陵邑的规模不见得是预先安排所致，但最大的居民点规模在 6 万户左右，

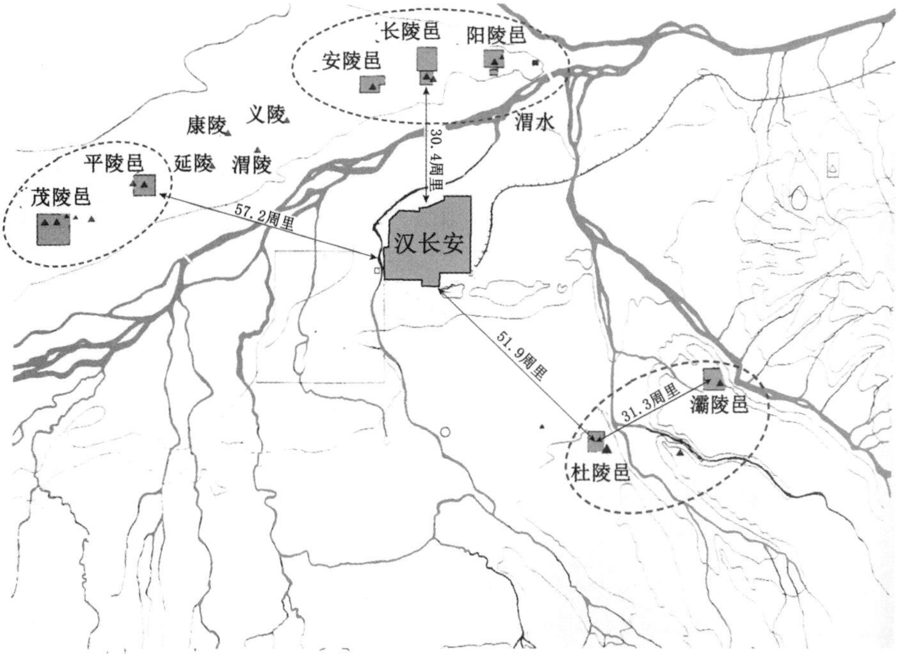

图 6-17 西汉长安及陵邑关系图

中等规模的陵邑在 3 万户左右，正与李悝“尽地力之教”所说之方百里和方七十里可容纳的户数相应，表明了一定程度的行政管控和调节存在。

长陵邑户均人口仅为 3.585 人。比较当时开辟成熟的农耕郡县户均 4 口以上甚至高达 6 口的情况[127]，这个数字特别引人关注。更值得关注的其实是长安人口的情况，按照《汉书 · 地理志》记载，统计时长安有户八万零八百，而人口仅有二十四万六千二百[128]，户均仅为 3.047 人，较长陵邑更少！

对此种情况的合理解释应该是，在长安城中存在着大量少于 3 人的家户，户主当为已经能承担国家徭役、身强力壮但却未必娶妻或生子的男丁。这种家户既可以用较少的附城田亩养活，其人口中可以用作兵卒的比例又较高，可以用较少的田亩支持较多的有效兵源。按照当时人口繁衍的一般情况，这种家户的大量存在不可能是常态，从逻辑和操作层面看，长安城内户均三人左右的状况只能是人为操作的成果。可以设想，当时长安在其他地区征发适龄男子入城居住，参与耕作，当这男丁一旦成亲或这种口户的家庭成员增加到一定数量时，其所耕田亩就换由新人耕种。这种做法，正是在城邑中尽可能多地纳入农户以增加防守能力的做法在新条件下的自然延伸。由某个侧面看，这种口户也是军队的一种。正是这样的少口户存在大大降低了西汉长安和长陵的户均人口水平。当然，这种方法恐怕也只能在京畿中心区实行。长陵邑的户均人口不到 3.6 人，正表明了其在防御上的地位重要,城内也安排相当数量的一口户或少口户。茂陵邑处在京畿中心区的外围，少口户应该较少但却不会没有，其户均人口与一般郡县相比略少，为 4.538 人。

研究者早就注意到，西汉长安城中用地主要为宫殿所占，用于一般居住的地段几乎一半都不到，之所以如此，与少口户的大量存在相关。可以设想，在长安城与长陵邑中的这些少口户的居住方式与一般的家户不同，很有可能采取类似兵营的形式，这样的家户所占居住场地较小，以至于长安城中的一般居住地段占地也较少。

按李悝尽地力之教，六万户对应的附城田亩所涉空间为方百里，而军事组织要求的单一城址附城田亩所涉空间范围为方七十里。在西周初年，方百里是由两个城邑来支撑的。若按李悝方七十里之域对应 3 万户，户均 5 口，考虑宫廷及常备军的存在，方七十里的空间所含的附城田亩支持的城邑人口约为 20 万出头，长安与长陵邑的人口都与这个数字相关，表明了以方七十里进行附城田亩涉及空间控制的做法在长安仍然实行。当然，因所处的具体空间条件不同，每个陵邑可拥有的附邑田亩和人口总量也有不同：长陵邑三面近处存有其他聚落，附邑田亩数量难以保证，所以其人口规模不足 18 万；茂陵邑处在京畿地区西边缘，其附城田亩所涉的空间范围可以向西略微扩展，所以其人口可以达到约 28 万。

由历史的记载看，西汉长安产出了许多著名的官员和学者。可要注意，这些官员和学者主要出在陵邑之中，而不出在长安城内。当时的富家豪族和外戚都住陵邑，长安奢华生活的代表则为“五陵年少”，这都从侧面证明长安城中的人口组织与别处大不相同。

长安当时有口 24.62 万。诸陵邑总户数约为 23 万，若取长陵邑和茂陵邑均值每户 4.1 人，七个陵邑计得总人口为 94.3 万。也就是说，不算宫廷及常备军的人口，当时京畿地区的总人口已在 120 万左右。西汉末年全国人口大约为 6000 万 [129]。这 120 万人口，相当于当时全国人口的五十分之一。这在长安主导性的形成上是一个重大的资本。按照附城田亩距城最远 50 周里计，可以依据城邑的分布大致地画出附城田亩的可能涉及范围约 2800 平方千米，合 2.3 个方百里的面积，其能支撑的常规人口在 90 万左右，考虑到这里少口户的存在，所以当时劳动力多而耕地少的情况十分明确，这一方面会促成农田的精耕细作，另一方面，也会促成工商业发展。

帝王的穷奢极欲、中央集权大帝国官僚队伍扩容和工商业发展都会导致京畿地区的非农业人口增长，增加该地区的物资供应压力。为了满足京畿地区逐渐增多的人口的生活需求，向京师输入粮食是一项十分重要的工作。从《汉书·河渠书》载武帝时大司农郑当时的言论和秦咸阳地区人口聚集的情况看，在秦代已经利用漕运向京畿输送粮食[130]。不过直到汉初，漕运的开发还相当有限[131]。汉武帝时，应该是人口聚集所致，漕运及京畿地区对外通道的建设问题被提到了一个很高的地位。通过多年努力，西汉一朝不仅提升了由关东向京师输送粮食的能力，并且通过提升长安附近地区的耕地开发水平，基本解决了当时京畿地区人口聚集所带来的供应问题[132]。

其他地区对京师的供应能力的提升，反过来促进城市工商业的发展和非农人口的增长，使得城市人口总量与城居农户口数的关系相对疏离。汉武帝以后，常备军逐渐成为国家应付战争的主导力量[133]，当是以此为基础的。此后城防的坚固与否，与城市中居民数量的关系渐小，当然也就与城市中农户的数量关系疏离。多种力量共同作用，使得长期存在的主要依靠居城农户增强城防的做法渐成不必。相应地，春天城邑中农户毕出，在田间地头驻守至秋冬之交再回城的做法也就逐渐退出历史舞台，与此相关的两个以上据点共同构成都城或京畿地区的做法也渐渐隐入历史。

商代末期殷墟与朝歌等互撑的都城和西汉多个陵邑拱卫长安的复杂结构，是在都城对外交通能力有限、京畿周边土地开发水平较低、特定的兵制和总体经济支撑水平不高的条件下谋求强势都城的产物。汉武帝以后总体情况的转变，使得这种都城的失势势在必然。文献记载，西汉陵邑之设终于长安对外交通系统相对完善之后数十年的元帝之世[134]。元帝及其后的帝陵都集中设置在茂陵邑以东的有限区域里。

注释

1 [南朝梁] 萧统撰，[唐] 李善注：《文选》，中华书局，第 38 页。

2 贺业矩：《中国古代城市规划史》，中国建筑工业出版社，1996 年，第 298 页。

3 王鲁民：《中国古典建筑文化探源》，同济大学出版社，1997 年，第 119 页。

4 同上。

5 [西汉] 司马迁：《史记》，中华书局，1959 年，第 173 页。

6 同上，第 179 页。

7 [东汉] 班固撰，[隋] 颜师古注：《汉书》，中华书局，1962 年，第 1194 页。

8 同上，第 1207 页。

9 《史记》，第 179 页。

10 [唐] 司马贞：《史记索隐》，《钦定四库全书 · 史部 · 史记索隐》卷二，第 2 页。

11 《史记》，第 179 页。

12 《汉书》，第 1194 页。

13 《史记》，第 180 页。

14 同上，第 181 页。

15 同上，第 184 页。

16 《汉书》，第 1195 页。

17 同上，第 1196 页。

18 同上，第 1206 页。

19 同上，第 1196 页。

20 同上，第 1196 页。

21 《史记》，第 287 页。

22 同上，第 192 页。

23 同上，第 184、1360 页。

24 曲英杰：《史记都城考》，商务印书馆，2007 年，第 119-122、127、132、184、214 页。

25 刘庆柱主编：《中国古代都城考古发现与研究》，社会科学文献出版社，2016 年，第 205 页。案：这里提供的数据恐不准确。但同书提供了较清晰的图纸，以下对于雍城城垣尺寸的计算是在与其他文献提供的图纸互较后进行。对于城址形态的讨论则依据该图。

26 《史记》，第 285-286 页。

27 曲英杰：《史记都城考》，商务印书馆，2007 年，第 121 页

28 《史记》，第 285-290 页。

29 韩伟：《马家庄秦宗庙建筑制度研究》，《文物》1985 年第 2 期。

30 同上。

31 同上。

32 《中国古代都城考古发现与研究》，第 207 页。

33 同上，第 209 页。

34 陕西省雍城考古队：《秦都雍城钻探试掘报告》，《考古与文物》1985 年第 2 期。

35 [东汉] 郑玄注，[唐] 贾公彦疏：《礼记正义》，北京大学出版社，2000 年，第 1097 页。

36 [清] 朱彬：《礼记训纂》，中华书局，1996 年，第 388 页。

37 《汉书》，第 1199 页。

38 《史记》，第 203 页。

39 同上，第 288 页。

40 同上，第 2234 页。

41 《中国古代都城考古发现与研究》，第 235 页；陕西省考古研究所：《秦都咸阳考古报告》，科学出版社，2004 年，第 10-12 页。

42 《史记》，第 1728 页。

43 同上，第 2259 页。

44 《中国古代都城考古发现与研究》，第 249 页。

45 同上，第 303 页。

46 《史记》，第 2310 页。

47 [南朝宋] 裴骃：《史记集解》，《钦定四库全书 · 史部 · 正史类》卷九十九，第 10 页。

48 何清谷：《三辅黄图校释》，中华书局，2005 年，第 149 页。

49 同上，第 271 页。

50 《三辅旧事》：“咸阳宫在渭北，兴乐宫在渭南。秦昭王欲通两宫之间，作渭桥。”说明该宫至少在昭王时已有，但《三辅旧事》和《三辅黄图》又说，兴乐宫为“秦始皇造，汉修饰之”，可见初时之兴乐宫内容有限，秦始皇时才成形。

51 《三辅黄图校释》，第 49 页。

52 同上。

53 《史记》，第 239 页。

54 同上，第 1377 页。

55 《三辅黄图校释》，第 3 页。

56 《汉书》，第 1205 页；《史记》，第 242 页。

57 《史记》，第 239 页。

58 同上，第 239 页。

59 同上，第 256 页。

60 《三辅黄图校释》，第 2 页。

61 《史记》，第 256 页。

62 同上，第 257 页。

63 刘敦桢：《中国古代建筑史》，中国建筑工业出版社，2003 年，第 560 页。

64 《史记》，第 241 页。

65 何清谷：《关中秦宫位置考察》，载《秦文化论丛》第 2 辑，西北大学出版社，1993 年；徐卫民：《秦都城研究》，陕西人民出版社，2000 年，第 139-140 页。

66 《三辅黄图校释》，第 44 页。
67 《史记》，第 254 页。
68 王学理：《秦都咸阳》，陕西人民出版社，1985 年，第 76 页。
69 《史记》，第 241 页。
70 同上，第 266 页。
71 同上，第 242 页。
72 同上，第 1289 页。
73 同上，第 256 页。
74 同上，第 1367 页。
75 [清] 焦循：《孟子正义》，中华书局，1987 年，第 133-136 页。
76 《史记》，第 1378 页。
77 同上，第 1378 页。
78 同上，第 1380-1381 页。
79 同上，第 1381 页。
80 同上，第 1382 页。
81 同上，第 1382 页。
82 同上，第 1382 页。
83 同上，第 1383 页。
84 《汉书》，第 2853-2854 页。
85 《史记》，第 1384 页。
86 同上，第 1384 页。
87 同上，第 1384 页。
88 同上，第 1384 页。
89 《三辅黄图校释》，第 297 页。
90 同上，第 289 页。
91 同上，第 292 页。
92 《史记》，第 1386 页。
93 同上，第 1386 页。
94 同上，第 459 页。
95 同上，第 1986 页。
96 [南朝宋] 裴骃：《史记集解》，《钦定四库全书·史部·正史类》卷九十九；[西汉] 司马迁：《史记》，中华书局，1959 年，第 2909 页。
97 《史记》，第 461 页。
98 同上，第 464 页。
99 同上，第 469 页。
100 [清] 黎翔凤撰，梁运华整理：《管子校注》，中华书局，2004 年，第 953 页。
101 《史记》，第 473-475 页。
102 同上，第 480 页。
103 同上，第 476 页。
104 同上，第 480 页。
105 同上，第 482 页。
106 《三辅黄图校释》，第 125 页。
107 《史记》，第 385-386 页。
108 《中国古代都城考古发现与研究》，第 273 页。
109 《汉书·贾谊传》苏林注云："宣室，未央前正室也。"参见《汉书》，第 2230 页。
110 《汉书·刑法志》如淳注云："宣室，布政教之室也。"参见《汉书》，第 1102 页。
111 《史记》，第 2724 页。
112 《汉书·郊祀志》王莽说："圣汉兴，礼仪稍定，已有官社。"臣瓒注："高帝除秦社稷，立汉社稷。"参见《汉书》，第 1269 页。
113 《中国古代都城考古发现与研究》，第 303 页。
114 《史记》，第 1122 页。
115 《中国古代都城考古发现与研究》，第 394 页。
116 《三辅黄图校释》，第 125 页。
117 《史记》，第 1291 页。
118 巫鸿：《中国古代艺术与建筑中的"纪念碑性"》，上海人民出版社，2009 年，第 203 页。
119 《史记》，第 256 页。
120 《史记》，第 2720 页；《汉书》，第 2123 页。
121 刘庆柱：《地下长安》，中华书局，2016 年，第 8 页。
122 刘叙杰：《中国古代建筑史》第一卷，中国建筑工业出版社，2003 年，第 443 页。
123 《史记》，第 2130 页。
124 《三辅黄图校释》，第 294-295 页。
125 《汉书》，第 1545 页。
126 同上，第 1547 页。
127 同上，第 1543-1639 页。
128 同上，第 1543 页。
129 杨子慧：《中国历代人口统计资料研究》，改革出版社，1995 年。
130 《史记·河渠书》："是时郑当时为大农，言曰：'异时关东漕 粟从渭中上'。"参见 [西汉] 司马迁：《史记》，中华书局，1959 年，第 1409 页。所谓"漕运"，本指通过水道输运粮食的活动当时去秦未远，所谓"异时"应不限于汉朝。
131 《史记·平准书》："孝惠、高后时，为天下初定，……漕转山东粟，以给中都官，岁不过数十万石。"参见《史记》，第 1418 页。
132 《史记》，第 1409-1411 页；另《汉书》，第 292 页，提及当时"关中有无聊之民"就表明了当时漕运提供的物资，已不仅仅可以满足"中都官"的需求了。
133 雷海宗:《中国文化与中国的兵》,商务印书馆,2014 年，第 30 页。
134 《汉书》，第 292 页。

第七章　创设“古制”

Chapter 7　Creation of the So-called “Ancient Rules”

一　因都设飨要求的确认

汉武帝时，儒学被确立为国家意识形态，儒士们的意见获得越来越多的重视。汉武帝虽提倡儒学，可因其“尤好鬼神之事”的个性，在国家祭祀设施的建设上，却更多地仰仗方士。武帝一朝，儒士们在国家祭祀设施建设及都城景观梳理上的贡献有限，甚至之前由儒士们确定的某些东西也被放弃了。泰一神祭祀的主场被安排到了甘泉宫，与之匹配的后土之祀则安排到了汾阴，这些做法对于将周法视为国家礼仪建构基础的儒士们来说，自然是难以接受的。

在祭祀活动的安排上，方士们更关心天子本身的福祸寿夭，整个祭祀系统的形式及其对政权形象塑造的贡献则只是附带的事项。反观儒士们，其不仅关注天子的福祸寿夭，同样关心王权的正当表达以及“宇宙逻辑”的合理呈现，在儒士们看来，安排符合“宇宙逻辑”的祭祀系统才会产生应有的祭祀效力，二者之间具有不小的区别。秦朝中央集权大帝国确立了天子的绝对权力，皇帝大权在握，号令天下，很容易把自身凌驾于国家之上。汉武帝当然知道祭祀是权力正当性的表达和祭祀形式的重要性，但事到临头往往觉得儒生的意见隔靴搔痒，难以满足当下的需求。如果当时的天子相对自持，又有足够的支配权，儒士们就有可能在相应的建设中有较多的表现，周法就有机会被更多地引入到国家祭祀的过程中，如果强势又不自持，那么国家的祭祀设施安排就有可能表现得相对随意。

武帝去世，其继位者昭帝登基时年仅八岁，因为霍光专权，故在昭帝在位的十二年里，儒生和方士都缺少了工作的对象。昭帝一朝在祭祀设施建设上缺少作为，以至于在《汉书·郊祀志》中，对这一朝相应活动的记述，只在武帝一朝祭祀活动记述最后一段的结尾附上一句话，“昭帝即位，富于春秋，未尝亲巡祭云”。

昭帝去世，宣帝即位，时年十七，霍光依然把持朝政。为了避免矛盾，宣帝在祭祀方面特别谨慎，长期“非宗庙之祀不出”。[1]其即位六年，霍光去世，宣帝在祭祀活动的安排上也没有马上有所反应。至其即位十二年时，宣帝才开始“亲奉祀”天地山川。因具体政治背景和个性使然，与汉武帝相比，宣帝时期，祭祀活动强调的是“为百姓蒙嘉气，获丰年焉”[2]，不强调和其个人福寿的关系。当时，也没有在祭祀体系建设上有足够主动性的臣下出现，相应的祭祀活动更多地依托于武帝所立之框架。

宣帝在位二十四年后去世，元帝继位。“元帝好儒，贡禹、韦玄成、匡衡等相继为公卿。禹建言汉家宗庙祭祀多不应古礼，上是其言。”[3]后来韦玄成为丞相，建议废除古礼中所没有的国家祭祀设施。所谓古礼，应该是由仰韶文化起经夏、商、周传递而来的礼法，韦玄成的建议获得了元帝的支持，于是，正式开始了儒士们依照“古礼”的精神，重新安排国家祭祀设施系统的历程。元帝按照儒生们的意见，废除了一些不应古礼的庙祠，显然相应的举措给他带来了巨大的压力，“后元帝寝疾，梦神灵谴罢诸庙祠，上遂复焉”。从《汉书》说“后或罢或复，至哀、平不定”来看，当时儒生们也相当地坚持，要求改变现状，不同主张间的争拗导致了国家祭祀系统处在不确定之中[4]。

在许多儒士看来，汉家制度不仅是某些祭祀设置不合礼数，更重要的是整体祭祀设施空间安排不合制度，进行祭祀设施空间格局的重置是必须的。元帝的后继者成帝一即位，丞相匡衡、御史大夫张谭就奏言：“帝王之事莫大乎承天之序，承天之序莫重于郊祀，故圣王尽心极虑以建其制。祭天于南郊，就阳之义也；瘗地于北郊，即阴之象也。天之于天子也，因其所都而各飨焉。往者，孝武皇帝居甘泉宫，即于云阳立泰畤，祭于宫南。今行常幸长安，郊见皇天反北之泰阴，祠后土反东之少阳，事与古制殊。又至云阳，行谿谷中，阸陕且百里，汾阴则渡大川，有风波舟楫之危，皆非圣主所宜数乘。郡县治道共张，吏民困苦，百官烦费。劳所保之民，行危险之地，难以奉神灵而祈福祐，殆未合于承天子民之意。昔者周文武郊于丰鄗，成王郊于雒邑。由此观之，天随王者所居而飨之，可见也。甘泉泰畤、河东后土之祠宜可徙置长安，合于古帝王。愿与群臣议定。”[5]这篇奏折里，匡衡们婉转地批评了汉武帝在甘泉宫设置泰畤的做法，并明确地提出了“天之于天子也，因其所都而各飨焉”的祭祀设施设置原则。也就是说，最高规格的天的祭祀场所，应该是都城的附属，并随着都城位置的变动而变动。这种说法从根本上否定秦人那种依据神异征兆设置祠所的办法，要求回归“古礼”主张的以聚落为归依的祭祀建筑系统设置方式。

至于如何“天随王者所居而飨之”，王商、师丹等人以《礼记》为据，提出“兆于南郊，所以定天位也。祭地于大折，在北郊，就阴位也”[6]的天、地祭场的安排方案。从历史上看，周人有在都城南边祭天，在宫殿以北祭社的做法，社祀与祭地有相通之处，所以王商、师丹的说法是有一定依据的。可把祭地之所放在城外北郊，在区域层面与祭天之所呼应，却应该是儒士们的新发明，依据的是汉儒们对于宇宙逻辑的推演。在成帝同意按王商、师丹等人所奏进行天、地祭场选址后，匡衡又进一步对具体祭祀场所形式发表意见，特别地对武帝时创制的甘泉泰畤紫坛的样式提出批评，“甘泉泰畤紫坛，八觚宣通象八方。五帝壇周环其下，又有群神之坛。以《尚书》禋六宗、望山川、遍群神之义，紫坛有文章采镂黼黻之饰及玉、女乐，石坛、仙人祠，瘗鸾路、骍驹、寓龙马，不能得其象于古。臣闻郊祭帝之义，扫地而祭，上质也。歌大吕舞云门以竢天神，歌太蔟舞咸池以竢地祇，其牲用犊，其席稾稭，其器陶匏，皆因天地之性，贵诚上质，不敢修其文也。以为神祇功德至大，虽修精微而备庶物，犹不足以报功，唯至诚为可，上质不饰，以章天德。紫坛伪饰、女乐、鸾路、骍驹、龙马、石坛之属，宜皆勿修”，[7] 要求放弃自武帝以来吸取了多种文化意象的容纳了多层次祭祀内容的构形复杂的泰一祭坛，采用符合“古礼”的形式朴素单纯的设施形式。如果按照实行，不仅有助于在区域空间系统中凸显“王者所居”，也有助于在祭祀过程中凸显施祭的天子。从聚落整体空间构造到祭祀仪式过程多个层面落实天子为中心的秩序建构目标，匡衡的建议是经过深思熟虑的。在武帝那里，泰畤紫坛是祭祀“天神贵者”泰一的设置，后土祠则是祭祀土地之神的地方，而在匡衡那里，泰畤紫坛是祭“天”的地方，后土祠则是祭“地”的场所。如果仔细区别，似乎泰一、后土毫无疑问指向人格化的神，而天、地就有可能偏向自然的逻辑与力量。前者更近巫术，后者略偏礼仪。这种区别，在周公那里已经初见端倪。用“天”来取代“泰一”，用“地”来取代“后土”，是儒士的祭祀取代方士的祭祀的重要标识。

儒士们对于祭祀系统的改造显然早有系统的考虑。很快，匡衡又进言要求罢废雍地诸畤，他说：“王者各以其礼制事天地，非因异世所立而继之。今雍鄜、密、上下畤，本秦侯各以其意所立，非礼之所载术也。汉兴之初，仪制未及定，即且因秦故祠，复立北畤。今既稽古，建定天地之大礼，郊见上帝，青赤白黄黑五方之帝皆毕陈，各有位馔，祭祀备具。诸侯所妄造，王者不当长遵。及北畤，未定时所立，不宜复修。”[8] 成帝完全听从了匡衡的建议，秦人所立之陈宝祠也随之被取消了。雍五畤及陈宝祠的罢废，实际上就取消了雍地祭祀中心的地位。

第二年，匡衡、张谭等又上奏，要求在全国范围内进行祭祀活动与设施的整理，“长安厨官县官给祠郡国候神方士使者所祠，凡六百八十三所，其二百八所应礼及疑无明文，可奉祠如故。其余四百七十五所不应礼，或复重，请皆罢”，[9] 要求将官家出资供奉的祭祀罢去四百七十五种，天子再次同意了他们的意见。这样，位于雍地的秦人旧祠二百零三所，只留下来十五所。汉高祖在宫中所设的梁、晋、秦、荆巫、九天、南山、莱中等祭祀活动；汉文帝在渭阳所立之五帝庙；汉武帝所立的薄忌泰一、三一、黄帝、冥羊、马行、泰一、皋山山君、武夷、夏后启母石、万里沙、八神、延年之祀；汉宣帝所立的参山、蓬山、之罘、成山、莱山、四时、蚩尤、劳谷、五床、仙人、玉女、径路、黄帝、天神、原水之属皆罢去。经过此番操作，减少了官家祭祀费用压力，改变了神祠分陈的杂芜面貌，使得国家祭祀景观在整体上向“古礼”靠近。

在儒士们改变国家祭祀系统的努力似乎要取得全面胜利时，匡衡却因经济问题被弹劾免官。马上就有人对其所主导的祭祀体系改革提出批评，并认为成帝久无继嗣和祭祀整顿有关，在皇太后的干涉下，雍五畤、甘泉泰一畤、汾阴后土祠、陈宝祠等都得到了恢复[10]。不仅如此，在恢复旧祠的同时，还罢去了匡衡们主张的位于长安的天、地之祀[11]。国家祭祀系统的格局在一定程度上回归从前。在当时的政治框架中，国家与最高统治者仍是直接对应的，国家祭祀所要求的往往首先是最高统治者和其家族的兴旺与发展，脱离开最高统治者及其家族的福报，国家祭祀也就基本上失去了意义。

此后，西汉王朝的祭祀系统变动不定。人们最为关切的设置天地之祀的地点竟反复变迁达五次之多[12]，不同主张与观念之间斗争的激烈可见一斑。直到平帝元始年间时，天地之祀的具体地点才由王莽最终定位于长安南北郊。这个结果，似乎表明在国家祭祀体系的设置上方士和儒生之争，最终儒生占了上风，“秦制”与“古制”或“周法”之争，最终“古制”占了上风，而“重巫术”和“重礼仪”的争拗，最终“重礼仪”一方占了上风。

王莽出身贵家，因为家贫，不能与其他纨绔子弟一样以“舆马声色佚游相高”，而是“受《礼记》，师事沛郡陈参，勤身博学，被服如儒生”[13]。王莽在系统地了解汉儒们的主张基础上，强调天人感应，讲求理序形式，关注巫术效果和礼仪形式的统一，认为合理的政治运行和适当的祭祀形式会招至上天眷顾。其依托的文化资源，不仅是古典经籍，并且也有按照某种文化逻辑进行的创作。

平帝元始五年（公元 5 年），位为大司马的王莽与太师孔光、长乐少府平晏、大司农左咸、中垒校尉刘歆等上书，强调天、地祭祀对于天子的重要，指出既往天地祭祀方法不妥，主张“宜如建始时丞相衡等议，复长安南北郊如故”[14]。不仅如此，王莽“又颇改其祭礼”，对天地之祀的配祀、用牲、礼拜程序等都提出了自己的看法[15]。应该说，这是一次动用新的思想资源对传统祭仪的深入梳理。这样的梳理，至少在王莽等看来，使传之久远的“先王之制”更加合理了。

王莽将群神按性质归纳为五部，在长安周边设置兆域分别进行祭祀：“兆天坠之别神：中央帝黄灵后土畤及日庙、北辰、北斗、填星、中宿中宫于长安之未坠兆；东方帝太昊青灵勾芒畤及雷公、风伯庙、岁星、东宿东宫于东郊兆；南方炎帝赤灵祝融畤及荧惑星、南宿南宫于南郊兆；西方帝少皞白灵蓐收畤及太白星、西宿西宫于西郊兆；北方帝颛顼黑灵玄冥畤及月庙、雨师庙、星辰、北宿北宫于北郊兆。”[16]这种安排初看是秦人的各方帝在不同的兆域进行祭祀的做法，可不同的是，这里的兆域安排所遵循的原则是因天子之所都而各飨，在祭祀场所与天子之都之间试图建立一个符合某种抽象规则的形式的关系。这种安排，其实是把原来在郊祀营域中实施的神灵排位方式放到了聚落的层面。郊祀的营域中，占据中央由五方帝拱卫的是泰一、或者天，而在王莽的安排中，似乎五方帝所拱卫的是在长安城上方的某个特殊存在。这个框架与其外围的汉朝帝王的陵寝、宗庙相结合，共同塑造了多层围护的都城中心区域，可以说是一个大尺度的、创造性的对于“古制”的回应。

在中央集权的政体下，强调“天随王者所居而飨之”，往往会导致天子本身被理解为天下的中枢，以此为背景，王莽的做法，有可能让另一件事情突出出来，即，虽然长安城主要为宫殿所占用，但实际上天子之所居的未央宫却处在整个城区西南，并未占据整个环境构架的中心。这样的位置，和当时已经确立的中央集权大帝国的政治运行结构并不匹配，也就是说，王莽的以长安为中心的大十字轴的建设，再次把早就存在的宗庙与朝廷之间或先祖与时君之间的位置紧张突显出来。

既然是“古制”，上古曾经风光的明堂就不可以长久地被搁置。在平帝元始四年（公元 4 年），王莽“奏起明堂、辟雍、灵台为学者筑舍万区”[17]。明堂的具体式样，按照《汉书·平帝纪》所载：“（平帝元始四年二月，）安汉公奏立明堂辟雍。应劭曰：明堂所以正四时，出教化。明堂上圆下方，八窗四达，在政之宫，在国之阳。上八窗法八风，四达法四时，九室法九州，十二重（堂）法十二月，三十六户法三十六（旬），七十二牖法七十二（候）。”[18] 西汉的明堂遗址还未发现。1956 年人们在汉长安城以南安门附近发现一巨大的建筑遗迹，该建筑遗迹由外环水道、四周围垣及附属建筑、圆形台基、圆台上的中央方台及其周边建筑残留共同构成。由内而外，中央方形土台边长约 16.8 ~ 17.4 米，其外围平面呈亚形的建筑范围每边长约 42 米，圆形台基直径 62 米。围垣为正方形，每面 235 米，在此方形的四个角部为四座曲尺形建筑，其每边长 47 米，进深 5 米，四座曲尺建筑总面积约 1800 平方米。外环水道呈圆形，直径 360 米，水道宽 2 米，在四个正方位，设一水环之矩形凸出部，使水道总平面亦略为亚形，并明确方位，增加空间层次[19]。从位置上看，这座建筑应为王莽所建之辟雍[20]。按照《三辅黄图》，西汉明堂应该在它的南边[21]，与其大致同处在一条南北轴线上（图 7-1）。古人有辟雍、明堂同制之说[22]，故此，可以依托月令明堂的格式推测汉辟雍的建筑格局。杨鸿勋以月令明堂图示为基础，结合遗址的具体情况作出了该建筑的复原，其成果基本可从。这里的中央土台上安排的应该是中央大室，与周边四出部分对应的则是各方大室及左、右个，在亚字形的四个缺角处填充了与殷墟乙址南部乙十八阙体的对应物，四个缺角的填充使得整个平面与九州图示有了某种关系。再往外，则是由环水、

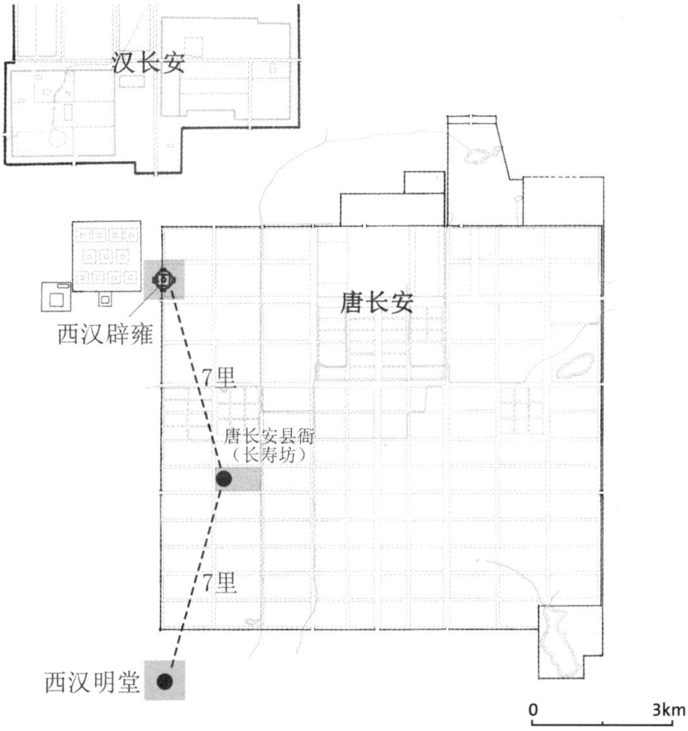

图 7-1 西汉明堂位置猜想图

围墙、门塾及曲尺形廊庑共同构成的原来意义上的“辟雍”。这个辟雍，无论从哪个方面看，都是一个杂糅前朝制度的创造物，并不为周人制度所约束。由于辟雍与养老诲稚关系最密，所以王莽“为学者筑舍万区”也在附近[23]（图 7-2）。

按照《三辅黄图》，王莽的辟雍应该是在汉武帝“三雍宫”的基础上增饰而成。汉武帝的“三雍宫”则是在赵绾、王臧所主张的明堂的基础上设置的。这也当是明堂辟雍同制的基础之一。如果王莽所造之明堂也取此种样式，那么在长安城南，相距不远就存在着两个基本相同的地标性礼仪建筑。从设计与景观塑造的角度，这应该让人略感不适，如果严格要求，西汉明堂、辟雍在形象上应该有差异才是。

西汉明堂遗址尚未发现，所幸 20 世纪 70 年代，中国科学院考古研究所在洛阳发掘到了东汉中元元年（公元 56 年）建造的明堂遗迹。东汉中元元年距王莽明堂建造的平帝元始五年（公元 5 年）仅 50 年，颇可作为想象王莽明堂样式的参考。

东汉明堂、辟雍与灵台均在洛阳城南，相互间距离不过百余米。明堂位于辟雍与灵台之间，从片区景观形成看，它也面临着与西汉明堂相同的压力。如何使自身区别于另外两个礼仪建筑，并在某种程度上处于主导地位是其设计应解决的问题。

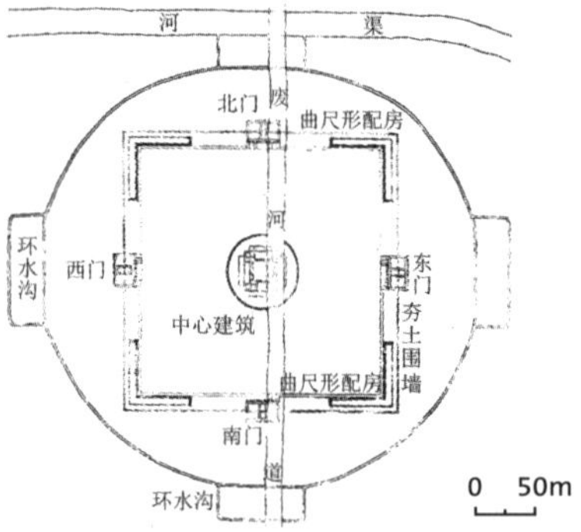

a 西汉长安南郊礼制建筑辟雍遗址实测总平面图

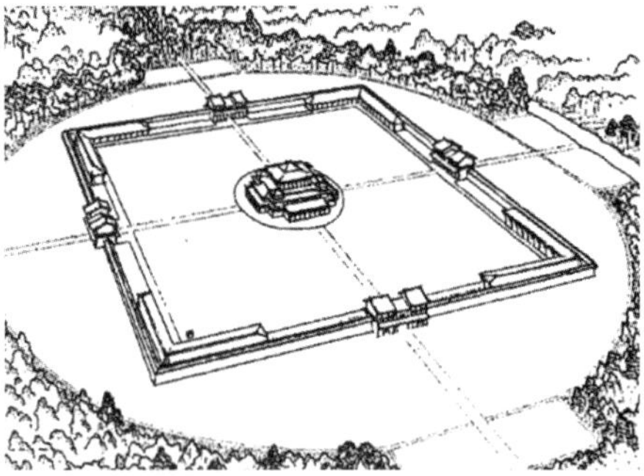

b 西汉长安南郊礼制建筑辟雍遗址总体复原鸟瞰示意图

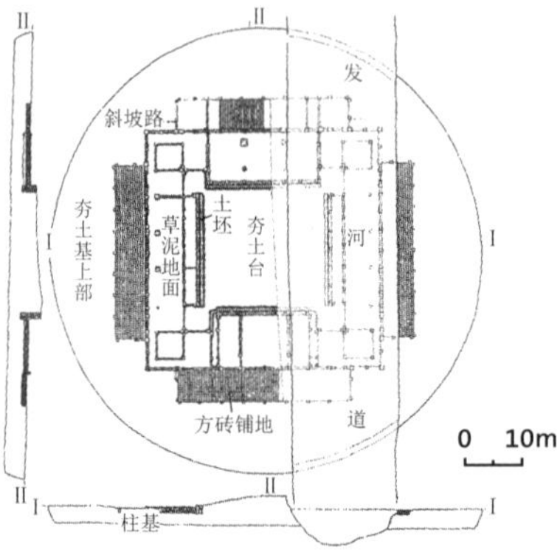

c 西汉长安南郊礼制建筑辟雍遗址中心建筑实测平面图

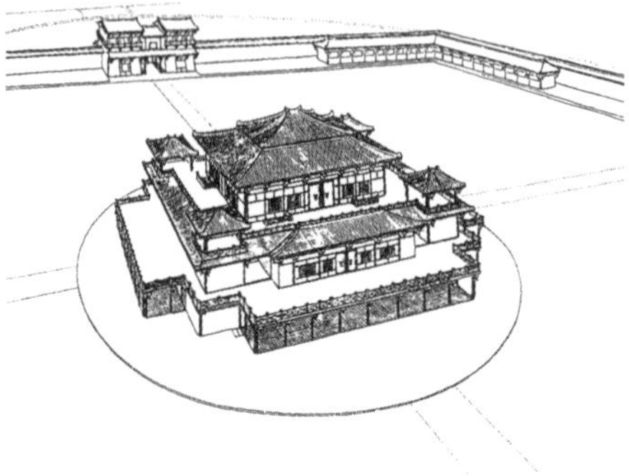

d 西汉长安南郊礼制建筑辟雍遗址中心建筑复原鸟瞰示意图

图 7-2 西汉长安南郊礼制建筑辟雍遗址实测总平面、总体复原鸟瞰、中心建筑实测平面及中心建筑复原鸟瞰示意图

“（东汉）明堂遗址已被农民多年取土夷为平地，并被现代仓库和井泵房打破。发掘所见只是一个比当时地面略高的圆形夯土台基，直径 62 米；边缘残存原来包砌台壁的零星块石，到包石外壁的直径为 63.50 米。在圆形夯土台的周边，密布大、小柱迹；在圆形夯土的中部，遗迹显示出一个大约 34.45 ～ 34.50 米见方的范围，其中绝无任何同期遗迹。”[24]（图 7-3）

大体看，这有一个外圆内方的建筑格局。这一格局和具体尺寸，与《隋书·宇文恺传》中《明堂议表》中保留的对东汉明堂格局的记述大体相符[25]。

《明堂议表》所载东汉明堂：“堂方百四十四尺，法坤之策也，方象地。屋圆，楣径二百一十六尺，法乾之策也，圆象天。太室九宫，法九州。太室方六丈，法阴之变数，十二堂法十二月，三十六户法极阴之变数，七十二牖法五行所行日数。

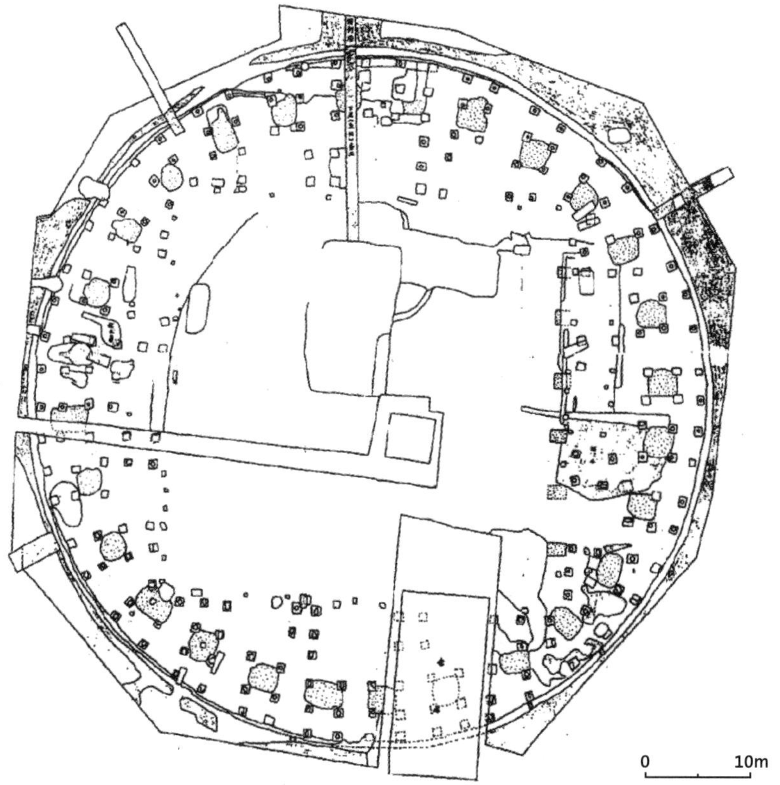

图 7-3 河南省洛阳东汉明堂遗址平面图

八达象八风,法八卦。通天台径九尺,法乾以九覆六,高八十一尺,法黄钟九九之数。二十八柱象二十八宿。堂高三尺，土阶三等，法三统。堂四向五色，法四时五行。殿门去殿七十二步，法五行所行。门堂长四丈，取太室三之二。垣高无蔽目之照，牖六尺，其外倍之。殿垣方，在水内，法地阴也。水四周于外，象四海，圆法阳也。水阔二十四丈，象二十四气。水内径三丈。”[26] 从文字看，首先，这个明堂主体部分的样式与西汉平帝时应劭所说之明堂虽有局部差异，但却总体相类，都引入了圆形作为建筑主体的基本轮廓。其次,具体描述也颇能和发掘到的明堂遗址相照应。圆屋直径 216 尺，略等于遗址所见圆形夯土台直径 62 米。堂方 144 尺，约合 42 米，如果遗址上方约 34.5 米之中央土台上的建筑平座各方外挑 3.5 米左右，即可达 144 尺之数。

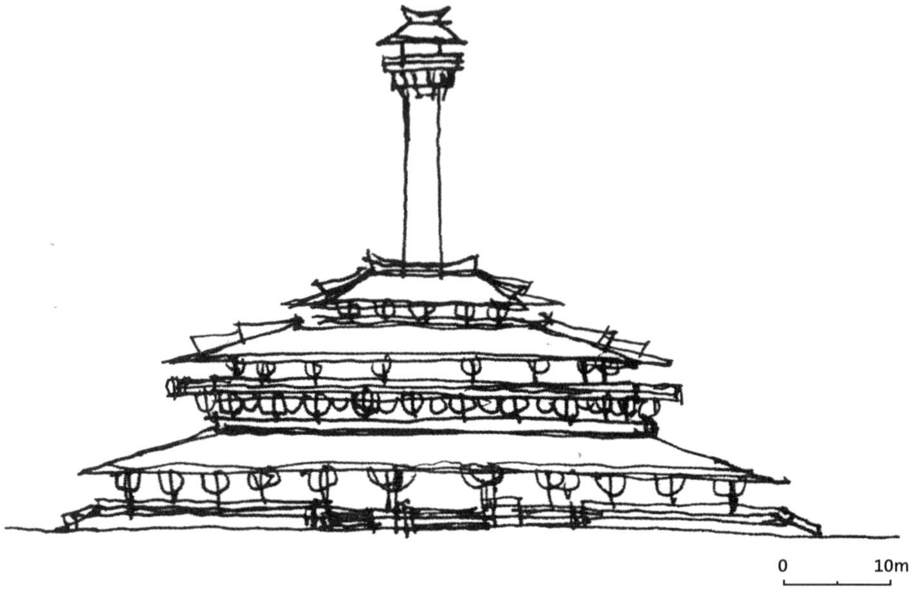

图 7-4 河南省洛阳东汉明堂复原立面示意图

结合发掘资料和文献记述，可以认为，服从于都城景观整体要求，区别于辟雍并应合法象天圆的观念，东汉明堂主动地采取了十分不同于传统明堂的圆形平面。从大尺度的景观形成看，明堂作为一个地区的地标性建筑，单是如此应该还难与辟雍形成明确的区别，在我们看来，这就是其在主体建筑上设置通天台的原因。通天台径九尺、高八十一尺。以当时的尺寸，九尺应约合 2.6 米，这个尺寸已经可以在其中安排一部楼梯，供人由建筑主体上至台顶。在结构上看，支持通天台的柱子很难和中间大室的柱子相应，它的柱子很可能是落在支持太室屋顶的构架之上的，这在结构上当然不够干净利落，但通天台的存在一方面可以使明堂区别于辟雍，同时又有一定的传统支撑，总体地看，它有存在的道理（图 7-4）。

在明堂类的建筑之上施用与通天台相类的元素，在战国时期已有其例。1982 年，在绍兴坡塘 306 号战国墓中，出土了一件铜质建筑模型。该建筑模型通高 17 厘米，平面接近方形。面宽 13 厘米，进深 11.5 厘米。面阔与进深均为三间，建筑左右两面及后面均设墙壁，正面完全敞开。屋盖为四角攒尖顶。正中有一八角形立柱，柱高 7 厘米，柱顶卧一只大鸟，柱子各面饰 S 形连云纹。屋内有六人，裸体，两人端坐，四人弹奏乐器[27]（图 7-5）。

这个铜屋最为特殊的是其屋顶正中的大柱。从建筑结构的角度看，这是一个会给营造带来麻烦的东西。在建筑上安排一个营造方面有麻烦的东西，一定有它

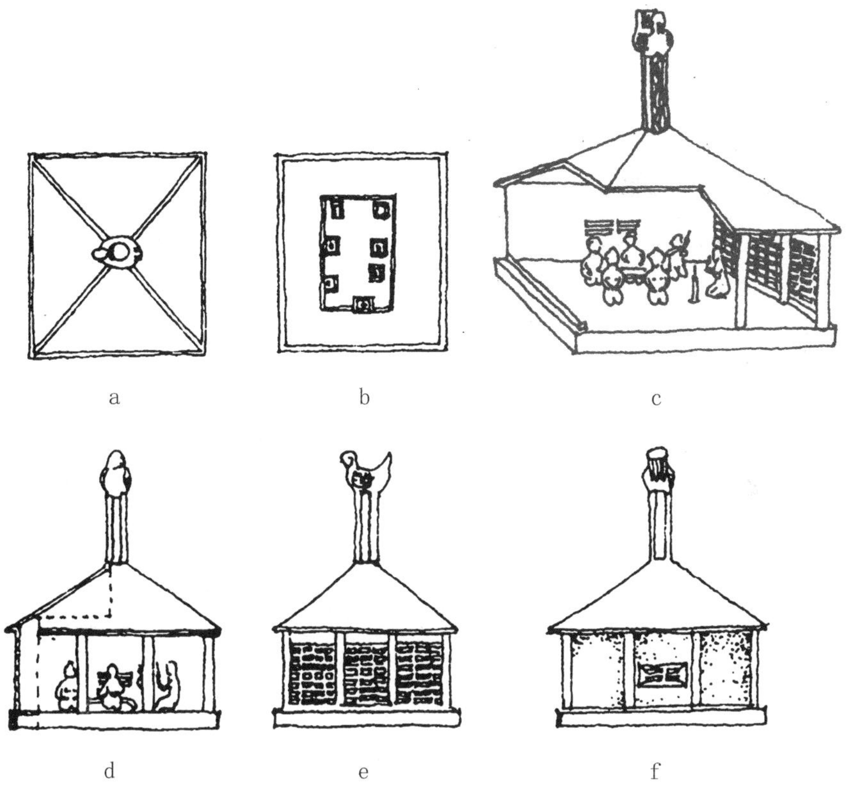

图例： a 屋顶平面 b 底座平面 c 剖透视图 d 南立面 e 侧立面 f 北立面

图 7-5 浙江省绍兴市 306 号战国墓坡塘铜屋实测图

特别的价值。这个大柱对于建筑的价值，可以由大柱上安卧的大鸟看出。这个大鸟，“我们以为它应是鹑鸟之属，在古代，鹑即是凤，《禽经》说：‘赤凤谓之鹑。’”因为凤鸟与太阳有关，其本身往往就是太阳的象征。这样，柱顶上卧鸟就成了太阳位于柱顶的图解，由此，这个八角形的柱子，就是神话中所说的建木。《山海经·海内经》云：“建木，百仞无枝，有九欘，下有九枸，其实如麻，其叶如芒，大皞爰过，黄帝所为。”《淮南子·地形训》说：“建木在都广，众帝所自上下。日中无景，呼而无响，盖天地之中也。”《吕氏春秋·有始》则云：“白民之南，建木之下，日中无影，呼而无响，盖天地之中也。”归纳一下，可见建木有几个特点，并且这几个特点都与坡塘铜屋上的柱子相对应：一，百仞无枝，这种观念当从柱子而来；二，位于天地之中，铜屋之八角柱正是位于屋顶之中；三，由于建木在天地之中，在古人那里，太阳在正午时就应该处在建木的正顶，故而日中无影，坡塘铜屋上大鸟（也就是太阳）在柱顶之上，正是该柱可以日中无影的写照；四，按照《山海经·海内经》，建木所处“有九丘”，在山谷之中一般情况下，呼叫当有回声，但由于建木位置极高，直达天庭而“众帝所自上下”，所以在建木边上，呼而无响——《玉篇》释响为“应声也”。在铜器上，八棱柱所在位置最高是不用说的，其上的S形勾连云纹则是对其直入天际特征的进一步说明。[28]坡塘铜屋屋顶上的八角柱正是建木，它的存在赋予了铜屋宇宙中心的意义和通神上的有效性。坡塘铜屋中的六个人，正在进行的是祭神的仪式。象征性的处理及对应的活动场景表明坡塘是一座祭祀建筑，而一面开敞的祭祀建筑从渊源上说和明堂有脱不开的关系，就说其为明堂也不为过。建筑每面三间的划分暗示着平面上九宫格的存在，与其带有的建木昆仑宇宙模式相结合，可说这个建筑的形态是糅合了两种庙宇模式的结果。如果把坡塘铜屋和东汉明堂联系起来，可以认为其下面的建筑部分，相当于明堂建筑的主体，其屋顶上的大柱，对应的则是东汉明堂上的径九尺高、八十一尺的通天台。

王莽明堂的建造时间与东汉明堂相近，该明堂的具体环境境遇与东汉明堂又相同，两者采用相同的形式处理是可以设想的。就是从王莽明堂开始，原本以方形为基础的明堂，因为新的意义赋予方式和具体环境塑造的要求，常常参用圆形或者多边形的构成。引入天圆地方概念的明堂，进一步切断了与大房子的关系，使亚形平面所具有的宇宙图式含义渐渐隐去（图7-6）。

由王莽操持的明堂没用多长时间就全部建成，平帝元始五年正月，“祫祭明堂”，在这所建筑中举行天神人祖之大合祭[29]。到了十二月，平帝死了。

汉平帝死时年仅十五，无子。在王莽的主张下，立宣帝玄孙中最小的广戚侯子婴为帝，然后，选择黄道吉日，“祀上帝于南郊，迎春于东郊，行大射礼于明堂”。新的皇帝才两岁，当然使得王莽有机会像周公“负成王以朝诸侯”那样“负子婴以朝诸侯”[30]。

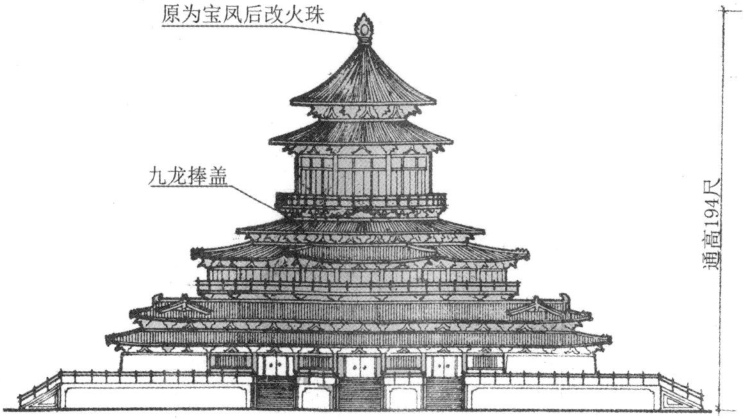

a 武则天明堂立面推测图

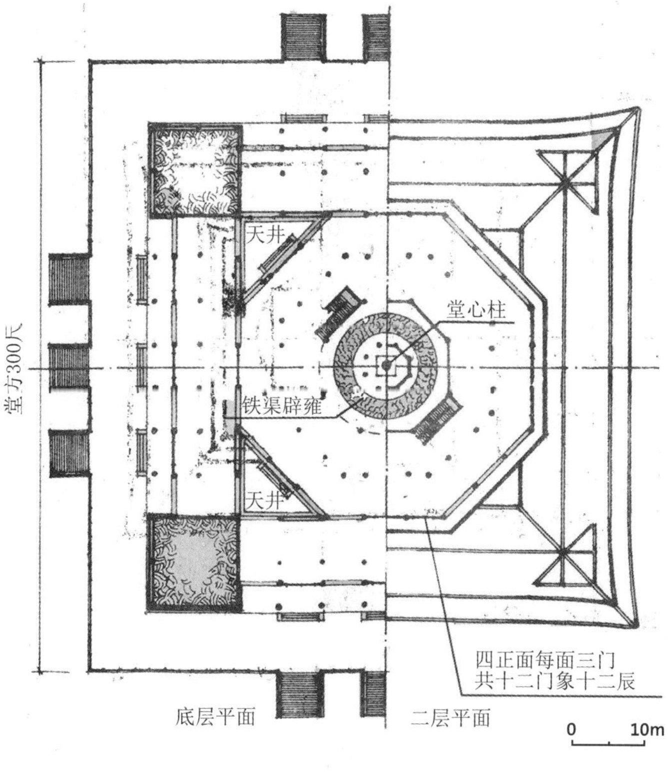

b 武则天明堂平面推测图

图 7-6 王世仁绘制的武则天明堂立面、平面推测图

二　时君主导的新都城

在理性渐醒、权力的取得逐渐与血统脱钩的文化背景下，汉儒主张祭天的场所要随天子之所居，其实就是主张了时君本身在聚落组织上的中心地位。虽然直到西汉末年，王莽还对平帝说："宗庙，王者所居。"[31] 试图调和时君与祖宗的关系，可一旦他自己即皇帝位，做法就完全不同。

公元 9 年新莽代汉。对于熟悉儒家经典并且在西汉长安的营造上不断地注入"古礼"的王莽来说，修造宗庙应该是政权建设上的一件大事。不知为何，王氏一族之宗庙一直未能建设，其祖宗祭祀在明堂中进行。直到王莽即天子位十一年后，宗庙建设才提上议事日程。

新莽地皇元年（公元 20 年），"望气为数者多言有土功象，莽又见四方盗贼多，欲视为自安能建万世之基者，乃下书曰：'予受命遭阳九之戹，百六之会，府帑空虚，百姓匮乏，宗庙未修，且祫祭于明堂太庙，夙夜永念，非敢宁息。深惟吉昌莫良于今年，予乃卜波水之北，郎池之南，惟玉食。予又卜金水之南，明堂之西，亦惟玉食。'"[32] 占卜既得吉兆，王莽就决定在相应地点修建宗庙。崔发、张邯为之出主意道："德盛者文缛，宜崇其制度，宣视海内，且令万世之后无以复加也。"[33] 于是，王莽广征天下工匠，拆取西苑宫殿十余所，取其材瓦，兴造王家之九庙，"一曰黄帝太初祖庙，二曰帝虞始祖昭庙，三曰陈胡王统祖穆庙，四曰齐敬王世祖昭庙，五曰济北愍王王祖穆庙，凡五庙不堕云；六曰济南伯王尊祢昭庙，七曰元城孺王尊祢穆庙，八曰阳平顷王戚祢昭庙，九曰新都显王戚祢穆庙。殿皆重屋。太初祖庙东西南北各四十丈，高十七丈，余庙半之。为铜薄栌，饰以金银琱文，穷极百工之巧，带高增下，功费数百钜万，卒徒死者万数。"[34] 按照周礼，"天子七庙"，而王莽建的是九庙，大概是"令万世之后无以复加"的办法之一。在王莽九庙里，首奉黄帝，黄帝在中国文明史上的地位崇隆，将其定作王家太初祖使得这座宗庙有了更强的文化号召性，成为广域国家建构的重要砝码。

在汉长安城南，辟雍以西，社稷以东，在紧邻社稷的地方人们发现了王莽九庙的遗址。王莽九庙的主体其实是由十一个面积相仿的院落组成，院落中央都有平面亚形的主体建筑。在这十一个院落外，有统一的围墙环绕。围墙之外的南边正中位置有一院落，院落中央为一个比上列十一座建筑约大一倍、布局相同的建筑遗址。其尺寸约为 100 米见方[35]，估计为"黄帝太初祖庙"[36]。在宗庙主体建筑上采用亚形，应是王莽们的发明，反映了其依托古制度以己意的设计作风。

王莽九庙实际上共有十二栋建筑，这意味着其中三栋建筑要留作以后他用。这十二栋建筑，比周人的天子七庙一下多了五个，如果仍旧像任启运所为天子七庙图那样布局，统一地按当中始祖、左昭右穆的格式安排，不仅可能造成空间冗繁的感受，并且作为开国者的王莽自身的位置也难以安排。从具体布局看，这十二座建筑应该可以分为两组。第一组由黄帝大初祖庙和紧跟在其后面的一排四个庙宇构成，这是所谓的不坠的五庙，第二组则由当中的三个及后面一排四个共七个庙宇构成。很可能，当中三个将用以供奉王莽及未来的不坠之祖，后四庙则按照传统规则进行迁毁。也就是说，这里的宗庙实际上分为前后两区。将祖宗分为前后两区加以供奉的做法，有商代乃至西周初年的规制作为支撑，并非王莽心血来潮的创制。这里的不同应该是，王莽将这些宗庙建筑安排为主体部分四个方向大致等量的十字轴的布局。这样做，既有利于四个方向的观瞻，也避免了自身轴线过于强大而争胜于地域轴线的可能。这组宗庙初建成时，当然按照《汉书》所载，供奉黄帝及以下九位祖宗，其所占用的当是最南端大庙和主体部分的南北两排，中间一排三庙应该空置。一旦王莽去世，将会重新确定五个不坠之庙，而王莽则要占据主体部分正中的位置，作为天子七庙的首席。从历史上看，王莽九庙的具体安排其实是偃师商城三期宗庙设置在新条件下的变体（图 7-7）。

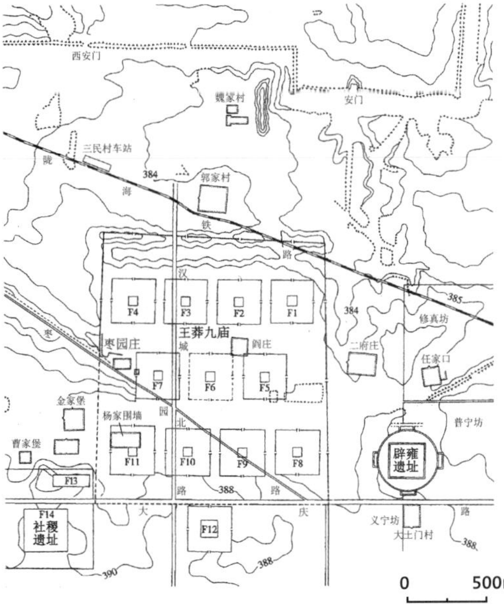

a　汉长安城南郊礼制建筑遗址分布图

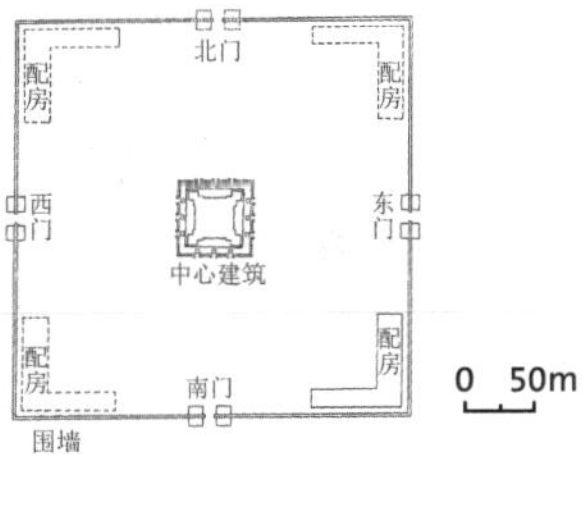

b　汉长安“王莽九庙”第三号建筑遗址平面图

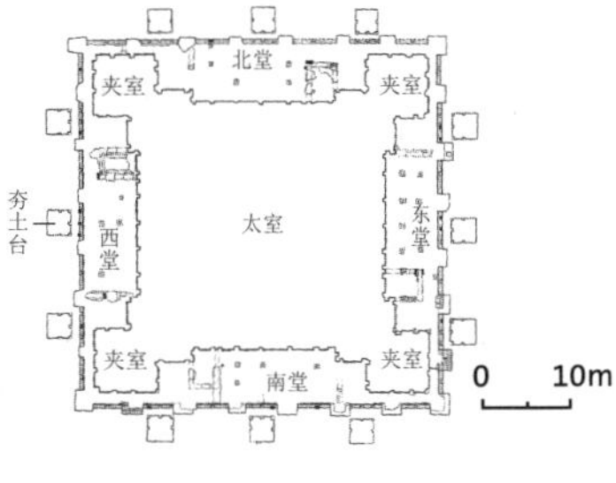

c　汉长安“王莽九庙”第三号建筑遗址中心建筑平面图

图 7-7 汉长安城南郊礼制建筑遗址分布及汉长安“王莽九庙”第三号建筑遗址平面图

王莽九庙尺寸巨大，形态隆重。可是，如果从区域的环境生成看，王莽九庙不仅设于长安城外，并且大致地处于未央宫前殿中轴的东侧，与处于未央宫前殿中轴西侧的社稷一左一右，扮演着某种配饰性的角色。就此可以说，在这里，曾经无比隆重的宗庙，已经转而成为了时君宫殿的配饰。王莽九庙前所未有的巨大尺寸，甚至可以理解为对其总体地位降低的一种补偿。

在“王莽九庙”的西侧，近其西垣，为西汉官社、官稷遗址。从考古发掘的情况看，西汉的官社由两道围墙相套围护，平面均为方形，外垣边长 600 米，内垣 273 米。内外垣各边中央均辟一门。内垣中央应该有由五色土所成之社坛。官稷位于外垣所成区域之东北角，发现的建筑台基残高 4.3 米，东西残长 240 米，南北宽 70 米[37]，想来其上的建筑体量应相当可观。从设计角度看，若将这一体量置于基址北边正中，就会形成稷庙统领社坛的感受，这在社坛地位高于稷庙的情况下应该是不可以的。事实是，最终人们选择将稷庙置于片区的东北角。官稷突显的体量，适于和未央宫照应形成地域轴线，于是，这也就很自然地使社坛偏在未央宫前殿的轴线以西，即在朝宫之右。仔细观察，即可看到未央宫前殿中轴只是与稷庙基址的东边线相应，这使得稷庙并不是严格意义上的地域轴线承担者，这种处置应是稷祀的等级还不够高所致。前文已经说过，西汉官社稷是在秦社稷的基础上建造的，而未央宫前殿也建在章台宫前殿的基础上，应可推论，社稷处在朝宫右侧的做法在秦咸阳已经形成。与官社、官稷结合共同组成一个城外祭祀片区，应该是“王莽九庙”选址的依据。这样的安排，使得宗庙与社稷共同构成一个整体，形成了在主要宫殿前方“左祖右社”的格局，符合《考工记》的说法，提示了未央宫前殿占据中央的态势，具有消解汉高庙为主要支撑点的长安中轴的价值（图 7-8）。

王莽在未央宫作为天子之所居的体现者的前提下，重新设定宗庙的位置，导致中国古代都城布局的重大转变，在当时，作出这种转变是要下大决心的，这也许就是王莽迟迟不进行宗庙建设的主要原因。从王莽在长安城之外设置宗庙那个时候开始，《墨子》《吕氏春秋》所说的宗庙要占据“正坛”、中心的做法正式地成为了过去，时君起居行政的宫殿成为都城的各主导元素位置确定的归依，从此占据都城的中心或“正坛”的是时君之宫殿。

传说《考工记》的作者是周公。唐人贾公彦、清人江永主张《考工记》为东周齐人所作。后世学者又根据内容与行文，认定它还有一个不断充实补缀的过程。这种认知，已为学界大多数人接受。把《考工记》述及的王城型制与夏、商、西周的城市建设实践对照，可以判定，它并不是相应时期的城市建设实践或制度的记录，而是一个以史影为依据，吸收了多种文化资源，在窥测历史变迁趋势基础上的创制。

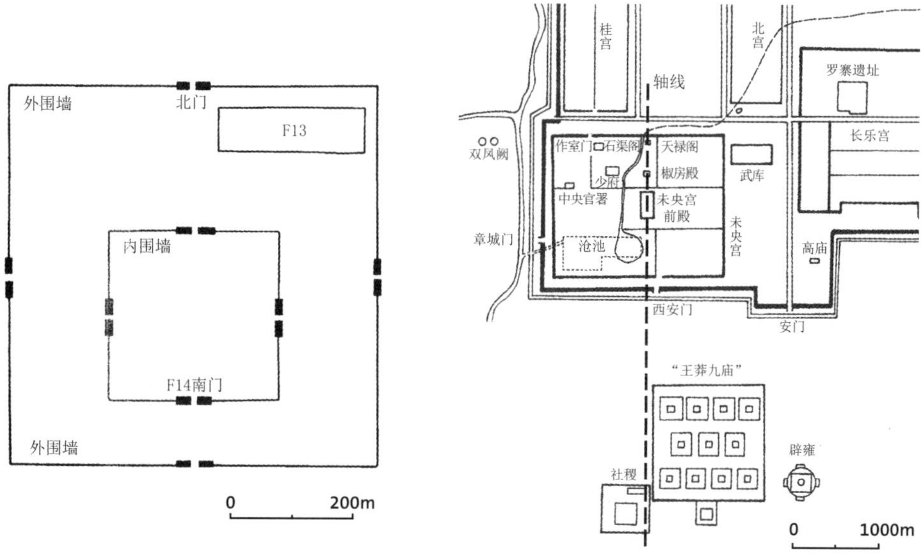

a 汉长安城社稷遗址平面图

b 新莽长安局部轴线图

图 7-8 西汉官社稷发掘平面及新莽长安局部轴线图

这种参用古今，加以己意但却以古制为号召的设计策略，我们在叔孙通和公玊带那里已经某种程度地领教过了。在当时的文化背景下，这应该是一种可以让自己的创制较顺利地为人们所接受的通行的办法。

《考工记》的流传过程也颇为曲折。秦始皇焚书与秦末兵火，导致古代典籍散佚严重。西汉王朝建立后，为崇正制度进行古代典籍的收集与整理。河间献王刘德收集到了先秦旧籍《周礼》,《周礼》分天、地、春、夏、秋、冬诸部，其中涉及手工业制作及营造内容的冬官缺失。刘德就用与手工业制作和土木营造相关的《考工记》一书补缺。刘德将补成之《周礼》献给朝廷，起初并未受到重视，反而颇受当时学者的批判[38]。之所以这样，当然是和这部书自称周制，而实际上有不少内容来路不明有关。

《考工记》正式面世已经是汉武帝之时，其时西汉长安城墙已经建成，汉长安城共有十二门，每面三门，这种做法此前并不见先例，而其恰与《考工记》“旁三门”之说相合。这种相合似乎暗示《考工记》中与城池营造相关的一些说法在更早的时候，已经在社会上传播并获得某种认同。

《考工记》到了王莽手里，却大受重视，这当然是因为它应和了王莽托古改制的要求。王莽的国师刘歆就是《周礼》的整理者，所以在新朝的都城建设中以《考工记》为依据就十分顺当。可是，新朝成立后并未新建都城，而是用既有的长安城为都。这样，在当时的文化背景下，以长安为据对《考工记》进行某些改造就有了可能。

无论如何，《考工记》所提供的都城形态都是一个天才的设计。说它天才，首先在于它用逻辑顺畅、结构单纯、秩序严整和有一定史影支撑的方式把时君的朝会寝居之所放到了聚落结构的正中心。其次是它通过九宫格状的主要道路骨架将宫殿以外的用地进行了完整的切分，为连续的、充盈的普通居住地段的有序展开提供了条件，暗示着城内普通居地的安排的重要。而这，正是自春秋以来逐渐被社会认可的权利中枢转变和社会组织格局变迁的趋势性要求。

如果就文字论文字，《考工记》并没有明说时君朝会寝居设施要占据都城中心，可其叙述方式似乎强烈地暗示着这一点。依据宋人提供的图案，《考工记》营国制度所主张的城址为每边正中各开一门，构成十字轴线，强调出中央部分的主导性。然后在正门两边各加一门，以此为基础在城址上画成九宫格，九宫格的中央一宫，有着中央占据的自明性，用于安排宫城，再合适不过。由于秦咸阳已经潜含的“左祖右社”的做法存在，并且明堂之属早已脱离中心区，在中央集权的帝国国家建构逻辑中，在宫城中占据中枢地位的只能是朝。将朝置于中心位置，对于天子至尊地位的显示有着毋庸置疑的力量。这时，设想在天子所居前方东、西相对地安排宗庙和社稷，强调宫殿的南向轴线，就特别情通理顺。古人多将南与天相关，将北与地相连，于是处在中间的宫城就自然有了阴阳枢纽的含义。宗庙放在左（东）有着生发的含义，社稷放在右（西），有着收获的含义，宫殿居中则又暗示着时间之运行。如此简单严整的形态，却又包含着十分丰富的解释可能，使得《考工记》所示之天子城制是一个具有特别说服力的设计。

在具体空间构造上，《考工记》所提供的王城与先秦都城格局相当不同。但从来源上看，它同样与仰韶文化的半穴居有关，只是更具体地与方形平面内对称四柱的半穴居有关罢了。与仰韶文化半穴居相关，在当时也应是相应布局获得权威性的条件之一。先秦城池形态与主要元素布局以沿用久远的半穴居室内行为习俗为基础，而《考工记》则立足于方形平面内对称四柱建筑平面的数理解析。先秦城制的规则来源似乎主要与室内的礼仪活动习俗相关，《考工记》营国制度所提供的格局则暗含着相应建筑的由外到内的礼仪活动过程。

一旦与具体的营造过程联系起来，就会发现《考工记》对于王城型制的描述太不详细。从古人在并无实例支持的条件下就能画出它的基本图形看，当时应该有某种具有足够资源支持的解释传统存在。可是即使有宋人提供的图形为基础，对于不熟悉当时都城具体建设情境的后人，许多东西仍然难以确定。比如：宗庙、社稷究竟是在宫城内还是在宫城外；内九室究竟怎样排布；外九室究竟怎样安排；“朝”究竟怎样排布；明堂到底在什么位置；更不要说其文字中没有涉及到的一般的居民处所了。

从某个角度看，正是这种含糊不清，使得王莽有可能把宗庙、社稷放到长安城外，避免了在已经造成的长安城上大动干戈。

将《考工记》理解为周礼，那么其设施安排最具挑战性的应该是宗庙的设置。因为周制有天子七庙之说。即使具体建筑远小于王莽九庙的尺寸，宗庙要涉及的空间范围也相当可观，在城内安排宗庙很难使其与朝会之所协调而安居于配饰的位置。如果不作适当的建筑调整，朝寝与宗庙的景观协调问题会特别棘手。从后来的历史看，时君朝寝占据中位后，朝寝与宗庙的景观协调，在相当长时间里，是都城景观处理上的一件大事。最终解决这个问题的办法就是“复古”，即恢复商代的办法，采用一庙多室、每室一主、按规则进行迁毁的“同堂异室”的祖宗供奉形式，因为“同堂异室”的做法能够大大地缩减宗庙的规模，减少时君宫殿与其协同的压力。从历史上看，分庙而祀的做法实行的时间应该有限，可对当时的人来说，这恰恰就是常规。压缩宗庙的总体尺寸是不合礼仪的，尤其是在它由中心而边缘，所占位置不如从前的时候。

秦灭周后，庄襄王封吕不韦为文信侯，食河南、洛阳十万户[39]。或者是为了避免猜忌，吕不韦不在成周大城内落脚，而选择在大邑成周以东的附城中驻扎，称该城为雒阳，又作洛阳。并对其进行了扩建，在城址东南隅和西北隅分别设置宫殿区[40]，分别称作南宫、北宫。这种宫殿区的安排，恰与先秦高规格城址上看到的西南、东北两个宫殿区呼应的做法相反，或者也是某种避嫌的手段。作为封地，雒阳城中当有宗庙，其位置或在位于西北的北宫中，南宫则应为行政与寝居的场所。吕不韦被灭，洛阳应仍为秦王朝之重镇，吕不韦的主要宫殿区被保留，其宗庙等应被拆毁。西汉立国之初，汉高祖曾“置酒洛阳南宫”，[41]表明当时南宫情况尚好。刘邦曾想“长都洛阳”，被娄敬、张良劝止。终西汉一朝，洛阳应该一直为重要的离宫所在，东汉定都洛阳，接手的正是这样一座城市。

《后汉书·光武帝纪》记刘秀建武元年（公元 25 年）十月“入洛阳，幸南宫却非殿、遂定都焉”。[42]从东汉洛阳的具体建设情况看，因为王莽在长安的建设、匡衡以来的努力促成了《考工记》营国之制为社会所接受，祭祀在都城功能系统上的地位下降，以及吕不韦在洛阳主导元素安排上的特异做法的存在，使都城首先是一个行政中心，所以，原来那些代代沿袭的以祭祀为目标的城池设置规则在这里就失去了效用。正是这样，刘秀可以不加改动地以一个秦朝侯伯之城为基础展开自己

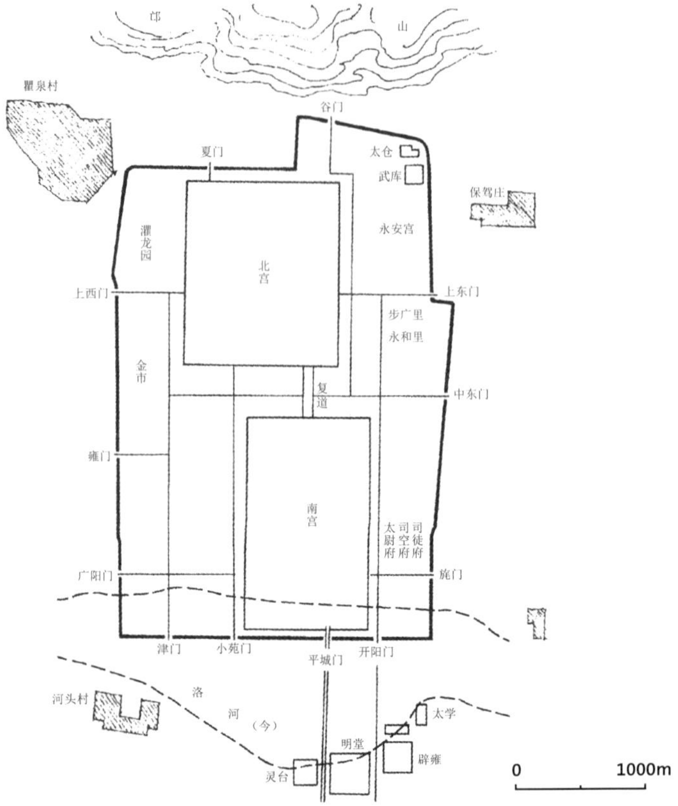

图 7-9 东汉洛阳城址平面图

首都的建设（图 7-9）。

东汉洛阳的核心要素布置从一开始就是按照“古礼”进行的。《后汉书 · 光武帝纪》记载 :“建武二年（公元 26 年），光武帝起高庙，建社稷于洛阳，立郊兆于城南。”[43]《后汉书 · 祭祀下》说 :“建武二年（公元 26 年），立太社稷于洛阳，在宗庙之右。”[44] 把高庙与社稷成对地优先建设，在当时，应该是符合儒生们主张的都城营造规制的。《后汉书 · 儒林列传》说 :“中元元年（公元 56 年），初建三雍。明帝即位，亲行其礼。”[45]“三雍”，指明堂、灵台、辟雍三座建筑。这种处置，应该也特别符合儒士们的口味。从考古发掘的情况看，在东汉洛阳，明堂、灵台、辟雍被作为三座独立的建筑并列地设置在都城平城门和开阳门外。“三雍”的设置，把因为特殊缘由所造成的明堂、灵台与辟雍分立的做法制度化了[46]。

东汉开国之初就进行宗庙建设，符合君子营宫室先宗庙的古礼，显示出对宗庙的重视。可是宗庙放在什么地方，于史无载，考古发掘至今也未能确认东汉宗庙的位置。在东汉洛阳城南发现的明堂、辟雍等已经相当迫近城南垣，当时主要的宫殿区南宫的宫墙也相当迫近大城南垣，如果按照《考工记》的要求将宗庙社稷放在南宫以南，似乎只有城南垣与明堂、辟雍之间还有可以容纳的空间。把宗庙放在城外，当然不是古制，不过却和王莽在长安的做法呼应，从东汉洛阳在其他祭祀设施的安排上基本与王莽之长安相似着眼，东汉王朝的宗庙放在洛阳城外是一个大概率的事件。总体上看，《考工记》正逐渐成为都城布局的重要依据，但也不是没有反复。《汉书》注引《古今注》云“建武二十一年（公元45年）二月乙酉，徙立社稷上东门内”[47]，显示出当时在都城布局上有着不同的意见。新的社稷的位置，处在南宫东北角，即在宫殿区后面，与传统的王社位置相关。

东汉光武帝刘秀出身于西汉皇族的旁支。在西汉末年的征战中，与西汉王室的血缘关系对他取得最后胜利起了重要的作用。为了政权的建设，在祖宗祭祀上，首先要确定的是其与西汉皇族大宗的亲缘。所以刘秀所建宗庙首先是“高庙”，即祭拜西汉开国君主刘邦及西汉帝王的地方。可刘秀实际上是新王朝的开国皇帝，其子孙必然要为其单立宗庙，以形成新王朝祖宗祭祀专用场所。如何处理这两个祖宗祭祀系统间的关系，对于东汉王朝来说是一个问题。设置由两个部分组成的祖宗祭祀系统，新莽在长安的九庙就可以作为参考，可是其规模实在太大，很难与周边的其他宫殿协调，所幸商朝有相对简单的宗庙建筑做法存在，殷人的做法也可算成古礼，引用殷礼对于东汉宗庙的设置来说是一个不错的出路。

《后汉书·志第九·祭祀下》记载“光武帝建武二年正月，立高庙于雒阳。四时祫祀，高帝为太祖，文帝为太宗，武帝为世宗，如旧”，后又“加祭孝宣、孝元，凡五帝”[48]。“祫祀”，是指古代天子或诸侯集远近祖先神主于太祖庙的合祭。这段记录似乎表明东汉初年就在供奉西汉诸帝的庙宇上采用了同堂异室的做法，这种宗庙较被祭祀祖先各自独立为庙的做法占地要小。这种宗庙和东汉洛阳南宫以及三雍间的空间尺寸有限是相合的。这种安排应该就已经考虑了宗庙与其他建筑及用地协调的问题。

光武帝死后，为了表明其创始地位，故“更为起庙，尊号曰世祖庙”，在都城设置两个宗庙区。这两个宗庙区之间的关系如何，于史无载，但最有可能与商代的做法相似，采用高庙在前、世祖庙在后，两庙之间有明确空间分割的做法。

《后汉书》云，“明帝临终遗诏，遵俭无起寝庙”。要求不再为其单独造宗庙，而是采用“藏主于世祖庙更衣”的办法[49]。“更衣”，是位于大殿前方的偏殿[50]，偏殿毕竟是独立建筑，所以能够将之单独地称为“显宗庙”[51]。继位的章帝庙的位置文献未有明说，把中国传统建筑对称布局与《后汉书》说“庙如先帝故事”[52]两方面结合起来看，其应占据着群组中另一个可能的单独建筑，与“显宗庙”对称地排列在世祖庙大殿前面，形成或如雍城秦人宗庙那样的格局。这种格局与雒阳高庙有所区别，带有周人供奉不同先祖之庙各自门墙做法的意味，具体处理形成世祖庙虽然在后，但格局上却略胜的局面。和帝以下，应因世祖庙中已无合适的独立建筑可用，于是“皆藏主于世祖庙”[53]，大致实行了“同堂异室”的制度。这样，虽然采用了两个庙区，但每一个庙区的用地范围都有限，从而可以相对舒展地处在城南垣与明堂等之间的相对局促的地段。宗庙规模有限，又是放在城外，与王莽的长安相比，这里的宗庙更像是时君宫殿的配饰了。

应该是为了化解把宗庙作为时君宫殿的配饰和宗庙规模缩小导致的对宗庙的双重贬损，作为某种补偿，东汉明帝把对先祖的祭祀重心放到陵墓上，采用所谓的“上陵礼”[54]。把对先祖的祭祀重心放到陵上，或者可以视为西汉在帝陵附近设置宗庙的某种变形。

与改变秦汉以来丧葬活动的侈靡之风有关，公元222年，魏文帝曹丕下诏废除“上陵礼”，将祖宗祭祀的重心迁还宗庙。曹魏明帝于太和元年（公元227年）在洛阳兴建太庙。为了将宗庙与社稷成对地放在城内宫前，曹魏在东汉洛阳北宫的基础上形成自己的宫殿区。这样，宫城以南就有更宽裕的空间。按照傅熹年的考证，曹魏之宗庙设在洛阳城内宫城之前铜驼街中段路，东距宫城南门约800米的地方，这样的距离应该可以减缓两者当时体量不适而可能的互相干扰[55]（图7-10）。由相关文献推测，曹魏在洛阳新建的宗庙应仅为一区，并且采用了同堂异室的做法，大大减少了宗庙建筑群的总体分量。其在都城内宫城外独立成区，与社稷共同构成城区内主导性景观节点，和宫城遥相呼应形成都城的景观主轴。因与“周礼”主张的七庙分置的办法不同，这个宗庙遭到了非议。明帝景初元年(237年)，经讨论决定放弃同堂异室的做法，恢复一区中分建七庙各自门墙的“古制”。之所以如此，除了魏明帝希望为自己建立不毁之庙的缘由外，还应包括大大削弱宗庙景观分量的做法难以被尊经崇古之人接受。该“庙制”议定后二年，曹魏明帝去世，是否按照“古制”建设了新庙，史无明文。西晋沿用曹魏宗庙，从西晋武帝泰始二年（266年）群臣提出应如礼建七庙，而武帝决定“权立一庙”“即用魏庙”的情况看，曹魏应该最终未建七庙[56]。在一区多庙、城内设置的情况下，较大的宗庙涉及范围，会有喧宾夺主之虞。为了避免宗庙区范围过大，压缩单个宗庙规模，会使得单一的祭祀环境不够崇隆。采用同堂异室，针对每个帝王的设置简单了许多，却有条件建造一个既可以为宫殿主导的城市格局所容忍、单体建筑又足够气派的环境。这种关系，应该是被当时的设计者反复掂量过了的。

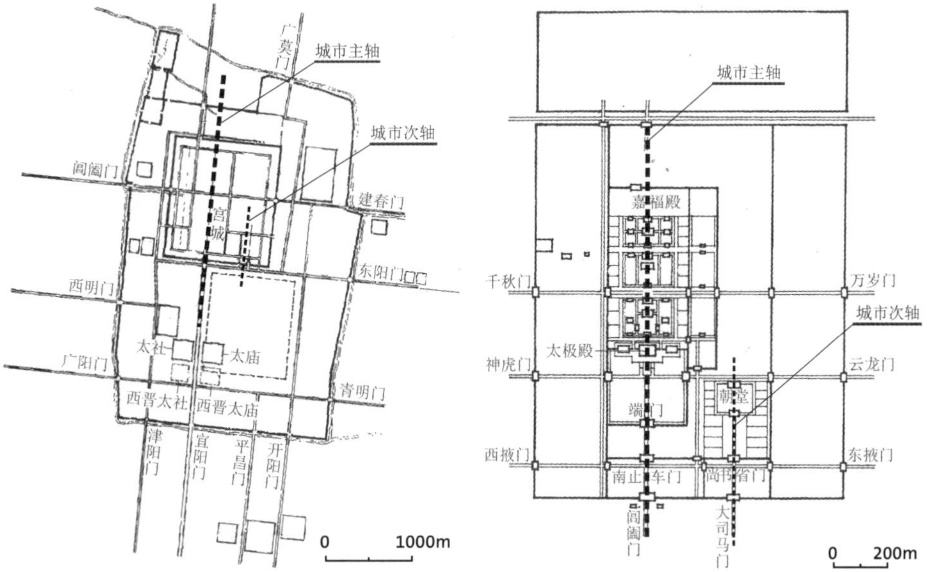

a 魏晋洛阳平面复原示意图　　b 曹魏洛阳宫殿区平面示意图

图 7-10 魏晋洛阳平面复原示意及曹魏洛阳宫殿区平面示意图

西晋起初沿用曹魏宗庙，后来为了“崇正制度”，晋武帝于泰始二年七月拟在洛阳城内原有宗庙以南另立宗庙[57]。新的造作，又一次提供了庙制选择的机会。对于宗庙格局，群臣提出“古者七庙异所，自宜如礼”——主张恢复一区多庙之制。不过，晋武帝却说“古虽七庙，自近代以来，皆一庙七室，于礼无废，于情为叙，亦随时之宜也，其便仍旧”[58]。在有争论的背景下，新的宗庙最终采用了同堂异室的制度，只是以“穷极壮丽”的面貌出现。《晋书》说“遂更营新庙，远致名材，杂以铜柱，陈勰为匠，作者六万人，至十年四月乃成”[59]。

西晋之后，除了个别时期，单一庙区、同堂异室之制基本上为历代所用[60]。但宗庙的具体位置，还有一个继续斟酌的过程。东晋建康的新太庙在建康城的宣阳门外，这一选择是由后世尊为风水师鼻祖的郭璞筮卜后确定的。傅熹年先生说“晋人重筮卜，在危亡之际尤多禁忌。可能当时初建国家，立邑未稳，不敢在城内拆毁大量民居建庙，致失人心，讹言筮卜，建在城外”[61]，确为深入的议论。这里似可补充，从宗庙在都城中设置的历史脉络看，将宗庙设在城外，呼应新莽长安，似乎也是“传统”的做法。因为用地原因，东晋孝武帝曾想把宗庙迁到建康城内，但“王珣奏以为龟筮弗违，帝从之，于旧地不移”（图 7-11）。宋、齐、梁、陈四朝，均沿用东晋太庙故址。梁武帝在天监十二年（513 年）新作太庙，应是原地改建，

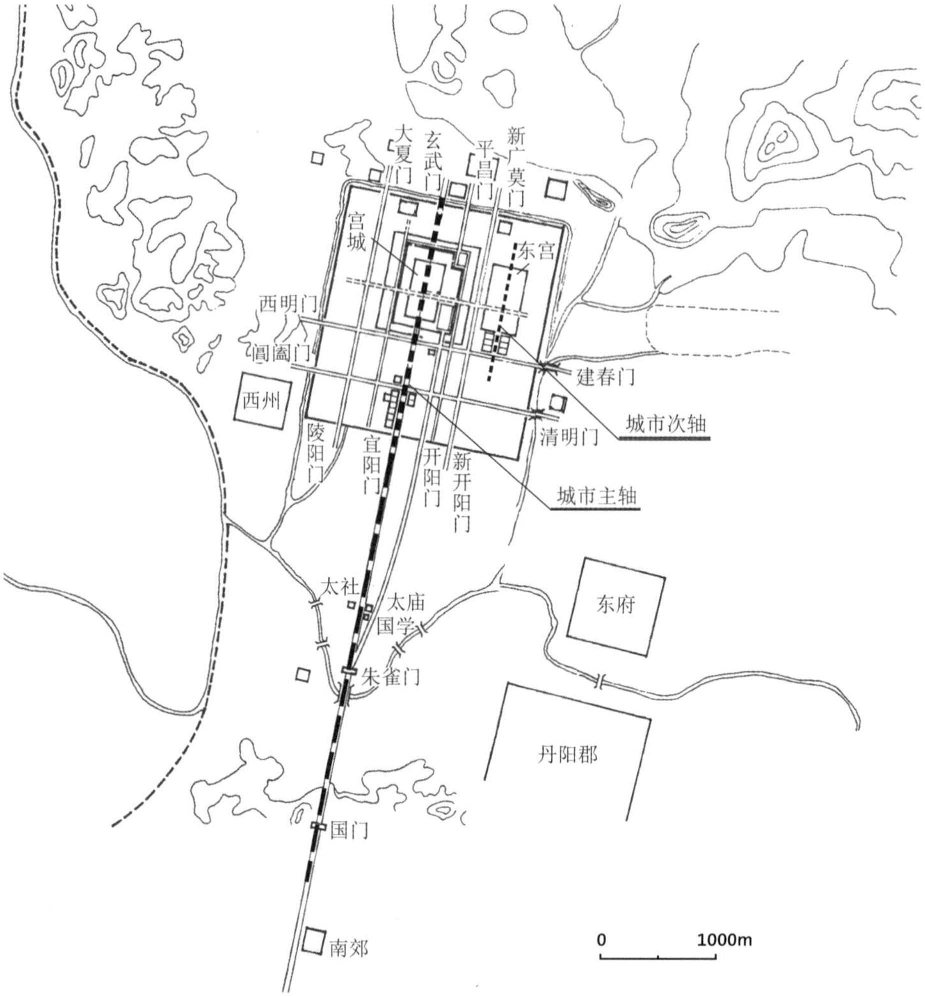

图 7-11 南朝建康平面推想图

在形式上则坚持了同堂异室的做法[62]。

北魏天兴元年(398 年)，魏太祖拓跋珪定都平城，“始营宫室，建宗庙，立社稷”[63]。二年（399 年）十月，“太庙成”[64]。这个太庙设在平城的南门之外，位置选择与南朝建康相同。具体建造格式为“开四门，各随方色。凡五庙，一世一间，瓦屋”[65]，也是同堂异室的做法。北魏太宗时，又在平城的白登山西北建太祖庙[66]，形成了另外一个宗庙区。此外，北魏在宫中立神元、思帝、平文、昭成、献明五世皇帝庙，多个庙区重复设置的做法，前朝似乎未有。从所谓周制的角度看，确为异数，或与鲜卑旧有文化传统有关。

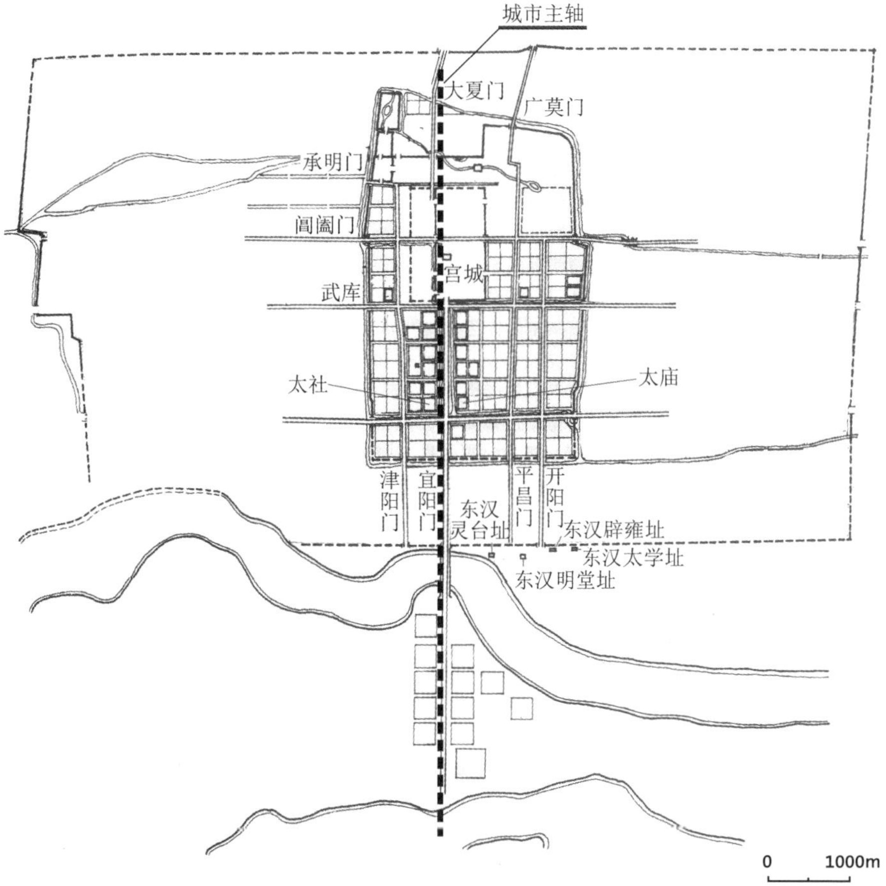

图 7-12 北魏洛阳平面推想图

北魏孝文帝太和十七年（493 年）迁都洛阳，都城大致沿用西晋格局，放弃了其在平城采用的在城外设庙的做法。新的太庙建在西晋太庙旧址上。其后的东魏、北齐的太庙设置均与北魏相同，都放在都城之内宫城之外，与宫城离开相当距离布置[67]（图 7-12）。

三国与南北朝时，左祖右社基本上是一项固定搭配，社稷位置一般随着宗庙位置的变化而变化。

以南北朝长期的政治动荡为背景，新的统一大帝国的缔造者隋文帝又一次依托经典进行都城秩序的建构。这时已经成为经典的《考工记》很自然地成为新的都城建设的重要参考，隋文帝在宫城之南设置专门安排中央官署的皇城，把太庙和社稷分别放在皇城内皇城中轴的东西两侧，与皇城内诸多官署一道，成为宫城

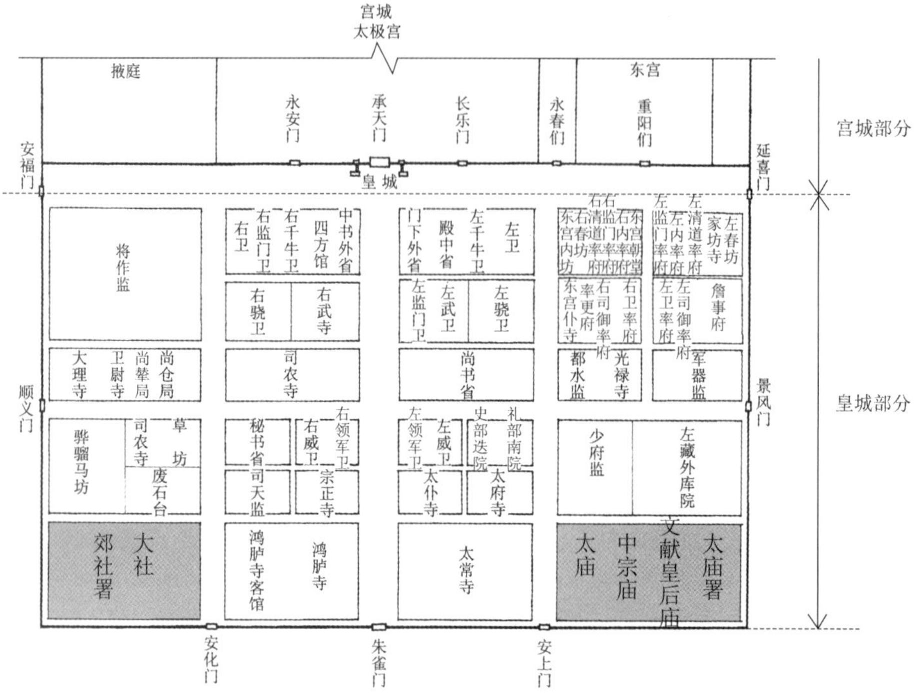

图 7-13 唐长安皇城平面图

的从属部分（图 7-13）[68]。把宗庙、社稷放到皇城内，将其与官署置于同等地位，并放在更为靠边的位置，标志着祭祀活动在政权建构上的地位进一步下降。

大兴城在规划上显然对整体环境的对称和严谨十分关注。宗庙和社稷虽然在功能分量上具有一定的对称感，可是具体的景观格局却不尽然，宗庙以崇隆的建筑作为主体，并形成一定分量的自身轴线，稷祀虽用庙祭，但社稷之祀主体部分的社祭设施却为坛壝，缺乏体量感和视觉标识性，并且社、稷二者在空间组织上往往各自为政，并不形成局部轴线。若宗庙和社稷两者直接相对，轴线的两侧景观不免显得倚轻倚重，难得平衡。大兴城的规划者将“祖”“社”分别设于皇城的东南角和西南角，其间有一系列设施间隔，避免了将两者作直接的形态比较，应是一个满足了《考工记》“左祖右社”的文字表述要求的机巧应对。

皇城，是中央官署的集中区。大兴城皇城区外设围墙，置于宫城之南，与宫城形成一个空间和景观的连续体，在概念上拱卫宫城。皇城因其与城区其他地段的视觉关联更为紧密，这种安排使得中央官署作为一个相对独立的景观单元，在都城景观构成上起十分积极的作用，凸显了官僚集团在当时国家权力形成上的重要地位。

官署长期是中国传统的政治中心型城市、特别是都城里的重要设施。但是，由于早期社会的权力形成方式不同，在早期城市的景观构成中，官署的地位并不高，甚至并非都城景观中具有独立地位的设施。在郑州商城宫庙区主体部分外围的设施中，应该有一些为中央官署；安阳殷墟的小屯宫殿区，编号为甲的建筑基址中，有一部分也应为此类设施。当时，从形式上看，官署只是宗庙、宫殿的简单从属，并不成为具有一定独立性的、在形式概念上与宫殿匹配的景观单元。似乎一直到西汉，人们还没有积极地将官署当成都城空间组织的节点，以形成层次更加丰富的城市景观。汉长安的中央官署，聚集在未央宫内的西北隅，与北阙相近，方便是方便，但在都城空间秩序的形成上却略嫌被动。

《考工记》是较早涉及官署的安排问题的文献之一，所谓“外有九室，九卿朝焉”。从文字看，《考工记》要求将重要的官署安排到宫城以外，并与宫城之内的“九室”形成一定的匹敌性关联，可究竟怎样安排却不得其详。不管怎样，在《考工记》中，官署在都城景观的制作上，已经不再是帝王宫殿的形式消极的附庸。

把中央官署作为形式独立的景观单元，将它们与宫城配合并造成更有序、隆重的都城主导景观架构的较早例子，应该是东汉洛阳。在东汉洛阳南宫宫东有一由大尉府、司空府和司徒府组成的高级别官署区，这一官署区空间上相对独立，且与大城之开阳门和旄门相邻，在城市景观组织中地位显赫，应该是《考工记》之“外有九室”的早期应对方案的部分表达。另外，《后汉书·明帝纪》说，“永平三年……起北宫及诸庙府”[69]，具体的表述方法似乎显示，在北宫近便之处，也有一个在一定水平上相对独立且与北宫成某种匹敌关系的中央官署区。官署在都城景观中相对独立甚至占据要位，反映了官僚集团在国家治理上的地位上升。

在宫城中设置两条平行轴线是一定时期平衡统治者近祖祭祀和族群共祖祭祀关系的结果，二里头与偃师商城宫城内的两条轴线都含有祭祀内容。小屯殷墟的建设，在安阳形成了两个不同的祭祀区域东北、西南呼应的局面，处于东北方的祖宗祭祀为主导，二者距离较远，在某种程度上消解了双轴并行的意象。秦人在咸阳曾创造了由宗庙、朝堂两条平行轴线控制的都城。这时的朝堂一轴因为社稷的存在，仍有明确的祭祀内容。西汉长安大致沿袭了特定时期秦人的做法。王莽改制，取消了宗庙一轴，将九庙置于未央宫前殿之南形成单一轴线控制的都城。东汉洛阳应合朝廷中官僚集团地位的上升，依托既有的两轴并行的都城组织方式进行功能的重新配置，产生了大朝轴与常朝轴双轴并行的做法。东汉洛阳的大朝轴含有明确的祭祀内容，而常朝轴更显行政特征。

曹魏邺城没有宗庙与社稷安排，并非古人真正意义上的都城。其城市主轴是

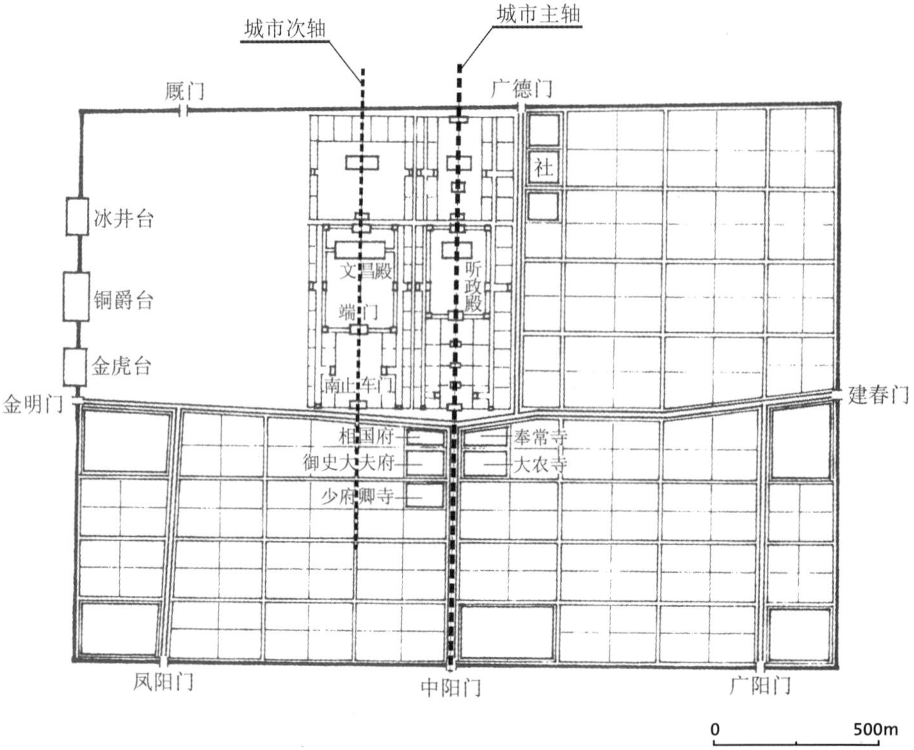

图 7-14 曹魏邺城平面复原图

一条相对单纯的行政轴，以听政殿为主导，在宫门外南北大道两侧安排相国府、奉常寺、大农寺、御史大夫府、少府卿寺，形成十分明确、秩序严整的宫殿居中、官署朝拱的格局，凸显行政活动在城市中的地位。在这里，官署第一次明确地参与了都城中轴线的构造。曹魏邺城在行政轴以西另设礼仪轴，轴线上设有邺城最大的单体建筑文昌殿，可谓十分隆重，可是该轴线不与城门对应，在某种程度上削弱了它在景观与空间组织上的分量，虽然仍是两轴并行的格局，但行政一轴在整个城市景观组织上的分量明显胜出，在此种情况下，官署的地位也就特别突出（图 7-14）。

在曹魏邺城实行的将中央官署当作更为积极的城市层级的景观单元的做法，在曹魏正式都城洛阳上也有一定体现。曹魏洛阳在城市层面弱化了双轴并峙的做法，利用太极殿、阊阖门、社稷与宗庙、宣阳城构成城市的礼仪主轴，该轴线跨越大城城门宣阳门，形成对整个城区的强势控制。在此主轴以东，设立官署区，作为宰相和公卿百官议政之所。该官署区对城市大道直接开门，并有局部轴线存

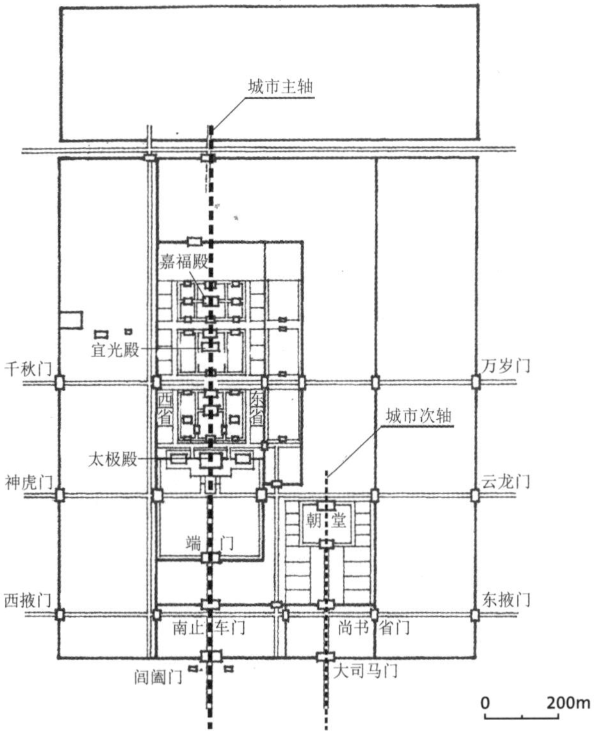

图 7-15 北魏洛阳宫城平面示意图

在，因而在景观上有相当独立性，故可以视为独立行政轴。由于行政轴的构造没有帝王宫殿的参与，与曹魏邺城比较，行政轴的分量当然有限，行政轴在邺城和洛阳的不同地位，和洛阳是正式的都城而邺城不是有很大关系。二者比较应该表明，在当时高规格的祭祀活动的实施仍是保证都城存在的确证（图 7-15）。

从傅斯年的复原看，东晋、南朝的都城建康城和北魏洛阳城所采用之格局与曹魏洛阳有诸多相同之处，中心部分也采用两轴并行且礼仪轴强势的做法。这两个都城都在城外有限的距离内，在礼仪轴上安排祭天的丘兆，大大地强化了礼仪轴线，形成了礼仪轴线的地域性控制，强调高规格的祭祀对于都城的重要。

十六国后赵石虎的邺城在大致沿袭曹魏邺城格局的基础上在城市行政轴以西另设一条由显阳殿及大社、太庙构成的礼仪轴线，这种做法应是曹魏洛阳设置方式的延续，这一轴线的存在使得后赵邺城在本质上区别于曹魏邺城，是为当之无愧的都城（图 7-16）。

宇文恺设计的隋大兴城试图终结两轴并峙的都城主导设施配置的做法，采取

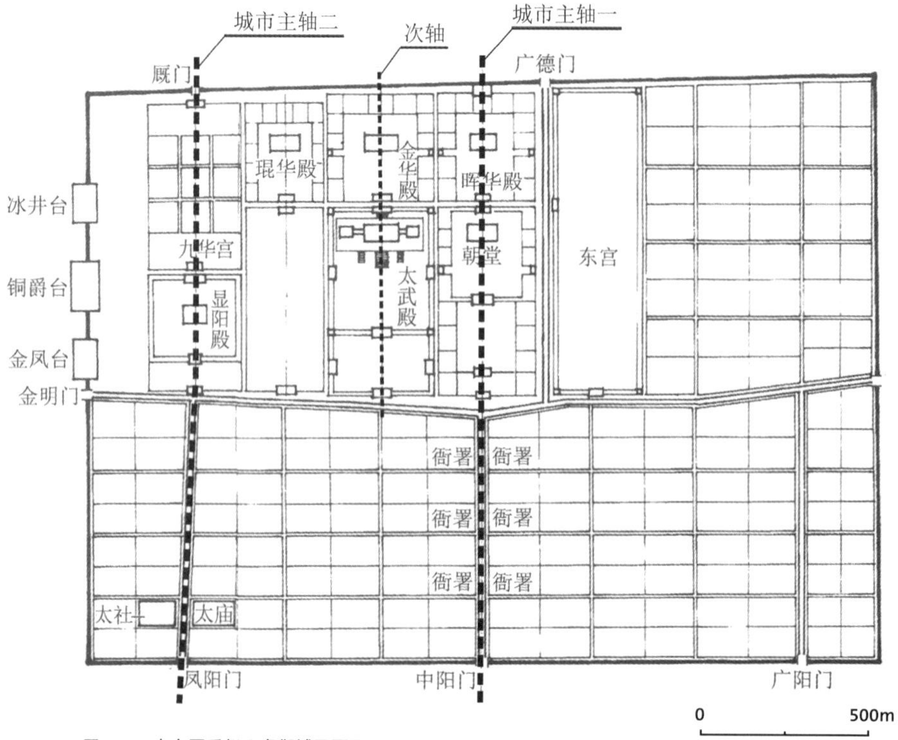

图 7-16 十六国后赵石虎邺城平面图

将皇城与宫城南北重叠、都城主导元素在此两区中重新组合的做法。这种做法形成了单一的、强势的、具有官署拱卫宫城特征的城市轴线，形成了全新的王朝都城格局，在中国传统都城设计上是一项革命性的成果，但随后唐大明宫的出现，又使得都城具有了双轴并峙的意象，这两条轴的格局与曹魏洛阳相似，西边是礼仪、祭祀轴，东边是行政轴。在唐长安这样的外廓方整、中轴明确、强调对称的基础上另起炉灶安排大明宫轴线，是需要克服一些心理障碍的，如果没有传之久远的在都城中设置双轴的传统，大明宫一轴的设置可能就不会成功（图 7-17）。

东汉时，佛教正式进入中土，很快就广为传播，佛教寺院也随之成为中国传统聚落构成的重要元素之一。由南北朝的都城构造实践看，当时高规格的寺院安排与传统都城既有的主导元素之间并无明确的形式和秩序关联，或者说，寺院未能成为都城空间文本的有机组成。可在唐长安，从大明宫的正殿含元殿与大雁塔大略南北相值，且大雁塔的建设略晚于大明宫看，似乎设计者已经将这种外来元素置于整个都城秩序形成的框架之中。

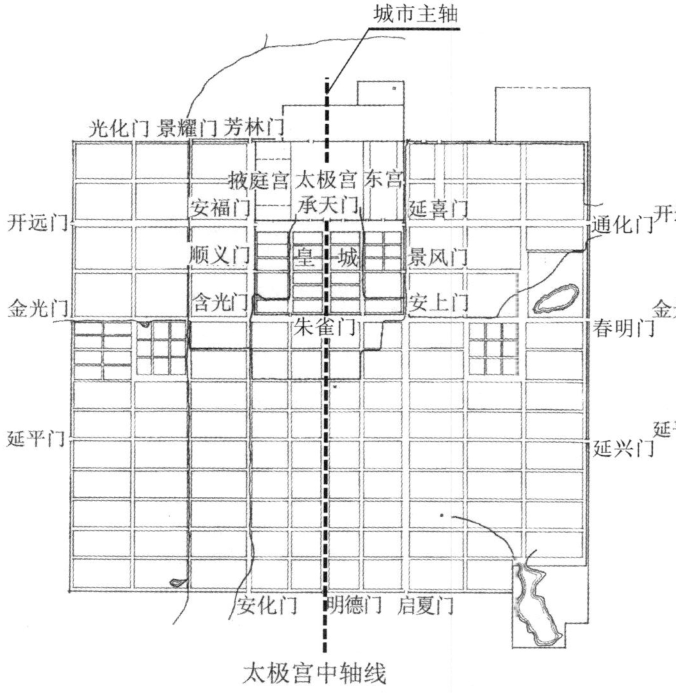

a　隋大兴城平面轴线示意图

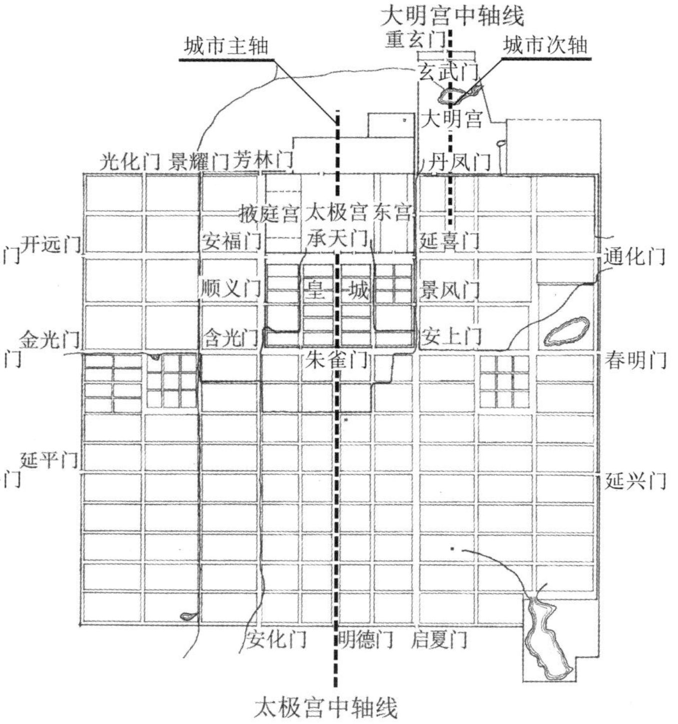

b　出现大明宫后的唐长安平面轴线示意图

图 7-17 隋大兴城—唐长安城中轴线布置图

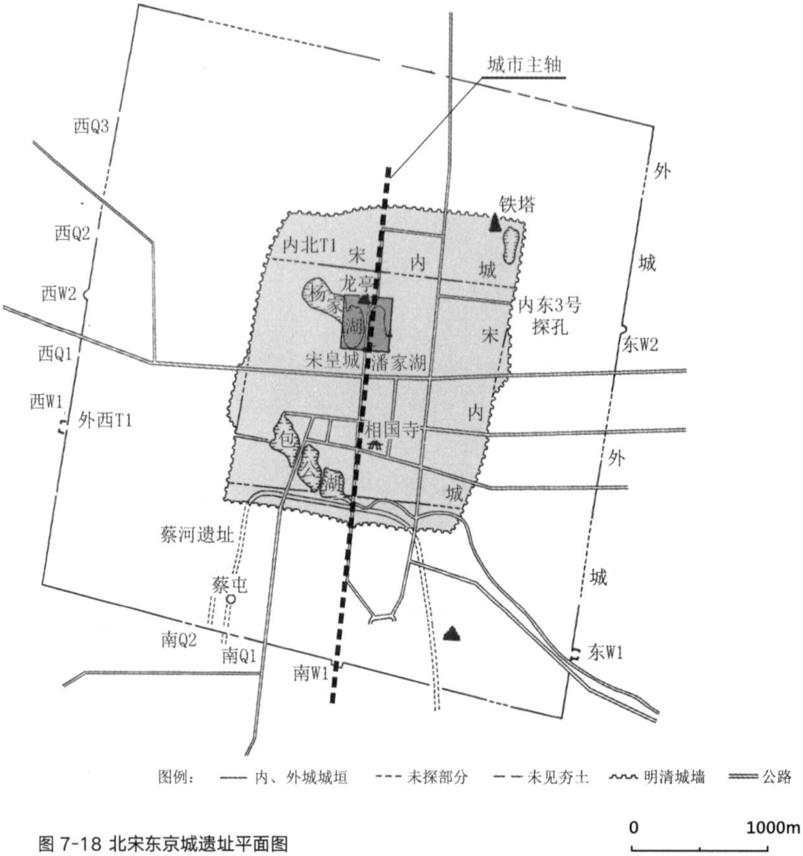

图 7-18 北宋东京城遗址平面图

隋大兴城将中央衙署组织在一起形成皇城，并集中安排在宫城之前，在功能及景观组织上相当干净明快，可也使得宫城及诸多国家权力机构失去了对城市其他部分展示并实行某种空间控制的机会。

应该是到了北宋东京，《考工记》所主张的宫城居中，社稷、庙宇作为主导宫殿的配饰，中央官署在宫城外城区拱卫宫城，作为都城单一轴线的重要组成部分并形成某种区域性空间控制的做法，才最终稳定下来（图 7-18）。

注释

1 [东汉]班固撰，[隋]颜师古注：《汉书》，中华书局，1962年，第1248页。
2 同上。
3 同上，第1253页。
4 同上。
5 同上。
6 同上，第1255页。
7 同上，第1256页。
8 同上，第1257页。
9 同上。
10 同上，第1259页。
11 《汉书·郊祀志下》记杜邺说成都侯王商要求恢复长安南北郊。故知成帝曾设南北郊。参见《汉书》，第1262-1263页。
12 《汉书》，第1266页。
13 同上，第4039页。
14 同上。
15 同上，第1266页。
16 同上，第1268页。
17 同上，第4069页。
18 同上，第357页。
19 唐金裕：《西安西郊汉代建筑遗址发掘报告》，《考古学报》1959年第2期。
20 何清谷:《三辅黄图校释》,中华书局,2005年,第292页。“汉辟雍，在长安西北七里。”这里的“长安”指唐长安县治，在唐长安城的长寿坊。唐长安在汉长安东南，其西北应在汉长安以南安门近处。此处，应该就是汉武帝之三雍宫之所在。王莽奏建之明堂，应在此以南。
21 《三辅黄图校释》,第297页。“汉明堂在长安西南七里”，此长安亦指唐长安县治，汉明堂即王莽所建之明堂。
22 《三辅黄图》:“大司徒宫奏曰，明堂、辟雍，其实一也。”参见[南朝梁]萧统撰,[唐]李善注:《文选》,中华书局，第226页。
23 《三辅黄图校释》,第300页。“汉代当在长安西北七里”。
24 杨鸿勋：《宫殿考古通论》，紫禁城出版社，2001年，第32页。
25 《宫殿考古通论》，第323页；王世仁：《理性与浪漫的交织——中国建筑美学论文集》，中国建筑工业出版社，1987年，第88页。
26 [唐]魏征、令狐德棻：《隋书》，中华书局，1973年，第1591页。
27 浙江省文物管理委员会 等：《绍兴306号战国墓发掘简报》，《文物》1984年第1期。
28 王鲁民：《中国古典建筑文化探源》，同济大学出版社，1997年，第52页。
29 《汉书》，第4070页。
30 同上，第4078页。周公负成王朝诸侯之事前史无载，不过《汉书·霍光金日磾传》记汉武帝确曾“使黄门画者周公负成王朝诸侯”的画赐给霍光。
31 《汉书》，第1269页。
32 同上，第4161页。
33 同上，第4161页。
34 同上，第4162页。
35 考古研究所汉城发掘队：《汉长安城南郊礼制建筑遗址学发掘简报》，《文物》1960年第7期。
36 黄展岳：《关于王莽九庙的问题——汉长安城南一组建筑的定名》，《考古》1989年第3期。
37 刘敦桢：《中国古代建筑史》，中国建筑工业出版社，2003年，第428页。案：从具体叙述看，发掘报告似乎把社稷给弄反了。在该遗址上明确分为木构建筑和坛壝两部分，按稷为庙祭，社为坛祭的情况，不能把F13定为社，而F14定为稷。《汉书》也说：“于官社后立官稷”，古人习惯坐北面南，故南边为前，北边为后。《汉书》，第1269页。
38 关于《考工记》一书的情况参见周长山:《汉代城市研究》，人民出版社，2001年，第78-79页。
39 [西汉]司马迁：《史记》，中华书局，1959年，第2509页。
40 刘邦曾在洛阳南宫朝见列侯诸将，既有南宫就有北宫。《史记》，第380页。
41 《史记》，第380页。
42 [南朝宋]范晔撰，[唐]李贤 等注：《后汉书》，中华书局，1965，第25页。
43 同上，第27页。
44 同上，第3200页。
45 同上，第2545页。
46 案，宋敏求《长安志》说：“灵台、明堂，汉武帝造，在长安南。平帝元始四年，王莽奏复修明堂、辟雍。”按照本书，辟雍可以说是复修、明堂则为新建。这样，在西汉末年，长安已成灵台、明堂、辟雍分立的格局。但其为历史延续所成，并非由已具之制度所定。东汉太学始建于光武帝建武五年（29），以后规模不断扩大。据记载，本初元年(146)，梁太后诏:“大将军下至六百石，悉遣子就学，每岁辄于乡射月一飨会之，以此为常。”此后游学日盛，至三万余生。
47 《后汉书》，第3201页。
48 同上，第3193-3194页。
49 同上，第3196页。

50 《后汉书·章帝纪》："臣愚以为更衣在中门之外，处所殊别，宜尊庙曰显宗，其四时禘祫．于光武之堂，闲祀悉还更衣，共进《武德》之舞，如孝文帝祫祀高庙故事。"李贤注："更衣者，非正处也。园中有寝，有便殿。寝者，陵上正殿。便殿，寝侧之别殿，即更衣也。"参见《后汉书》，第131-132页。

51 《后汉书·祭祀下》："孝章即位，不敢违，以更衣有小别，上尊号曰显宗庙。"参见《后汉书》，第3196页。

52 《后汉书》，第3197页。

53 同上，第3197页。

54 巫鸿：《中国古代艺术与建筑中的"纪念碑性"》，上海人民出版社，2009年，第153页。

55 傅熹年：《中国古代建筑史》第二卷，中国建筑工业出版社，2001年，第32页。

56 同上。

57 [南朝]沈约：《宋书》，中华书局，1974年，第447页。

58 同上。

59 [唐]房玄龄：《晋书》，中华书局，1974年，第820页。

60 明代所谓"洪武初制"采用的就是多庙一区各有门墙的制度。

61 傅熹年：《中国古代建筑史》第二卷，中国建筑工业出版社，2001年，第119页。

62 同上；《建康实录》卷六，孝武帝，太元十年改筑太庙条苑注。[唐]许嵩：《建康实录》，中华书局，1986年，第288页。

63 [南北朝]魏收：《魏书》，中华书局，1974年，第33页。

64 同上，第36页。

65 [南朝梁]萧子显：《南齐书》，中华书局，1983年，第984页。

66 [南北朝]魏收：《魏书》，中华书局，1974年，第55页。

67 傅熹年：《中国古代建筑史》第二卷，中国建筑工业出版社，2001年，第123-124页。

68 同上，第406页。

69 《后汉书》，第107页。

附录一
引用文献目录

1 [清]孙诒让.周礼正义 [M].北京:中华书局,1987.

2 [春秋]左丘明著,[晋] 杜预注,[唐] 孔颖达疏.春秋左传正义 [M].北京:北京大学出版社,2000.

3 许宏.先秦城市考古学研究 [M].北京:北京燕山出版社,2000.

4 [清]刘宝楠.十三经清人注疏·论语正义 [M].北京:中华书局,1990.

5 杨鸿勋.中国古代居住图典 [M].昆明:云南人民出版社,2007.

6 严文明.仰韶文化研究 [M].北京:文物出版社,1989.

7 徐朝华.尔雅今注 [M].天津:南开大学出版社,1994.

8 [东汉]郑玄注,[唐]贾公彦疏.仪礼注疏 [M].北京:北京大学出版社,2000.

9 蒋志丹,王鲁民."屋漏"考释 [J].南方建筑,2012(01):46-47.

10 杨鸿勋.建筑考古学论文集 [M].北京:文物出版社,1987.

11 [南唐]徐锴.说文解字系传 [M].北京:中华书局,1987.

12 [东汉]郑玄注,[唐]孔颖达疏.礼记正义 [M].北京:北京大学出版社,2000.

13 朱芳圃.殷周文字释从 [M].北京:中华书局,1962.

14 [西汉]司马迁.史记 [M].北京:中华书局,1959.

15 杨鸿勋.宫殿考古通论 [M].北京:紫禁城出版社,2001.

16 西安半坡博物馆,陕西省考古研究所,临潼县博物馆.姜寨 [M].北京:文物出版社,1988.

17 汪宁生.中国考古发现中的"大房子"[J].考古学报,1983(03):271-294.

18 严文明.仰韶文化研究 [M].北京:文物出版社,1989.

19 陈星灿.庙底沟期仰韶文化"大房子"功能浅论.考古学研究(9):庆祝严文明先生八十寿辰论文集 [C].北京:文物出版社,2012年.

20 拓古,问鼎.对灰坑的讨论 [J].江汉考古,1995(03):94-96.

21 陈鼓应.庄子今注今译 [M].北京:中华书局,1983.

22 [东汉]刘安撰,[东汉]高诱注.淮南子 [M].上海:上海古籍出版社,1989.

23 王鲁民.中国古典建筑文化探源 [M].上海:同济大学出版社,1997.

24 张光直.中国青铜时代 [M].生活·读书·新知三联书店,2013.

25 [南朝宋]范晔.后汉书 [M].北京:中华书局,1965.

26 黄怀信.大戴礼记汇校集注 [M].西安:三秦出版社,2005.

27 [北周]甄鸾.数术记遗 [M].四库全书·子部·天文算法类·数术记遗(文渊阁影印本).

28 林尹注释.周礼今注今译 [M].北京:书目文献出版社,1985.

29 [清]朱彬.礼记训纂 [M].北京:中华书局,1996.

30 黄怀信,张懋镕,田旭东.逸周书汇校集注 [M].上海:上海古籍出版社,1995.

31 顾颉刚,刘起釪.尚书校释译论 [M].北京:中华书局,2005.

32 王守谦,金秀珍,王凤春.左传全译 [M].贵阳:贵州人民出版社,1990.

33 蔡邕,邓安生.蔡邕集编年校注 [M].石家庄:河北教育出版社,2002.

34 复旦大学.续修四库全书·集部·别集类·蔡中郎集·卷十·明堂月令论 [M].上海:上海古籍出版社,2003.

35 [东汉]郑玄注,[唐]贾公彦疏.周礼注疏.北京:北京大学出版社,1999.

36 宋镇豪.夏商社会生活史 [M].北京:中国社会科学出版社,1994.

37 西北大学文博学院考古专业.案板遗址仰韶时期大型房址的发掘——陕西扶风案板遗址第六次发掘纪要 [J].文物,1996(6):41-48.

38 甘肃省文物考古研究所.秦安大地湾:新石器时代遗址发掘报告 [M].北京:文物出版社,2006.

39 钦定四库全书·子部十·杂家类二·杂考之属·独断·卷上.

40 王鲁民,吕诗佳.建构丽江 [M].北京:生活·读书·新知三联书店,2013.

41 赵建龙.大地湾遗址仰韶晚期地画的发现 [J].文物,1986(02):13-15.

42 邵明杰.大地湾地画新考 [J].内蒙古文物考古,2009(02):50-54.

43 陈梦家.殷墟卜辞综述 [M].北京:科学出版社,1956.

44 黄晖.论衡校释 [M].北京:中华书局,1990.

45 [清]陈立撰,吴则虞点校.白虎通疏证 [M].北京:中华书局，1994.

46 何新 . 诸神的起源 [M]. 北京 : 生活 · 读书 · 新知三联书店，1986.

47 周明初点校 . 山海经 [M]. 杭州 : 浙江古籍出版社，2010.

48 邬国义等 . 国语译注 [M]. 上海 : 上海古籍出版社，1994.

49 井中伟 . 我国史前祭祀遗迹初探 [J]. 北方文物，2002(02) : 6-15.

50 张双棣等 . 吕氏春秋译注 [M]. 北京 : 北京大学出版社，2000.

51 [东汉] 何休注 ,[唐] 徐彦疏 . 春秋公羊传注疏 [M]. 北京 : 北京大学出版社，2000.

52 许宏 . 大都无城 [M]. 北京 : 生活 · 读书 · 新知三联书店，2016.

53 钱耀鹏 . 尧舜禅让的时代契机与历史真实——中国古代国家形成与发展的重要线索 [J]. 社会科学战线，2000(05) : 127-137.

54 [北魏] 郦道元著，陈桥驿点校 . 水经注 [M]. 上海 : 上海古籍出版社，1990.

55 丁山 . 中国古代宗教与神话考 [M]. 上海 : 上海世纪出版集团，2011.

56 黄淬伯 . 诗经覈诂 [M]. 北京 : 中华书局，2012.

57 徐元诰撰，王树民，沈长云点校 . 国语集解 [M]. 北京 : 中华书局，2002.

58 [东汉] 班固撰，[隋] 颜师古注 . 汉书 [M]. 北京 : 中华书局，1962.

59 [清] 孙诒让 . 墨子间诂 [M]. 北京 : 中华书局，2001.

60 [宋] 杨万里撰，辛更儒笺校 . 杨万里集笺校 [M]. 北京 : 中华书局，2007.

61 山东省文物考古研究所 . 山东阳谷县景阳岗龙山文化城址调查与试掘 [J]. 考古，1997(05) : 11-24.

62 裴安平 . 中国史前聚落群聚形态研究 [M]. 北京 : 中华书局，2014.

63 浙江省文物考古研究所 . 杭州市余杭区良渚古城遗址 2006-2007 年的发掘 [J]. 考古，2008(07) : 3-10.

64 中华人民共和国科学技术部，国家文物局 . 早期中国——中华文明起源 [M]. 北京 : 文物出版社，2009.

65 戴应新 . 陕西神木县石峁龙山文化遗址调查 [J]. 考古，1977 (3) : 154-157.

66 西安半坡博物馆 . 陕西神木石峁遗址调查试掘简报 [J]. 史前研究，1983 (2) : 92-100.

67 中国科学院考古研究所，陕西省西安半坡博物馆 . 西安半坡 [M]. 北京 : 文物出版社，1963.

68 湖南文物考古研究所 . 澧县城头山 [M]. 北京 : 文物出版社，2007.

69 国家文物局考古领队培训班 . 郑州西山仰韶时代城址的发掘 [J]. 文物，1999 (7) : 4-15.

70 李学勤 . 十三经注疏 • 春秋公羊传注疏 [M]. 北京 : 北京大学出版社，1999.

71 王震中 . 重建中国上古史的探索 [M]. 昆明 : 云南人民出版社，2005.

72 [清] 孙星衍 . 尚书今古文注疏 [M]. 北京 : 中华书局，1986.

73 刘庆柱 . 中国古代都城考古发现与研究 [M]. 北京 : 社会科学文献出版社，2016.

74 何驽 .2010 年陶寺遗址群聚落形态考古实践与理论收获 [J]. 中国社会科学院古代文明研究中心通讯，2011 (21) : 46-57.

75 高炜 . 晋西南与中国古代文明的形成 . 汾河湾——丁村文化与晋文化考古学术研讨会文集 [C]. 襄汾 .1994. 西安 : 陕西高校联合出版社，1996.

76 方燕明 . 夏代前期城址的考古学观察 . 新果集 [C]. 北京 : 科学出版社，2008.

77 北京大学考古文博学院，河南省文物考古研究所 . 登封王城岗考古发现与研究 (2002 — 2005) [M]. 郑州 : 大象出版社，2007.

78 方燕明 . 登封王城岗城址的年代及相关问题探讨 [J]. 考古，2006(09) : 16-23.

79 赵青春 . 新密新砦城址与夏启之居 [J]. 中原文物，2004 (3) : 12-16.

80 许宏 . 何以中国 [M]. 北京 : 生活 · 读书 · 新知三联书店，2014.

81 中国社会科学院考古研究所河南新砦工作队，郑州市文物考古研究院 . 河南新密市新砦遗址浅穴式大型建筑基址的发掘 [J]. 考古，2009(02) : 32-47.

82 王贻梁，陈建敏 . 穆天子传汇校集释 [M]. 上海 : 华东师范大学出版社，1994.

83 [清] 王国维 . 王国维全集第 13 卷 · 水经注校 [M]. 杭州 : 浙江教育出版社，2009.

84 丁山 . 古代神话与民族 [M]. 北京 : 商务印书馆，2005.

85 中国社会科学院考古研究所二里头队 . 河南偃师二里头二号宫殿遗址 [J]. 考古，1983(03) : 206-216.

86 山东省文物考古研究所 . 曲阜鲁国故城 [M]. 济南 : 齐鲁出版社，1982.

87 杜金鹏，许宏 . 偃师二里头遗址研究 [M]. 北京 : 科学出版社，2005.

88 [唐] 欧阳询主编，王绍楹校 . 艺文类聚 [M] 上海 : 上海古籍出版社，1982.

89 [南朝梁] 萧统撰，[唐] 李善注 . 文选 [M]. 北京 : 中华书局，1977.

90 刘晓东等校 . 世本 [M]. 济南 : 齐鲁书社，2000.

91 王鲁民 . 中国传统轴对称院落的布局要旨与主要类型—— 一个研究草案 [J]. 建筑师，2012(02)：44-50.
92 王鲁民 . 影壁的发明与中国传统建筑轴线特征 [J]. 建筑学报，2011(S1)：62-67.
93 杜金鹏 . 偃师二里头遗址 4 号宫殿基址研究 [J]. 文物，2005（6）：62-71.
94 杨天宇 . 礼记译注（上下）[M]. 上海：上海古籍出版社，2006.
95 郑州市文物考古研究所 . 郑州大师姑(2002-2003)[M]. 北京：科学出版社，2004.
96 吴倩，魏青利，柏天然 . 望京楼二里岗文化城址初步勘探和发掘简报 [J]. 中国国家博物馆馆刊，2011(10)：19-28.
97 王震中 . 商代都邑 [M]. 北京：中国社会科学出版社，2010.
98 王学荣 . 偃师商城布局的探索和思考 [J]. 考古，1999(02)：24-34.
99 王学荣 . 偃师商城第一期文化研究 . 三代考古（二）[C]. 北京：科学出版社，2006.
100 杜金鹏 . 洹北商城一号宫殿基址初步研究 [J]. 文物，2004（5）：50-64.
101 [清] 戴震 . 考工记图 [M]. 北京：商务印书馆，1956.
102 [宋] 王应麟 . 新语 . 玉海（合璧本）四 [M]. 京都：中文出版社，1977.
103 王鲁民 . 中国古代都城宗庙设置及其与朝寝关系的变迁简说 [J]. 城市规划学刊，2014(01)：112-118.
104 罗振玉 . 增订殷墟书契考释·卷下 . 罗振玉学术论著集·第一册 [C]. 上海：上海古籍出版社，2010.
105 张肇麟 . 姓氏与宗社考证 [M]. 北京：社会科学文献出版社，2015.
106 [清] 皮锡瑞 . 尚书大传疏证 . 师伏堂丛书 [M]. 清光绪中善化皮氏刊本·卷三·十六 .
107 河南省文物考古研究所 . 郑州商城（1953-1985 年考古发掘报告）[M]. 北京：文物出版社，1989.
108 中国历史博物馆考古部等 . 垣曲商城（1985—1986 年度勘察报告）[M]. 北京：科学出版社，1996.
109 王睿，佟伟华 . 1988—1989 年山西垣曲古城南关商代城址发掘简报 [J]. 文物，1997(10)：12-29.
110 湖北省博物馆盘龙城发掘队，北京大学考古专业盘龙城发掘队 . 盘龙城一九七四年度田野考古纪要 [J]. 文物，1976(02)：5-15+96.
111 杨鸿勋 . 从盘龙城商代宫殿遗址谈中国宫廷建筑发展的几个问题 [J]. 文物，1976(02)：16-25.
112 周原考古队 . 陕西岐山凤雏村西周建筑基址发掘简报 [J]. 文物，1979(10)：27-37.
113 王恩田 . 岐山凤雏村西周建筑群基址的有关问题 [J]. 文物，1981(01)：75-80.
114 袁广阔，秦小丽 . 河南焦作府城遗址发掘报告 [J]. 考古学报，2000(04)：501-536.
115 屈小强，李殿元，段渝 . 三星堆文化 [M]. 成都：四川人民出版社，1993.
116 江西省文物考古研究所，樟树市博物馆 . 江西樟树吴城商代遗址西城墙解剖的主要收获 [J]. 南方文物，2003(03)：1-14.
117 河北省文物研究所 . 藁城台西商代遗址 [M]. 北京：文物出版社，1986.
118 杨宽 . 西周史 [M]. 上海：上海人民出版社，1999.
119 张国硕 . 论殷都的变迁 .2004 年安阳殷商文明国际学术研讨会论文集 [C]. 北京：社会科学文献出版社，2004.
120 李济 . 安阳 [M]. 北京：商务印书馆，2011.
121 唐际根 . 殷墟一期文化及其相关问题 [J]. 考古，1993(10)：925-935.
122 中国社会科学院考古研究所编著 . 中国考古学·夏商卷 [M]. 北京：中国社会科学出版社，2003.
123 杜金鹏 . 殷墟宫殿区建筑布局和性质简论 [N]. 中国文物报，2005-3-4（4）.
124 [清] 王聘珍撰，王文锦点校 . 大戴礼记解诂 [M]. 北京：中华书局，1983 年 .
125 [清] 马瑞辰 . 毛诗传笺通释 [M]. 北京：中华书局，1989.
126 张一兵 . 明堂制度研究 [M]. 北京：中华书局，2005.
127 曲英杰 . 史记都城考 [M]. 北京：商务印书馆，2007.
128 韦心滢 . 殷墟卜辞中的“商”与“大邑商”[J]. 殷都学刊，2009(01)：34-41.
129 杨宽 . 中国古代都城制度史研究 [M]. 上海：上海古籍出版社，1993.
130 刘起釪 . 古史续辨 [M]. 北京：中国社会科学出版社，1991.
131 郭沫若 . 奴隶制时代 [M]. 北京：中国人民大学出版社，2005.
132 王鲁民 .“大邑”的营造——先秦、秦及西汉都城规模与组织初论 [J]. 城市规划学刊，2015(01)：101-105.
133 顾万发，王羿，孙凯，焦建涛，吴倩 . 河南新郑望京楼二里岗文化城址东一城门发掘简报 [J]. 文物，2012(09):4-15+98.
134 齐思和 . 西周地理考 [M]. 北京:燕京大学哈佛燕京学社，1946.
135 吴则虞 . 晏子春秋集释 [M]. 北京：中华书局，1962.
136 [唐] 徐坚 . 初学记 [M]. 北京：中华书局，1962.
137 何清谷 . 三辅黄图校释 [M]. 北京：中华书局，2005.

138 [清] 戴震 . 毛郑诗考正 . 戴震全书 [M]. 合肥：黄山书社，1994.
139 [明] 方以智 . 通雅 [M]. 北京：中国书店，1990.
140 [东汉] 班固 . 白虎通 [M]. 北京：中华书局，1985.
141 [清] 王谟 . 五经通义 [M]. 汉魏遗书钞，嘉庆三年刻本 .
142 [宋] 朱熹 . 诗集传 [M]. 北京：中华书局，1958.
143 [清] 黎翔凤撰，梁运华整理 . 管子校注 [M]. 北京：中华书局，2004.
144 李民，王健 . 尚书译注 [M]. 上海：上海古籍出版社，2004.
145 王鲁民 .《斯干》中的建筑及新解 [J]. 文史知识，2014(10)：74-82.
146 张觉 . 吴越春秋校注 [M]. 长沙：岳麓书社，2006.
147 [战国] 孟子撰 . 方丽华，蓝旭译注 . 孟子 [M]. 北京：中华书局，2006 年 .
148 [西汉] 刘向 . 战国策 [M]. 上海：上海古籍出版社，1985.
149 考古研究所洛阳发掘队 . 洛阳涧滨东周城址发掘报告 [J]. 考古学报，1959(02)：15-43.
150 梁云 . 战国时代的东西差别——考古学的视野 [M]. 北京：文物出版社，2008.
151 王鲁民 . 中国古代“聚合型”都城的演变与退隐 [J]. 城市规划学刊，2015(04)：91-98.
152 童书业 . 春秋左传研究 [M]. 上海：上海人民出版社，1980.
153 巫鸿 . 中国古代艺术与建筑中的“纪念碑性”[M]. 上海：上海人民出版社，2009.
154 詹鄞鑫 . 神灵与祭祀 [M]. 南京：江苏古籍出版社，1992.
155 杨志刚 . 中国礼仪制度研究 [M]. 上海：华北师范大学出版社，2001.
156 徐宗元 . 帝王世纪辑存 [M]. 北京：中华书局，1964.
157 山西省考古研究所侯马工作站 . 侯马呈王路建筑群遗址发掘简报 [J]. 考古，1987(12)：1071-1085.
158 山西省考古研究所侯马工作站 . 晋都新田 [M]. 太原：山西人民出版社，1996.
159 杨鸿勋 . 秦始皇陵享堂及地宫建筑猜想 [J]. 中国文化遗产，2007(03)：84-91.
160 黄盛璋 . 商水扶苏城出土陶文及其相关问题 [J]. 中原文物，1988(01)：84-87.
161 山西省文物管理委员会侯马工作站 . 山西襄汾赵康附近古城址调查 [J]. 考古，1963(10)：544-546.
162 陶正刚，叶学明 . 古魏城和禹王古城调查简报 [J]. 文物，1962(Z1)：59-64.
163 徐龙国 . 秦汉城邑考古学研究 [M]. 北京：中国社会科学出版社，2013.
164 河南省文物考古研究所 . 新郑郑国祭祀遗址 [M]. 郑州：大象出版社，2006.
165 河北省文物管理处，邯郸市文物保管所 . 赵都邯郸故城调查报告 . 考古学集刊（4）[C]. 北京：中国社会科学出版社，1984.
166 陈小伟 . 洛阳西南·千年韩城的前世今生 [N]. 洛阳：洛阳晚报，2010-12-15.
167 山东省文物考古研究所，淄博市临淄区文物管理局 . 山东临淄齐国故城 10 号建筑遗址发掘简报 [J]. 文物，2016（8）：24-37.
168 山东省文物考古研究所 . 曲阜鲁国故城考古工作取得重要成果 [N]. 中国文物报，2017-03-10(5).
169 钱国祥 . 由阊阖门谈汉魏洛阳城宫城形制 [J]. 考古，2003(07)：629-639.
170 河南省文物考古研究所 . 河南濮阳县商城遗址发掘简报 [J]. 考古，2008（3）：18-30.
171 尚景熙 . 蔡国故城调查记 [J]. 中原文物，1980（02）：30-32.
172 河南省文物研究所 .1988 年蔡国故城发掘纪略 [J]. 华夏考古，1990（2）：60-71.
173 湖北省博物馆 . 楚都纪南城的勘查与发掘（上）[J]. 考古学报，1982（03）：325-350+399-402.
174 湖北省博物馆 . 楚都纪南城的勘查与发掘（下）[J]. 考古学报，1982（04）：477-507+535-540.
175 河北省文物研究所 . 河北平山三汲古城调查与墓葬发掘 . 考古学集刊·第 5 集 [C]. 北京：中国社会科学出版社，1987.
176 中国历史博物馆考古组 . 燕下都城址调查报告 [J]. 考古，1962（01）：10-19.
177 中国社会科学院考古研究所洛阳汉魏城队 . 汉魏洛阳故城城垣试掘 [J]. 考古学报，1998（03）：361-404.
178 [唐] 司马贞 . 史记索隐 [M]. 钦定四库全书·史部·史记索隐·卷二 .
179 [清] 徐松 . 元河南志 . 宋元方志丛刊本 [M]. 北京：中华书局，1990.
180 贺业矩 . 中国古代城市规划史 [M]. 北京：中国建筑工业出版社，1996.
181 韩伟 . 马家庄秦宗庙建筑制度研究 [J]. 文物，1985（2）：30-38.
182 陕西省雍城考古队 . 秦都雍城钻探试掘简报 [J]. 考古与文物，1985（2）：7-20.
183 陕西省考古研究所 . 秦都咸阳考古报告 [M]. 北京：科学出版社，2004.
184 [南朝宋] 裴骃 . 史记集解 [M]. 钦定四库全书·史部·正

史类·卷九十九.
185 刘敦桢.中国古代建筑史 [M]. 北京:中国建筑工业出版社, 2003.
186 何清谷.关中秦宫位置考察.秦文化论丛·第 2 辑 [C]. 西安:西北大学出版社, 1993.
187 徐卫民.秦都城研究 [M]. 西安:陕西人民教育出版社, 2000.
188 王学理.秦都咸阳 [M]. 西安:陕西人民出版社, 1985.
189 [清] 焦循.孟子正义 [M]. 北京:中华书局, 1987.
190 刘庆柱.地下长安 [M]. 北京:中华书局, 2016.
191 刘叙杰.中国古代建筑史·第一卷 [M]. 北京:中国建筑工业出版社, 2003.
192 杨子慧.中国历代人口统计资料研究 [M]. 北京:改革出版社, 1995.
193 雷海宗.中国文化与中国的兵 [M]. 北京:商务印书馆, 2014.
194 唐金裕.西安西郊汉代建筑遗址发掘报告 [J]. 考古学报, 1959(02):45-55.
195 王世仁.理性与浪漫的交织——中国建筑美学论文集 [M]. 北京:中国建筑工业出版社, 1987.
196 [唐] 魏征,令狐德棻.隋书 [M]. 北京:中华书局, 1973.
197 浙江省文物管理委员会, 等.绍兴 306 号战国墓发掘简报 [J]. 文物, 1984(01):10-26.
198 考古研究所汉城发掘队.汉长安城南郊礼制建筑遗址学发掘简报 [J]. 考古, 1960(07):36-39.
199 黄展岳.关于王莽九庙的问题——汉长安城南郊一组建筑遗址的定名 [J]. 考古, 1989(03):261-268.
200 周长山.汉代城市研究 [M]. 北京:人民出版社, 2001.
201 傅熹年.中国古代建筑史·第二卷 [M]. 北京:中国建筑工业出版社, 2001.
202 [南朝] 沈约.宋书 [M]. 北京:中华书局, 1974.
203 [唐] 房玄龄.晋书 [M]. 北京:中华书局, 1974.
204 [唐] 许嵩.建康实录 [M]. 北京:中华书局, 1986.
205 [南北朝] 魏收.魏书 [M]. 北京:中华书局, 1974.
206 [南朝梁] 萧子显.南齐书 [M]. 北京:中华书局, 1983.

附录二
插图和地图出处

第一章

图 1-1　《三礼图》中的周王城图（采自宋·聂崇义集注：《新定三礼图》，上海古籍出版社，1985 年 6 月，第四卷，2 页图）

第二章

图 2-1　西安半坡遗址 F41 半穴居平面及构架复原示意（a）西安半坡遗址 F41 平面（采自中国科学院考古研究所：《西安半坡——原始氏族公社聚落遗址》文物出版社，1982 年，14 页图）（b）西安半坡遗址 F41 构架复原示意（自绘）

图 2-2　居住型半穴居的室内空间功能分配图（自绘）

图 2-3　《尔雅》宫室四隅之训示意图（自绘）

图 2-4　“中霤”的形态与位置（a）西安半坡遗址 F41 复原示意图（采自杨鸿勋：《建筑考古学论文集》，文物出版社，1987 年，8 页图）（b）西安半坡遗址 F39 复原示意图（采自杨鸿勋：《建筑考古学论文集》，文物出版社，1987 年，9 页图）

图 2-5　日本鸟取县长濑高滨弥生时代建筑遗址平面图（据杨鸿勋：《宫殿考古通论》，紫禁城出版社，2001 年 8 月，12 页图改绘）

图 2-6　日本鸟取县长濑高滨弥生时代建筑遗址复原示意图（自绘）

图 2-7　陕西省西安临潼县姜寨遗址仰韶文化聚落平面图（据西安半坡博物馆：《姜寨——新石器时代遗址发掘报告》，文物出版社，1988 年，插图 1 改绘）

图 2-8　陕西省西安临潼县姜寨遗址仰韶文化聚落遗址组团分析图（以西安半坡博物馆：《姜寨——新石器时代遗址发掘报告》，文物出版社，1988 年，插图 1 为底图）

第三章

图 3-1　姜寨遗址上不同柱网形式的大房子（据西安半坡博物馆：《姜寨——新石器时代遗址发掘报告》，1988 年，插图 1 改绘）

图 3-2　不同时期的大房子（a）半坡 F1 平面（据中国科学院考古研究所：《西安半坡——原始氏族公社聚落遗址》，1982 年，17 页图改绘）（b）庙底沟时期的大房子平面（据河南省文物考古研究所：《河南灵宝西坡遗址 2001 年春发掘报告》，《华夏考古》，2002 年，第 2 期，2 页图改绘）

图 3-3　仰韶文化室内四柱大房子构架俯视图（自绘）

图 3-4　仰韶文化室内四柱大房子构架复原示意图（自绘）

图 3-5　金文中的“亚”形（采自［美］杨晓能：《另一种古史：青铜器纹饰、图形文字与图像铭文的解读》，生活·读书·新知三联书店，2008 年 10 月，第 1 版，276 页图）

图 3-6　楚国缯书（a）战国时期的楚缯书摹本（采自李零：《长沙子弹库战国楚帛书研究》，中华书局，1985 年，139 页图）（b）张光直加了亚字版楚缯书（采自张光直：《中国青铜时代》，生活·读书·新知三联书店，2013 年 3 月第 1 版，326 页图）

图 3-7　四柱九宫分析图（自绘）

图 3-8　数术九宫图（据［清］胡渭：《易图明辨》第二卷《九宫》，九州出版社，2008 年，45 页图改绘）

图 3-9　《月令》所涉及建筑平面示意图（自绘）

图 3-10　安徽省阜阳市双古堆出土的式盘（采自安徽省文物工作队：《阜阳双古堆西汉汝阴侯墓发掘简报》，《文物》，第八期，25 页图）

图 3-11　陕西省扶风县案板遗址仰韶文化晚期大房子平面图（据西北大学文博学院考古专业：《扶风案板遗址发掘报告》，科学出版社，2000 年 10 月，77 页图改绘）

图 3-12　甘肃省秦安县大地湾遗址中心区平面图（据甘肃省文物考古研究所：《秦安大地湾——新石器时代遗址发掘报告》，文物出版社，2006 年，407 页图改绘）

图 3-13　甘肃省秦安县大地湾仰韶晚期 F901 平面及平面分析图（a）大地湾仰韶晚期 F901 平面图（据甘肃省文物工作队：《甘肃秦安大地湾 901 号房址发掘简报》，《文物》，1986 年第 2 期，2 页图改绘）（b）加了亚形框的大地湾仰韶晚期 F901 平面图（以甘肃省文物工作队：《甘肃秦安大地湾 901 号房址发掘简报》，《文物》，1986 年第 2 期，2 页图为底图）

图 3-14　甘肃省秦安县大地湾仰韶晚期 F901 复原设想图（自绘）

图 3-15　东周青铜器上的与鸟取明堂对应的建筑图样（采自刘敦桢：《中国古代建筑史》（第二版），中国建筑工业出版社，1984 年 6 月，198 页图）

图 3-16　纳西人母系氏族大家庭住宅“一梅”模型俯视图（采自王鲁民：《建构丽江》，生活·读书·新知三联书店，2013 年 3 月第 1 版，41 页图）

图 3-17　甘肃省秦安县大地湾仰韶晚期 F405 平面图（据甘肃省博物馆文物工作队：《秦安大地湾 405 号新石

器时代房屋遗址》，《文物》，1983 年，第 11 期，16 页图改绘）

图 3-18　甘肃省秦安县大地湾仰韶晚期 F400 平面及平面复原示意图（a）F400 平面图（据甘肃省文物考古研究所：《秦安大地湾——新石器时代遗址发掘报告》，文物出版社，2006 年，403 页图改绘）（b）F400 平面复原示意图（据甘肃省文物考古研究所：《秦安大地湾——新石器时代遗址发掘报告》，文物出版社，2006 年，407 页图改绘）

图 3-19　甘肃省秦安县大地湾中心区建筑关系分析图（以甘肃省文物考古研究所：《秦安大地湾——新石器时代遗址发掘报告》，文物出版社，2006 年，407 页图为底图）

图 3-20　甘肃省秦安县大地湾仰韶晚期 F411 平面图（据甘肃省文物考古研究所：《秦安大地湾——新石器时代遗址发掘报告》，文物出版社，2006 年，435 页图改绘）

图 3-21　大地湾 F411 中的地画（采自甘肃省文物工作队：《大地湾遗址仰韶晚期地画的发现》，《文物》，1986 年，第二期，14 页图）

图 3-22　玛雅文化俘酋图（作者摄）

图 3-23　建木昆仑式宇宙模型图式（自绘）

图 3-24　西安半坡遗址 F39 平面及结构复原设想图（a）西安半坡遗址 F39 平面图（据中国科学院考古研究所：《西安半坡——原始氏族公社聚落遗址》文物出版社，1982 年，23 页图改绘）（b）西安半坡遗址 F39 结构复原设想图（据杨鸿勋：《建筑考古学论文集》，文物出版社，1987 年，9 页图改绘）

图 3-25　山东省阳谷县景阳岗龙山文化城址平面图（据李繁玲：《山东阳谷县景阳岗龙山文化城址调查与试掘》，《考古》，1997 年，第 5 期，12 页图改绘）

图 3-26　浙江省杭州市余杭瓶窑镇良渚文化城址中心区平面图（据浙江省文物考古研究所：《杭州市余杭区良渚古城遗址・2006-2007 年的发掘》，《考古》，2008 年，第 7 期，581 页图改绘）

图 3-27　陕西省神木县石峁城址平面图（据自陕西省考古研究院、榆林市文物考古勘探工作队、神木县文体局：《陕西省神木县石峁遗址》，《考古》，2013 年，第 7 期，641 页图改绘）

图 3-28　湖南省澧县城头山城址平面图（据湖南省文物考古研究所：《澧县城头山古城址 1997-1998 年度发掘简报》，《文物》，1999 年，第 6 期，5 页图改绘）

图 3-29　河南省郑州市西山仰韶晚期城址发掘平面图（据国家文化局领队培训班：《郑州西山仰韶时代城址的发掘》，《文物》，1999 年，第 7 期，12 页图改绘）

图 3-30　西南隅扩张的新石器时代城址实例（a）湖北省荆门市马家垸城址平面图（据郑好：《长江流域史前城址研究》，复旦大学博士论文，2014 年 06 月，86 页图改绘）（b）河南省孟庄镇龙山城址平面图（据裴安平：《中国史前聚落群聚形态研究》，中华书局，2014 年，489 页图改绘）（c）河南省平顶山市蒲城店龙山城址平面图（据河南省文物考古研究所：《河南平顶山蒲城店遗址发掘简报》，《考古》，2008 年，第 5 期，34 页图改绘）（d）河南省濮阳市戚城龙山城址平面图（据中国社会科学院考古研究所科技考古中心：《地球物理勘探技术在考古勘探中的应用——以河南省濮阳市戚城遗址为例》，《中原文物》，2017 年，第 2 期，98 页图改绘）(e)山东省章丘市城子崖城址平面图(据严文明：《近年聚落考古的进展》，《考古与文物》，1997 年，第 2 期，38 页图改绘）

图 3-31　西南隅压缩的新石器时代城址实例（a）四川省成都市大邑盐店城址平面图（据刘雨茂等：《大邑县盐店古城遗址 2013 年发掘简报》，《成都考古发现》，2013 年，63 页图改绘）（b）河南省焦作博爱西金城城址平面图（据王青、王良志：《河南博爱县西金城龙山文化城址发掘简报》，《考古》，2010 年，第 6 期，504 页图改绘）（c）江苏省连云港市藤花落城址平面图（据郭罗：《黄河中下游史前城壕防御功能初探》，陕西师范大学，2015 年，23 页图改绘）（d）湖北省孝感市叶家庙城址平面图（据刘辉等：《湖北孝感市叶家庙新石器时代城址发掘简报》，《考古》，2012 年，第 8 期，4 页图改绘）（e）山东省日照市丹土城址平面图（据山东省文物考古研究所：《山东考古的世纪回顾与展望》，《考古》，2000 年，第 10 期，888 页图改绘）（f）山东省茌平县教场铺城址平面图（据梁中合等：《山东茌平教场铺遗址龙山文化城墙的发现与发掘》，《考古》，2005 年，第 1 期，3 页图改绘）

图 3-32　湖北省天门市石家河遗址发掘平面图（据湖北省荆州博物馆、湖北省文物考古研究所、北京大学考古系石家河考古队：《肖家屋脊》，文物出版社，1993 年，图二改绘）

图 3-33　浙江省杭州市余杭瓶窑镇良渚文化城址平面图（据浙江省文物考古研究所：《杭州市余杭区良渚古城遗址・2006-2007 年的发掘》，《考古》，2008 年，第 7 期，581 页图改绘）

图 3-34　浙江省杭州市余杭三镇良渚文化居住类遗址分布图（据浙江省文物考古研究所：《良渚遗址群》，文物出版社，2005 年版，325 页图改绘）

图 3-35 山西省襄汾县陶寺古城址及陶寺城址“观天授时”遗址平面图(a)山西省襄汾县陶寺古城址平面图(据中国社会科学院考古研究所山西工作队、陕西省考古研究所、临汾市文化局:《山西襄汾陶寺城址2002年发掘报告》,《考古学报》，2005年，第三期,308页图改绘)(b)山西省襄汾县陶寺城址“观天授时”遗址平面图(据中国社会科学院考古研究所山西工作队、陕西省考古研究所、临汾市文化局:《山西襄汾县陶寺中期城址大型建筑Ⅱ FJT1基址2004～2005年发掘简报》,《考古》，2007年，第四期，293页图改绘)

图 3-36 陶寺古城周边早期聚落分布图(据何驽:《2010年陶寺遗址群聚落形态考古实践与理论收获》,《中国社会科学院古代文明研究中心通讯》，2011年，第21期，4页图改绘)

图 3-37 屈家岭时期江汉平原原始城址及大型环壕聚落组织分析图(据裴安平:《中国史前聚落群聚形态研究》，中华书局，2014年4月第1版，143页图改绘)

图 3-38 天门石家河城址位置及周边地形图(据孟华平:《大洪山南麓史前聚落调查——以石家河为中心》,《江汉考古》，2009年，第1期，18页图改绘)

图 3-39 屈家岭时期12个城址和1个环壕聚落图(湖北荆门城河城城址据荆门市文物考古研究所:《湖北荆门市后港城河城址调查报告》,《江汉考古》，2008年，第2期，2页图改绘)湖北天门石家河城址(据石河联合考古队:《石河遗址群1987年考古发掘的主要收获》,《江汉考古》，1989年，第2期，1页图改绘)湖北应城陶家湖城址(据李桃元等:《湖北应城陶家湖古城址调查》,《文物》，2001年，第4期，3页图改绘)屈家岭环壕聚落遗址(据湖北省文物考古研究所,《湖北京山屈家岭遗址群2007年调查报告》,《江汉考古》,2008年，第2期，4页图改绘)湖北荆州阴湘城城址(据荆州博物馆:《湖北荆州市阴湘城遗址1995年发掘报告》,《考古》，1998年，第1期，2页图改绘)湖北荆门马家垸城址(据湖北荆门市博物馆,《荆门马家垸屈家岭文化城址调查》,《文物》，1997年，第7期，2页图改绘)湖北应城门板湾城址(据陈树祥:《应城门板湾遗址发掘获重要成果》,《中国文物报》，1994年4月4日，插图改绘)湖北公安鸡鸣城城址(据贾汉清,《湖北公安鸡鸣城遗址的调查》,《文物》，1998年，第6期，2页改绘)湖北孝感叶家庙城址(据湖北省文物考古研究所:《湖北孝感市叶家庙新石器时代城址发掘简报》,《考古》，2012年，第8期，5页图改绘)湖南澧县鸡叫城城址(据湖南省文物考古研究所:《澧县鸡叫城古城址试掘简报》,《文物》,，2002年，第5期，2页图改绘)湖北公安青河城城址(据荆州市文物考古研究所:《湖北公安、石首三座古城勘查报告》,392页图改绘)湖北天门笑城城址(据湖北省文物考古研究所等:《湖北天门笑城城址发掘报告》,《考古学报》，2007年，第4期，2页图改绘)

图 3-40 浙江省余杭良渚文化聚落遗址分布及玉架山环濠聚落总平面图(a)浙江省余杭良渚文化聚落遗址分布图(据裴安平:《中国史前聚落群聚形态研究》，中华书局,2014年4月第1版,363页图改绘)(b)玉架山环壕聚落总平面图(据裴安平:《中国史前聚落群聚形态研究》，中华书局，2014年4月第1版，364页图改绘)

图 3-41 河南省登封市王城岗的大城及小城平面图(a)王城岗的小城平面图(据北京大学考古文博学院:《河南登封市王城岗遗址2002-2004年发掘报告》,《考古》，2006年，第9期，2页图改绘)(b)王城岗的大城平面图(据北京大学考古文博学院:《河南登封市王城岗遗址2002-2004年发掘报告》,《考古》，2006年，第9期，2页图改绘)

图 3-42 颍河中上游龙山文化晚期聚落分布图(据北京大学考古文博学院:《登封王城岗考古发现与研究(2002-2005)》,大象出版社,2007年,插图改绘)

图 3-43 河南省新密市新砦城址平面图(据中国社会科学院考古研究所河南新砦队:《河南新密市新砦遗址东城墙发掘简报》,《考古》，2009年，第2期，16页图改绘)

图 3-44 新砦古城与新郑、郑州的位置关系图(自绘)

第四章

图 4-1 河南省偃师市二里头遗址位置图(以阿尔弗雷德·申茨:《幻方》,中国建筑工业出版社,2009年,73页图为底图)

图 4-2 河南省偃师市二里头宫城格局变迁图(据许宏:《何以中国:公元前2000年的中原图景》,生活·读书·新知三联书店，2014年，113页图改绘)

图 4-3 河南省偃师市二里头遗址二号宫殿建筑遗址平面图与复原平面图(a)河南省偃师市二里头遗址二号宫殿建筑遗址平面图(据中国社会科学院考古研究所:《偃师二里头——1959年-1978年考古发掘报告》，中国大百科全书出版社，1999年，152页图改绘)(b)河南省偃师市二里头遗址二号宫殿复原平面图(据杨鸿勋:《宫殿考古通论》，紫禁城出版社，2001年8月，37页图改绘)

图 4-4 河南省偃师市二里头遗址一号宫殿建筑遗址平面图

（据中国科学院考古研究所二里头工作队：《河南偃师二里头早商宫殿遗址发掘简报》，《考古》，1974年，第4期，235页图改绘）

图 4-5　《董生书》所揭“天子之宫”平面示意图（据张一兵：《明堂制度研究》，中华书局，2015年，141页图改绘）

图 4-6　河南省偃师市二里头遗址一号宫殿基址平面分析图（以中国科学院考古研究所二里头工作队：《河南偃师二里头早商宫殿遗址发掘简报》，《考古》，1974年，第4期，235页为底图）

图 4-7　河南省偃师市二里头遗址四号宫殿建筑复原示意图（a）二里头遗址四号宫殿建筑平面复原示意图（据杜金鹏：《二里头遗址四号宫殿建筑遗址平面复原示意图》，《文物》，2005年，第六期，64页图改绘）（b）二里头遗址四号宫殿建筑 A-A' 剖面复原示意图（自绘）

图 4-8　河南省偃师市偃师商城遗址位置图（以阿尔弗雷德·申茨：《幻方》，中国建筑工业出版社，2009年，73页图为底图）

图 4-9　河南省偃师市偃师商城平面图（据中国社会科学院考古研究所河南第二工作队，1999年，《河南偃师商城小城发掘简报》，《考古》，第2期，1页图改绘）

图 4-10　河南省偃师市偃师商城宫城第一期平面示意图（据王学荣等：《偃师商城宫城布局与变迁研究》，《考古》，2006年，第6期，11页图，及，四川省文物考古研究所：《商周时期大型单体建筑平面布局浅析》，《文物》，2015年，第8期，63页图改绘）

图 4-11　河南省偃师市偃师商城二号宫室基址平面图（据四川省文物考古研究所：《商周时期大型单体建筑平面布局浅析》，《文物》，2015年，第8期，63页图改绘）

图 4-12　重檐屋顶示例：山西省太原市晋祠圣母殿立面图（采自刘敦桢：《中国古代建筑史》（第二版），中国建筑工业出版社，1984年6月，199页图）

图 4-13　河南省偃师市偃师商城宫城第二期平面示意图（据王学荣等：《偃师商城宫城布局与变迁研究》，《考古》，2006年，第6期，11页图，及，四川省文物考古研究所：《商周时期大型单体建筑平面布局浅析》，《文物》，2015年，第8期，63页图改绘）

图 4-14　河南省偃师市偃师商城宫城第三期平面示意图（据曹慧奇：《河南偃师商城宫城第八号宫殿建筑基址的发掘》，《考古》，2006年，第6期，4页图改绘）

图 4-15　河南省偃师市偃师商城四号宫室基址及复原平面图（a）偃师商城四号宫室基址平面图（据中国社会科学院考古研究所河南第二工作队：《1984年春偃师尸乡沟商城宫殿遗址发掘简报》，《考古》，1985年，第4期，326页图改绘）（b）偃师商城四号宫室基址平面复原图（据杨鸿勋：《宫殿考古通论》，紫禁城出版社，2001年，47页图改绘

图 4-16　河南省偃师市偃师商城五号宫室基址平面、复原平面及复原透视图）（a）偃师商城五号宫室基址平面图（据中国社会科学院考古研究所河南第二工作队：《河南偃师尸乡沟商城第五号宫殿基址发掘简报》，《考古》，1988年，第2期，129页图改绘）（b）偃师商城五号宫室基址平面复原图（据杨鸿勋：《宫殿考古通论》，紫禁城出版社，2001年，50页图改绘）（c）偃师商城五号宫室基址复原透视图（据杨鸿勋：《宫殿考古通论》，紫禁城出版社，2001年，51页图改绘）

图 4-17　河南省偃师市偃师商城八号宫室基址平面图（据曹慧奇：《河南偃师商城宫城第八号宫殿建筑基址的发掘》，《考古》，2006年，第6期，5页图改绘）

图 4-18　河南省郑州市郑州商城平面图（据河南省文物考古研究所：《郑州商城外郭城的调查与试掘》，《考古》，2004年，第3期，41页图改绘）

图 4-19　河南省安阳市洹北商城遗址平面图（据中国社会科学院考古研究所安阳工作队、中加洹河流域区域考古调查课题组：《河南安阳市洹北商城遗址2005~2007年勘察简报》，《考古》，2010年，第1期，4页图改绘）

图 4-20　河南省安阳市洹北商城一号宫殿基址平面图（据杜金鹏：《洹北商城一号宫殿基址初步研究》，《文物》，2004年，第5期，51页图改绘）

图 4-21　山西省夏县东下冯商城遗址平面及复原猜想图（a）东下冯商城遗址平面图（据中国社会科学院考古研究所：《中国考古学·夏商卷》，中国社会科学出版社，2003年，235页图改绘）（b）东下冯商城遗址复原猜想图（据中国社会科学院考古研究所：《中国考古学·夏商卷》，中国社会科学出版社，2003年，235页图改绘）

图 4-22　山东省垣曲县垣曲商城遗址平面图（据中国社会科学院考古研究所：《中国考古学·夏商卷》，中国社会科学出版社，2003年，234页图改绘）

图 4-23　湖北省黄陂县盘龙城商城遗址平面图（据刘森淼：《盘龙城外缘带状夯土遗迹的初步认识》，《武汉城市之根——商代盘龙城与武汉城市发展研讨会论文集》，武汉出版社，2002年，插图改绘）

图 4-24　湖北省黄陂县盘龙城商城宫城 F1、F2 基址平面图（据湖北省文物考古研究所：《盘龙城》（上），文物出版社，2001年，43页图改绘）

图 4-25　湖北省黄陂县盘龙城宫殿区复原示意图（a）盘龙城 F1 宫室基址复原平面图（据杨鸿勋：《宫殿考古通论》，紫禁城出版社，2001 年 8 月，81 页图改绘）（b）盘龙城 F2 宫室基址复原平面图（据杨鸿勋：《宫殿考古通论》，紫禁城出版社，2001 年 8 月，86 页图改绘）（c）盘龙城宫殿区平面复原示意图（据杨鸿勋：《宫殿考古通论》，紫禁城出版社，2001 年 8 月，88 页图改绘）（d）盘龙城宫殿区建筑复原透视示意图（据杨鸿勋：《宫殿考古通论》，紫禁城出版社，2001 年 8 月，89 页图改绘）

图 4-26　陕西省岐山县凤雏村西周建筑遗址及复原示意图（a）陕西省岐山县凤雏村西周建筑基址平面图（据陕西周原考古队：《陕西岐山凤雏村西周建筑基址发掘简报》，《文物》，1979 年，第 10 期，29 页图改绘）（b）陕西省岐山县凤雏村西周建筑平面复原示意图（据杨鸿勋：《建筑考古学论文集》，文物出版社，1987 年，96 页图改绘）（c）陕西省岐山县凤雏村西周建筑复原立体示意图（据杨鸿勋：《建筑考古学论文集》，文物出版社，1987 年，97 页图改绘）

图 4-27　河南省焦作市府城商城平面复原示意及一号基址发掘平面图（a）府城商城平面复原示意图（据河南省文物考古研究所：《河南焦作府城遗址发掘报告》，《考古学报》，2000 年，第 4 期，514 页图改绘）（b）府城商城一号基址发掘平面图（据河南省文物考古研究所：《河南焦作府城遗址发掘报告》，《考古学报》，2000 年，第 4 期，514 页图改绘）

图 4-28　四川省广汉市三星堆城址平面图（据王震中：《商代都邑》，中国社会科学出版社，2010 年，416 页图改绘）

图 4-29　江西省樟树市吴城乡吴城城址平面图（据江西省文物考古研究所、樟树市博物馆：《江西樟树吴越商代遗址西城城墙解剖的主要收获》，《南方文物》，2003 年，第 3 期，1 页图改绘）

图 4-30　河北省石家庄市藁城台西遗址房屋分布平面及居址布局复原示意图（a）藁城台西遗址房屋遗迹分布图（据河北省文物研究所：《藁城台西商代遗址》，文物出版社，1985 年，插图改绘）（b）藁城台西晚期居址布局复原图（据河北省文物研究所：《藁城台西商代遗址》，文物出版社，1985 年，插图改绘）

图 4-31　河北省石家庄市藁城台西遗址十四号房屋平面及剖面图（据河北省文物研究所：《藁城台西商代遗址》，文物出版社，1985 年，插图改绘）

图 4-32　河南省安阳市殷墟区北徐家桥村村北建筑基址分布图（据孟宪武：《安阳殷墟考古研究》，中州古籍出版社，2003 年，插图改绘）

图 4-33　小屯殷墟与洹北商城位置图（据中国社会科学院考古研究所安阳工作队：《河南安阳市洹北商城的勘察与试掘》，《考古》，2003 年，第 5 期，4 页图改绘）

图 4-34　河南省安阳市小屯殷墟宫殿遗址平面图（据石璋如：《小屯·第一本·遗址的发现与发掘·乙编·殷墟建筑遗存》，台北“中研院”史语所，1959 年，20 页图改绘）

图 4-35　李济《安阳》一书中对乙组基址的复原设想（据李济：《安阳》，河北教育出版社，2000 年，164 页图改绘）

图 4-36　在小屯遗址南段加了亚形的乙组建筑基址平面图（据李济：《安阳》，河北教育出版社，2000 年，164 页图改绘）

图 4-37　河南省安阳市小屯乙址南段各部名称图（以李济：《安阳》，河北教育出版社，2000 年，164 页图为底图）

图 4-38　小屯乙墟宫殿区早期建筑组合平面图（据中国社会科学院历史研究所等：《近年来小屯宫殿宗庙区的考古工作及思考》（学术报告），2005 年 1 月，插图改绘）

图 4-39　河南省安阳市殷墟居住遗址与墓葬分布图（据中国社会科学院考古研究所：《中国考古学·夏商卷》，中国社会科学出版社，2003 年，298 页图改绘）

图 4-40　不同时期的洹水流域邑聚分布示意图（据中国社会科学院等：《洹河流域区域考古研究初步报告》，《考古》，1998 年，第 10 期，17、18 页图改绘）

图 4-41　河南省新郑市新村镇望京楼城址平面图（据吴倩等：《望京楼二里岗文化城址初步勘探和发掘简报》，《中国国家博物馆馆刊》，2011 年，第 10 期，21 页图改绘）

第五章

图 5-1　西周故都丰、镐地区遗址位置图（据胡谦盈：《丰镐地区诸水道的踏察——兼论周都丰镐位置》，《考古》，1963 年，第 4 期，194 页图改绘）

图 5-2　周文王“百里之壤”解析图（自绘）

图 5-3　河南省洛阳市周代雒邑遗址实测图（据洛阳周公庙博物馆：《从考古发现看洛阳东周王城的城市布局》，《中原文物》，2010 年，第 2 期，53 页图改绘）

图 5-4　大邑成周城址位置图（以阿尔弗雷德·申茨：《幻方》，中国建筑工业出版社，2009 年，73 页图为底图）

图 5-5　汉魏洛阳城池建设顺序示意图（据中国社会科学院考古研究所洛阳汉魏城队：《汉魏洛阳故城城垣试

掘》,《考古学报》,1998 年,第 3 期,383 页图改绘)

图 5-6　大邑成周与汉魏洛阳城下的西周城址位置图(以阿尔弗雷德·申茨:《幻方》,中国建筑工业出版社,2009 年,73 页图为底图)

图 5-7　西周之大邑成周城池格局推测图(据洛阳周公庙博物馆:《从考古发现看洛阳东周王城的城市布局》,《中原文物》,2010 年,第 2 期,53 页图改绘)

图 5-8　东周雒邑城址复原推测图(据洛阳周公庙博物馆:《从考古发现看洛阳东周王城的城市布局》,《中原文物》,2010 年,第 2 期,53 页图改绘)

图 5-9　宗庙的两种布局(a)天子七庙(据纪昀、陆费墀等:《钦定四库全书》,山东省社会科学院图书馆咨询部,1985 年,公式考卷下,20 页图改绘)(b)诸侯五庙(据纪昀、陆费墀等:《钦定四库全书》,山东省社会科学院图书馆咨询部,1985 年,公式考卷下,20 页图改绘)

图 5-10　陕西省凤翔县秦雍城秦人宗庙建筑基址平面图(据陕西省雍城考古队:《凤翔马家庄一号建筑群遗址发掘简报》,《文物》,1985 年,第 2 期,4 页图改绘)

图 5-11　晋新田呈王路 13 号地点建筑基址平面图(据山西省考古研究所侯马工作站:《侯马呈王路建筑群遗址发掘简报》,《考古》,1987 年,第 12 期,1073 页图改绘)

图 5-12　山西省侯马市晋都新田遗址平面图(据许宏:《先秦城市考古学研究》,北京燕山出版社,2000 年,87 页图改绘)

图 5-13　赵邯郸三小城图(据河南省文物管理处、邯郸市文物保管所:《赵邯郸故城调查报告》,《考古学集刊》第四集,中国社会科学出版社,1984 年,162 页图改绘)

图 5-14　四阿顶与抬梁结构(a)山西省五台县佛光寺大殿剖面图(采自刘敦桢:《中国古代建筑史》(第二版),中国建筑工业出版社,1984 年 6 月,138 页图)(b)山西省五台县佛光寺大殿正立面图(采自刘敦桢:《中国古代建筑史》(第二版),中国建筑工业出版社,1984 年 6 月,139 页图)

图 5-15　高台建筑构成示意图(据杨鸿勋:《宫殿考古通论》,北京:紫禁城出版社,2001 年,180 页图改绘)

图 5-16　齐临淄故城平面图(据群力:《临淄齐国故城勘探纪要》,《文物》,1972 年,第 5 期,46 页图改绘)

图 5-17　周代不同形态的城址西南隅举例(a)魏安邑(据陶正刚、叶学明:《古魏城和禹王古城调查简报》,《文物》,1962 年,第 4、5 期,61 页图改绘)(b)燕下都东城(据河北省文化局文物工作队:《河北易县燕下都故城勘察和试掘》,《考古学报》,1965 年,第 1 期,113 页图改绘)(c)商丘老南关宋城(据中国社会科学院考古研究所美国哈佛大学皮保德博物馆中美联合考古队:《河南商丘县东周城址勘查简报》,《考古》,1998 年,第 12 期,1075 页图改绘)(d)上蔡蔡城(据河南省文物研究所:《1988 年蔡国故城发掘纪略》,《华夏考古》,1988 年,第 2 期,60 页图改绘)(e)姜齐临淄大城(据群力:《临淄齐国故城勘探纪要》,《文物》,1972 年,第 5 期,46 页图改绘)(f)潢川黄城(据杨履选:《春秋黄国故城》,《中原文物》,1986 年,第 1 期,55 页图改绘)(g)闻喜大马古城(据陶正刚:《山西闻喜的"大马古城"》,《考古》,1963 年,第 5 期,246 页图改绘)

图 5-18　周代东北角硬挺的城池举例(a)鄢陵前步古城(据刘亚东:《河南鄢陵县古城址的调查》,《考古》,1963 年,第 4 期,226 页图改绘)(b)闻喜大马古城(据陶正刚:《山西闻喜的"大马古城"》,《考古》,1963 年,第 5 期,246 页图改绘)(c)淅川龙城(据许宏:《先秦城市考古学研究》,北京燕山出版社,2000 年,121 页图改绘)(d)开封启封城(据开封文物工作队:《启(开)封故城遗址的初步勘探与试掘》,《中原文物》,1994 年,第 2 期,22 页图改绘)

图 5-19　河南省商水县扶苏村北阳城故城遗址平面图(据商水县文物管理委员会:《河南商水县战国城址调查记》,《考古》,1983 年,第 9 期,846 页图改绘)

图 5-20　山西省襄汾县赵康古城遗址平面图(据陕西省文物管理委员会侯马工作站:《山西襄汾赵康附近古城址调查》,《考古》,1963 年,第 10 期,544 页图改绘)

图 5-21　山西省芮城县古魏城遗址平面图(据陶正刚、叶学明:《古魏城和禹王古城调查简报》,《文物》,1962 年,第 4、5 期,60 页图改绘)

图 5-22　山西省夏县魏安邑遗址平面图(据陶正刚、叶学明:《古魏城和禹王古城调查简报》,《文物》,1962 年,第 4、5 期,61 页图改绘)

图 5-23　河北省邯郸市赵国故城平面图(据河南省文物管理处、邯郸市文物保管所:《赵邯郸故城调查报告》,《考古学集刊》第 4 集,中国社会科学出版社,1984 年,162 页图改绘)

图 5-24　河南省新郑市郑国故城平面图(据河南省博物馆新郑工作站、新郑县文化馆:《文物资料丛刊》第 3 集,文物出版社,1980 年,56 页图改绘)

图 5-25　河南省洛阳市宜阳县韩城遗址平面图(据北京大学考古文博学院:《韩国迁都宜阳、阳翟考辨》,《华

夏考古》，2015 年，第 2 期，112 页图改绘）

图 5-26　河南省新郑市韩国故城平面图（据河南省博物馆新郑工作站、新郑县文化馆 :《文物资料丛刊》第 3 集，文物出版社，1980 年，56 页图改绘）

图 5-27　山东省淄博市临淄齐国故城城池变迁图（据群力 :《临淄齐国故城勘探纪要》,《文物》，1972 年，第 5 期，46 页图改绘）

图 5-28　山东省淄博市临淄齐国故城 10 号建筑遗址中心建筑基址实测图（据魏成敏 :《山东临淄齐国故城 10 号建筑遗址发掘简报》,《文物》, 2016 年，第 8 期，23 页图改绘）

图 5-29　山东省曲阜市鲁国故城遗址平面图（据山东省文物考古研究所、山东省博物馆、济宁地区文物组、曲阜县文管会 :《曲阜鲁国故城》，齐鲁书社，1982 年，4 页图改绘）

图 5-30　河南省濮阳县高城遗址平面图（据河南省文物考古研究所、首都师范大学历史学院、濮阳市文物保护管理处 :《河南濮阳县高城遗址发掘简报》，2008 年，第 3 期，211 页图改绘）

图 5-31　河南省上蔡县蔡国故城遗址平面图（据河南省文物研究所 :《1988 年蔡国故城发掘纪略》,《华夏考古》，1988 年，第 2 期，60 页图改绘）

图 5-32　湖北省荆州市江陵楚国纪南城平面图（据郭德维 :《楚都纪南城复原研究》，文物出版社，1999 年，57 页图改绘）

图 5-33　河北省平山县中山国灵寿故城平面图（据河北省文物考古所 :《战国中山国灵寿城——1975 年 -1993 年考古发掘报告》，文物出版社，2005 年，8 页图改绘）

图 5-34　河北省易县燕下都城址组织图（以河北省文化局文物工作队 :《河北易县燕下都故城勘察和试掘》,《考古学报》，1965 年，第 1 期，113 页图为底图）

图 5-35　河南省洛阳市汉魏故城城池范围变迁图（以中国社会科学院考古研究所洛阳汉魏城队 :《汉魏洛阳故城城垣试掘》,《考古学报》，1998 年，第 3 期，383 页图为底图）

第六章

图 6-1　秦人迁徙路线图（据王学理 :《秦都咸阳》，陕西人民出版社 ,1985 年，9 页图改绘）

图 6-2　陕西省宝鸡市凤翔县秦雍城平面示意图（据陕西省雍城考古队 :《秦都雍城钻探试掘简报》,《考古与文物》，1985 年，第 2 期，2 页图改绘）

图 6-3　陕西省宝鸡市凤翔县秦雍城马家庄三号建筑遗址平面图（据咸阳市文管会等 :《秦都咸阳第三号宫殿遗址发掘简报》,《考古与文物》,1980 年 ,第 2 期，2 页图改绘）

图 6-4　陕西省咸阳市秦咸阳宫遗址平面图（据刘庆柱 :《中国古代都城考古发现与研究》，社会科学文献出版社，2016 年，236 页图改绘）

图 6-5　汉代的“阙”四川省雅安县高颐墓阙（采自陈明达 :《汉代的石阙》,《文物》，1961 年，第 12 期，14 页图）

图 6-6　章台、咸阳与诸庙、塬上土丘双轴并立位置关系图（以阿尔弗雷德 · 申茨 :《幻方》，北京，中国建筑工业出版社，2009 年，121 页图为底图）

图 6-7　咸阳、诸庙、阿房宫位置关系图（以阿尔弗雷德·申茨 :《幻方》, 北京 , 中国建筑工业出版社 , 2009 年，121 页图为底图）

图 6-8　丽邑、咸阳、雍、云阳关系图（据何清谷 :《三辅黄图校释》，中华书局，2005 年，432 页图改绘）

图 6-9　秦咸阳信宫位置图（以阿尔弗雷德 · 申茨 :《幻方》，中国建筑工业出版社，2009 年，121 页图为底图）

图 6-10　阿房宫与极庙双轴并立图（以阿尔弗雷德·申茨 :《幻方》，中国建筑工业出版社，2009 年，121 页图为底图）

图 6-11　云阳、汾阴、长安关系图（据田天 :《秦汉国家祭祀史稿》，生活 · 读书 · 新知三联书店，2015 年，180 页图改绘）

图 6-12　西汉长安及其建设过程图（据巫鸿 :《中国古代艺术与建筑中的“纪念碑性”》，上海人民出版社，2009 年，201、205、218、233 图改绘）

图 6-13　汉长安城未央宫遗址平面图（据刘庆柱 :《中国古代都城考古发现与研究》上，社会科学文献出版社，2016 年，269 页图改绘）

图 6-14　汉长安城社稷、未央宫和高庙、长陵双轴并立图（自绘）

图 6-15　汉长安城与先秦诸城城池要点比照分析图（自绘）

图 6-16　未央宫、灞桥、灞陵位置关系图（以阿尔弗雷德·申茨,《幻方》，中国建筑工业出版社，2009 年，146 页图为底图）

图 6-17　西汉长安及陵邑关系图（以阿尔弗雷德 · 申茨,《幻方》，中国建筑工业出版社，2009 年，146 页图为底图）

第七章

图 7-1　西汉明堂位置猜想图（自绘）

图 7-2　西汉长安南郊礼制建筑辟雍遗址实测总平面、总体复原鸟瞰、中心建筑实测平面及中心建筑复原鸟瞰示意图（a）西汉长安南郊礼制建筑辟雍遗址实测总平面图（采自刘敦桢 :《中国古代建筑史》（第二

后记

特别要感谢《城市规划学刊》和《城市规划》这两个有良好学术影响的杂志。自2010年起，我开始把注意力更多地放到中国传统聚落营造史相关资料的梳理上，并逐渐形成一些粗陋的文字。承蒙青睐，这些文字得以在上述两个刊物上发表。正是这些文字的发表，鼓励我更加系统地考虑相关问题，并且逐渐发现，若要对相关问题作较为合理、中肯、系统的回答，只能通过一本以原始聚落营造为起点的、对各种问题统筹考虑的书才能完成。

于是，就有了摆在读者面前的这本书。这本书中纠正了过往的诸多疏失和错误，应该是相对可靠的成果。可是依我的经验，这里提供的仍是一个需要给予批评并且有着诸多缺憾的成果，但成功的研究不就是在对这种成果的反思和批评中逐渐形成的吗？所以，在这里我要先谢谢那些不吝赐教的读者。

在这本书里，在《城市规划学刊》和《城市规划》发表的相关文章成为一些篇章的重要支撑，甚至书中有些段落直接取自这些文章，因为要一一注明会显得特别啰嗦，所以在此一总说明。这些文章包括：《宫殿主导还是宗庙主导——三代、秦、汉都城庙、宫布局研究》（《城市规划学刊》2012年第6期）；《中国古代都城宗庙设置及其与朝寝关系的变迁简说》（《城市规划学刊》2014年第1期）；《“秦制”初探——以秦人都城营造为基础》（《城市规划》2014年第12期）；《“大邑”的营造——先秦、秦及西汉都城规模与组织初论》（《城市规划学刊》2015年第1期）；《中国古代“聚合型”都城的演变与退隐》（《城市规划学刊》2015年第4期）。

由于种种原因，本书一定要在2017年面世。时间的限制，可能会导致更多的缺憾。这里要指明的是，因为秦汉时期的情况相对复杂，为了争取时间、节省篇幅，在本书中对这一时期国土聚落景观系统的探讨未能展开。

李振宇教授为本书的写作提供了不少建设性的意见，在此要表示特别的感谢。

同时，我要借此机会感谢董鉴泓先生、常青先生、孙安军先生、石楠先生、董卫先生、张兵先生的长期支持与鼓励。感谢乔治亚理工学院的王放如和彼得·希尔顿（Peter Hylton）在英译方面的帮助。感谢王铭、俞清源、王鼎参与初稿的打字，苑一鸣、何萧桐、曾永强协助收集和绘制图纸，杨一鸣、靳慧承担相关部分的英文初译。范沛沛、杨一鸣、曾永强、靳慧不仅承担了后期大部分文稿的打字工作，并且协助收集资料。范沛沛、李勇古承担了最后一稿的整理和校对工作，李勇古在与出版社的协调上尽力尽责。没有他们的努力，这本书是不可能以这样的面目和读者见面的。

王鲁民

2017 年 3 月 22 日

图书在版编目（C I P）数据

营国：东汉以前华夏聚落景观规制与秩序 / 王鲁民
著 . -- 上海：同济大学出版社，2017.10
ISBN 978-7-5608-7338-1

Ⅰ . ①营 ... Ⅱ . ①王 ... Ⅲ . ①聚落地理 - 景观资源 -
研究 - 中国 - 古代 Ⅳ . ① K928.5

中国版本图书馆 CIP 数据核字 (2017) 第 208269 号

营 国

东汉以前华夏聚落景观规制与秩序

王鲁民　著

策 划：秦蕾 / 群岛工作室
责任编辑：秦蕾　李争
责任校对：徐春莲
装帧设计：付超
版 次：2017 年 10 月第 1 版
印 次：2017 年 10 月第 1 次印刷
印 刷：北京翔利印刷有限公司
开 本：787mm × 1092mm　1/16
印 张：20.5
字 数：410　000
书 号：ISBN 978-7-5608-7338-1
定 价：88.00 元
出版发行：同济大学出版社
地 址：上海市四平路 1239 号
邮政编码：200092
网 址：http://www.tongjipress.com.cn
本书若有印装问题，请向本社发行部调换

光明城联系方式：info@luminocity.cn

本书受国家自然科学基金项目
“中国传统建筑类型系统的形成、变迁与应用方式研究（51378310）”
“中国传统聚落型制史与建设性遗存的空间原意呈现型保护（51678362）”
资助

luminocity.cn

光明城

LUMINOCITY

“光明城”是同济大学出版社城市、建筑、设计专业出版品牌，由群岛工作室负责策划及出版，致力以更新的出版理念、更敏锐的视角、更积极的态度，回应今天中国城市、建筑与设计领域的问题。